西北政法大学
协同创新中心建设（020467）基金资助

新时代
公务员法原论

杨彬权◎著

中国法制出版社
CHINA LEGAL PUBLISHING HOUSE

前　言

公务员的政治素质、管理能力和专业水准直接决定着政府的施政能力和实效，并与公共福祉休戚相关。有位德国学者说过这样一句话：人民生活的好坏，正如它的国家的好坏一样，有好的行政，才有好的国家，而好的行政，必须有好的公务员，好的公务员产生的前提是优良的文官制度。公务员是执行国家政策、推展各项建设的主要动力。公务员法律制度的好坏，直接影响公务员素质与能力的提升。良好的法律制度有助于国家机关选择、培育优秀的公务员，使其乐于工作，所以它是推动国家发展的重要助力。反之，它会成为阻碍国家进步的绊脚石。因此，健全法律制度、规范公务员的活动，不仅事关公务员群体的权利保障，更是牵涉政府之廉洁高效、社会之稳定发展，实为法治政府之人事制度根基，诚为国家法治体系所不可或缺的制度内容。

1993 年，我国颁布了《国家公务员暂行条例》，这标志着我国正式确立了公务员法律制度，公务员工作从此走上了法治化和规范化的轨道。2005 年 4 月 27 日，全国人大常委会制定了《公务员法》，这是我国干部人事管理领域的第一部综合性法律，对规范公务员的管理，保障公务员的合法权益，加强对公务员的监督，建设高素质的公务员队伍，促进勤政廉政，提高工作效能，具有十分重要的意义。随着中国特色社会主义进入新时代，我国社会主要矛盾已经转化为人民日益增长的美好生活需要和不平衡不充分的发展之间的矛盾。人民美好生活需要日益广泛，不仅对物质文化生活提出了更高要求，而且在民主、法治、公平、正义、安全、环境等方面的要求日益增长。要解决这些问题，满足人民日益增长的美好生活需要，必须要有一支“信念坚定、为民服务、勤政务实、敢于担当、清正廉洁”的高素质的专业化公务员队伍作为组织保障，更要有一套与之相适应的规范公务员从事公务活动的科学、民主的行为规范作为制度保障。正是基于新时代对高素质专业化的公务员队伍的需求，我国于 2017 年和 2018 年对《公务员法》分别进行了修正和修订，同时，党的中央组织部门也制定和颁布了许多配套规定，以从制度和机制上提高公务员的整体素质、管理水平和工作效能。认真研究和学习新修订的《公务员法》和这些配套规定，是宣传和落实《公务员法》的重要举措，也是贯彻依法治国方略的重要步骤。

本书的篇章结构并未完全采用《公务员法》的章节体系，而是以公务员法基本理论为基础，公务员动态的管理过程为主线，重点突出公务员的权利保障与义务履行的结构模式安排章节体系。本书共分六章。第一章，公务员法的基本理论。主要对公务员的概念、范围与分类，公务员法的概念与属性，公务员法的法源与体系，公务员制度的产生与历史发展，公务员法的立法目的与指导思想，公务员法的基本原则，公务员法律关系、公务员管理机构等基本理论问题进行阐述，为公务员法架构基本的理论框架。第二章，公务员入职管理制度。主要是从公务员的“入口”着手，对公务员的分类，公务员的领导职务、职级与级别，公务员录用和任用进行研究，确保高素质的人才进入公务员队伍。第三章，公务员履职管理制度。主要是对公务员日常履职中的考核，职务、职级升降，免职，奖励，培训，交流，回避，工资福利保险等手段进行研究，其目的是加强对公务员的监督和激励管理。第四章，公务员退出管理制度。主要是从公务员的“出口”着手，通过研究公务员辞职、辞退、退休、开除等退出管理机制，确保公务员队伍的更新和优胜劣汰。第五章，公务员的权利与保障制度。主要是分析我国公务员享有的各项权利和现行的救济手段及机制。第六章，公务员的义务与责任制度。主要研究了公务员的义务、公务员的监督与惩戒和公务员的法律责任等问题，其目的是让公务员牢记义务和责任，不要成为特权阶层，永做人民的“公仆”。

本书适合高等院校法学专业的本科生、研究生，及公共管理类专业和相关专业的学生使用，也可作为各级各类公务员培训和考试的参考资料。

目 录

第一章 公务员法的基本理论

第一节　公务员的概念、范围与分类

一、公务及公务员

（一）“公务”的界定

“公务”是公共管理学和法学的重要概念，在这两个学科中人们对它的理解不尽一致，在使用上也各有不同，就是在法学领域，刑法学界和行政法学界对“公务”的理解也并非全然相同。因此，准确界定公务的概念和范围，则是一个较为困难的话题。但一般而言，“公务”是指对“公”的事务的管理和服务活动。

在我国，学者对“公务”的认识，有广义和狭义之分。狭义的“公务”，仅指国家行政事务，是国家行政机关依法行使行政权，对国家和社会事务进行日常管理、服务的活动。广义的“公务”，则是指除国家行政机关以外，立法事务、审判事务、检察事务等都属于公务活动，[①] 而且还包括社会公共机构所进行的社会自治管理等社会公共事务。换言之，公务不仅包含国家层面的公务，还包含社会层面的公务。根据我国《公务员法》第 2 条对公务员的界定和《公务员范围规定》的具体内容，公务员法上所讲的“公务”，是指机关为推行公共利益而进行的管理、服务、监督等活动，尚不包括社会自治组织进行的公务活动，例如居民自治和村民自治事务。

（二）“公务员”概念及其特征

有了公务，必然要有执行公务的工作人员，我们就把这些执行公务的人员称

① 中国社会科学院法学研究所《法律辞典》编委会:《法律辞典》，法律出版社 2003 年版，第 466 页。

作"公务员"[①]。"公务员"一词来自西语，最初由英文 Civil Servant 翻译而来。19世纪中叶，现代意义上的公务员制度即文官制度首先在英国得以确立。在很大程度上，英国的文官制度是受中国科举制[②]影响，吸收了公开考试、择优录用、不拘一格选拔人才的科举制精华，但同时又强调政治中立、专业化和规范化。英国的公务员制度建立后，对西方国家乃至世界产生了重大影响。迄今为止，绝大多数的西方国家都建立了现代意义上的公务员制度。

目前，由于各国社会政治经济制度、历史沿革、理论认识和民族文化存在很大的差别，世界各国并没有形成公认的、统一的公务员定义。[③]从西方国家对公务员的界定来看，虽然各国之间存在不小的差异，但总体来看，西方国家所谓的"公务员"，一般是指通过非选举程序而任命担任政府公职的国家工作人员。

就我国而言，自新中国成立后一直到1987年党的十三大召开以前，法律文件中并未出现过"公务员"一词，我们习惯以"干部""国家工作人员""国家行政机关工作人员"等概念来代替在国家机关履行公职的工作人员。"干部"一词，其范围极广，党、政、军、企事业单位、社会团体中的工作人员都可称"干部"。"国家工作人员"一词虽然比"干部"的范围小一些，但仍未区分不同国家机关的工作人员，较为笼统，类别不清。为了统一和规范对国家工作人员的管理，1987年党的十三大报告第一次正式使用了"公务员"这一名称。1993年的《国家公务员暂行条例》第3条将我国公务员界定为各级国家行政机关中除工勤人员以外的工作人员，也即仅将在政府机关工作的人员称作公务员。然而，随着时间的推移，《国家公务员暂行条例》所确定的公务员范围显得日益狭窄，不能适应我国干部管理和社会发展的需要。2005年通过的《公务员法》对《国家公务员暂行条例》

---

① 公务员是专门执行公务的人员，这是正确的，但是执行公务的人员并不一定就是公务员。近年来，随着公共任务民营化和公私合作模式的兴起，越来越多的公共事务通过委托、协商等方式转移给公民、私人组织予以履行，这些私人组织虽然履行的是公共事务，但其并非公务员，这种现象以后会越来越多，因此如何规范这些承担公共任务的公民、私人组织恐怕是公务员法，乃至行政法需要重点研究的课题。

② 我国的科举制产生于隋唐，盛行了1300多年，对西方国家的文官制度产生了很大的影响。1983年，美国人事总署署长艾伦坎贝尔在访问我国时曾说："在我们西方所有的政治教科书中，当谈到文官制度时，都把文官制度的创始者归功于中国。"转引自李孔怀：《中国古代政治与行政制度》，复旦大学出版社1993年版，第303页。

③ 姜海如：《中外公务员制度比较》，商务印书馆2013年版，第2页。

所规定的公务员的定义和范围作了重大修改，扩大了公务员的范围。

按照我国《公务员法》第2条的规定，凡是依法履行公职、纳入国家行政编制、由国家财政负担工资福利的工作人员，都是公务员。据此，我国公务员采用了一个较大范围的公务员概念，其具有如下特征：

1. 公务员必须是依法履行公职的人员。依法履行公职意味着公务员承担的是国家和社会事务管理等职能，依照法律赋予的职责，为国家、社会和全体公民服务。即公务员不是为私人企业或者组织而工作或服务，也不是为个人利益而工作，而是为国家和社会实施公务活动的人员。必须注意的是，公务员履行公职必须依法进行，这里的"依法"是广义之法，既包括宪法、法律、法规和规章，也包括党内法规。

2. 公务员必须是纳入国家行政编制的人员。编制有狭义与广义之分。狭义的编制是指法定社会组织内人员的数额及职位的配置。广义的编制是指法定社会组织的职能范围、机构设置、隶属关系、规格级别、人员数额、人员结构及职位的配置。"本书所讲的是狭义的编制。现代人类社会有五大类型的组织，即国家机关组织、政党组织、人民团体组织、企业组织、事业组织。由此，我们可以将编制分为五大类，即国家机关编制、政党组织编制、人民团体编制、企业编制和事业单位编制。由于我国整个国家机关（包括国家权力机关、司法机关、行政机关）、政党机关、人民团体机关的编制，都是由国家财政统一支出其经费，故都由国家行政机关统一管理，所以都列入行政编制之列。[①] 我国的行政编制，是指国家编制管理机关根据宪法和各级人民政府组织法所确立的组织原则，根据机关部门的结构、职能和工作量下达的工作人员的编制额度。[②] 根据《公务员法》之规定，只有纳入行政编制的人员，才有可能是公务员。如果只是在国家机关工作，而没有纳入行政编制，如工勤人员或临时聘用人员，不属于公务员的范畴，同理，纳入事业编制和军事编制的人员也不是此处所讲的公务员。

3. 公务员必须是由国家财政负担工资福利的工作人员，也就是由国家为其提供工资、福利等保障。公务员属于国家财政供养人员，但并不是由国家财政供养的人员都是公务员。在财政供养的人员中很大一部分人，如公立学校的教师、科

---

① 傅明贤：《行政组织理论》，高等教育出版社2000年版，第247—248页。

② 郑功成、杨思斌：《〈中华人民共和国公务员法〉释义》，人民出版社2019年版，第30页。

研院所的科研人员等，虽然也是由国家负担其工资福利，但他们并不具有公务员的身份。

4. 公务员必须是依法定方式和程序任用的人员。普通公民在符合法律规定的条件下，依法定方式和程序办理任职手续，方能成为公务员，如通过公开的公务员考试或通过专门的聘任程序，进入公务员队伍。任何人非依法定方式和程序均不能自动成为公务员。通过公开考试、竞争录用，可确保公务员的整体素质和公民的平等参与权，同时也是对公务员管理权限的规范。

综上，符合上述基本要件的履行公职的人员就是国家公务员。公务员是干部队伍的重要组成部分，是社会主义事业的中坚力量，是人民的公仆。

二、公务员的范围

出于政治、历史等原因，在不同的国家，甚至在同一国家的不同历史时期，公务员的范围都有所不同。

（一）西方各国公务员的范围

目前西方各国对公务员范围的划分，大致有三种类型：

1. 大范围。把从中央到地方的所有公职人员统称为公务员。例如，日本在统称为公务员的前提下，又有“国家公务员”和“地方公务员”之分、“特殊职”和“一般职”之分。法国公务员则包括除国会议员以外的所有公职人员。

2. 中范围。中央政府机关中的所有公职人员，包括政务官与业务官都称为公务员，但适用国家公务员法规的只有业务官。例如，德国《联邦公务员法》适用于一般职位公务员，而联邦总理、联邦政府各部长等随内阁的更迭而进退，不受此法调整。

3. 小范围。公务员仅指中央政府系统中非选举产生和非政治任命的业务类工作人员，其他公职人员不被称作公务员，如政务官、议会工作人员、其他公共部门的工作人员以及地方公共部门的工作人员等都不属于公务员。这种范围同其国家公务员法规的适用范围相一致。英国及许多英联邦国家基本属于此类型。

（二）我国公务员的范围

我国公务员的范围，就是公务员法的适用范围，即公务员法对哪些机关及哪些人员适用。我国公务员范围的确定坚持以马克思列宁主义、毛泽东思想、邓小平理论、“三个代表”重要思想、科学发展观、习近平新时代中国特色社会主义思想为指导，贯彻新时代中国共产党的组织路线，坚持党管干部原则，加强党对公务员队伍的集中统一领导，从中国国情出发，体现我国政治制度的特色，符合干部人事管理的实际。根据《公务员法》和《公务员范围规定》之规定，从整体上看，下列机关中除工勤人员以外的工作人员列入公务员范围：

1. 中国共产党各级机关中列入公务员范围的人员，包括中央和地方各级党委、纪律检查委员会的领导人员；中央和地方各级党委工作部门、办事机构和派出机构的工作人员；中央和地方各级纪律检查委员会机关及其向党和国家机关等派驻或者派出机构的工作人员；街道、乡、镇党委机关的工作人员。

2. 各级人民代表大会及其常务委员会机关中列入公务员范围的人员，包括县级以上各级人民代表大会常务委员会领导人员，乡、镇人民代表大会主席、副主席；县级以上各级人民代表大会常务委员会工作机构和办事机构的工作人员；县级以上各级人民代表大会专门委员会办事机构的工作人员。

3. 各级行政机关中列入公务员范围的人员，包括各级人民政府的领导人员；县级以上各级人民政府工作部门和派出机构的工作人员；乡、镇人民政府机关的工作人员。

4. 中国人民政治协商会议各级委员会机关中列入公务员范围的人员，包括中国人民政治协商会议各级委员会的领导人员；中国人民政治协商会议各级委员会工作机构的工作人员。

5. 各级监察机关中列入公务员范围的人员，包括国家和地方各级监察委员会的领导人员；国家和地方各级监察委员会机关及其向党和国家机关等派驻或者派出机构的工作人员。

6. 各级审判机关中列入公务员范围的人员，包括最高人民法院和地方各级人民法院的法官、审判辅助人员；最高人民法院和地方各级人民法院的司法行政人员。

7. 各级检察机关中列入公务员范围的人员，包括最高人民检察院和地方各级人民检察院的检察官、检察辅助人员；最高人民检察院和地方各级人民检察院的司法行政人员。

8. 各民主党派和工商联的各级机关中列入公务员范围的人员，包括中国国民党革命委员会中央和地方各级委员会的领导人员，工作机构的工作人员；中国民主同盟中央和地方各级委员会的领导人员，工作机构的工作人员；中国民主建国会中央和地方各级委员会的领导人员，工作机构的工作人员；中国民主促进会中央和地方各级委员会的领导人员，工作机构的工作人员；中国农工民主党中央和地方各级委员会的领导人员，工作机构的工作人员；中国致公党中央和地方各级委员会的领导人员，工作机构的工作人员；九三学社中央和地方各级委员会的领导人员，工作机构的工作人员；台湾民主自治同盟中央和地方各级委员会的领导人员，工作机构的工作人员；中华全国工商业联合会和地方各级工商联的领导人员，工作机构的工作人员。

对于公务员的范围，必须注意两点：第一，工作人员人事关系所在部门和单位不属于《公务员范围规定》第4条①所列机关的，不列入公务员范围。这主要是中国共产党的各级代表大会代表、委员会委员、委员会候补委员、纪律检查委员会委员；各级人民代表大会代表、常务委员会组成人员、专门委员会成员；中国人民政治协商会议各级委员会常务委员、委员；各民主党派中央和地方各级委员会委员、常委和专门委员会成员。中华全国工商业联合会和地方工商联执行委员、常务委员会成员和专门委员会成员。第二，列入公务员范围的人员必须按照《公务员登记办法》的规定进行登记后，方可确定为公务员。公务员登记审批一般应当在公务员任职后1个月内进行。除新录用公务员外，公务员登记审批完成后，所在机关方可按照有关规定履行工资审批等各项手续。

三、公务员的分类

公务员可以按照不同的标准，分为不同的种类，从世界范围来看，公务员主要有以下分类：

1. 政务类公务员和业务类公务员。“理想的公务员制度，一方面必须能够随时汲取最新的民意，制定成为政策，并据以施行，以落实主权在民的理念；另一方面则须维持行政的安定性与一贯性，以免人去政息，并须着重公务员的专业性，

① 《公务员范围规定》第4条：下列机关中，除工勤人员以外的工作人员列入公务员范围：（1）中国共产党各级机关；（2）各级人民代表大会及其常务委员会机关；（3）各级行政机关；（4）中国人民政治协商会议各级委员会机关；（5）各级监察机关；（6）各级审判机关；（7）各级检察机关；（8）各民主党派和工商联的各级机关。

以对应日趋复杂化与多样化的社会。”①政务类公务员和业务类公务员的区分就是这种理想公务员制度考量下的产物。政务类公务员是指参与国家政策或者施政方针的决定，并且随着执政党更迭或者政策改变而进退的公务员；业务类公务员是指依照既定政策或者施政方针而执行行政任务的公务人员。一般而言，区别政务类公务员和业务类公务员之实益在于：政务官并无任用资格之限制，亦不受身份保障，但事务官则有任用资格之限制，受身份保障。②该分类是世界上多数国家对公务员所采用的一种最基本的分类，也是最重要的一种分类，但我国仅在理论上进行研究，在立法上并未采取这一分类。

2. 武官公务员与文官公务员。这是在对于公务员进行广义理解上所作的分类，是以二者所任职务的不同性质为标准而划分的。武官公务员是指具有现役军人身份，从事战斗或者其他军事任务的公务人员；文官公务员是指武官公务员以外的一般公务人员。区分文官与武官之实益在于，为避免军人干政，流于独裁，武官不得兼任文官。③这一分类在我国台湾地区“行政法”上被广泛采用，但大陆《公务员法》并未采用。

3. 国家公务员与地方公务员。这是依据公务员所任职机关的不同性质而作的划分。国家公务员是指在国家机关内服务的公务员，依据国家有关公务员的法律享受权益及负担服务勤务以及其他义务；地方公务员一般是指地方自治团体为执行自治任务所雇募的人员。该分类一般存在于实行中央与地方分权的联邦制国家。实行联邦制的国家往往由州法（省法）规定地方公务员制度。我国虽有中央政府与地方政府的划分与建制，但我国作为单一制国家，不存在地方公务员概念，所有的公务员都是国家公务员。因此该分类不适用于我国公务员。

4. 一般职公务员与特别职公务员。此分类是依据公务员任用资格的不同而划分的。一般职公务员，也称为普通职公务员，是指依据公务人员任用法规定任用的一般公务员；特别职公务员，是指依据公务人员任用法以外的其他法律规定任用的公务员。特别职公务员又可以分为一般任用资格的特别职公务员与特殊任用资格的特别职公务员。区分一般职公务员与特别职公务员之目的，“除了其进用之要件及程序宽严有所不同之外，最重要之目的在于使公务员进用之管道多元化，

---

① 翁岳生:《行政法》，中国法制出版社 2009 年版，第 378 页。

② 参见翁岳生:《行政法》，中国法制出版社 2009 年版，第 379 页。

③ 翁岳生:《行政法》，中国法制出版社 2009 年版，第 381 页。

使社会菁英之士，都能为之所用”。[①] 这一分类也被一些国家和地区所采用，如日本、德国以及我国台湾地区等。我国《公务员法》虽然并未明确采用这一分类，但该法第 3 条规定：“公务员的义务、权利和管理，适用本法。法律对公务员中领导成员的产生、任免、监督以及监察官、法官、检察官等的义务、权利和管理另有规定的，从其规定。”据此可以认为，我国公务员也可以分为一般职公务员与特别职公务员。

5. 综合管理类公务员、专业技术类公务员和行政执法类公务员。此分类是按照公务员职位的性质、特点和管理需要划分的。综合管理类公务员是指在国家机关中更多地担负着政治方向、政治原则的领导责任和重大决策任务的人员；专业技术类公务员是指在国家机关中更多地担负着专业技术业务管理的人员，其工作属于技术性、程序性的具体事务，因此，他们必须具有比较合理的知识结构、行政能力和管理技能，如公安部门中的法医、外交部门中的翻译等；行政执法类公务员是指直接履行行政监管、行政处罚、行政强制、行政稽查等现场执法职责的人员。

我国《公务员法》采用了此种分类。《公务员法》规定，我国实行公务员职位分类制度，公务员职位类别按照公务员职位的性质、特点和管理需要，划分为综合管理类、专业技术类和行政执法类等。对于具有职位特殊性，需要单独管理的，可以增设其他职位类别。各职位类别的适用范围由国家另行规定。

6. 领导职务公务员和非领导职务公务员。此分类是以公务员是否担任领导职务为依据而作的划分。领导职务公务员是指在中央和地方各级国家机关中具有组织、管理、决策、指挥职能的公务员；非领导职务公务员是指在本机关同级首长领导下负责某一方面的工作，或者协助同级领导开展工作的公务员，并不具有组织、管理、决策、指挥职能。但由于这种分类不科学，尤其是非领导职务公务员职责不明、似官非官、不伦不类，成为解决官员待遇的工具。2018 年新修订的《公务员法》已经不再采用这一分类了，转而采用新的分类，即将公务员分为领导职务与职级。关于领导职务公务员和职级公务员的分类，本书将在第二章予以详述。

7. 选任制、委任制和聘任制公务员。此分类是以公务员的产生方式为依据所划分的。选任制公务员是指根据民意选举的方式而产生的公务员。国外许多政府

---

① 翁岳生：《行政法》，中国法制出版社 2009 年版，第 381 页。

首脑和内阁成员都是选任制公务员，我国由各级人民代表大会及其常务委员会选举产生的公务员也属于选任制公务员。根据我国《公务员法》规定，选任制公务员在选举结果生效时即任当选职务；任期届满不再连任或者任期内辞职、被罢免、被撤职的，其所任职务即终止。

委任制公务员是指由任免机关在其任免权限范围内直接确定并委派某人担任一定职位或者职级而产生的公务员。委任制通常适用于政府内设机构的领导人员和其他公务员，例如新录用的公务员试用期满经考核合格的，应该予以任职。

聘任制公务员是指以合同方式聘用而产生的公务员。根据我国《公务员法》规定，国家机关根据工作需要，经省级以上公务员主管部门批准，可以对专业性较强的职位和辅助性职位实行聘任制。聘任公务员，应当按照平等自愿、协商一致的原则，签订书面的聘任合同，确定机关与所聘公务员双方的权利、义务。聘任合同经双方协商一致可以变更或者解除。聘任合同的签订、变更或者解除，应当报同级公务员主管部门备案。

第二节　公务员法的概念与属性

一、公务员法的概念

公务员法有广义和狭义之分。广义的公务员法是指机关制定或认可的，调整公务员与机关之间的职务职级关系及与职务职级相关的关系的所有法规范的总称。例如《公务员法》《法官法》《检察官法》《人民警察法》《公务员录用规定》《公务员奖励规定》等。狭义的公务员法仅指具有专门、完整法律形式的公务员法典，也即《公务员法》。本书所讲的公务员法是广义的公务员法，对于这一概念可以作以下理解：

1. 公务员法的调整对象是公务员与国家之间的公职关系。国家公职关系是指通过选任、委任、聘任等任用方式，使公务员基于其所担任的国家职务、职级而与国家之间发生的公法上的权利义务关系。但国家是一个拟制的作为归责模式的法人，是个抽象的实体，只有通过其所属的国家机关才能有效运作，同样也只能通过这些国家机关才能履行诸如提供社会救济或是抵御危险的特定义务。[①] 因此，实践中具体代表国家而与公务员建立职务职级关系的是机关，从而公职关系就表现为公务员与其所在机关之间的关系。

2. 公务员法是有关公务员监督与管理的法律规范之总称。公务员法除了命名为《公务员法》的这一调整公务员与机关关系的基本法律外，还包括其他的调整公务员关系的法律、法规和规章。这些法律、法规和规章数量较多，种类繁杂，主要有《公职人员政务处分法》《监察法》《行政机关公务员处分条例》《公务员范围规定》《公务员职务与职级并行规定》《公务员奖励规定》等。此外，近年来中国共产党的中央组织和部委制定了许多党内法规，例如《中国共产党重大事项请示报告条例》《党政领导干部选拔任用工作条例》《中国共产党党内监督条例》《中国共产党党员权利保障条例》《中国共产党廉洁自律准则》《中国共产党纪律处分

① ［德］齐佩利乌斯:《德国国家学》，赵宏译，法律出版社 2011 年版，第 123—126 页。

条例》等，这些都是监督和管理公务员的党内法规，也属于广义的公务员法的应有之义。因此，从宏观的角度来看，我国的公务员法既包括国家法，也包括党内法规，都是规范公务员管理与监督的法规范。

3. 公务员法集实体法与程序法于一体。与民法、刑法等实体法相比，公务员法有着与这两种法律截然不同的特点。公务员法是实体法和程序法的结合体。而形成这种状况主要是由于公务员法的一项重要立法目的是对公务员的监督和管理。公务员是手握公权力的人员，容易滥用权力，侵犯公民权利，因此必须利用公务员法来予以规范和制约。但是仅利用公务员实体法对公权力进行监督与制约往往难以达到预期目的，还必须借助程序法进行权力的监督与制约。唯有实体法和程序法比翼齐飞、双管齐下，才能真正达到对公务员的监督与制约。另外，公务员法中的许多管理制度，例如考核、回避等，都必须依靠程序工具才能做到规范行使和具体落实。因此，公务员法中既有实体性的法律规定，例如考录条件、奖励等级等，也有录用、回避等程序性的法律规定，是实体法与程序法的结合体。

二、公务员法的属性

1. 政治法

法与政治是人类社会上层建筑中的不同现象。尽管两者存在明显的区别，但“法律与政治不可分离，法律必然直接受制于政治”[①]。“法律调整的许多问题和许多内容，都具有政治的性质，直接受制于政治。”“即使是远离政治的法律问题，它们也不可避免地与政治有着千丝万缕的联系，并间接地受制于政治的状况。”因此，从法学理论来说，任何法律都具有政治属性，不可能存在没有政治属性的法律。法律就是政治的“外衣”，政治就是法律的“内核”，两者互为表里，相互依存。只是在实践中，有的法律政治性较强一些，如《宪法》《选举法》等；有的法律政治性较弱一些，甚至很难明显地表现出来，或让人不容易察觉到，如《交通安全法》《传染病防治法》等。

公务员制度是一个国家政治制度的重要组成部分，是推动和落实国家施政方针的重要力量。例如，法国的公务员制度被喻为“法国生活中，如果不是唯一的

① 卓泽渊:《法政治学》，法律出版社 2005 年版，第 33 页。

推动力量也是主要的推动力量之一”[①]。在我国，公务员队伍是中央和地方各级党政领导班子的重要来源，公务员制度建设事关整个干部队伍建设的成效，事关党的执政能力、执政基础、执政地位。因此，党的十八大以来，我们党和国家对公务员加强了意识形态教育，明确了公务员的政治属性和定位，在录用、考核、培训等管理中突出政治标准，以政治建设为统领建设公务员制度。这种对公务员在政治上的定位和政治要求被《公务员法》以法律的方式来加以固定、贯彻，从而也让公务员法与其他法律相比具有很强的政治属性和政治色彩。《公务员法》的政治属性主要表现在以下几个方面：

（1）突出习近平新时代中国特色社会主义思想指导地位和坚持党的领导。《公务员法》把习近平新时代中国特色社会主义思想作为公务员法必须长期坚持的指导思想，旗帜鲜明地把坚持和加强党的领导、坚持中国特色社会主义制度等一系列政治要求体现到法律条文中。例如，《公务员法》第4条规定：“公务员制度坚持中国共产党领导，坚持以马克思列宁主义、毛泽东思想、邓小平理论、‘三个代表’重要思想、科学发展观、习近平新时代中国特色社会主义思想为指导，贯彻社会主义初级阶段的基本路线，贯彻新时代中国共产党的组织路线，坚持党管干部原则。”

（2）明确公务员的政治属性和定位。《公务员法》第2条规定，公务员是干部队伍的重要组成部分，是社会主义事业的中坚力量，是人民的公仆。通过规定公务员的政治属性和定位，要求公务员全面贯彻执行党的理论和路线方针政策，认真贯彻落实党中央的各项决策部署，提高政治站位，肩负推动我国社会主义事业不断前进的历史重任，“做人民公仆，忠诚于人民，以人民忧乐为忧乐，以人民甘苦为甘苦，全心全意为人民服务”。

（3）公务员管理全过程突出政治标准。公务员法把落实新时期好干部标准贯穿于公务员的条件、义务、考核、监督、惩戒、培训等管理全过程和主要环节，突出政治标准求才、用才、育才和留才，进一步彰显中国政治特色。

总之，我国公务员法旗帜鲜明地体现了政治性，进一步彰显了公务员法的中国政治特色和政治制度自信。

2. 管理法

尽管公务员是公共事务的承担者和推进者，但公务员并非天使。如果公务员

---

① Ridley and Blondel, Public Administration in France. London, 1970, p. 54.

是天使，那就不需要管理了。公务员管理，“就是运用科学的原理、原则、制度和方法，对公务员工作所进行的计划、组织、指挥、协调、监督、控制等一系列管理活动”。[①]公务员的管理是现代政府人事管理的重点和核心，管理的目的是要整个公务员队伍运转良好、有条不紊、科学合理，“提高政府的工作效率和工作效果，从而使政府更好地为全体民众服务”。[②]然而，现代法治国家强调，对公务员的管理必须遵守行政法治原则。行政法治强调对公务员的管理要用法治手段进行引领和规范，公务员法就是公务员管理的经验和规则的制度化和法治化。我国《公务员法》的首要立法目的就是规范国家对公务员的管理，把国家对公务员的多年管理经验和方法确定下来。从我国《公务员法》的条文规定来看，《公务员法》中的绝大多数规范都是管理性规范，都是国家对公务员的管理与监督方面的具体规定。这种规定不仅贯穿于公务员的录用、履职、退出等全过程，也贯穿于公务员的日常生活和离职从业限制等方面。这使得我国《公务员法》就是一部管理公务员的基本法，也即公务员管理法。因此，从法律规范的内容和本质上看，公务员法表现出明显的管理法属性。

3. 内部法

行政法一般可以分为外部行政法与内部行政法。外部行政法（external administrative law）处理的是行政机关与公民的关系或者官员与公民的关系，体现的是“政府对公民的要求”或者“公民对政府的要求”；内部行政法（internal administrative law）则关涉官员的相互关系或者行政机关之间的关系。[③]尽管内部行政法的范围尚未达成一致[④]，但内部行政法的本质“是要在行政权内部规范公务员的行为”[⑤]，其目的“在于为使行政公正地、高效地、合理地被执行而组织行政

---

① 李和中：《21世纪国家公务员制度》，武汉大学出版社2006年版，第174页。

② 夏书章：《行政管理学》，高等教育出版社、中山大学出版社2018年版，第119页。

③ Bruce Wyman, The Principles of the Administrative Law Governing the Relations of Public Officers, §2, 4, p. 4.14.（Law book Exchange ed.2014）（1903）.

④ 内部行政法的范围不仅包括由一个行政机关或机关的子部通过的，用以管理行政机关自身行为的措施，也包括不针对特定行政机关的行政分支的措施，还包括支配行政机关间互动的流程和政策。关于内部行政法的范围的论述可参见［美］吉莉恩·E. 梅茨格凯文·M. 斯塔克：《内部行政法》，宋华琳、吕正义译，载《公法研究》（第20卷），浙江大学出版社2020年版，第243页。

⑤ ［日］稹重博：《行政法中的内部法及其法理》，朱可安译，汪敬涛校，载《公法研究》（第20卷），浙江大学出版社2020年版，第243页。

内部的机构，制定其运营所必要的内部手续，并整备手段”。[①] 公务员法是公务员的行为规范，其主要规范的是机关内部的公务员与所在机关之间的关系，这种关系对公民、法人或其他组织一般不具有直接的外部效力，仅具有内部效力。因此，公务员法不是行政的外部法，而是行政的内部法[②]，主要通过对公务员活动的规范与外部行政法一道完成行政法的“控权”和“服务”功能[③]。

---

① ［日］稹重博:《行政法中的内部法及其法理》，朱可安译，汪敬涛校，载《公法研究》(第20卷)，浙江大学出版社2020年版，第243页。

② 有学者认为，内部行政法主要由行政组织法、公务员法和财政管理法等三部分构成，详情参见［日］稹重博:《行政法中的内部法及其法理》，朱可安译，汪敬涛校，载《公法研究》(第20卷)，浙江大学出版社2020年版，第242页。

③ 行政法是一部“控权法”加“服务法”，是控制行政权的法，是服务于社会、服务于民的法。参见王学辉:《对行政法学基础理论的思考》，载《西南政法大学学报》2002年第3期。

第三节　公务员法的法源与体系

一、公务员法的法源

关于何谓“法源”？仁者见仁，智者见智。其主要观点有：法的存在形式说、法源动力说、法原因说、法制定机关说、法前规范说、法事实说等。[①]这些学说从不同的角度对“法源”作了具有一定理性的解说，均有一定的道理，对我们认识和理解“法源”具有重要的启迪意义。但从我国学者的相关研究来看，基本上采用“法的存在形式说”理论。[②]例如我国台湾学者陈清秀认为：“法源亦即一个法规范所有产生的形式或法规范所表现的形式，乃是认识法的来源，从此来源可以直接认知现行法或实定法。”[③]再如我国著名行政法学者姜明安先生认为：“法源就是各法律部门法的表现形式，亦即各法律部门法律规范的来源、出处。”[④]本书采用“法的存在形式说”，即将公务员法的法源界定为公务员法的表现形式或载体，也即公务员法律规范的表现形式或载体。之所以这么做，是因为法源的其他学说基本上都是探求法的本质的深层次问题，这些问题是法理学需要解决的，作为行政法组成部分的公务员法，其法源探求之目的在于认识、观察和研究以各种法文件形式表现的公务员法律规范，促进公务员法制之进步，故从形式上即可满足研究之目标。由于我国是成文法国家，公务员法的法源只能是成文法的表现形

① 法源学说的具体主张，请参见管欧：《中国行政法总论》(自刊)，1981年版，第39—40页；王名扬：《法国行政法》，中国政法大学出版社1989年版，第14—16页；杨建顺：《日本行政法通论》，中国法制出版社1998年版，第150—158页；姜明安：《行政法与行政诉讼法》，北京大学出版社、高等教育出版社2007年版，第39页。

② 法的存在形式说，也即法源是法的存在形式。任何部门的法律规范都必须以一定的法的形式存在，这些法的形式可能是成文法律，也可能是习惯、法理或判例。

③ 翁岳生：《行政法》(上册)，中国法制出版社2009年版，第119页。

④ 姜明安：《行政法与行政诉讼法》，北京大学出版社、高等教育出版社2007年版，第39—40页。

式。据此，我国当前的公务员法法源主要有以下几种：

（一）宪法

我国已故的著名行政法学家吴庚先生认为："'宪法'为一切法律之法源，与行政法更属密不可分，行政机关之组织与职权、行政作用之基本原理，且为'宪法'所明定，其法源地位尤为明确。"[①]公务员法作为行政法的重要组成部分，"宪法"理所当然地也应该作为公务员法的法源。在有成文宪法的国家，一般都在成文宪法中为公务员法的制定确立基本依据。我国也不例外。我国《宪法》第27条明确规定："一切国家机关实行精简的原则，实行工作责任制，实行工作人员的培训和考核制度，不断提高工作质量和工作效率，反对官僚主义。""一切国家机关和国家工作人员必须依靠人民的支持，经常保持同人民的密切联系，倾听人民的意见和建议，接受人民的监督，努力为人民服务。""国家工作人员就职时应当依照法律规定公开进行宪法宣誓。"《宪法》第二章关于"公民的基本权利和义务"也同样适用于国家公务员。这些规定不仅是我国公务员法立法的基本依据，同时也是我国公务员法律制度的重要组成部分。

（二）法律

法律是国家最高立法机关制定的规范性文件，在我国则是指全国人民代表大会制定的基本法律和全国人民代表大会常务委员会制定的一般性法律。2005年颁布的《公务员法》是我国目前最重要的公务员基本法律。除此之外，作为公务员法渊源的还包括涉及公务员规范性质的法律，如《国务院组织法》《地方各级人民代表大会和地方各级人民政府组织法》等，其中涉及公务员管理的法律规范，也同样属于公务员法的范畴。

（三）党内法规

党内法规是党的中央组织，中央纪律检查委员会以及党中央工作机关和省、自治区、直辖市党委制定的体现党的统一意志、规范党的领导和党的建设活动、依靠党的纪律保证实施的专门规章制度。[②]2014年中共十八届四中全会通过的《中

---

① 吴庚:《行政法之理论与实用》，台湾三民书局2012年版，第39页。

② 此概念见2019年修订出台的《中国共产党党内法规制定条例》第3条。

共中央关于全面推进依法治国若干重大问题的决定》明确将“形成完善的党内法规体系”确立为建设中国特色社会主义法治体系的重要组成部分。为了发展和完善党内法规体系，促进党的治理能力和治理体系现代化，近年来中国共产党的中央组织和部委制定了许多党内法规，例如《中国共产党重大事项请示报告条例》《党政领导干部选拔任用工作条例》《中国共产党党内监督条例》《中国共产党党员权利保障条例》《中国共产党廉洁自律准则》《中国共产党纪律处分条例》等。虽说这些“党内法规的对象效力主要限于中国共产党的党组织和党员”[①]，但由于我国公务员中80%以上是党员，领导干部中95%以上是共产党员，因而在实质上党内法规的射程已经基本覆盖了所有的机关和机关所在的公务员，已经发挥了对“党员公务员”的规范效力。而且，我国目前部分规范公务员管理方面的规定，例如《公务员范围规定》《公务员登记办法》等都是中国共产党的中央组织部门制定的法规，这些法规完全适用于所有的公务员。这些党内法规中凡是规范公务员相关事项的规定，也属于公务员法的法源。当然，把党内法规作为我国公务员法的法源，是由中国共产党的领导地位和党管干部的原则决定的，也是我国与西方国家在公务员法法源方面最大的不同。

（四）行政法规

行政法规是国务院制定的规范性文件，其效力仅次于宪法和法律，也是我国最重要的一种法律表现形式。行政法规中涉及公务员及其管理的，也属于公务员法的渊源范畴。在《公务员法》制定前，1993年国务院发布的《国家公务员暂行条例》就曾在我国公务员管理方面起着基本法的作用。《公务员法》颁布以后，为进一步落实《公务员法》的规定，国务院继续制定了一系列配套行政法规，如2007年的《行政机关公务员处分条例》等，都是我国公务员管理的重要法律依据。

（五）地方性法规

地方性法规是指地方立法机关制定的、在该区域内生效的规范性文件。依照《立法法》的规定，在我国，省、自治区、直辖市的人民代表大会及其常委会、设区的市（包括不设区的东莞市、中山市和嘉峪关市）的人民代表大会及其常委

---

① 宋功德、张文显：《党内法规学》，高等教育出版社2020年版，第34页。

会有权制定地方性法规。近年来，许多地方制定了有关公务员管理方面的地方性法规，例如《青海省公务员转任办法》（2020年修订）和《合肥市市直机关公务员转任办法》。需要注意的是，按照《立法法》的规定，设区的市人民代表大会无权进行公务员管理方面的立法，只能由上一级地方立法机关决定。合肥市制定的《合肥市市直机关公务员转任办法》，是经过了安徽省人民代表大会的批准。

（六）自治条例和单行条例

我国在少数民族聚居区实行民族区域自治制度，民族自治地方的人民代表大会有权依据当地民族的政治、经济、文化特点制定自治条例和单行条例。自治条例和单行条例可以依照当地民族的特点，对法律和行政法规作出变通性规定，但是不得违背法律和行政法规的原则。而且，自治条例和单行条例不得对宪法和民族区域自治法以及其他法律、行政法规专门就民族自治地方所作的规定进行变通执行。由于民族区域自治制度的特殊性，自治条例和单行条例可以在同宪法、法律、行政法规保持一致的基础上，进行相应的变通。如《延边朝鲜族自治州自治条例》（1985年4月24日延边朝鲜族自治州第八届人民代表大会第三次会议通过，1985年7月31日吉林省第六届人民代表大会常务委员会第十四次会议批准；根据2003年1月6日吉林省第九届人民代表大会常务委员会第三十五次会议关于批准《延边朝鲜族自治州人民代表大会关于修改〈延边朝鲜族自治州自治条例〉的决定》的决定修正）第69条第2款规定："自治州的国家工作人员能够熟练使用朝、汉两种语言文字的应该予以表扬和奖励。"

（七）行政规章

行政规章包括部门规章和地方政府规章。为执行落实《公务员法》的规定，人事部制定了大量涉及公务员管理的规章，这是我国公务员法律渊源的重要组成部分，如《公务员调任规定》《公务员职务任免与职务升降规定（试行）》《公务员录用考试违纪违规行为处理办法（试行）》《新录用公务员试用期管理办法（试行）》，等等，对我国公务员管理中的录用、考核、奖惩等一系列问题都作出了明确规定。

（八）法律解释

在我国，法律解释有立法解释、行政解释、司法解释三种。其中对有关公务员法的解释，都构成公务员法的渊源。如根据《公务员考核规定》第 36 条，本规定由中共中央组织部负责解释。据此，中共中央组织部对考核规定进行的解释，也属于我国《公务员法》的渊源。

（九）国际条约和行政协定

国际条约和行政协定是我国同外国缔结的双边和多边及协定性质的法律文件。国际条约和行政协定属于国际法而非国内法的范畴，但是经过国家法定程序批准生效的国际条约和行政协定具有同国内法同等的法律约束力，国家应当履行国际条约、行政协定中规定的义务，所以它们也是国内法的一个重要渊源。就公务员管理而言，目前国际社会没有专门针对公务员管理的国际条约，我国也未就公务员管理与他国签订专门的国际协议，国际条约和行政协定中有关公务员管理方面的规范散见于相关国际条约和行政协定中，如 2003 年生效的《联合国打击跨国有组织犯罪公约》和 2005 年生效的《联合国反腐败公约》是目前在联合国框架下打击跨国腐败最为重要的国际公约，由于我国已经批准加入了这两个国际公约，因而这两个公约也是我国规范和管理公务员行为的重要依据，属于我国《公务员法》的渊源，也是调整机关与公务员管理的重要法律依据。如《联合国反腐败公约》第 7 条第 1 项规定："各缔约国均应当根据本国法律制度的基本原则，酌情努力采用、维持和加强公务员和适当情况下其他非选举产生公职人员的招聘、雇用、留用、晋升和退休制度，这种制度：（一）以效率原则、透明度原则和特长、公正和才能等客观标准原则为基础；（二）对于担任特别容易发生腐败的公共职位的人员，设有适当的甄选和培训程序以及酌情对这类人员实行轮岗的适当程序；（三）促进充分的报酬和公平的薪资标准，同时考虑到缔约国的经济发展水平；（四）促进对人员的教育和培训方案，以使其能够达到正确、诚实和妥善履行公务的要求，并为其提供适当的专门培训，以提高其对履行其职能过程中所隐含的腐败风险的认识。这种方案可以参照适当领域的行为守则或者准则。"

二、公务员法的体系

（一）公务员法体系的概念及其构成

公务员法体系是指若干个有关公务员管理的法律、法规和规章等组成的一个有机联系、和谐统一的整体。世界各国的公务员法体系大致有统一式和分散式两种。统一式体系即由统一的公务员总法与相互配套的各种补充法规构成的统一整体。美国、法国、日本等多数国家采用这种体系。分散式体系即由若干个单行法律、法规组成的整体。英国采用分散式体系。

统一式的公务员法体系，通常由两部分构成：

1. 公务员基本法

一般国家都有公务员基本法，如日本的《国家公务员法》和《地方公务员法》；法国的《公务员总法》；瑞士的《联邦公务员章程法》。我国 2005 年 4 月通过的《公务员法》起基本法的作用。公务员基本法是对公务员管理作出的一般性规定，它所规定的是有关公务员管理的基本原则和基本制度，是制定其他公务员管理法规的依据。

2. 与基本法相配套的各种补充性法规

为了使公务员基本法所规定的基本原则和基本制度得以贯彻实施，还需要制定与总法相配套的补充性法规。如日本在制定了《国家公务员法》和《地方公务员法》的基础上又制定了《外省公务员法》《关于一般公务员工资待遇的法律》等，以此作为基本法的补充。美国在制定《文官法》的基础上，又制定了许多单行法规，如《美国退休法》《职位分类法》《考绩法》《政府雇员培训法》《联邦工资改革法》，等等。上述单行法律、法规对公务员基本法的贯彻实施起着十分重要的作用，是公务员法体系的重要组成部分。

（二）我国公务员法的体系

我国公务员法的体系属于统一式。全国人大常委会通过的《公务员法》起着基本法的作用，适用于公务员管理的方方面面。在《公务员法》施行后，党和国家制定了一系列的配套法律法规和规定，如《公职人员政务处分法》《公务员录用规定》《公务员考核规定》《公务员调任规定》《公务员回避规定》《公务员辞去公职规定》《公务员培训规定》《公务员奖励规定》等。这些法律与规定同《公务员法》一道构成我国公务员法的基本体系。

第四节　公务员制度的产生与历史发展

一、西方国家公务员制度的产生与发展

现代意义上的国家公务员制度，最初形成于西方资本主义国家，是人事行政制度走向现代化的重要标志。

（一）英国公务员制度的产生与发展

英国是世界上最早产生公务员制度的国家。1688 年光荣革命后，英国建立了君主立宪体制，但由于资产阶级革命的不彻底性，封建的“恩赐官职制”在很大程度上被保留了下来，两党制形成后，“恩赐官职制”中又补充进“政党分赃制”的内容，这种人事管理体制，不仅使一些庸碌无能的人进入了公务员队伍，而且容易造成政府和官吏的腐败，导致政府行政效率低下，因而引起政治家和社会公众的普遍不满。

从 19 世纪开始，英国对旧官吏制度逐步进行了局部改革。1805 年，财政部首先设置政务次官和常务次官，其他政府部门相继仿效，由此形成了政务官和事务官分离的官吏结构。1833 年以后，有些政府部门开始试行考试用人的任用方式。1848 年，英国财政部成立了以屈威廉为主任的备忘录起草委员会，内容之一就是为了节省经费、确保高效率，对财政部的机构状况、功能配置及其运行机制进行调查。后来，调查的范围广泛涉及公务执行中的所有问题。1853 年调查终结，委员会提出了著名的《诺斯科特——屈威廉报告》，报告确立了现代公务员制度的若干基本原则，其许多内容经由 1870 年的枢密院令付诸实施，在该报告的引导下，英国建立了一个集中的公务员体系。

此后，英国的公务员制度逐步成型和完备。1870 年，英国政府颁发第二个关于公务员制度的枢密院令，对考试录用等作了补充规定。1884 年 11 月，格莱德斯通政府明确规定，参加政治性选举的公务员在宣布参选之前必须辞去公务员职务，

这使得政治中立原则得以进一步确立，并成为英国公务员制度所奉行的基本价值准则。1889 年国家制定了《老年退休法》。1919 年成立全国公务员“惠特利委员会”，它成为公务员与政府之间进行对话、维护公务员的合法权益以及解决双方矛盾的重要机构。

1968 年，英国对经历了 100 多年发展的公务员制度进行了一次历史性重大改革，富尔顿委员会（Fulton Committee）提交了著名的《富尔顿报告》。这一报告列举了公务员制度存在的缺陷并提出了一系列改革建议。该报告指出，政府部门的官僚主义十分严重，机构重叠，互相扯皮；只受过通才教育的行政官员博而不专；繁复的分类等级影响了人尽其才等。该报告建议，精简文官层次，打破行政官员系统的封闭性，建立开放性的统一的分类制度，成立文官事务部，代替财政部行使文官管理权限；鼓励文官之间、文官同其他行业之间的交流；重视专家和专业技术人员的作用；改革现行的考任制；成立文官学院。这一改革报告得到工党政府的赞同，并在一定程度上付诸实施。20 世纪 80 年代，英国内阁首相撒切尔夫人再次对公务员制度进行了大规模改革，其改革内容主要包括三方面：一是裁减冗员，将公务员从 73 万人减至 59 万人；二是扩大政府各部的人事自主权，各部负责事务人员的任用；三是调整公务员的工资，使之尽量与民间企业人员收入保持基本平衡。90 年代，英国政府陆续推出“公民宪章”“市场检验”“新行政机关”政策。“公民宪章”和“市场检验”运动要求政府部门与市民谈判，形成一个协议，详细规定部门提供各项服务应达到的指标，如果在实践中没有做到，市民便可以起诉该部门。同时要求政府各部门将原来政府提供的各项公共服务推向市场，通过引入市场竞争机制来提高政府的服务质量。[①]《新行政机关白皮书》则赋予高级公务员在管理和决策方面实质性的责任和权力，并通过高薪、公开录用和签订合同的方式来任用公务员，进而从根本上改革了旧公务员制度。[②]英国公务员制度的改革和完善从未停止过，2012 年 6 月，英国政府又推出一轮旨在打造一支更加全能、高效的公务员队伍的《公务员改革计划》。改革内容包括：一是重新规划公务员机构规模和形态。通过继续改变公共服务提供方式、继续推动建设电子化政府、推动政府部门间“共享服务”工程的建设、推动政府服务外包共享服务的建设等方式，保证政府提供高质量、灵活的公共服务。二是提升政

---

① 王臻荣:《公共行政学》，山西人民出版社 2009 年版，第 192 页。

② 霍虹:《公务员制度概论》，大连海事大学出版社 2007 年版，第 359 页。

策的制定能力。改革明确进一步推动提升公务员政策制定的创新性和有效性，加强政策制定过程中政策建议的科学性与务实性，提升公务员分析数据、运用政策工具以及了解政策执行环境的能力。三是提升政策执行能力，构建责任机制。四是提升公务员队伍的整体能力与素质，打造高效、专业和有归属感的现代化公务员队伍。[①]

（二）法国公务员制度的建立和发展

法国的公务员制度以第二次世界大战为界分前后两个阶段。早在16世纪，法国就形成了庞大的官吏队伍。当时的官吏制度有很浓厚的封建性：官吏是国王的臣仆，其报酬由国王支付，地方官吏由中央直接或者由地方代表中央任命，官吏终身任职，甚至可以世袭，官职可以买卖等。至大革命前夕，这支官吏队伍达50万人。法国大革命后，拿破仑改革旧官吏制度，初步确立了一些公务员制度，如这一时期曾制定了一些有关管理政府官员的单项法规，建立了培训官员的若干专科学校等，但尚未形成一种较为完整的制度。拿破仑以后的历届政府也陆续颁布了一些有关公务员统一管理的法律，主要有：1853年和1859年的《退休法》、1905年的《关于纪律问题的规定》、1913年的《转调法》等。但是从整体上看，这一阶段法国公务员制度显然发展缓慢。

第二次世界大战期间，维希政府起草过统一的公务员章程，但战后戴高乐政府对这一章程不予承认。第二次世界大战后，法国在改革传统人事行政制度的同时，以英美两国的公务员制度为样板，建立起了自己的公务员制度。1945年，法国在政府中设立了人事机构“公职管理总局”，同年建立了专门培训高级公务员的国家行政学院。1946年10月，法国颁布了第一部《公务员总章程》，作为管理全国公务员的法律，由此，法国的现代公务员制度逐步形成。1959年2月，法国制定了新的《公务员总章程》来取代旧的总章程。1983年和1984年，法国又制定了新的公务员法取代1959年的总章程。现行的法国公务员总章程共分为三编，由三个法律组成——《公务员权利义务法》《国家公务员章程》《地方公务员章程》，这标志着法国现代公务员制度的最终确立。

20世纪90年代，法国开始推动旨在适应市场机制、增进行政效绩、提升服

① 宋雄伟：《英国公务员制度改革》，载《学习时报》2014年8月，第002版。

务品质、激发公务员潜能的现代化改革。先后颁布了《关于市、镇、省和大区权力和自由的法案》《共和国地方行政指导法》，实现了中央与地方行政管理体制的分权式非集中化改革，同时引入了私人部门的管理理念，将公务员看作“人才资源”，实施动态管理，将公务员的使用和开发合理地结合在一起，并在公务员的录用中引入竞争机制。分权与非集中化管理实现了政府部门上下级关系由直接隶属向合同关系的转变，在管理体制上明确了公务员的职权和责任，有利于发挥公务员的能力和创造性。公务员管理方式和晋升激励机制的改进，大大提高了公务员管理的灵活性和效率，极大地激活了公务员的活力与责任心。[①] 自2019年1月起，马克龙政府着手推动涵盖失业保险、退休、公务员管理三方面的政府改革。

（三）德国公务员制度的产生和发展

德国公务员制度起源于19世纪晚期，比英法等国稍晚一些。德国的公务员制度最初叫官员制度，由皇帝任命行政长官进行管理。这些行政长官从国家领取俸禄，为国家效忠。由于德国长期处于封建割据状态，因而在很长一段时间内保持了这种“恩赐官职”方式。直到18世纪初期，德国才开始采取考试录用的方式选拔官员。

第二次世界大战后，德国分为德意志联邦共和国和德意志民主共和国，德意志联邦共和国沿用并发展了原有的公务员制度，其公务员制度是在遵守《魏玛宪法》的“唯才是用、考试录用”的原则基础上建立的，但是长期没有建立统一集中的公务员管理机构，直到1953年联邦德国根据《基本法》的规定，颁布了《联邦公务员法》《联邦公务员供养福利法》等公务员制度的法律法规后，才成立联邦公务员委员会，进行统一管理。

1990年10月3日，两德在分裂了45年之后实现了统一。德意志民主共和国加入德意志联邦共和国，承认联邦宪法——《基本法》，根据两德统一条约的规定，在公共行政管理领域原民主德国部分将实行联邦德国的公务员制度，各行各业人员经过培训逐步过渡为官员、雇员和工人。但因过去两德教育体制的差异和资历、水平的不同，原民主德国人员在五年内不能被录用为官员，其工资收入也只能按一定比例发放。

---

① 刘厚金:《中外公务员制度概论》，北京大学出版社2010年版，第92—97页。

德国是联邦制国家，除了有联邦的《公务员法》外，各个州也有《公务员法》，但其内容无根本差别。联邦和各州的议会是专门的立法机构，其制定和颁布了一系列配套的、完整的公务员法律法规。除《公务员法》外，公务员的工资、福利、待遇的法律也是全国统一制定的，称为《官员工资法》；此外，还有《纪律处分法》《官员纪律条例》《官员供养福利法》《公职人员代表法》《官员资历条例》等，基本做到了有法可依，有法必依。①

近些年，德国公务员制度受到德国基本法联邦制之改革、欧盟化和全球化以及巨额财政赤字之影响，其在联邦和邦层面产生了重大改革。②其改革的目标，在于减少国库之沉重负担，强化工作绩效，对抗公务员之贪腐行为，以及促进工作的弹性化。德国公务员制度改革的主要内容体现在 1997 年的《公务员法改革条例》(Das Gesetz zur Reform des öffentlichen Dienstrechts)、2008 年的《公务员法律地位法》(Gesetz zur Regelung des Statusrechts der Beamtinnen und Beamten in den Ländern)，以及 2009 年 4 月 1 日生效的《公务员法新条例》(Dienstrechtsneuordnungsgesetz) 中。

《公务员法改革条例》通过修改俸给制度，使用金钱、奖金、提升俸级等措施强化公务员绩效；通过部分工时、长期停职留薪等措施促进工作弹性化；采用试用公务员和时间性公务员确保选出最优秀公务员；通过延长退休年龄、提前退休专业等措施减轻国库对公务员退抚照顾的沉重负担；为了有效对抗公务员之贪腐行为，公务员法改革条例，除修改旧联邦公务员惩戒法（BDO）第 28 条及第 126 条之规定外，并于 1997 年 8 月 12 日公布“反贪腐条例”(Antikorruptionsgesetz)，借以有效防止公务员与私企业间的不法利益输送。

《公务员法律地位法》的主要目的乃是联邦行使其基本法上的竞合立法权，以取代旧有的“公务员法基准法”，借以统一各邦公务员（含邦法官在内）及乡镇市及其他公法上社团、财团、营造物服务之地方公务员的权利义务，但不包含地

① 刘厚金:《中外公务员制度概论》，北京大学出版社 2010 年版，第 102—104 页。

② 德国联邦公务员制度的改革与发展详情，请参见林明锵:《德国公务员制度之最新变革：兼论我国文官制度的危机》，载《台大法学论丛》(第 40 卷) 2011 年第 4 期，第 2038—2085 页；Battis，U.Das Dienstrechtsneuordnungsgesetz. NVwZ，2009，pp. 409–412；Battis，U. Das Dienstrechtsreformgesetz. NJW，1997，pp. 1033–1036；Ziekow，J. Die Fortentwicklung des Dienstrechts der Bundesbeamten. DÖV，2008，pp. 569–576；Lorse，J.(2008). Personalentwicklung im Abseits aktueller dienstrechtlicher Reformüberlegungen. ZBR，2008，pp. 145–158；Kämmerer，J. A.(2008). Deutsches Beamtenrecht und Verbot der Altersdiskriminierung：Zwischen Irrelenvanz und Ignoranz. ZBR，2008，pp. 325–339。

方之民意代表、教会人员及受委托行使公权力之广义公务员。该法主要是对公务员权利与义务的规定，公务员法律地位法的主要内容，原则上大部分沿袭公务员法基准法之规定，未做大幅度的变动，但是因为基本法的修改，所以原本属于公务员权利义务的内容：公务员之任用与升迁、公务员俸给及公务员退抚照顾，已经授权各邦作具体规定。

《公务员法新条例》是德国公务员法的最新改革内容，其主要是对联邦公务员法、联邦俸给法、联邦退抚照顾法，以及联邦警察公务员法（Bundespolizeibeamtengesetz）、外交人员法（Gesetz über den Auswärtigen Dienst）（《公务员法新条例》第 8 条规定）等法律的修改。对联邦公务员法修改的主要内容是：为强化绩效，试用期延长至 3 年，在实习一半时，进行适任判断，优秀者，可晋升官职一等；缩减职系数量；扩大部分工时职位，使公务员兼顾家庭与公务；延长退休年龄，分阶段提升至 67 岁。公务员法新条例的一大重点就是建立新的基本俸级表，恢复依年资计算俸给之制度，但得因个别公务员之工作经验及绩效表现而提高其俸级。在公务员法新条例中，对于联邦公务员退抚照顾法的规定，作部分程度的再修正，修改内容主要是将公务员的退抚照顾与法定之国民年金保险照顾的程度，尽量一致化（Gleichklang），诸如：提高强迫退休年龄，缩短大学就读期间可以采计之退休年资（《公务员退抚照护法》第 12 条第 1 项规定），由公务员转往私部门服务者，其在公务员期间之退抚照护年资与待遇，可携带衔接私部门之国民年金保险，即所谓“可携带式的退抚年资”。

此外，由于 2006 年 8 月《德国基本法》第 74 条的修订，使得各邦政府对其所属公务员之“任用升迁”“俸给”及“退抚照顾”，享有立法权，所以各邦政府即在最近几年内，积极行使其宪法所赋予的偏离（联邦立法）权限（Abweichungskompetenz），而呈现多元化的竞逐优秀人力的竞争性联邦制，这也是邦层面公务员制度发展的新景象。

（四）日本公务员制度的产生和发展

日本在明治维新后建立了以天皇为权力中心的中央集权的官僚政治体制。与官僚政治体制相适应的官吏制度是一种官僚型人事管理制度。这种人事管理制度，既带有浓厚的封建色彩，又包含一些公务员制度的因素。封建色彩表现为：天皇独揽人事大权，天皇有权制定政府各部门的官制，有权直接任命文武官员，并决定他们的俸禄；官吏的身份依附于天皇，“官吏为天皇之私臣”，所有官吏有对天皇无限忠诚和绝对服从的义务。公务员制度的因素在于：任用政府官员须经过考试，录用考试区分为适用于“奏任官”的高等考试和适用于“判任官”的普通考试两种；政府官员区分为政务官和事务官两类，政务官由首相提名，他们随政府内阁共进退。官僚型人事行政管理制度一直延续到第二次世界大战结束。其间，日本虽然在1898年至1902年出现过带有政党分赃性质的政党内阁，但并未对官吏制度产生大的影响。

第二次世界大战结束后，日本实行政治体制的民主化改革，仿效欧美国家建立起了现代公务员制度。1946年10月，应日本政府的邀请，以胡佛为团长的美国人事行政顾问团来到日本，指导日本的官吏制度改革。美国人事行政顾问团在对日本官吏制度的现状做了实地调查研究之后认为，日本的官吏制度不民主、不科学、不合理，建议全面实行公务员制度。1947年6月，美国人事行政顾问团向日本内阁提交了国家公务员法草案，该草案以民主和效率为基本目标，规定了公务员制度的若干原则，设计了日本公务员制度的基本框架。1947年10月，日本政府颁布了以美国人事行政顾问团的草案为基础而制定的《国家公务员法》，1950年又颁布了《地方公务员法》《公务员职阶法》《一般职公务员报酬法》等单项公务员法规。1947年颁布的日本新宪法也明确规定在全国实行公务员制度。至此，日本自明治维新以来的官僚型人事行政制度转变为现代公务员制度。随着日本民众对行政的需求日趋复杂和多样化，日本通过修订和颁布法律的方式，积极推动公务员作风和培养方式的改革，以为国民提供更优质高效的行政服务。一是2007年7月6日公布修订的《公务员法》，随后又出台了《关于公务员制度改革的“工程表”》，持续推动公务员基本法律制度的健全和完善。二是2008年6月公布实施《国家公务员制度改革基本法》，明确了改革的基本原则和路径。[①]2013年11月，日本内阁向国会提交《国家公务员制度改革关联法》，并于2014年4月在参议院通过；按照该法，包括事务次官、部长等在内的中央官员与干部的人事工作由内阁统管；新设内阁人事局。2016年3月，内阁人事局公布《平成28年度人事管理运营方针》，从基于能力和成果的全面人事管理、确保和培养多样化的人力资源、女性员工的积极参与和促进工作与生活的平衡、健康促进等、对老龄化的回应、纲纪的净化与伦理的提高、促进适当的退休管理、加强劳务管理、推动改善

① 方振邦：《国外人才能力标准与评价》，党建读物出版社2014年版，第142页。

兼职员工待遇和其他人事管理措施等十个方面推进整个政府适当的人事管理，使国家工作人员能够最大限度地发挥行政职能和政策效果。

二、我国公务员制度的产生与发展

我国有着悠久的官吏管理制度，其盛行了1300多年的科举制对人类政治文明作出了很大的贡献。虽然科举制的后期由于注重八股文，不能回应复杂的日益变化的社会需求而最终被废弃，但其历史地位和对人类文明的贡献不能磨灭。科举制也是现代公务员制度的雏形，西方公务员制度的诞生是在充分吸收中国科举制的基础上改革完成的。

1949年以后的干部人事管理制度，是在长期的革命实践过程中逐步形成和发展起来的。改革开放以后，我国的经济、社会、政治、文化等各个领域都发生了深刻的变化，传统干部人事制度的弊端[①]日益显现出来，在这一背景下，公务员制度的建设被提上了改革日程。从发展来看，我国公务员制度建设开始于改革开放初期，经历了一个从无到有、从不完善到初步完善的历程，其过程大致可分为三个阶段[②]：

（一）公务员制度的启动阶段（1978—1987年）

党的十一届三中全会后，随着我国经济、政治体制改革的深入发展，人事干部制度的改革开始受到党和国家的高度重视。1980年8月18日，邓小平同志作了《论党和国家领导制度的改革》的重要讲话，拉开了干部人事制度改革的序幕。1982年，国务院进行了第一次机构改革，这次改革历时三年，通过精简各级领导班子和废除领导职务终身制，加快了干部队伍的年轻化，实际上是一次深刻的管理体制和干部人事制度的改革。

与此同时，为了适应干部人事制度改革的需要，1984年，中共中央组织部与

---

① 我国传统的干部人事制度的弊端主要表现在三个方面：第一，干部终身制导致人员活力较差，“铁饭碗”现象严重；第二，干部身份泛化导致干部队伍缺乏分类管理，人事管理难度加大；第三，干部管理非制度化导致人事管理随意化，无法可依。参见应松年：《公务员法》，法律出版社2010年版，第33页。

② 参见薛刚凌：《公务员法教程》，中国人民大学出版社2017年版，第14—15页。

劳动人事部组织专家起草《国家工作人员法》(草案),后经修改更名为《国家机关工作人员条例》(草案)。1987年,由中共中央组织部和劳动人事部组织成立的干部人事制度改革专题组提出了建立公务员制度的方案,并将《国家机关工作人员条例》(草案)作了重大修改,更名为《国家公务员暂行条例》(草案)。同年10月,党的十三大决定国家行政机关建立和推行国家公务员制度。

(二)公务员制度的建立阶段(1988—1999年)

1988年3月,中央决定成立国家人事部。在党的十三大精神指引下,人事部一方面继续修改条例,拟制配套法规;另一方面为检验《国家公务员暂行条例》(草案)的可行性,从1989年开始在审计署、国家税务局、国家环保局、国家建材局、国家统计局和海关总署国务院六个部门进行了试点,1990年又将试点扩大到哈尔滨和深圳两市,1992年以后又在全国20个省市进行了试点工作。试点工作表明,公务员制度完全符合我国国情。

1993年8月14日,在经过八年多的征求意见、反复修改后,国务院正式颁布了《国家公务员暂行条例》,在各级国家行政机关建立和推行公务员制度,与此同时,党的机关和人大、政协、人民团体、民主党派机关参照执行。之后,国务院又先后制定了公务员制度实施方案、工资改革方案等配套文件,人事部制定了公务员职位分类实施办法和公务员录用考核、职务任免、职务升降、培训、奖励、轮岗、回避、辞职辞退、申诉控告等22个配套规章及办法,初步形成了我国公务员法规规章体系的基本框架。

就在党政机关建立推行公务员制度的同时,党政领导干部选拔任用等重要制度的改革也得到了深入发展。1995年,中央在总结党多年来选拔任用干部工作的经验基础上,制定颁发了《党政领导干部选拔任用工作暂行条例》,对干部选拔任用工作的重要原则和基本程序作出了明确的规定,这是继《国家公务员暂行条例》之后,我国干部人事制度改革方面出台的又一项重要制度。它标志着我国选拔任用领导干部的工作,在民主化、科学化、法制化的轨道上又大大地向前推进了一步。

(三)公务员制度的深化发展阶段(2000年至今)

为了适应新的形势和任务的要求,进一步加快干部人事制度改革步伐,2000年8月,中央印发《深化干部人事制度改革纲要》,以10年为目标,对干部人事制度改革作出了全面部署。党内也出台了大量的人事制度规章，如《党政领导干部选拔任用工作条例》《党政机关竞争上岗工作暂行规定》《党政领导干部职务任期暂行规定》《党政领导干部交流工作规定》《党政领导干部任职回避暂行规定》等，就党政干部选任、管理工作中的 11 个环节，对党政干部的选拔管理作出了具有可操作性的规定。

与此同时，2000 年 8 月，中共中央组织部、人事部在深入调查研究，总结《国家公务员暂行条例》实施经验的基础上，着手研究起草《公务员法》。2005 年 4 月 27 日，汇集各方意见的《公务员法》经第十届全国人大常委会第十五次会议审议通过。这一法律的通过，对规范公务员管理，保障公务员合法权益，加强对公务员的监督，建设高素质的公务员队伍，促进勤政廉政，提高工作效能都具有重要意义。作为我国第一部干部人事工作的重要法律，《公务员法》在我国公务员制度建设史上具有划时代的意义，它标志着我国干部人事制度改革进入了一个依法管理的新阶段。

然而，时代的发展变化，亦给干部人事制度带来了新的挑战，《公务员法》在实践中也暴露出一些不适应性的问题，与时俱进地修订《公务员法》成为日益紧迫的现实议题。2017 年 9 月，为了配合国家法律职业资格考试，《公务员法》进行了第一次小的修正，主要改动了两处：一是在第 23 条中增加一款作为第 2 款，也即“国家对行政机关中初次从事行政处罚决定审核、行政复议、行政裁决、法律顾问的公务员实行统一法律职业资格考试制度，由国务院司法行政部门商有关部门组织实施”。二是将第 45 条第 3 款修改为“确定初任法官、初任检察官的任职人选，可以面向社会，从通过国家统一法律职业资格考试取得法律职业资格的人员中公开选拔”。2018 年 8 月，《公务员法》（修订草案）正式列入第十三届全国人大常委会立法规划，2018 年 12 月 29 日，《公务员法》（修订草案）经第十三届全国人大常委会第七次会议表决通过，修订后的《公务员法》自 2019 年 6 月 1 日起施行。

2018 年 12 月新修订的《公务员法》由原来的 18 章 107 条调整为 18 章 113 条，新增 6 条，实质性修改 49 条，个别文字修改 16 条，条文顺序调整 2 条，是一次较大幅度的修订。主要变化在于：一是突出了政治要求，明确习近平新时代中国特色社会主义思想是公务员制度必须长期坚持的指导思想，以及坚持和加强党的领导、坚持中国特色社会主义制度等一系列政治要求。二是调整完善了公务员职务、职级以及对公务员进行分类管理等有关规定，实行职务与职级并行、职级与待遇挂钩的制度，并对领导职务、职级的任免、升降以及与此相关的条文进行了修改。三是调整充实了从严管理公务员的有关规定，《监察法》和新修订的《中国共产党纪律处分条例》等的有关规定在修订后的《公务员法》中得到了充分体现，公务员的行为因法律的清晰规制而更加规范化。四是充实健全了针对公务员的激励保障机制的有关规定，包括对奖励机制与社会保险权益等均作出了相应的新规定。五是根据公务员管理实践中的需要，进一步完善了公务员分类考录、分类考核、分类培训以及考核方式、宪法宣誓、公开遴选等方面的规定。

综上，我国公务员制度的建立与发展，是社会主义现代化建设的需要，是新时代干部人事制度改革的必然产物。其对于建设一支信念坚定、为民服务、勤政务实、敢于担当、清正廉洁的高素质专业化公务员队伍具有重大意义；对于持续推进我国公务员制度改革、完善国家治理体系及党的领导方式和执政方式、提高国家治理能力现代化的水平具有重要意义。

第五节 公务员法的立法目的与指导思想

一、公务员法的立法目的

立法目的，也称作立法宗旨，是指立法机关通过制定和实施法律要达到的价值目标。它为立法活动指明方向和提供根据，对于确定法律的原则、设计法律制度、起草拟订条文、处理解决分歧意见等具有重要的指导意义。[①]我国《公务员法》第1条明确规定了我国公务员法的立法目的和依据，即“为了规范公务员的管理，保障公务员的合法权益，加强对公务员的监督，促进公务员正确履职尽责，建设信念坚定、为民服务、勤政务实、敢于担当、清正廉洁的高素质专业化公务员队伍，根据宪法，制定本法”。具体来讲，《公务员法》的立法目的，可分解为如下四个方面：

1. 规范公务员的管理

制定《公务员法》的首要目的，就是规范对公务员的管理，将我国长期以来干部人事管理工作的经验和做法，以及西方发达国家人事管理中有益的科学的管理原则、管理模式和管理办法，加以总结和借鉴，形成具有中国特色的合理的公务员管理规范，以推进和确保我国公务员人事管理工作的科学化、民主化和法制化。

2. 保障公务员的合法权益

《公务员法》既是一部管理法，也应是一部权益保护法。[②]在现实生活中，出于各种原因，公务员的权益受到侵犯的现象也屡见不鲜，如有些地方长期拖欠公务员工资、强迫公务员非法集资、打击报复公务员、公务员责任追究滥化等。为

① 张柏林：《〈中华人民共和国公务员法〉释义》，中国人事出版社、党建读物出版社2012年版，第2页。

② 宋世明：《中国公务员法立法之路》，国家行政学院出版社2004年版，第202页。

了防止出现损害公务员合法权益的行为，挫伤公务员的热情和积极性，就必须从法律上给公务员提供有效的权益保障机制。为此，《公务员法》将保障公务员的合法权益作为一项重要的立法宗旨确立下来，不仅规定了公务员享有广泛的权利，而且为公务员提供了申诉、控告等权利救济和保障机制，这些措施对公务员的权利保障和激发公务员的工作热情都将发挥重要作用。

3. 加强对公务员的监督，促进正确履职尽责

不受监督和制约的权力必然导致权力的滥用。公务员作为公权力的具体执行者和实施者，担负着管理公共事务的重要职责，客观上要求公务员必须忠实地行使国家权力，勤勉地依法履行职责。为了防止公务员滥用公权力，给国家和人民群众的利益造成损害，就必须构建完善的全方位监督机制，督促公务员依法办事。另外，近年来，由于我国加强了对违法行使公权力行为的监督和责任追究的终身制和倒查制，一些公务员为了逃避责任追究，便消极地作为、不作为、不担当甚至乱作为，更有一些公务员在新时代出现本领恐慌，针对出现的新情况、新问题难以正确应对，针对这些问题，必须通过引导、示范和监督措施，迫使公务员积极正确履职尽责。正因如此，加强对公务员的监督，促进正确履职尽责，是《公务员法》的一个重要目的。

4. 建设高素质专业化的公务员队伍

随着现代社会的快速发展，提高国家和社会事务的有效管理，不仅取决于国家机构的科学设置和职责权限的明确划分，还取决于是否有一支高素质专业化的公务员队伍。经过多年的努力，公务员队伍整体素质和专业化有了很大的提高。但是，也必须看到，由于公务员制度建立历史不长，各项工作的基础还比较薄弱，专业化的高层次人才较为缺乏，因而，亟须建设一支高素质专业化的公务员队伍。党的十九大对建设忠诚干净担当的高素质专业化干部队伍提出明确要求，为贯彻落实党中央决策部署，公务员法把“建设信念坚定、为民服务、勤政务实、敢于担当、清正廉洁的高素质专业化公务员队伍”作为公务员法的立法宗旨。习近平总书记曾提出“好干部的20字标准”即“信念坚定、为民服务、勤政务实、敢于担当、清正廉洁”。“信念坚定”，主要是指公务员必须坚定共产主义远大理想，真诚信仰马克思主义，矢志不渝为中国特色社会主义而奋斗，坚持党的基本理论、基本路线、基本纲领、基本经验、基本要求不动摇。“为民服务”，主要是指公务员必须做人民公仆，忠诚于人民，全心全意为人民服务。“勤政务实”，主要是指公务员必须勤勉敬业、求真务实、真抓实干。“敢于担当”，主要是指公务员必须坚持原则、认真负责。“清正廉洁”，主要是指公务员必须敬畏权力、管好权力、慎用权力，保持拒腐蚀、永不沾的政治本色。为践行习总书记好干部标准和建设高素质公务员队伍，《公务员法》第1条明确提出，要建设一支信念坚定、为民服务、勤政务实、敢于担当、清正廉洁的高素质专业化公务员队伍。把“好干部的20字标准”和“建设信念坚定、为民服务、勤政务实、敢于担当、清正廉洁的高素质专业化公务员队伍”作为立法宗旨写入公务员法是坚持以习近平新时代中国特色社会主义思想为公务员法修改指导思想的重要体现，彰显出公务员制度的中国特色。

二、公务员法的立法指导思想

一部法律的质量如何，取决于是否有正确的、能够反映客观规律的立法思想。所谓立法思想，是制定该法律的指导思想和指导原则，它主要回答为什么要立法和制定一部什么样的法律的问题。[①] 因此，掌握《公务员法》的立法思想，对于理解这部法律是非常重要的。《公务员法》第4条规定，“公务员制度坚持中国共产党领导，坚持以马克思列宁主义、毛泽东思想、邓小平理论、‘三个代表’重要思想、科学发展观、习近平新时代中国特色社会主义思想为指导，贯彻社会主义初级阶段的基本路线，贯彻新时代中国共产党的组织路线，坚持党管干部原则”。这些思想和原则不仅为《公务员法》整个的立法活动指明了方向和提供了理论依据，而且对于确定法律的原则、设计法律制度、起草拟定条文、处理解决分歧意见等都具有重要的指导意义。[②]

1. 以马克思列宁主义、毛泽东思想、邓小平理论、“三个代表”重要思想、科学发展观、习近平新时代中国特色社会主义思想为指导

马克思列宁主义、毛泽东思想、邓小平理论、“三个代表”重要思想、科学发展观、习近平新时代中国特色社会主义思想作为我国社会主义建设的指导思想，写入了2018年修正后的宪法。在这些理论宝库中，蕴含了革命领袖在不同时期阐明的关于组织和干部人事工作的重要思想，是我国公务员制度建设必须坚持的

① 张柏林：《〈中华人民共和国公务员法〉教程》，中国人事出版社、党建读物出版社2005年版，第1页。

② 杨景宇、李飞：《中华人民共和国公务员法释义》，法律出版社2005年版，第1页。

指导思想。具体来讲，坚持以马克思列宁主义、毛泽东思想、邓小平理论、“三个代表”重要思想、科学发展观、习近平新时代中国特色社会主义思想为指导，就是指要运用马克思列宁主义、毛泽东思想、邓小平理论、“三个代表”重要思想、科学发展观、习近平新时代中国特色社会主义思想的立场、观点和方法来指导公务员管理的实践，来研究和解决建立健全公务员制度中遇到的问题，并将马克思列宁主义、毛泽东思想、邓小平理论、“三个代表”重要思想、科学发展观、习近平新时代中国特色社会主义思想的基本精神贯彻于公务员制度的各项规范之中，致力于建设有中国特色的现代公务员制度。

2. 贯彻社会主义初级阶段的基本路线

1987 年党的十三大系统阐明了我国社会主义初级阶段的理论，明确概括了党在社会主义初级阶段的基本路线。30 多年的实践证明，初级阶段路线符合我国的实际情况，代表和反映了全中国人民群众的共同意志和根本利益，是党和国家的生命线，也是实现可持续发展的政治保障。公务员制度作为重要的一项政治制度，自然要坚持这一基本路线，这也是维护人民群众根本利益的政治保证。

3. 贯彻中国共产党的干部路线和方针

党的干部路线和方针是党选拔任用干部所必须遵循的行为准则。干部路线是组织路线的组成部分，是为政治路线服务的，是实现政治路线的保证。党的干部路线和方针的基本内容，是指党应按照德才兼备、以德为先、五湖四海、任人唯贤的原则选拔干部，坚持新时期好干部标准，推进干部队伍的革命化、年轻化、知识化、专业化，建设一支高举中国特色社会主义伟大旗帜，以马克思列宁主义、毛泽东思想、邓小平理论、“三个代表”重要思想、科学发展观、习近平新时代中国特色社会主义思想为指导，忠诚干净担当的高素质专业化党政领导干部队伍。这是党的干部工作的经验总结，也是新时期党的干部路线和方针的具体体现。公务员队伍作为党的干部队伍的重要组成部分，应该坚决贯彻执行党的干部路线和方针，选拔任用符合党的好干部标准的人员作为国家的公务员。

4. 坚持党管干部原则

党管干部原则是指由党来管理干部的原则。党管干部原则是实现党的领导的重要组织保证，也是我国公务员法立法的指导思想。党管干部原则作为公务员法的立法指导思想，要求在公务员的管理全过程中体现党的领导理念，各种具体制度的建构要融入党的意志、党性精神，严格落实党管干部的具体制度和规则。在党管干部原则的立法思想指导下，立法机关和中国共产党制定大量的法律、党内法规及文件，如《公职人员政务处分法》《监察法》；2013 年中央组织部印发了《关于进一步规范党政领导干部在企业兼职（任职）问题的意见》；2015 年 10 月中共中央连续出台了《中国共产党廉洁自律准则》和《中国共产党纪律处分条例》；2021 年 3 月中共中央政治局常委会会议审议批准的《中国共产党组织处理规定（试行）》。这些法律、党内法规及文件都是在党管干部原则的立法思想指导下制定的，在内容方面充分体现了党的意志和党对公务员在政治、管理、工作等各个方面的具体要求。

第六节　公务员法的基本原则

《公务员法》的基本原则，是指在《公务员法》的制定和执行过程中应当遵循的基本原理和准则，它是《公务员法》立法精神和立法思想的具体体现，贯穿于《公务员法》的各项具体规范之中，但又高于各项具体规范，集中体现了《公务员法》的本质和价值理念。我国公务员制度有五项基本原则，分别是党管干部原则；依法管理原则；公开、平等、竞争、择优原则；监督约束与激励保障并重原则；德才兼备、注重工作实绩原则。以下分而述之：

一、党管干部原则

“党政军民学，东西南北中，党是领导一切的。”中国共产党领导是中国特色社会主义最本质的特征，是中国特色社会主义制度的最大优势，党是最高政治领导力量。党的领导的组织保障在公务员法中的重要体现就是党管干部原则。党的十九大报告强调，要“坚持党管干部原则”。按照《中国共产党章程》，党的领导主要是政治、思想和组织的领导。作为一个执政党，必须坚持党管干部原则，否则，党的地位和事业就失去了保障，党的领导就无从谈起。正因如此，《公务员法》第 4 条明确规定，“公务员制度……坚持党管干部原则”。因此，坚持党管干部原则是我国公务员法的首要原则，是公务员法的“灵魂”原则，起着定海神针的作用。

党管干部原则集中体现在总则中，并贯穿公务员管理进、管、出各环节。《公务员法》第 4 条规定，公务员制度坚持中国共产党领导，坚持以马克思列宁主义、毛泽东思想、邓小平理论、“三个代表”重要思想、科学发展观、习近平新时代中国特色社会主义思想为指导，贯彻社会主义初级阶段的基本路线，贯彻新时代中国共产党的组织路线，坚持党管干部原则。在相关章节中，将拥护中国共产党领导和社会主义制度、具有良好的政治素质和道德品行列为公务员应当具备的条件；将自觉接受中国共产党领导列为应当履行的义务；将被开除中国共产党党籍的人员列为不得录用为公务员的对象；将思想政治情况作为监督的主要内容；将不得散布有损中国共产党声誉的言论，不得组织或者参加旨在反对中国共产党领导的集会、游行、示威等活动列为必须遵守的纪律；将政治素质作为选拔、任用考核、培训的重要内容；等等。

二、依法管理原则

依法管理，是公务员管理中的法治原则，是现代人事管理制度民主化和法治化的重要标志，也是依法治国的必然要求。“一百多年来，世界各国公务员制度的实践表明，要使公务员制度充分发挥效能，就必须对公务员依法管理，否则，必然又回到人治的老路上去，必然又造成任人唯亲、投机钻营的混乱局面，使人事管理工作被稠密的‘关系网’所束缚。”① 因此，对公务员的管理，必须做到法规体系完整、管理权法定、程序法定，对于违反法律规定的公务员行为，要依法纠正和追究有关人员的法律责任。

我国《公务员法》第5条规定，“公务员的管理，……依照法定的权限、条件、标准和程序进行”。公务员管理的法定权限是指公务员主管机关和其他有权机关要按照法律授权，在其权限范围内进行公务员的考试录用、职务任免等管理工作，不得越权。公务员管理的条件是指公务员的考试录用、聘任、晋升晋职等要遵循的条件。公务员管理的标准包括分类标准、职级职位的标准等，都要严格遵照执行。公务员管理的程序涉及公务员的考试录用、培训交流、晋升晋职、考核、奖励和惩戒等各个环节，都不得违反。公务员的依法管理还包括要符合公务员的管理规律，符合科学理性的要求。

三、公开、平等、竞争、择优原则

《公务员法》第5条规定：“公务员的管理，坚持公开、平等、竞争、择优的原则……”公开原则是现代行政法的一项基本原则，作为人事行政，公务员管理

① 牟信勇、李磊：《国家公务员制度新论》，文化艺术出版社1988年版，第20页。

自然也应贯彻公开原则，这既是依法行政的要求，也是保护利害关系人合法利益的必然要求。党的十九大报告强调："要加强对权力运行的制约和监督，让人民监督权力，让权力在阳光下运行，把权力关进制度的笼子。"所谓公开，是指在公务员的录用、任职、晋升等管理环节的依据和过程，都要实行公开，面向社会，增加透明度。实现公开原则，不仅是实现平等竞争的前提，也是具体落实公民知情权、参与权和监督权的重要保障。

公务员管理的平等原则是宪法关于法律面前人人平等原则在公务员领域的具体体现。所谓平等，是指每一个符合法定条件的中国公民，不论性别、民族、种族、出身、家庭、门第等，在获得国家公职的竞争中都有权获得均等的竞争机会，有权以同一标准决定是否被录用和选拔，进入公务员队伍后，在考核、奖惩、职务升降、工资福利等方面，有权依照法律的规定，在同等条件下获得同等待遇。

竞争原则是指对公务员的选拔和任用，应当引入竞争机制，层层筛选、优胜劣汰。竞争原则是平等原则的必然要求，只有在公开平等的基础上，坚持优胜劣汰、择优录取，才能使优秀人才脱颖而出，使公务员队伍不断保持生机和活力，从整体上提高公务员的素质。

择优原则是指选贤任能，通过公开选拔，吸收社会中的优秀人才进入公务员队伍，并在以考核为依据的前提下，晋升公务员。党的十九大报告指出了"建设高素质专业化干部队伍"的部署，要求"选优配强各级领导班子""大力发现储备年轻干部，注重在基层一线和困难艰苦的地方培养锻炼年轻干部"。择优原则不仅体现在公务员领导职务与职级的录用、选拔、调任、选举等"入口"上，也体现在公务员的履职管理和退出机制中，贯穿于公务员管理的全过程。

四、监督约束与激励保障并重原则

我国《公务员法》第6条规定："公务员的管理，坚持监督约束与激励保障并重的原则。"党的十九大报告指出，要"坚持严管和厚爱结合、激励和约束并重，完善干部考核评价机制，建立激励机制和容错纠错机制，旗帜鲜明为那些敢于担当、踏实做事、不谋私利的干部撑腰鼓劲"。公务员作为国家权力的执行者，理应全心全意为人民服务，做人民的公仆。但实践证明，"一切有权力的人都容易滥用权力，这是一条万古不易的经验”[①]。“权力导致腐败，绝对权力导致绝对腐败。”[②]“如果公共权力的行使缺乏或完全没有必要的限制和监督，行使公共权力的官员就完全有可能将公共权力用于扩展他个人的私利，从而导致所谓‘以权谋私’的腐败，在极端的情况下，甚至会使公权成为危害私权的敌对物，成为吞噬私权的恶魔。”[③]因此，无论从改善机关作风还是从解决公权力滥用和腐败问题的角度，都需要加强对公务员的监督和约束，把权力关进制度的笼子里。我国公务员法对公务员的监督约束主要体现在公务员的义务和纪律、考核、监督与惩戒、辞职辞退、回避等法律规定之中，这些监督约束机制确保公务员按照党的原则、纪律、规矩办事，不滥用权力、违纪违法。

在加强对公务员监督和约束的同时，还需要给公务员以适当的激励。传统的行政法模式，“无论是控权法，还是管理法都只有单一的制约机制，而疏于构建激励机制以激励行政关系主体双方，从而造成制约与激励的失衡”[④]。“传统模式在本质上是一种制约政府权力的消极机制，它并未能触及政府积极行政的一面。”[⑤]近年来，公务员制度改革的主旨“不仅在于防止政府任用不合格的人员，更在于使政府中每个工作人员的潜能得到最大的发挥；不仅重在以督促和管束方法处理人事问题，而且重在以科学的知识技术‘人性’的观点，促进自动自发的服务精神”，[⑥]也就是构建和强化公务员激励机制。我国《公务员法》在第 6 条规定了“监督约束与激励保障并重的原则”，同时也具体规定了公务员的奖励、职务职级晋升、工资保障、权利保护等激励保障机制。这样，不仅能够有效吸引社会精英加入到公务员队伍中，而且能够稳定公务员队伍，有利于广大干部心情舒畅、充满信心，从而积极作为、敢于担当。

公务员的监督约束和激励保障机制是相辅相成、缺一不可的，是坚持严管和厚爱结合的干部管理原则的集中体现。监督约束有助于公务员权力的审慎行使，遏制权力滥用现象；激励保障有利于激发公务员的工作热情，稳定公务员队伍。唯有“胡萝卜”加“大棒”，才能确保公务员既不违法行使职权，又不失去工作

---

① ［法］孟德斯鸠：《论法的精神》（上册），张雁深译，商务印书馆 1982 年版，第 154 页。
② ［英］阿克顿：《自由与权力》，侯健、范亚峰译，商务印书馆 2001 年版，第 342 页。
③ 甄自恒：《从公权社会到私权社会》，人民日报出版社 2004 年版，第 29 页。
④ 王大敏：《行政法的制约激励机制研究》，中国人民公安大学出版社 2010 年版，第 60 页。
⑤ ［美］理查德·B. 斯图尔特：《美国行政法的重构》，沈岿译，商务印书馆 2002 年版，第 27 页。
⑥ 尹蔚民：《公务员管理的法制化》，载《国家行政学院学报》2001 年第 6 期。

的活力和创造力。

五、德才兼备、注重工作实绩原则[①]

《公务员法》第7条规定，公务员的任用，坚持德才兼备、以德为先，坚持五湖四海、任人唯贤，坚持事业为上、公道正派，突出政治标准，注重工作实绩。

德才兼备、以德为先，是我们党历来遵循的选人用人标准，解决的是“选什么样的人”的问题。所谓德，主要指公务员的政治素质和道德品行，包括政治忠诚、政治定力、政治担当、政治能力、政治自律和职业道德、社会公德、家庭美德、个人品德等。所谓才，主要指公务员的能力和水平。在德与才的关系上，二者是辩证统一，缺一不可的。德是第一位的，是才的统帅，决定着才的作用和方向；才是德的支撑，影响着德的作用范围。有德无才，难以担当重任；有才无德，终究要败坏党的事业。公务员法明确坚持德才兼备、以德为先，在选拔任用公务员时，既看公务员的才，但更重公务员的德，突出德的优先地位和主导作用，贯彻了党的理论和路线方针政策，抓住了公务员队伍建设的要害和关键。只有真正让那些政治坚定、品德高尚、品行端正、能干事又不出事的公务员受到褒奖、得到重用，才能树立正确的选人用人导向，促进公务员全面发展、健康成长，确保党的事业薪火相传。在体现德才兼备、以德为先的要求方面，公务员法及相关配套法规主要有4个方面的制度性安排：（1）录用公务员。考试、考察更加突出政治思想、政治表现和道德品行。在公务员的调任、公开遴选、公开选调等工作中也体现相同的要求。（2）公务员的晋升。突出考察公务员的政治品质和道德品行，注重考察工作实绩，加强作风考察和廉政情况考察；晋升领导职务的，还要注重考察马克思主义理论水平和组织领导能力。（3）公务员的考核。坚持对德、能、勤、绩、廉全面考核，重点考核政治素质和工作实绩。（4）公务员的培训。把提高政治素质和工作能力作为全体公务员培训的重要内容，突出政治教育和政治训练。

五湖四海、任人唯贤，是我们党选人用人的优良传统，是坚持党的性质和宗旨的必然要求，解决的是“用什么理念选人”和“从哪里选人”的问题。坚持五

① 参见国家公务员局：《〈中华人民共和国公务员法〉（2018）问答》，党建读物出版社2020年版，第12—17页。

湖四海、任人唯贤，就是要以党和国家的事业为重，唯贤是举，不以个人好恶、亲疏、恩怨和地域、行业等画线，冲破思想观念的束缚、感情关系的羁绊，开阔视野选人，广开进贤之路，把各方面优秀人才及时发现出来、合理使用起来。在实践中要综合运用录用、选调、调任、聘任等方式，进一步拓宽公务员来源渠道，放眼各条战线、各个领域、各个行业，打破地域和身份界限，把更多的优秀人才选拔到机关中。

事业为上、公道正派，是树立正确选人用人导向十分重要的方面，是选好人、用准人的根本出发点和基本要求，解决的是“怎么用人”的问题。习近平总书记在党的十九大报告中指出，选人用人要“坚持事业为上”。在公务员工作中坚持事业为上，就是要坚持组织路线为政治路线服务，自觉把公务员制度建设和队伍建设融入中国特色社会主义事业，准确把握党和国家事业发展提出的新任务新要求，使公务员制度建设和队伍建设与中国特色社会主义事业协调推进。无论考试录用、调任、聘任，还是职务、职级晋升，坚持事业需要什么样的人就选什么样的人，岗位缺什么样的人就配什么样的人，不搞论资排辈、平衡照顾，做到人岗相适、人事相宜。公道正派，是对公开、平等、竞争、择优原则的丰富和深化，是对各级党委（党组）和各级领导干部在选人用人上的基本要求，也是组织（人事）部门职业道德和行为规范的核心内容。坚持公道正派，是由公务员的工作特点决定的。公务员工作尤其选人用人工作重要、敏感，涉及面广、影响力大，包括广大公务员在内的社会各方面都高度关注。坚持公道正派，就是要公道对待干部、公平评价干部、公正使用干部，要坚持从党的事业和工作需要出发选人用人，自觉执行公务员法的各项政策规定，按制度规矩办事，维护公务员法的严肃性。

政治标准是选人用人的首要标准，突出政治标准是由公务员的政治属性决定的。突出政治标准是我们党选人用人的一贯方针，也是党的优良传统。突出政治标准，主要是“五看五不用”。“五看”：看政治忠诚，是否增强“四个意识”；看政治定力，是否坚定“四个自信”；看政治担当，是否坚持原则、敢于斗争；看政治能力，是否善于从政治上观察和处理问题；看政治自律，是否严守党的政治纪律和政治规矩。“五不用”：对那些同党中央唱对台戏的人，那些对党中央大政方针态度暧昧甚至心怀不满的人，那些背离党中央决策部署阳奉阴违、另搞一套的人，那些心术不正、有政治野心的人，那些“身在曹营心在汉”、同党离心离德的人，绝对不能用。

注重工作实绩，是指以工作实绩作为评价公务员的主要依据之一，不以年资高低、亲疏关系、家庭背景等作为公务员录用和晋升的标准。在贯彻落实中要做到：（1）坚持德才与工作实绩相统一的观点。德才需要通过工作实绩来体现和验证。不仅要看公务员是怎样说的，更要看公务员是怎样做的，做的效果如何。（2）根据不同职位职责要求，制定科学的实绩标准和可操作的实绩考核指标体系。（3）对公务员实绩进行科学分析、准确评价。坚持经济效益与社会效益相统一，坚持速度规模与经济效益相统一，坚持近期效益与长远效益相统一，坚持局部效益与整体效益相统一。注重工作实绩，要结合公务员履行岗位职责情况进行深入了解，特别是围绕贯彻落实党中央决策部署，统筹推进“五位一体”总体布局和协调推进“四个全面”战略布局，贯彻新发展理念，打好三大攻坚战，推动高质量发展等方面的具体表现和取得的实际成效。

六、分类管理原则

分类管理是公务员制度中的一种科学管理方法，也是实行公务员制度的国家普遍实行的基本做法。尽管各国对公务员分类的标准和具体内容不尽相同，但几乎无一例外地体现了分类管理的思想。可以说，公务员制度的建立，本身就是实行分类管理的结果。

公务员法贯彻了分类管理的思想和原则，主要体现在以下三个方面：（1）根据职位的性质、特点和管理需要，将公务员职位划分为综合管理类、专业技术类和行政执法类等类别，再根据职位类别设置不同的职务序列。针对不同类别的公务员，采取不同的管理办法。（2）实行公务员职务与职级并行制度，根据公务员职位类别和职责设置公务员领导职务、职级序列，进行分类管理。（3）根据任用方式的不同，将公务员分为委任制公务员、选任制公务员和聘任制公务员，采用不同的措施进行管理。

职位分类是科学精准管理公务员的基础，也是现代人事管理的一个重要标志。通过对公务员职位类别进行合理划分，为建立机关工作责任制、提高办事效率创造条件，有利于提高公务员管理效能和科学化水平，促进高素质专业化公务员队伍建设，提升公务员队伍的制度执行力和治理能力。[①]

---

① 参见国家公务员局：《〈中华人民共和国公务员法〉（2018）问答》，党建读物出版社2020年版，第31页。

第七节 公务员法律关系

一、公务员法律关系的概念与特征

公务员法律关系，就是公务员依法定的或约定的程序和方式任职后，因职务行为与机关之间所产生的权利和义务关系。这种权利义务关系“既确定了国家公务员应有的合法权利，又确定了公务员对国家和社会应承担的职责及应履行的使命”[①]。公务员法律关系具有以下特征：

第一，公务员法律关系的主体是特定的，一方为国家机关，另一方为公务员。普通公民只有经过任命为公务员，具有了公务员身份，才有可能与国家机关形成公务员法律关系。一般公民与国家机关形成的法律关系不是我们这里所说的公务员法律关系。

第二，公务员法律关系的本质是一种公务委托关系。[②]公务员进行公务活动所产生的后果和责任归属于国家，而不是归属于自己，之所以如此，是因为公务员实质上是受国家委托代表国家实施的公务活动。公务员法律关系实质上是国家机关以国家的名义委托公务员，并进而形成的一种公务委托关系。

二、公务员法律关系的要素

（一）公务员法律关系的主体

公务员法律关系的主体，是指在国家公务员法律关系中享有权利、承担义务

① 邙少明等:《论公务员与政府的法律关系》，载《法学评论》2004年第4期，第19页。

② 关于公务员法律关系的本质，有主仆关系、代理关系、服务关系、雇佣关系等观点。可参阅邙少明、周映华:《论公务员与政府的法律关系》，载《法学评论》2004年第4期。

的人，包括公民和法人。公务员法律关系是因《公务员法》调整公务员管理关系而产生的。公务员管理关系则是国家公务员管理机关和公务员之间因组织、管理而产生的关系。在这种关系中，法律关系的主体共两个方面，一方面是公务员的管理机关，另一方面是国家公务员。具体来说，我国公务员法律关系的主体有：（1）各级国家权力机关。我国有一部分领导职务的公务员是由国家权力机关选举或任命的，比如国家主席由全国人大选举产生；各级省长、市长、县长也都由同级人民代表大会选举产生。各级国家权力机关还有权监督、质询、罢免某些公务员等，可见，各级人大和常委会是公务员法律关系的主体。（2）专门的公务员管理机关。我国中央和地方都设有专门的公务员管理机关，如中央组织部（国家公务员局）、各省、直辖市、自治区的地方组织部（公务员局）等，依法行使对公务员的管理职权。（3）公务员所在机关从事人事管理的机构。为了保证对公务员的管理落到实处，公务员所在机关也设有专门的人事机构。如财政部、民政部、教育委员会中的人事厅（局），省级、县级、市级人民政府各职能部门中设立的人事局（处）、科等。这些机构的职责是贯彻公务员管理法规和政策，管理本机关的公务员。（4）公务员。只有依法履行公职，纳入国家行政编制，由国家财政负担工资福利的公职人员，也即公务员才是公务员法律关系的主体，而且公务员以公民身份进行的行为，不能成为公务员法律关系的主体。

（二）公务员法律关系的客体

法律关系的客体，其实质就是权利的客体。所谓权利的客体，是指一切能被权利所指向，或者说能被构成权利的那些权力所指向的东西。它是一切获法律秩序承认具备这种资格的东西。一言以蔽之，它是被法律秩序认为值得在某些情况下（这些情况是多种多样的）透过赋予权利和施加相应义务，从而予以保护的任何种类的好处。① 具体来讲，对机关来说，其权利指向的客体应该是公务员的职务行为；对公务员来说，其权利指向的客体应该是公务员的工资、福利保险等物质利益。

① ［葡］曼努埃尔．德·安德拉德：《法律关系总论》，吴奇琦译，法律出版社2015年版，第190页。

（三）公务员法律关系的内容

国家公务员法律关系的内容，就是法律关系主体之间由法律所确认并保证实现的权利和义务。主体不同，其享有的权利和义务也不同。公务员法律关系的内容，按其主体的不同可分为两大类，一为公务员管理机关的权利和义务，二为公务员的权利和义务。从总体来看，公务员法赋予公务员管理机关的权利要多于赋予公务员的权利。从法律条文来看，大部分的内容是规定了公务员的义务，但公务员法也规定了公务员享有的许多权利，同时也给公务员管理机关规定了一些义务，如提供公务员履职的条件、积极培训公务员等。关于公务员管理机构的权利义务之具体内容，将在第一章第八节予以详述；公务员权利与义务的具体内容，将在本书的第五章和第六章有详细阐述，此处从略。

三、公务员法律关系的成立、变更与消灭

公务员法律关系是一个运动的过程，即公务员法律关系的形成、变更和消灭的过程。公务员法律关系的变动是由于法律事实的出现和变更引起的。在公务员法上，引起公务员法律关系成立、变更和消灭的法律事实主要有法律事件和法律行为，例如公务员的死亡、解聘等。

（一）公务员法律关系的成立

公务员法律关系的成立，始于公务员之任用行为，也即通过选任、委任、聘任等任用行为方式产生。具体来说，选任制公务员法律关系即由权力机关的选举或决定任命生效时而产生；委任制公务员法律关系即由有任免权的机关通过任命生效时而产生；聘任制公务员法律关系即自聘任合同生效时而产生。但由于我国全国人民代表大会常务委员会制定的《关于实行宪法宣誓制度的决定》要求公务员就职时应当进行宪法宣誓，故所有公务员都应该在公务员法律关系成立时即进行就职宪法宣誓，宪法宣誓时刻即为公职关系成立的真正时刻。

（二）公务员法律关系的变更

公务员法律关系的变更是指公务员在任职期间，因某种法律事件或法律行为的出现而使公务员法律关系的内容局部地发生某种变化，但尚不足以改变公务员

身份。主要表现为转任、升职和降职。转任是指公务员因工作需要或者其他正当理由在机关内部的平级调动；升职是指公务员所任领导职务、职级的升迁；降职是指公务员所任领导职务、职级的下降。转任、升职和降职的内容，将在本书第三章第二节、第三节予以详细阐述，此处从略。

（三）公务员法律关系的消灭

公务员法律关系的消灭，是指公务员身份的丧失或者公务员法律关系内容的全部终止。公务员法律关系消灭的主要原因有：

1. 辞去公职

辞去公职，是指公务员根据本人意愿，在一定条件下解除其与机关的职务关系的法律行为。辞去公职一经有权机关批准，公务员法律关系即告消灭。

2. 辞退

辞退，是指机关依照法律规定的条件，通过一定的法律程序，解除公务员全部职务关系的法律行为。公务员被辞退后，其公务员法律关系即告消灭。

3. 退休

退休，是指公务员因达到一定年龄和工龄，或因丧失工作能力而根据规定办理手续，离开工作岗位和公务员队伍，并领取一定数额养老金的法律行为。公务员退休后，其公务员法律关系即告消灭。要特别注意的是，公务员退休后不再具有公务员身份，但是退休人员至少还有两方面法律关系没有消灭：一是基于原来的公务员身份关系，导致公务员权利义务关系的必要延续，例如保密义务，从业禁止义务；二是退休人员与机关或国家存在基于退休金（养老保险金）的社会保障关系。[①]

4. 罢免

罢免，是指公务员因某种原因而被权力机关免去公共职务。公务员被免职后，其公务员法律关系也同时消灭。

5. 调离

调离，是指公务员因某种原因不适宜继续保留公务员身份，而被调离机关。公务员被调离机关后，因其不再行使公共权力，执行公务，当然也就要终止其公

---

① 林戈：《公务员法立法研究》，党建读物出版社、中国人事出版社2006年版，第437页。

务员法律关系。

6. 开除

开除，是指机关对严重违法违纪的公务员所作的开除公职的处分，公务员被开除后，其公务员之间的法律关系也就消灭了。

7. 判处刑罚

判处刑罚，是指法院对实施了犯罪行为的公务员所作的刑事制裁。公务员被判处刑罚，表明其失去了担任公务员的基本资格条件，自然终止其与国家的公职的法律关系。

8. 丧失国籍

丧失国籍，是指公务员因某种原因不再具有某国公民的身份。公务员一般只能由具有本国公民资格的自然人担任，这是各国的通例。如果公务员丧失了本国国籍，就意味着他丧失了担任公务员的资格，其公务员法律关系也必定因丧失国籍而自动消灭。

9. 解约

解约，是指在因聘任而形成的公务员法律关系中，由于行政机关或被聘任的公务员解除聘任合同的行为。聘任机关或被聘任公务员解除聘任合同都可以导致公务员与机关之间职务法律关系的终结。

10. 死亡

公务员不论是自然死亡还是法定死亡（死亡宣告制度），均在原则上与“国家”终结法律关系。公务员事实上的死亡，不论因公、非因公还是其他事件等导致死亡，都不影响公务员法律关系的消灭。疑义者乃公务员失踪之法律上死亡，即“死亡宣告”制度。我国《民法典》第 46 条规定，下落不明满四年的、因意外事件下落不明满二年的，利害关系人可以向人民法院申请宣告该自然人死亡。同法第 48 条规定：“被宣告死亡的人，人民法院宣告死亡的判决作出之日视为其死亡的日期；因意外事件下落不明宣告死亡的，意外事件发生之日视为其死亡的日期。”从该规定可以看出，公务员失踪未满四年或因意外事件下落不明未满二年，由于其尚未经法院宣告死亡，因此其与“国家”之法律关系仍存疑虑。对于此种情况，不宜直接终结公务员与国家之法律关系，而应暂时中止公务员与国家之法律关系，等法院作出判决，再做定夺，似乎符合国家用人需求，也符合公务员的利益。

另外，须注意的是，公务员与机关法律关系的终结，并不意味着“公务员与政府即‘恩断义绝’；相反地，政府有终身照顾消极公务员之义务，公务员亦存在对政府某些特殊义务”。[①] 例如，终身保密义务或离职后在一定期间内不得到与原工作业务直接相关的企业或者其他营利性组织任职，不得从事与原工作业务直接相关的营利性活动。

① 翁岳生:《行政法》(上)，中国法制出版社 2009 年版，第 392—393 页。

第八节 公务员管理机构

一、公务员管理机构的含义与作用

公务员管理机构是指以推行公务员制度为目标，对公务员的录用、考核、职务或职级任免、职务或职级升降、奖励、监督与惩戒、培训、交流与回避、工资、保险与福利、辞职辞退、退休、申述与控告、职位聘任等事务进行综合管理的组织。它不仅仅是指某一机关，而是对承担公务员管理事务机构的统称。它涵盖公务员管理机构的设置、组织形式、职能等方面的内容。[①]公务员的管理工作是一个非常复杂、烦琐和专业的工作，尽管执政党、立法机关和政府首脑也在一定程度上行使着公务员的管理权，但公务员的管理权主要还是由公务员管理机构行使。这主要是因为“公务员管理机构是一个国家的人事行政机关，是政府管理系统中一个不可缺少的组成部门。它代表国家直接行使管理公务员的权力，实现对公务员事务的统一管理。从实践来看，执政党、立法机关和政府首脑对公务员的管理，大多数情况下都要借助公务员管理机构来实现。就执政党而言，党的干部路线和方针要靠公务员管理机关去贯彻落实。就立法机关而言，立法机关通过的《公务员法》等法律法规，要靠公务员管理机构去执行和实施”[②]。因此，想取得对公务员管理的实效，必须要有专门的精干高效的公务员管理机构。

公务员管理机构的作用主要表现在两个方面：第一，公务员管理机构是公务员制度的动力系统。社会制度是由两部分内容构成的复合体。第一部分是抽象的规范体系（包括高层次的法律、法规及各种具体的规章、规定）和潜在于这些规范体系背后的意识形态、思想观念、价值准则等；第二部分是推行这些规范体系的现实力量，即各种履行特定功能的社会组织（党派、社团、机关、企业等）以

① 舒放、王克良：《国家公务员制度》，中国人民大学出版社2019年版，第31页。

② 薛刚凌：《公务员法教程》，中国人民大学出版社2017年版，第78页。

及附属的物质设施。前者是制度的灵魂或软件，后者是制度的躯体或硬件。任何一种现实的社会制度都是两者的有机结合体。其中规范起着向导的作用，它制约着人们（通过组织）的行为，组织运用自己的物质资源与人力资源推动规范的实施。两者相互依赖、相互作用、缺一不可。离开了规范的指导，组织就失去了活动的目标与内部的秩序，共生存和发展就产生了危机；离开了组织的力量，规范则无以推行，只是抽象的存在物。公务员制度是人类社会制度的一种特殊形式，自然受制于上述社会制度的一般原则。公务员管理的各种法规必须依靠管理机构来实施，离开了它的有效运作，这些不同层次、不同内容的法规、法令就毫无生命力，公务员制度的生存与发展也就成了问题。第二，公务员管理机构为政府的科学管理提供人事保证。公务员是国家行政任务的承担者和执行者，他们代表国家和政府对社会公共事务的管理，是通过政府机构的中介实现的。不同类型的公务员在政府各职能部门履行各自的管理功能。对社会事务实施必须具备两个要素：一是结构科学、分工合理的健全的政府机构；二是良好的公务员队伍。在机构设置科学和组织分工合理的条件下，政府系统运行的效率高低与否，就取决于公务员的素质和主观努力的程度。公务员管理机构的设置正是为了解决这方面的问题。作为政府系统的一部分，它通过“用人这一环节，担负着政府自身管理和自身建设的重任。它通过更新机制吸收优秀人才，并不断提高公务员素质水平，通过淘汰机制引出不适合执行公务的人员，保持公务员队伍的纯洁性与生命力，由此推动政府工作的有效展开。尤其是第二次世界大战结束以来，随着社会生活的发展，对社会公共事务管理的需求不断提高。政府的管理职能由此扩张，公务员队伍也随之扩大，在这种情况下，对政府自身管理的要求更加严格，公务员管理机构在政府系统中的作用也就更为重要。①

二、公务员管理机构的组织形式

公务员管理机构就是为了推进公务员制度，加强对公务员的管理和权益保障而设立的组织机构。一国选择什么方式来组织公务员管理机构，是由政治、管理模式、文化传统等多种因素决定的。具体来讲：一是国家的政治制度。不同的政

① 黄达强：《各国公务员制度比较研究》，中国人民大学出版社1990年版，第91—92页。

治制度将采取不同的领导方式。二是公务员管理体制。公务员的管理体制决定了管理权限的划分以及由此所规定的管理方式。三是本国的文化传统。由于受到多重因素的影响，现代世界上的公务员管理机构的组织机构的设计具有不同的模式，但一般来说，学界从公务员管理机构和政府行政系统的独立性入手，将公务员管理机构的组织形式分为部外制、部内制、折中制（混合制）等形式：

1. 部外制。部外制是指在政府行政系统之外，设立相对独立的公务员管理机构，独立行使公务员考试任用、培训、考核、晋升、奖惩、工资福利、退休等方面的权力。实行部外制比较典型的国家主要是美国和日本。

部外制有利于实现公务员用人与治事相制约，能够避免党派竞争和政府更迭等对公务员管理所产生的影响，有利于机关客观公正地选拔和使用人才。但由于公务员管理机构设在政府行政部门之外，难以了解各部门实际运作的情况，因而在管理上容易出现脱离实际的倾向，造成用人与治事相脱节。此外，独立化的管理机构反而会分割行政首长的人事权，损害行政权力的一体化和行政责任的完整性，使公务员管理机构与行政系统之间产生矛盾，降低人事行政效能，不利于提高机关的办事效率。①

2. 部内制。部内制是指在政府及政府部门之内设置公务员的管理机构，掌管各部门内部公务员的考试录用、考核、任免、调动和工资等各种人事行政事务。实行部内制比较典型的国家主要是法国、英国、德国和意大利等。

部内制的最大特点是公务员管理机构与行政机关合为一体，这就使行政机关能够根据本机关工作的实际需要，结合公务员自身的特点，灵活地制定相应的人事管理措施，实现治事与用人的统一。同时，行政首长既有行政权又有人事权，也便于推行首长负责制，实现行政的一体化。但部内制容易造成管理上政出多门的现象，不利于形成公务员管理的标准化和系统化，而且由于行政首长的权力过大，一旦行政首长出现问题，就容易对公务员的正常管理造成冲击。

3. 折中制。折中制是在行政系统之外，设立独立的公务员管理机构，专门掌管公务员的考试录用，而除考试录用之外的其他公务员管理事务，则由设在行政系统之内的公务员管理机构和各行政部门内的人事机构自行负责。

折中制的优点是将考试权独立出来由专门机关行使，减少了机关首长对公务

① 姜海如:《中外公务员制度比较》，商务印书馆2013年版，第269—270页。

员录用的影响，有利于克服用人上的“任人唯亲”现象。而对考试录用以外的其他事务，则仍由各部门自己管理，有利于实现事权统一，提高工作效率。但由于其将公务员的考试录用与其他管理工作相分离，容易割裂公务员管理行为的统一性，同时也容易在机构设置上产生职能重叠等问题。因此，采用此模式的国家不多。1968年以前的英国公务员管理机构属于典型的折中制，融合了部内制和部外制特点。

除以上分类外，公务员管理机构的组织形式也可以按照公务员管理机构的内部领导方式，将其分为委员会制、首长制、混合制等；还可以按照公务员管理机构的级别，将其分为中央管理机构和地方管理机构；更可以按照公务员管理机构的功能和构造，将其分为多功能机构与单一功能机构。[①]这些不同的分类可以帮助我们从不同的角度认识现代世界各国的公务员管理机构，了解它们的优缺点和运作规律。

三、西方国家公务员管理机构的设置、职能与发展趋势

（一）公务员管理机构的设置与职能

1. 英国公务员管理机构的设置与职能

英国于1855年设立了公务员委员会，办理各个低级文官录用的考选工作，奠定了现代文官制度的主要基础。1966年，英国成立“富尔顿委员会”，专门负责公务员制度改革的研究。该委员会在1968年的一份报告里建议建立“公务员部”，接掌原属于财政部“编制和机关组织署”的人事、组织与管理职能，并将公务员委员会并入“公务员事务部”，英国首相兼任文官事务大臣，日常部务则由一名国务大臣领导，常任次长是实际上的文官首长。1981年，英国撤销了“公务员事务部”，改设“管理与人事局”，并将人事行政业务进行了适当调整与理顺，以协调财政部同管理与人事局之间的关系，因此，该部功能由财政部和管理与人事局共同执掌。后来，“管理与人事局”又于1987年被改为“公务员部长办公室”，仍隶属于内阁。1993年，它被“公务员与科技局”取代。1995年，“公务员与科技局”被改为“公共服务局”，也隶属于内阁，并新增设了一些职能机构，例如增设了

① 公务员管理机构组织形式的其他详细分类，请参见薛刚凌：《公务员法教程》，中国人民大学出版社2017年版，第81—83页；崔卓兰、罗嘉司、葛自丹：《公务员法学》，北京大学出版社2005年版，第23—28页。

公民服务司、科技服务司、高级文官司、管理发展司，以配合英国20世纪90年代行政改革的需要。当前，英国主要的公务员管理机构包括[①]：

（1）公务员指导委员会和常务次官管理小组。两个机构负责确保公务员服务方向明确、组织协调和工作高效，并推动跨部门政策与目标的实施。公务员指导委员会成立于2007年，由常务次官及跨公务员机构的特别负责人组成，旨在强化工作执行、改善工作能力以及维护机构声誉。常务次官管理小组每年召集四次会议讨论公务员体系问题，重要议题包括工作技能、工作效率、雇佣关系、薪水和养老金、服务标准和价值、公务员总体能力等。

（2）财政部和内阁办公厅。其中，财政部设人事编制局，下设10个处，分别管理公务员职位分类、任用、薪资、考核、升迁、培训、退休、养老、编制和专门技术人员的管理等事项。内阁办公厅下设的“公务员服务能力小组”，负责培养常务次官、总监和主任等高级公务员。内阁办公厅下设“管理与人事局”，负责文官的组织和管理、录用、培训和职务任命等。该局先后改组为文官大臣事务局、公职与科技局和公职局，其职能相应调整。

（3）政府部委内设公务员管理机构。部委内设公务员管理机构被称为“编制局”或“人事处”，其职能是根据中央统一的公务员管理规定，在政策顾问的指导下处理本机关公务员的奖惩、工作调动、职务任免与升降、退休、人事登记、人事研究与调查、薪酬调整等事宜。

（4）惠特利委员会。惠特利委员会是英国政府于1917年成立的劳资关系协调委员会。在其示范作用下，与劳工地位相似的广大公务员也要求政府采取相同的方法解决涉及公务员切身利益的争议。迫于压力，英国政府于1918年组织了一个专门委员会研究这一问题，于1919年成立全英惠特利委员会。该机构是一个研究和顾问性的组织，采取讨论和协商式的工作方法，处理公务员与雇主（即政府各部门）之间的矛盾和纠纷。该组织的建立由惠特利倡导，并以此得名。该会由政府和公务员团体各派27名代表组成，主席由政府代表担任，副主席由公务员代表担任。该会的作用是协调与解决政府与公务员之间出现的各种纠纷，以稳定政府机关的工作。[②]该委员会的职责是通过协商，解决行政当局与公务员之间的各种纠纷，并可以对人事管理和人事立法提出建议。委员会不是一个权力机

① 参见刘碧强：《西方国家公务员管理体制比较与经验借鉴》，载《理论月刊》2013年第12期。

② 姜海如：《中外公务员制度比较》，商务印书馆2013年版，第316页。

构，所有决议要协商一致，并须经政府同意，以枢密令发布，才能发生效力。[①]1980年5月，时任首相撒切尔夫人将惠特利委员会改组为全国文官联盟，目的是加强并进一步健全公务员协议体制。

（5）劳资仲裁法院文官庭。劳资仲裁法院是1919年为仲裁工商企业界的劳资纠纷而建立的法院。1925年设立文官庭，受理公务纠纷案件。该庭由法院院长或所辖各庭庭长、财政部代表、惠特利委员会代表3人组成，主要负责处理经惠特利委员会对关于工资、福利、休假、工时等纠纷问题的协商不能取得共同意见时的案件。

（6）公务员监督机构。英国公务员监督机构主要包括审计机构、议会监察专员属、部门内设的公务员监督机构和其他公务员监督机构等。这些机构从不同方面对公务员的不良行为、腐败行为等进行监督，确保公务员依法依规行事。

2. 法国公务员管理机构的设置与职能

第二次世界大战以前，法国没有建立统一的公务员制度，缺乏统一的管理，公务员管理上各自为政。“二战”之后，随着公务员制度的系统化，形成了统一的公务员管理机关。法国中央政府内设公职部，由部长、部长办公厅和行政管理与公务员总局（以下简称公职总局）三部分组成，公务员综合管理工作实际是由公职总局承担。此外，法国还设立了许多咨询性机构和部门与地方内部的公务员管理机构及其他的监督机构。

（1）公务员管理总局。1946年，法国设立“公务员管理总局”（The Civil Service Directorate），[②]是法国重要的决策性人事行政机构。根据法律规定，法国对公务员实施管理的最高机关是公务员管理总局，内阁总理或其代理者担任主席，成员由国防部部长、公务员管理局局长、行政部预算局局长、人事处官员等组成，负责

① 崔卓兰、罗嘉司、葛自丹:《公务员法学》，北京大学出版社2005年版，第33页。

② 第二次世界大战之后，法国公务员管理机构发生了一些变化。1959年，“公务员管理总局”改名为“行政与公务员管理总局”（General Directorial Of Administration and Civil Service），之后又改回“公务员管理总局”，1988年并入“公务员与行政改革部”（Ministry of the Civil Service and Administrative Reform），该部于1992年改名为“公务员与行政现代化部”，于1993年改名为“人事部”，于1995年改名为“人事、国家改革与地方分权部”，隶属于内阁。公职总局编制为130人，主要领导职位有局长、副局长、3名处长、11名科长。局内设有1室3处11科，每处一般有2—3个科级机构。每科10人左右，1名科长，2名高级行政管理人员，2—3名专员，其余是做辅助性工作的秘书。参见徐振寰主编:《外国公务员制度》，中国人事出版社1995年版，第190页。

对公务员的管理、公务员制度改革以及监督公务员总章程的实施。在具体事务管理方面，一般由公务员管理局实施，该机构由专家组成，受内阁秘书长指挥，内阁总理指定内阁成员负责监督其工作，其主要职能是制定公务员管理方面的法律法规、协调公务员章程的执行、制定公务员的工资和退休法规、收集编制关于公务员的统计资料和探讨公务员制度的改革等。

（2）部门和地方内设的人事管理机构。法国中央政府各部门设有专门的人事管理机构，具体负责管理本部门机关及其派出机构、所属公共事业单位公务员的考试录用、考核、任用、奖惩、培训、工资福利等工作。法国地方政府人事机构称为公务员管理中心，[①]根据中央统一制定的有关地方公务员总法规，地方可以制定地方公务员管理的具体规定，地方公务员没有职系设置，由地方政府直接管理。

（3）公务员辅助管理机构。法国为保证对公务员管理决策的科学性和有效性，逐步建立实行了让公务员参与管理的咨询协商机制，如国家公务员最高委员会、地方公务员最高委员会、混合委员会、对等行政委员会、对等技术委员会、卫生安全委员会等咨询协商机构。根据1983年7月13日的《国家和地方公务员一般地位法》第9条规定，“公务员通过他们在咨询机关中的代表参加公务的组织和活动，参加制定公务员地位法和审查关于公务员职业生涯的某些具体规定”。这些咨询机构虽然对讨论研究的问题均无决定权，它们提出的意见仅供政府机构参考，但扩大了公务员在人事管理和公务组织中的作用，使得对公务员的管理制度更加民主和科学。

（4）公务员监督机构。[②]法国公务员监督机构包括：一是行政调解专员。行政调解专员由总统任命，任期6年，负责调解公务案件，受理与行政行为、行政机关有关的申诉。二是审计法院。法国审计法院负责对政府各部门执行财政预算的情况以及公共机构、国有企业的财务账目进行例行审查、监督。三是预防贪污腐败中心。该中心挂靠司法部，受法国总理直接领导，由来自税收、警察、宪兵、海关、司法和内政部门不同行业的专家组成，通过收集贪污、腐败信息，分析腐败案件，总结反腐败经验教训，研究与创新反腐方法和手段。四是议会监督。法国实行两院制，由国民议会和参议院组成，议会享有知情权、质询权、弹劾权、不信任案表决权、听取行政机关工作报告权、审批行政预算权、行政立法权等。

① 徐振寰主编:《外国公务员制度》，中国人事出版社1995年版，第237页。

② 参见刘碧强:《西方国家公务员管理体制比较与经验借鉴》，载《理论月刊》2013年第12期。

法国议会调查委员会、行政评估委员会、行政文件调查委员会、共和国司法法院、最高司法法院可开展有效的公务员监督。五是司法机关监督。在法国，由基层法院、上诉法院和最高法院组成的普通法院系统、行政法院系统各级检察机关等在公务员监督过程中也扮演着重要角色，特别是法国行政法院负责审理各项人事管理规章草案，并在政府制定各项人事管理规章过程中提供建议。行政法院有权检查和监督《法国国家公务员章程》《法国公务员权利与义务总章程》等法规实施情况，审理与公务员有关的行政司法案件。

3. 德国公务员管理机构的设置与职能

德国的公务员管理机构为联邦公务员委员会，但内政部、财政部及职员协议会、各部门的人事执行机构，也在各自的权限内管理公务员之人事业务。

（1）联邦公务员委员会。德国在第二次世界大战前没有统一、集中的公务员管理机构。“二战”后，德国制定了《联邦公务员法》（1961 年修订），依据该法成立了永久性的“联邦公务员委员会”。联邦公务员委员会，由 7 名正式委员和 7 名非正式委员组成。其中正式委员又分为常任正式委员和非常任正式委员。常任正式委员共 2 名，一名是联邦审计院院长，兼任联邦公务员委员会主席，另一名是联邦内政部人事法律司司长。其余 5 名非常任正式委员分别由联邦内政部人事司司长和 4 名其他部门官员担任，非常任正式委员通常由总统委任，任期 4 年。7 名非正式委员则均由上述正式委员所在部门选派人员担任。联邦公务员委员会委员的地位受法律保障，只有在下列情况下才丧失其职位：任期届满；因违法被判刑失去职位以及在原机关被解除职位。与内政部和财政部分工协作，共同实现对公务员事务的有效管理。联邦公务员委员会并不直接处理人事行政事务，其主要职能可以归纳为：参与官员权利的一般规则的制定；参与官员培训、考核和进修条例的制定；裁决申诉事项；向联邦政府报告行政人事工作；确定考试事项；发布有关公告；对政府各部门的人事工作进行指导与监督；等等。

（2）内政部。内政部是德国公务员管理制度和处理内部事务的一个独立行政机构，设有 10 个司、3 个分管司以及若干处（室）。作为人事管理决策参与机构，联邦公务员委员会的日常办公室就设在该部。内政部部长受内阁的委托，对公务员委员会的工作进行监督并对公务员委员会的人选有提名权，内政部的行政事务司是公务员管理的主要部门。

德国内政部传统上主管公务员管理的一部分事项，而在联邦公务员委员会中，该部又是主要成员之一，并且负责一般公务员管理政策的制定与运用，所以它是德国主管公务员的权力机关。其主要职责包括：第一，掌管有关公务员制度基本问题的决策，如《联邦公务员法》《惩戒法》《工资法》等的制定工作；第二，关于联邦公务员分类、分等（级）法令的拟订和实施事项；第三，处理与联邦公务员委员会有关系的事务；第四，与财政部协力执行《公务员工资法》；第五，处理与公务员团体及其代表关系的事项；第六，联邦公务员委员会的副委员，由内政部部长向总统推荐，并由总统任命。

（3）财政部。由于德国公务员编制、工资、退休及福利待遇等事项，都必须由其财力支持，所以财政部也参与对公务员的管理，其性质类似法国的预算局。加之联邦公务员委员会部分委员会的组成，也是由内政部会同财政部送请总统任命，所以它也理所当然地成了公务员的一个管理机构。[①]

（4）各部门的人事执行机构。德国联邦政府各部门，都设立有执行性的人事机构，具体管理本部门公务员的工资、福利、教育、培训和考核等执行性事务。[②]

4. 日本公务员管理机构的设置与职能

当前日本公务员的管理机构主要有中央人事院、地方人事机构、内阁人事局、各省厅的人事管理机构。

（1）中央人事院。1948 年，根据《国家公务员法》，日本成立最高人事行政机关——人事院，作为中央人事管理机关，但管辖权仅限于中央公务员，不包括地方公务员。人事院由 3 名人事官组成。人事官由内阁提名，参众两院任命，天皇认定，任期 4 年，可以连任，但不得超过 3 届。人事院总裁 1 人由内阁在人事官中任命，不拥有最高决策权。人事官会议是人事院的最高决策机构。人事官对内阁和议会负责，总理大臣不得随意罢免。根据 1947 年的日本《国家公务员法》之规定，人事院的管理业务非常广泛，如：公务员的职位分类、工资制度、考试、任用、升降、转任，免任、考核、培训、福利保障等。对于这些事务的管理均须制定人事院规则或指令，这些规则和指令具有法律效力。人事院拥有准司法权，在法律赋予的权限内，审查各种决定或处分。同时，人事院还兼有日本公务员管理的各种辅助功能。[③] 由此可见，1948 年设立的日本人事院，“法律赋予它广泛的

---

① 傅肃良：《各国人事制度》，台湾三民书局 1986 年版，第 238—268 页。

② 姜海如：《中外公务员制度比较》，商务印书馆 2013 年版，第 321—322 页。

③ 黄达强：《各国公务员制度比较研究》，中国人民大学出版社 1990 年版，第 104—105 页。

管理职能，因而使之成为目前世界上最有权力的公务员管理机构”。[①]

（2）地方人事机构。根据日本《地方公务员法》的规定，地方政府中设立了人事委员会和公平委员会，负责地方人事行政业务的推行。人事委员会是地方独立的人事行政机关，其领导成员须经地方议会同意、地方行政长官任命，负责一般的人事行政事务，具体内容大体与人事院相同。其任务是在人事院事务总局的指挥监督下，负责该地方人事院的各项工作。日本的地方人事机构与中央人事机构之间无隶属关系，但人事院有责任就公务员管理中的专门性技术问题向地方提供指导。

（3）内阁人事局。战后的日本官僚政治依然大体遵循着明治时期形成的“禀议制”模式运作，其核心是自下而上和集体一致的“轮阅”原则，下级官僚具有相当大的权限，即使是一省大臣，如果不遵守官僚秩序，也会遭到排挤。[②]这使得不仅内阁对各省的管辖有限，一省大臣对省内各部门的管辖也相当薄弱。[③]为改变此一现状，桥本龙太郎、小泉纯一郎、安倍晋三等首相发起了针对官僚制度的行政改革。根据2014年通过的制度改革法案，专门设立了内阁人事局，可以直接干预各省厅内部的人事。原本，内阁仅仅是审批各省厅独自决定的局长以上官僚人选；在新体制下，各省厅局长以下的中高级官僚任命也需要通过内阁人事局的审查。这等于是将准政治任命的范围从200人扩大到了600人。[④]内阁人事局的设立“扩展了日本民选领导人的权力，进一步打破了官僚机构的‘独立王国’”[⑤]，加强了内阁对公务员的管理和控制能力，有利于克服日本原公务员体系的政治性和民主性之不足。

（4）各省厅人事管理机构。日本内阁各省厅一般设立有专职或兼职人事管理机构，协助机关首长处理日常具体人事管理工作，机构规格和名称没有统一规定，有的称局，有的称处，有的则称课，还有的称部。[⑥]

---

① 蒋鸿雁：《西方各国公务员管理机构的特点》，载《法学评论》1988年第4期。

② ［日］辻清明：《日本官僚制度》，王仲涛译，商务印书馆2008年版，第152—155页。

③ ［日］野口悠纪雄：《战后日本经济史：从喧嚣到沉寂的70年》，张玲译，民主与建设出版社2018年版，第107页。

④ 郭定平：《论日本首相权力一元化》，载《东北亚学刊》2018年第2期。

⑤ 潘蓉、肖河：《日本公务员制度的历史经验和教训》，载《中国领导科学》2020年第3期。

⑥ 姜海如：《中外公务员制度比较》，商务印书馆2013年版，第324页。

（二）西方国家公务员管理机构的发展趋势

从西方国家公务员管理机构的设置与职能发展变化看，其发展趋势表现在以下三个方面：

1.“部内制”渐渐兼有“部外制”的色彩，“部外制”又兼有“部内制”的色彩，正逐步趋向融合。例如，美国最初是实行部外制，1978年撤销文官委员会，成立人事管理总署，逐步吸收了部内制的长处。再如，德国原来实行的是部内制，公务员管理以各部门为主，1953年德国建立了文官委员会，该委员会也对政府各部门公务员管理行使相应职能，从而使德国公务员体制就兼有部内和部外结合体制的特点。①公务员管理机构趋向融合的原因：“一方面主要是各国政治、经济、社会发展变化影响了机构设置及其功能的变化；另一方面，发达国家的领导人对政府人事管理越来越关注，有些国家首脑直接兼职，为了便于指挥，对原来的机构设置方式进行这样或那样的改革。”②

2. 公务员管理权由统一走向分散，且逐渐下放。例如英国于1981年撤销了公务员事务部，一方面设立了管理与人事局（以后又改为公务员部长办公室），另一方面原来财政部管理的业务仍归其管理，此外另设有公务员考选委员会及公务员决选委员会，主管执行官以上人员的考选事宜。加拿大原来由单一的公务员委员会掌握公务员管理权力，后来议会通过法律将公务员管理机构分为财政委员会、公务员委员会和公务员关系委员会。财政委员会负责制定公务员管理政策；公务员委员会负责执行政策；而公务员关系委员会则是“准司法”机构，负责公务员的权益保障。同时许多国家采取不同形式转变中央人事管理部门的职能，下放某些权力。例如，英国在撤销公务员事务部后，由内阁办公厅和财政部共同管理公务员，除3000多名高级公务员实行统一管理外，其他公务员的人事管理权下放给22个部，政府通过与各部签订公共服务协议对各部进行宏观管理。同时，各部又将人事管理权逐步下放给下级行政单位，一线部门拥有了人事管理权，使管事和管人融为一体，减少了管理的层次，调动了基层领导人员的积极性。在人员录用方面，除高级公务员外，一般公务员的录用由各部门自己负责，公务员委员会只进行协调和监督。这是“因为随着现代社会发展，政府职能不断扩大，过细

---

① 姜海如：《中外公务员制度比较》，商务印书馆2003年版，第319页。

② 薛刚凌：《公务员法教程》，中国人民大学出版社2017年版，第99页。

的管理已不适应形势发展的要求，需要采取加强宏观指导的办法，以此增强宏观调控职能，逐步减少具体管理职能”。①

3. 公务员管理的辅助保障性机构日益增多。这类机构对公务员的权利与职业保障起着重要的作用，有助于补充和完善公务员管理机构的缺陷与不足。随着公务员职业化和专业化的发展，这类机构会越来越多。这是因为公务员的管理工作千头万绪、内容多而复杂，仅凭单一管理结构难以解决问题，加之专业化的要求和公务员全力保障意识的加强，迫切需要一些辅助性、保障性的管理机构得以产生，例如争议解决机构、培训机构等。

四、我国公务员管理机构的设置和职能

我国公务员管理体制是在革命战争年代形成的，新中国成立后，由于管理事务增多、管理对象庞杂、组织机构日益增多、管理制度不健全等导致革命战争年代所形成的干部统一管理体制与模式已经失去活力。从新中国成立初期到中共十三大召开，近 40 年时间，我国的公务员一直叫“干部”。新中国成立之初，我国政府系统中一直没有统一的人事管理机构。1993 年《国家公务员暂行条例》和 2005 年《公务员法》的颁布是我国公务员管理体制改革进程中的两个重要分界点。2008 年，专业化管理并隶属于人力资源和社会保障部的部内局——“国家公务员管理局”的设立，标志着专门的公务员管理机构诞生。2018 年 3 月，《党和国家机构改革方案》将国家公务员局并入中央组织部，表明我国公务员管理机构日益成熟和完善。

我国的公务员管理机构经过多次改革之后，基本上趋于完善。现阶段，我国公务员管理机构主要包括中央综合性公务员主管部门、地方综合性公务员主管部门、机关内设的公务员管理机构以及公务员管理监督与协调机构等。《公务员法》第 12 条规定：“中央公务员主管部门负责全国公务员的综合管理工作。县级以上地方各级公务员主管部门负责本辖区内公务员的综合管理工作。上级公务员主管部门指导下级公务员主管部门的公务员管理工作。各级公务员主管部门指导同级各机关的公务员管理工作。”据此，我国公务员管理机构，可以分为综合管理机

① 薛刚凌:《公务员法教程》，中国人民大学出版社 2017 年版，第 100 页。

构和机关人事机构两类。综合管理机构包括中央公务员主管部门、县级以上地方各级公务员主管部门。各级机关的人事机构是公务员管理的部门执行机构。此外，还有人大、监察机关对公务员管理的监督等。

1. 中央综合性公务员主管部门

在中央，根据《公务员法》的规定，我国设立了负责全国公务员的综合管理工作的中央公务员的主管部门，主要指中央组织部（国家公务员局）。2018 年 3 月，中共中央公布《深化党和国家机构改革方案》，将国家公务员局并入中央组织部，由中央组织部统一管理公务员工作，中央组织部对外保留国家公务员局牌子，不再保留单设的国家公务员局。将国家公务员局并入中央组织部，由中央组织部统一管理公务员工作，有助于发挥党统揽全局协调各方的作用，这是对坚持党对一切工作的领导的具体化；有助于防止各部门互相推诿、扯皮、推卸责任，从而更好地管理公务员工作。调整后，中央组织部在公务员管理方面的主要职责是：统一管理公务员录用调配、考核奖惩、培训和工资福利等事务；研究拟订公务员管理政策和法律法规草案并组织实施；指导全国公务员队伍建设和绩效管理；负责国家公务员管理国际交流合作等。①

2. 地方综合性公务员主管部门

根据《公务员法》关于“县级以上地方各级公务员主管部门负责本辖区内公务员的综合管理工作”之规定，我国县级以上的地方分别设立了综合性的公务员管理部门。根据 2018 年 3 月的《深化党和国家机构改革方案》，地方公务员局并入地方党委组织部，地方党委组织部对外保留地方公务员局牌子。地方党委组织部统一管理当地公务员工作。

3. 机关内设人事机构

设在国家机关的内设人事机构是公务员管理的执行机构，负责公务员的日常管理工作，如国务院各部委、办事机构、直属局、各部委归口管理的国家局等内设的人事司（局），省、自治区、直辖市政府各部门的人事处、人事科等。它们都是在本部门首长的领导下，在同级公务员主管部门的业务指导下管理本机关的公务员管理工作。机关内设公务员管理机构的职责包括：依法制定、实施本机关的干部人事制度改革政策与规划；按照干部管理权限，办理本机关公务员职务职

① 国家公务员局网站 http://www.scs.gov.cn/jzyzr/201809/t20180927_12080.html，最后访问：2021 年 3 月 10 日。

级任免与升降、考核、奖励、惩戒、工资保险福利待遇、辞职、辞退、交流与回避、离退休、培训与教育等日常管理事务。

机关人事机构主要对本部门行政首长负责，同时接受同级政府人事部门的业务指导和监督，在本部门执行公务员管理的职责。机关人事机构也可以根据本部门的实际情况制定一些规范性文件，但不能与公务员管理的法律、法规和综合管理机构制定的政策相抵触，实际上是公务员管理的法律、法规和政策在本部门本单位的具体运用，因此也属于执行管理行为。[①]

4. 公务员管理监督机构

（1）纪检监察部门。各级纪检监察部门是行使国家纪检监察职能的专责机关。根据《中国共产党党内监督条例》第26条之规定，党的各级纪律检查委员会是党内监督的专责机关，履行监督执纪问责职责，加强对所辖范围内党组织和领导干部遵守党章党规党纪、贯彻执行党的路线方针政策情况的监督检查。《监察法》规定，“各级监察委员会是行使国家监察职能的专责机关，依照本法对所有行使公权力的公职人员进行监察，调查职务违法和职务犯罪，开展廉政建设和反腐败工作，维护宪法和法律的尊严”。监察委员会依照监察法和有关法律规定对所有公务员履行监督、调查、处置职责。

（2）各级人民代表大会及其常务委员会。按照《全国人民代表大会和地方各级人民代表大会代表法》规定，人大代表有权：参加审议各项议案、报告和其他议题，发表意见；依法联名提出议案、质询案、罢免案等；提出对各方面工作的建议、批评和意见；参加本级人民代表大会的各项选举、表决等。根据《各级人民代表大会常务委员会监督法》第44条之规定，县级以上地方各级人民代表大会常务委员会在本级人民代表大会闭会期间，可以决定撤销本级人民政府个别副省长、自治区副主席、副市长、副州长、副县长、副区长的职务；可以撤销由他任命的本级人民政府其他组成人员和人民法院副院长、庭长、副庭长、审判委员会委员、审判员，人民检察院副检察长、检察委员会委员、检察员，中级人民法院院长，人民检察院分院检察长的职务。

（3）审计机关。根据《审计法》规定，县级以上地方人民政府设立审计机关。各级审计机关对国务院各部门和地方各级人民政府及其各部门的财政收支、国有

① 薛刚凌：《公务员法教程》，中国人民大学出版社2017年版，第105页。

金融机构和企业事业组织的财务收支等进行监督。2018 年 3 月，根据《深化党和国家机构改革方案》，组建中央审计委员会，作为中共中央决策议事协调机构。2019 年 7 月，中共中央办公厅、国务院办公厅联合印发《党政主要领导干部和国有企事业单位主要领导人员经济责任审计规定》，其中明确规定要对领导干部在任职期间，对其管辖范围内贯彻执行党和国家经济方针政策、决策部署，推动经济和社会事业发展，管理公共资金、国有资产、国有资源，防控重大经济风险等有关经济活动应当履行的职责的情况进行经济责任审计监督。

（4）司法机关。人民检察院通过行使检察权，对职务犯罪的侦查、批捕等手段对公务员进行监督。人民法院通过审理公务员职务犯罪案件和判决撤销行政诉讼案件，对公务员及其违法行为进行司法监督。

综上所述，我国公务员管理机构的设置模式，是在各级各类机关中设综合管理机构，在各个机关部门设部门执行机构。综合管理机构担负对公务员事务综合管理的职能，具有决策、协调、监督等功能；部门执行机构担负具体执行对公务员事务直接管理的职能。综合管理机构对同级机关各部门的执行机构，上级机关的综合管理机构对下级机关的综合管理机构，负有业务指导和监督的责任，并由此构成适合我国国情的公务员管理机构体系。[①]

① 薛刚凌：《公务员法教程》，中国人民大学出版社 2017 年版，第 105 页。

第二章 公务员入职管理制度

第一节　公务员的分类

一、公务员的品位分类与职位分类

（一）品位分类

1. 品位分类的含义与特征

品位分类基本上是对政府文官官阶等之区分，以及文官品级名位之列等，如古代之爵位，官职之分等。在现代人事行政中，品位分类是指公务员品级等第及资历高低之划分，基本上是以“人”为中心的分类制度，就公务员个人所具有的资历，作为分类的标准与依据，也就是依任职之公务员予以分列品位等第。在品位分类结构中，官员既有官阶，又有职位。官阶显示品位等级，代表地位之高低，资格之深浅，报酬之多寡；职位则显示权力之等级，代表权责之轻重，任务之简繁。官与职是分开的，既可以有官无职、有职无官，更可以官大职小、职大官小。总之，品位分类是以“人”为中心而设计的结构，着眼点在人而非在事。①

品位分类制度具有以下特征：（1）结构具有弹性，适应力强，便于调整公务员的职务，人事运用或人才使用比较方便。（2）能够保证公务员在行政部门工作的稳定性，因为官阶之存在，使公务员有较大的安全感，即使职务变动或另有任命，也不至引起人员的担忧。（3）比较简单易行，无须专家参与即可实行。因此，在开始实行常任文官制度时，一般国家都采行品位分类制度。（4）在品位分类制度下，等级划分较少，晋升幅度较大。（5）品位分类是以“名分”鼓励公务人员，因为只要取得较高的品位，便可获得较多的报酬与尊敬。

2. 品位分类的缺陷与不足

品位分类虽然有五个特征与长处，但也有本质上的缺陷，即品位分类非为

① 张润书：《行政学》，台湾三民书局2009年版，第519页。

“事”之分类，即非工作性质与难易程度之分类，以致不能建立以“工作”为中心的人事制度。[①] 因为此一分类客体是文官的品位而非工作职位，若职位未经明确分类，则职务性质、繁简难易、责任轻重及所需资格条件等便缺乏标准，便不能因事择人而发挥适才适所的优点，进而不能订定合理的报酬、薪俸制度，使得“同工同酬”的目标也无法达成。[②]

具体来说，品位分类具有的缺陷是：（1）对人不对事。只以人的身份作为分类标准，未考虑工作性质及能力高低的差异，以致不易做到人事相适。（2）年资重于才能。在品位制下，人员的服务年资成为晋升的主要因素，只要年资达到某一标准即可晋升到某一品位（等级），几乎不考虑人员才能的因素，往往造成“大材小用”或“小材大用”的缺点。（3）忽视了专业化。品位分类只注重人员地位高低的设计，未能注重工作性质的异同，以致流于工作的普化而非专化，而现代行政的特色之一即为专业化，分工细密必须专才专用，传统的品位分类自不符现代行政的需要。[③] 正因如此，实行品位分类的国家，逐渐采用部分职位分类的精神，如英国在公务员分类制度上趋向混合制。

（二）职位分类

1. 职位分类的含义与特点

职位分类，乃系应用于人事行政的一种方法，将政府机关事务性质的职位，根据工作的种类，繁简难易，责任轻重及所需资格条件之四项分类标准加以分析，整理与品评，以区别其异同。凡此事项分类标准，充分相似的职位，合并为一个类，并给予每类准确的定义与说明，以作考选、任用、待遇、考核、升迁等人事业务之基础，及其他革新管理之依据。[④]

职位分类系以职位的工作性质、繁简难易、责任轻重及所需资格条件等区分若干具有共同识别的特征和运用上便利的分类，以作为人事处理基准的一种科学方法。凡属同一类之职位，其人员之人事管理适用同一标准处理，以求简化、公平，其要点可概括如下。

---

① 许南雄：《铨叙制度概论》，商鼎文化出版社 1996 年版，第 138 页。

② 张润书：《行政学》，台湾三民书局 2009 年版，第 520 页。

③ 张润书：《行政学》，台湾三民书局 2009 年版，第 520 页。

④ 张金鉴：《人事行政学》，台湾三民书局 1973 年版，第 142 页。

（1）职位分类之对象为各机关之职位，而非担任职位之人员。职位分类只是职位的分类，而非人员的分类，故是对事不对人。

（2）职位是依其工作之性质、繁简难易、责任轻重及所需资格条件，予以分类。分类时所依据之特征，为工作之性质、繁简难易、责任轻重及所需资格要件四个，其中工作之性质，系属性质方面的特征；繁简难易、责任轻重系属程度方面的特征；所需资格条件系属兼有性质与程度方面的特征。

（3）在职位分类上，只要求四个特征之相似，并非相同。如四个特征必须相同始归纳为一个类时，则具有此种可能性的职位必少，因而所得的类亦比较多；在职位分类上，只求此四个特征之相似即可，因而所得的类也可较少。

（4）职位分类之结果，系在人事管理上应用。各机关之职位，经分类的程序予以分类后，其所得之结果，系应用在人事管理上，而应用之目标，系对担任同一类职位的人员，其考试、任用、俸给、考绩等人事业务，适用同一标准处理。

（5）经由职位分类处理人事业务，可达到简化、公平。就简化方面而言，如有1000个职位，将之分为50个类，则对1000个职位人员之考试、任用、俸给、考绩等人事业务，只要规定50种标准即可适用，不需要为每一个职位人员，去规定一种标准适用。就公平方面而言，凡属同一类的职位，其人员之人事业务适用同一标准处理，则不会有偏失分歧之弊端，而考试方法也用同样标准录取，公平客观。①

2. 职位分类的功能②

实行公务员职位分类制度可以达到以下功能：

（1）建立公平合理的俸给制度：同工同酬。职位分类，系按职位的工作种类，困难程度，责任轻重及所需资格，区分为职级，作为人事处理上使用同一个标准的处理单位。因此，凡属职位之工作种类，困难程度，责任轻重，及所需资格充分相似者，则归并为同一个职级，支领同等幅度的俸给，使同工者同酬，异工者异酬，促成俸给制度之公平合理化。

（2）提供考试任用的客观标准：为事择人，考用合一，专业专才，适才适所。职位分类之实施，先举行职责事实调查，依据调查所得事实，分析衡量职位之工作种类、困难程度及责任轻重，而后依据分析衡量职位之工作种类、困难程度及责任轻重，最后依据分析衡量归纳结果，确定职位所需资格条件，并明白订定于

---

① 张润书：《行政学》，台湾三民书局2009年版，第522页。

② 张润书：《行政学》，台湾三民书局2009年版，第522—524页。

职级规范中，使考试及任用的标准客观化。

（3）考绩标准具体化：综覆名实，信赏必罚。考绩是提高员工工作效率的有效方法之一。为使考绩制度发生作用，必须有客观合理的考绩标准。职位分类对每一职位的工作种类，困难程度及责任轻重等，均有详细的分析与评估，将其工作特征明定于职级规范中，使职位的工作内容甚为明确具体，因此在考绩上，自可依据各职位的工作内容订定标准，并据之加以实施；这样便可使考绩标准具体化，不至于流于形式或不公。

（4）训练及进修的计划易于订定：人才发展。人事行政的目的之一即在于促进行政效率，也即使工作人员各自能发挥其最大才能。训练与进修，系充实职员业务知识、处事能力及诱发工作潜能之最佳方法。而训练及进修计划之订定，应以职位之工作内容及升迁系统为依据。职位分类具有职系、职级之序列，又有说明工作内容之职级规范，自可便于训练及进修计划的订定。

（5）人人有定事，事事有定人：工作确定。职位分类之下的每一职位，均详细规定其任务，每人皆有固定的工作，使尸位素餐的人员，与无事可做的官员都能扫除一空，因此职位与人员相配合，人人有定事，事事有定人，使机关人员之人力利用达到最高峰。

（6）预算易于编制及控制：经济有效。实施职位分类以后，职位的数目及薪俸的标准都有了具体而确实的根据，预算之编制当较以往为易，有多少事就用多少人，每一人要用多少钱，都可很方便地计算出来，不致发生浪费或不及的弊端。

（7）健全机关组织：目标易于达成。合理的机关组织，其权限及职责应有明确的划分与规定，职位分类可以对每一个职位的工作作明白的规定，所以组织得以健全，目标易于达成。

（8）改善主管与部属的关系：人群关系增进。实施职位分类以后，人员工作明白确实，考绩客观公平，升迁系统分明，待遇公平合理，使人事上的纠纷减少，促进了主管与部属的关系。

3. 职位分类与品位分类的比较

公务员的职位分类与品位分类相比，两者有着明显的不同之处和各自优劣，具体来讲[①]：

① 张国庆：《公共行政学》，北京大学出版社 2017 年版，第 171 页。

（1）职位分类是以“事”为中心，以公务员所在职位的工作、责任为分类的依据，以工作的多少来定待遇，按事设职，按职择人；品位分类是以“人”为中心，以公务员个人的资格条件为分类的主要依据，以品位的高低来定待遇。

（2）职位分类制度中，公务员本人的等级就是所在职位的等级。职位变动，等级也就变动，等级是随职位而定，而不是随人走；品位分类制度中，等级与职位是分开的，同样职位的公务员可能品位等级不同，而同样品位等级的公务员也可能职位不同，当职位变动时，品位却可以不变。

（3）职位分类制度中工资差别与职位工作的难度、责任大小和资格深浅成正比，是同工同酬；品位分类制度中则以品位等级定工资，存在同工不同酬、同酬不同工的现象。

（4）职位分类制度重视专家作用，利于专才成长，实行专才专用原则，非经考试合格，一般不得晋升，而且每一次晋升，几乎都得经过相应的考试，不能“一步登天”式地跨级晋升；品位分类制度主要不以考试来确定是否晋升，比较注重公务员的资历，由下级升到上一级比较容易，而且可以有较大的晋升幅度。

（5）职位分类制度中，公务员分类较为复杂，职类、职系、职级、职等划分较多，办理职位分类的程序比较复杂，技术性要求较高；品位分类制度中，公务员只做大体上的分类，分类较少，较为简单，不需要很高的技术性。

（6）职位分类制度下，任何公务员职位都经调查、评价和划分等级，都有规范性的职位说明，公务员的升迁调转范围和程序都有严格的规定，易于对公务员进行科学管理，但是管理方面缺乏灵活性，公务员流动与调转的限制条件较为严格，流动与调转的范围也较小；品位分类制度下，公务员的管理具有伸缩性，人事管理机构拥有灵活和富有弹性的管理权限，但在品位分类制度下，对公务员的管理带有更多的经验色彩和主观性。

作为公务员管理制度中的两种主要分类方式，职位分类和品位分类有着各自的优点和缺陷。从近年来看，两种分类方式之间出现了一种相互影响、相互渗透和相互趋同的倾向。一方面，采用职位分类的国家，逐步简化了职位分类的结构，缩减了职系数目和职级、职等层次；另一方面，采用品位分类的国家，也开始重视对职位的系统调查、评价和分类。这一状况表明，无论是职位分类还是品位分类，都不是尽善尽美的公务员分类制度，这两种制度之间，需要的是相互借鉴和扬长避短。

二、西方公务员分类制度的发展简史

自19世纪中叶以来，西方主要国家都相继建立了现代意义上的公务员制度。随着常任文官制度和考试录用制度的确立，西方逐渐解决了公务员选用中“恩赐制”和“政党分赃制”所带来的种种问题。但是如何对公务员队伍进行科学的管理，始终是西方国家所面临的重要问题，经过100多年的发展，西方国家逐渐形成了两种独具特色的公务员分类制度，即以英国为代表的“品位分类”制度和以美国为代表的“职位分类”制度。20世纪中期以后，这两种制度又相互渗透、相互影响，成为今天西方公务员分类制度中的主流特色。

（一）品位分类的代表国家：英国①

英国是实行品位分类的典型代表，其公务员分类制度经历了漫长的发展时期。1854年，《关于建立英国常任文官制度的报告》，最早提出了公务员分类的设想，该报告主张把公务员分为高级和低级两大类。其中，高级公务员负责行政领导和管理工作，必须受过大学教育，低级公务员负责处理日常机械性事务，受过普通教育即可。但由于该报告未被议会通过，因而公务员分类的主张没有得到实施。1870年，英国公务员分类制度有了实质性进展。这一年，英国政府颁布了关于公务员制度的第二个枢密令，将公务员分为执行政策的上层和办理日常事务的下层。与此相对应，公务员的等级结构也划分为第一和第二两大等级。英国公务员分类的制度框架初步形成。此后，到第二次世界大战之前，英国公务员制度又经过了多次调整，其分类制度逐步完善。

第二次世界大战后，英国公务员结构出现新的特点，即大量的实业人员与专业人员发展成相对独立的部分，分化为实业类公务员与非实业类公务员。其中，实业类公务员分为10种，有专门的待遇规定，其性质与一般公务员不同。非实业类公务员是指在行政机关工作的公务员，包括两种：一是专业人员，分为法律、统计、科学等，再根据不同的条件划分为不同的等级；二是一般行政人员，即按照原有的公务员分类结构，再分为行政、执行、事务、助理事务四个等级。20世纪经济和社会的巨大变化给传统的政府管理活动提出了严峻的考验，也要求政府

---

① 宋世明：《中国公务员法立法之路》，国家行政学院出版社2004年版，第244—251页。

的人事管理体制与之相适应。在这一背景下，1971 年，根据 1968 年富尔顿委员会提出的《富尔顿报告》，英国又对公务员的分类制度进行了重新调整，取消了原先的公务员等级划分，建立起了新的统一公务员分类结构，把所有非实业部门的公务员分为 10 个职类：综合类、科学类、专业技术类、培训类、法律类、秘书类、社会保障类、警察类、资料处理类和调查研究类。其中，每个职类下面再根据工作性质细分为职组，在各职组中又依据其职责程度及资格条件不同区分为若干职系。从改革后的情况来看，英国目前的分类制度已经不完全采取品位分类的办法，而是在品位分类的基础上，吸收了美国职位分类的精神，建立起了品位分类和职位分类相结合的公务员分类制度。

（二）职位分类的代表国家：美国①

美国公务员的职位分类制度最早源自工商企业中实行的工作分析和工作评价制度。20 世纪初期，职位分类制度最早出现在美国芝加哥、洛杉矶等的地方政府之中。1923 年，美国国会通过了第一个职位分类法。在此之前，美国只有人员的分类，没有工作的分类，没有对每个行政岗位的工作进行分类，没有将岗位分类作为决定考试和工资的客观标准。由于对职员的管理没有一个统一和客观的标准，各机关对于工作相同的职员，或者对于经过考试录用的职员，在工资和其他工作条件方面，可能差别很大，引起了职员的强烈不满。在这一背景下，1923 年的职位分类法对公务员所从事的工作，按照其性质的不同分为五大类：专门技术类，次专门技术类，文书、行政和财务类，保管类，文书机械类。每一类中按工作的难度、重要性以及责任的大小分为若干不同的职称。法律对于每一职称的工作，做一简单的、概括的说明，并规定一个工资幅度。每一职称内部分为若干职等，包括在同一职等中的岗位，其工作的性质、难度、重要性和责任基本相同。每一职等的工作必须具体说明，作为行政管理的指导。公务员的录用、考绩、工资依其工作岗位所属的职等、职称、职类而确定。

1949 年，美国颁布了新的职位分类法，调整了原来的分类结构，将原来的五大类合并为两个类别，即“一般行政类”（GS）和“技艺保管类”（CPC），形成了以“一般行政类”为主体的完整而系统的职位分类制度（共分为 450 个职系）。

---

① 王名扬：《美国行政法》，中国法制出版社 2005 年版，第 203—204 页；宋世明：《中国公务员法立法之路》，国家行政学院出版社 2004 年版，第 251—256 页。

1954年，联邦人事分类委员会撤销“技艺保管类”，将其中的一部分职位并入“一般行政类”，另一部分由公务员委员会核准为不适用分类法的例外职位。此后，针对这一分类制度在实践中暴露出的职位分类与机构使命脱钩、职位分类过于烦琐、缺乏适应变化弹性等问题，美国又对其职位分类制度进行了多次修改，同时也适当借鉴了品位分类中的某些合理成分，以矫正职位分类中的非人格化、非人本化的缺陷。如美国在1978年的公务员制度改革中，在一般职序列中，把16职等、17职等、18职等的约8000个职位分离出来，单独组成高级公务员系列（SES），实行不受联邦政府职位分类法限制的“级随人走”做法，即公务员调任其他职位工作时仍保留原来的级别，实际上就是借鉴了品位分类的做法。

（三）兼具职位分类与品位分类的特色：法国[①]

第二次世界大战以前，法国公务员也是以身份和地位为标准，按照品位加以分类，这种做法在实践当中产生了不少弊端。1946年和1959年的公务员法建立了职位分类，以后又对这一制度进行了多次改革。从目前来看，法国的公务员首先分为四大职类，每个职类包含若干职系，每个职系包含若干职称（职等），每个职称又包含若干职级。

根据所要完成的职能的性质，所承担的责任和应达到的文化和技术水平资格，法国公务员首先分为A、B、C、D四大职类，这在纵向上体现了法国公职系统职位等级层次的高低。其中，A类是高级公务员，一般承担设计性、构思性、指导性以及组织管理方面的工作，如起草法律文件等，进入A类的公务员必须具有正式的高等教育毕业文凭。B类是中级公务员，负责执行性的工作，主要任务是把法律法规等一般性规定具体化，使之便于实施和管理。进入B类的公务员必须持有初级高等教育或高中教育文凭。C类和D类是初级公务员，C类公务员的主要任务是具体执行，需要有简单的技术训练，如打字员、税务调查员等，进入C类的公务员必须至少持有初中毕业文凭，并受过特定的职业教育。D类公务员是最初级的公务员，主要从事非专业性工作，承担最简单的工作，主要包括办公室值班人员、通信员等，进入D类的公务员必须具有初中或小学毕业水平。目前，D类公务员在法国正逐步消失。

---

① 王名扬：《法国行政法》，北京大学出版社2016年版，第190—192页；宋世明：《中国公务员法立法之路》，国家行政学院出版社2004年版，第251—256页。

职系是职位分类的中心结构，每一职类当中包含若干性质不同的职系，职系是根据职业划分的，从横向体现职位所归属的专业系统的区分。如A类公务员又分为技术性高级公务员集团和非技术性高级公务员集团。前者包括矿山工程师职系、桥梁公路工程师职系等，后者分为行政法院职系、审计院职系、外交和领事职系等。在法国，一个人进入公职部门工作，就意味着被某一职系录用。每一职系受一特别地位法的支配。同一职系的公务员适用相同的管理规则，在薪俸、晋升和年龄限制等方面享有同等权利和待遇。公务员通过正式任命进入某一职系后，通常在该职系中度过全部的职业生涯，由初级职称向高级职称晋升。公务员如果要从一个职系转入另一个职系，如果法律没有特别规定的，原则上不保留原职系中的权利。

每个职系内部又包含一个或几个职称，不同职称工作性质相同，但难易程度和责任大小不同，例如在大学教育这一职系内有教授、副教授、讲师、助教等职称。此外，每一职称内部又划分为若干职级，职级与薪俸相联系，划分职级的目的在于为同一职等的公务员规定一个薪金幅度和等级，以便根据公务员的服务年限增加薪金待遇。职级是随着规定的服务年限而上升的。

因此，从法国的规定来看，法国公务员的分类制度，既具有英国品位分类制度的某些特点，又具有美国职位分类制度的某些因素。即按照学历高低在纵向上划分类别；按工作性质在横向上划分职系；根据责任大小、难易程度划分职称（职务层次）；根据资历确定职等。

三、我国现行的公务员分类制度

（一）我国公务员职位分类制度的确立

中国古代长期以来实行的是公务员的品级分类制度。[①] 但是“官员品级分类制度，既不是职位分类制度，又不是品位分类制度。中国古代官员品级分类制度只具有‘官本位’的历史底蕴，从来就不具有品位分类的传统”，[②] 新中国成立后，

① 例如秦朝统一六国后，将战争期间建立的二十等爵制改造为官爵一体的二十级官序。再如唐代职官分为九品三十级，散官分为九品二十九级。

② 薛刚凌：《公务员法教程》，中国人民大学出版社2017年版，第49页。

公务员分类制度在我国的发展经历了一定的曲折。1949年以后，我国建立了高度集中的计划经济体制，为了与这一体制相适应，在人事管理上，我国建立了党委领导下的高度统一的干部人事管理制度，所有干部都按照党政机关干部的单一模式进行集中管理。但随着经济体制改革的逐步深化，传统干部人事制度的弊端日益显现出来，一是导致年轻优秀的人才难以脱颖而出；二是导致用人上的不正之风难以避免。针对这些弊端，1980年8月，邓小平同志在《党和国家领导制度的改革》的讲话中提出了“解放思想，克服重重困难，打破老框框，勇于改革不合时宜的组织制度、人事制度”的口号，从而为我国干部人事管理制度的改革以及后来的公务员分类制度指明了方向。1987年，党的十三大报告中明确指出“要对‘国家干部’进行合理分解，改变集中统一管理的现状，建立科学的分类管理体制；改变用党政干部的单一模式管理所有人员的现状，形成各具特色的管理制度”。

1993年颁布的《国家公务员暂行条例》第一次提出了“国家行政机关实行职位分类制度”，并设专章对职位分类制度作了规定，为我国进行职位分类的法律依据。但从《国家公务员暂行条例》的制度设计来看，我国公务员实行的是职务分类，即只是将公务员的职务分为领导职务和非领导职务，同时规定了公务员的等级系列。这给所有的公务员都适用一套职务系列，实行一种管理办法，公务员的职业发展渠道过于单一，难以适应管理工作复杂化、多样化的需要，需要通过重新设计公务员分类制度来加以解决。①

为了建立科学的公务员管理制度，真正实现公务员职位分类，2005年颁布的《公务员法》在总结以往公务员分类制度的经验基础上，明确规定“国家实行公务员职位分类制度”。按照公务员职位的性质、特点和管理需要，将公务员职位划分为综合管理类、专业技术类和行政执法类等类别，克服了过往公务员职位分类过于简单、不科学，公务员职业发展渠道和晋升通道过于单一的问题，使公务员职位分类制度更加科学化和规范化。

（二）我国职位分类的基本概念与程序

1. 基本概念

职位分类是一件非常复杂和棘手的事情。首先是将公务员的所有职位划分为

---

① 参见应松年、宋世明、仲崇东：《公务员法释义》，国家行政学院出版社2005年版，第6页。

职类、职组、职系等，然后才能进行科学分类。因此，要了解和进行职位分类，必须了解职位分类中使用的若干概念。大体来说，职位分类中的基本概念大致有如下几个：

（1）职系。职系是指工作性质相同的所有职位的总称。机关有着各种各样的职位，以工作性质作为标准，可将工作性质相同的职位划分为一个职系。也就是说，属于同一职系的职位，其工作性质应该是相同的。

（2）职组。职组是指若干个工作性质相近的职系的集合。划分职组的主要目的是便于区分职系，但职组并非职位分类结构中不可缺少的因素，因此并非必须设立。

（3）职类。职类，又称职门，由工作性质大致相近的若干职组构成。职类是职位分类中最粗略的单位，如行政执行类、专门技术职业类等。凡属于不同职类的职位，其工作性质一定存在明显差异。

（4）职级。职级是指按照工作责任大小、任务的繁简难易程度和所需资格条件等标准，把同一职系中的所有职位划分为不同的等级。职级从高到低按序排列，一个职系应当划分为多少职级，应当根据机关中工作责任大小、任务繁简难易和所需资格条件等的不同而定。有的职系中，可能包含十几个职级，而有的职系中也有可能只有四个到六个职级。

（5）职等。职等就是指在不同的职系中，不论职位的工作性质如何，按照工作责任大小、任务的繁简难易、所需资格条件等标准，将所有职级划分为若干等级。划分职等是为了方便对不同职系的职位进行比较。一般来讲，处于同一职等上的所有职级内的职位在工作繁简难易程度、责任大小和所需资格条件上是基本相当或相近的，因此在工资待遇上也是相同的。[①]

2. 职位分类的程序

公务员的职位分类是一项繁杂庞大的系统工程。由于各国公务员管理制度各不相同，因而职位分类的程序也不尽一致。但总体来讲，仍然可以将职位分类的程序划分为以下几个阶段[②]：

（1）职位调查

职位调查是职位分类的第一个步骤，也是职位分类的基础性工作。所谓职位

---

① 职位分类的这几个关键概念可参见王雷保主编：《公务员职位分类教程》，机械工业出版社 1989 年版，第 78—86 页；薛刚凌：《公务员法教程》，中国人民大学出版社 2017 年版，第 65—66 页。

② 张国庆：《公共行政学》，北京大学出版社 2017 年版，第 170—171 页。

调查，就是对有关职位的各种资料进行调查收集，以作为职位分类的基础。职位调查的方法一般有问卷调查法、访谈法、会议法、实地观察法等。职位调查要收集的资料主要包括两部分：一是关于职位本身的情况，如工作性质、工作数量、工作时间、工作难易程度、工作责任轻重、工作报酬、所享有的职权范围、所需资格条件以及所接受和所实施的监督（即上下级关系）。二是职位所在机关的资料，如各种法律法规等有关机关权限、部门权限、工作程序等方面的规定。

（2）职系区分

职系区分是在职位调查的基础上，依据基本的职位分析因素，把职位分别划分为若干种类的过程。职系区分一般可分为三步：第一步是先划分出若干职类，即把工作性质大致相近的职位归为一个职类。如将所有的公务员职位分为综合管理类、行政执法类和专业技术类三大职类。第二步是把每一职类中的职位按照工作性质相近的标准划分为若干职组。第三步是把每一职组中工作性质相同的职位再划分为若干职系。通过这三个步骤，就完成了职位的职系区分。

（3）职位评价

职位评价，是按照工作简繁难易、责任轻重大小，担任职务所需教育程度和技术的高低，对各职系的职位进行评价，划分为若干个等级的过程。这一过程包括两个步骤：一是职位定级，即在一个职系里按照工作难度、责任轻重，所需教育程度和技术高低划出职级；二是职位定等，即把各职系间工作繁简难易、责任轻重大小以及所需资格条件程度相当的职级划归为同一职等。职位评价的关键是把每一职位的全部内容尽可能科学地量化表述出来，以进行品评比较，进而划分出职级和职等。常用的职位评价方法有排列法、因素比较法和评分法等。

（4）制定职级规范

职级规范也叫职位说明或职级说明书，是用文字对一个职位作标准化和尽可能定量化说明的书面文件。其内容一般包括职位名称、职级编号、职级特征、工作举例、所需资格条件以及其他一些事项等。制定职级规范主要是为了指出各职位的工作内容和特性，明确每一职位的职级和职等，以便于对每个职位进行科学化的管理。

（5）职位归类

这是职位分类的最后一道程序，也就是将每一现有职位的工作性质、内容、资格条件等，与职级规范上的内容相比较，而把它们归入适当的职类、职系、职级和职等中。这样，就可以在此基础上，参照职位分类的有关法律，对这些职位上的公务员进行科学的管理。

（三）我国公务员的职位类别

根据《公务员法》第 16 条第 2 款之规定，我国公务员的职位类别按照公务员职位的性质、特点和管理需要，主要划分为综合管理类、专业技术类和行政执法类等三类。

1. 综合管理类职位

综合管理类职位，是指机关中除行政执法类职位、专业技术类职位以及其他职位类别以外的履行综合管理以及机关内部管理等职责的职位。这类职位数量最多，是公务员职位的主体，综合管理类职位具体从事规划、咨询、决策、组织、指挥、协调、监督及机关内部管理工作。

2. 专业技术类职位

专业技术类职位，是指机关中专门从事专业技术工作，为机关履行职责提供技术支持和保障的职位。与其他类别职位相比，专业技术类职位有两个特点：第一，强技术性。这类职位的技术性含量要求非常高，相应地，只有拥有专门技术的人员才能胜任，因此能否胜任该项工作，关键是公务员拥有专门的技术本领强弱。专业技术类公务员只对专业技术工作本身负责，不直接参与公共管理，不具备行政决策权和行政执法权，但由于职位技术性强，也不能否认其对决策和执法的影响力。第二，低替代性。这类职位的任职标准主要是专业技术水平的高低，因而与其他职位之间的替代性不强，很难被别人替代，因此应尽量避免跨类别的人员流动。根据这两个特征，专业技术类职位首先是一些机关中特有的专业技术岗位，如公安机关的法医鉴定、痕迹检验，海关的商品归类、原产地管理专家等职位；此外，还包括一些社会通用性专业的技术岗位，如翻译、工程技术等职位。

专业技术类职位和需要专业技术的职位，不是同一个概念。随着经济的高速发展，现代高度的社会化分工也要求国家和社会的管理必须实现专业化。专业化是对公务员的基本要求，也是公务员履行本职工作的基本前提。从目前来看，机关工作大多都需要公务员具备一定的专业技术知识，有些岗位对专业技术的要求还比较高，但并不是所有需要专业技术知识的职位都是专业技术职位。按照职位分类的基本精神，只有同时符合上述三个特征的职位，才是专业技术类职位。

3. 行政执法类职位

行政执法类职位，是指对行政相对人直接履行行政许可、行政处罚、行政强制、行政征收、行政收费、行政检查等职位。与综合管理类、专业技术类职位相比，这类职位有两个重要特征：一是执行性。这类职位上的公务员主要负责对国家法律、法规和规章的落实和执行，及对违法行为的监督检查。二是强制性，即依照法律法规规定对具体的管理对象进行监管、处罚、强制和稽查。从目前来看，行政执法类职位主要集中在公安、海关、城管、税务、市场监管、环保等政府执法部门。

设置行政执法类职位，主要有两点意义：一是有利于完善执法管理制度，明确执法岗位的任职资格条件和工作职责，加强对公务员执法队伍的约束和监督，提高公务员的执法水平。二是有利于激发基层执法人员的工作积极性，解决基层执法部门公务员职业发展空间狭小、职务晋升困难等问题。

4. 其他职位类别

综合管理类、专业技术类和行政执法类并不是对公务员职位类别的全部划分。根据社会管理的实际需要，对公务员的职位，还可以划分出新的职位类别。因此，为了保持法律的弹性，《公务员法》第16条第2款明确规定“……根据本法，对于具有职位特殊性，需要单独管理的，可以增设其他职位类别。各职位类别的适用范围由国家另行规定”。

第二节　公务员的领导职务、职级与级别

一、公务员的领导职务

（一）公务员职务的概念与分类

公务员的职务，就是公务员所承担的应该完成的任务，是机关对公务员职权、职责的委托。职位是机关职能的微观载体，是公务员职务的依托，是职权的支点。职位包括职务、职权、职责三个要素，职务是职位的核心要素。职务把人和事联结在一起，把职权与职责结合起来。[①] 根据《公务员法》第 17 条规定，“国家实行公务员职务与职级并行制度，根据公务员职位类别和职责设置公务员领导职务、职级序列”。职务与职级并行，职务重新界定为领导职务，体现了重岗位、重责任的“事”的特征；职级注重考察政治素质、业务能力和资历，更多体现了“人”的特征，坚持“两条腿走路”“甘蔗从两头吃”的方法是一种实践智慧，既符合中国文化传统，又顺应我国公务员管理改革的需要。[②]

领导职务是指机关中具有组织、管理、决策、指挥职能的职务。根据《公务员法》第 18 条的规定，公务员领导职务根据宪法、有关法律和机构规格设置确定。具体来讲，公务员领导职务可以分为两类：

第一，实行选任制的领导职务。实行选任制的领导职务，根据宪法和有关法律的规定确定。这一类领导职务包括：国家主席、副主席；国务院总理、国务院副总理、国务委员、各部部长、各委员会主任、审计长、秘书长；中央军事委员会主席、中央军事委员会委员；最高人民法院院长、最高人民法院副院长、审判

① 张柏林：《〈中华人民共和国公务员法〉教程》，中国人事出版社、党建读物出版社 2005 年版，第 210 页。

② 庄炜：《职务与职级并行，如何有效发挥职级功能》，载《中国党政干部论坛》2019 年第 5 期。

员、审判委员会委员、军事法院院长、最高人民检察院检察长、最高人民检察院副检察长、检察员、检察委员会委员和军事检察院检察长；省长、副省长，自治区主席、副主席，市长、副市长，州长、副州长，县长、副县长，区长、副区长；乡长、副乡长，镇长、副镇长；本级人民政府秘书长、厅长、局长、委员会主任、科长；地方各级人民法院院长、副院长、庭长、副庭长、审判委员会委员、审判员，地方各级人民检察院副检察长、检察委员会委员、检察员。此外，根据目前公务员的范围，实行选任制的领导职务，还包括各级党委、人大、政协机关实行选任制的领导职务。

第二，实行委任制的领导职务。这主要是指国务院各部委的副职领导人、县级以上地方各级人民政府组织部门的副职领导人，以及各机关内设机构的领导职务。对于实行委任制的领导职务，需要根据机构的规格和领导职务的层次予以确定。领导职务应当和机构规格相一致，不能超越机构规格设置领导职务。同时，领导职务的层次和数量，也应当和机构规格相适应。

（二）公务员的职务层次

所谓职务层次，就是依据责任大小、工作难易程度、任职资格条件的不同所区分出的从低到高的职务层次。根据《公务员法》第 18 条的规定，领导职务共有 10 个层次，分别为：国家级正职、国家级副职、省部级正职、省部级副职、厅局级正职、厅局级副职、县处级正职、县处级副职、乡科级正职、乡科级副职。领导职务序列是各类公务员都具有的职务序列，无论是综合管理类，还是专业技术类与行政执法类的领导职务，都可以在这 10 个职务层次中找到相应的位置。但这并不意味着所有类别都要设置这 10 个层次的领导职务。设置哪一层次的领导职务，需要根据宪法、法律的有关规定以及工作需要和机构规格来确定。

（三）法官、检察官的职务层次

根据《公务员法》的规定，法官、检察官作为特殊类的公务员，其职务序列可以单独设置。2011 年 7 月，中共中央组织部会同最高人民法院、最高人民检察院出台《法官职务序列设置暂行规定》《检察官职务序列设置暂行规定》及两个配套规定，将法官、检察官按照相应职务序列进行管理。同时，这两个规定还提高了法官、检察官等级与级别的对应关系，明确地方各级法院法官和检察院检察官的职数比例。两个规定的出台，标志着我国法官、检察官的分类管理进入了新的历史阶段。

按照《法官职务序列设置暂行规定》的有关规定，我国法官按照法官职务序列进行管理。法官职务名称为：院长、副院长、审判委员会委员、庭长、副庭长、审判员、助理审判员。法官职务层次依法按等级设置，由高到低依次为：首席大法官、一级大法官、二级大法官、一级高级法官、二级高级法官、三级高级法官、四级高级法官、一级法官、二级法官、三级法官、四级法官、五级法官。

按照《检察官职务序列设置暂行规定》的有关规定，我国检察官按照检察官职务序列进行管理。检察官职务名称为：检察长、副检察长、检察委员会委员、检察员、助理检察员。检察官职务层次依法按等级设置，由高至低依次为：首席大检察官、一级大检察官、二级大检察官、一级高级检察官、二级高级检察官、三级高级检察官、四级高级检察官、一级检察官、二级检察官、三级检察官、四级检察官、五级检察官。

二、公务员职级

根据《公务员法》第 19 条规定，公务员职级在厅局级以下设置。职级是公务员的等级序列，是与领导职务并行的晋升通道，体现公务员政治素质、业务能力、资历贡献，是确定工资、住房、医疗等待遇的重要依据，不具有领导职责。公务员可以通过领导职务或者职级晋升。担任领导职务的公务员履行领导职责，不担任领导职务的职级公务员依据隶属关系接受领导指挥，履行职责。担任领导职务且兼任职级的公务员主要按照领导职务进行管理，不担任领导职务的职级公务员一般由所在机关进行日常管理。推行公务员职级制度，是党的十八届三中全会作出的重大改革部署，目的是调动广大公务员的积极性、主动性和创造性，加强专业化建设，拓宽公务员尤其是基层公务员职业发展空间，实现对公务员的持续激励，有利于解决非领导职务设置存在的属性界定不清晰、设置不科学不合理等问题。

公务员职级在厅局级以下设置。这一规定明确了职级设置的最高层次为厅局级。职级设置的最高层次与原非领导职务的设置一致，有利于改革前后制度的衔接。要注意不能把职级层次与领导职务层次相等同，准确把握职级的属性和定位，职级主要与工资、住房、医疗等待遇挂钩，公务员晋升职级，不改变工作职位和领导指挥关系，不享受相应层次领导职务的政治待遇、工作待遇。

《公务员法》第19条还规定，综合管理类公务员职级序列分为：一级巡视员、二级巡视员、一级调研员、二级调研员、三级调研员、四级调研员、一级主任科员、二级主任科员、三级主任科员、四级主任科员、一级科员、二级科员，共12个职级层次。职级名称部分借用了非领导职务名称，主要考虑原非领导职务名称沿用时间比较长，为人们所习惯，将其调整为职级名称，易于接受，有利于增强公务员的职业荣誉感，也有利于制度的过渡衔接。与原非领导职务序列相比，职级序列在县处级、乡科级分别增加了2个层次。增加台阶，拓展晋升空间，重在强化职级的持续激励作用。根据《专业技术类公务员职级设置管理办法（试行）》，专业技术类公务员职级序列分为：一级总监、二级总监、一级高级主管、二级高级主管、三级高级主管、四级高级主管、一级主管、二级主管、三级主管、四级主管、专业技术员。根据《行政执法类公务员职级设置管理办法（试行）》，行政执法类公务员职级序列分为：督办、一级高级主办、二级高级主办、三级高级主办、四级高级主办、一级主办、二级主办、三级主办、四级主办、一级行政执法员、二级行政执法员。两类公务员都是11个职级层次，但最高职级、最低职级的设置有区别。

应该注意的是，《公务员法》第21条第2款规定："根据工作需要和领导职务与职级的对应关系，公务员担任的领导职务和职级可以互相转任、兼任；符合规定资格条件的，可以晋升领导职务或者职级。"《公务员职务与职级并行规定》第24条规定，担任领导职务且兼任职级的公务员，按照就高原则享受有关待遇。

三、公务员的级别

（一）公务员级别的概念

公务员级别，就是公务员一定职务、职级层次所对应的等级。《公务员法》第21条第3款规定："公务员的级别根据所任领导职务、职级及其德才表现、工作实绩和资历确定……"由此可以看出，我国对公务员级别的确定，既考虑了职位的因素，又考虑了品位的因素。公务员的级别高低，既体现了公务员所任职务的等级高低、责任轻重和职位难易程度，又反映了公务员的德才表现、工作实绩和资历等素质能力和工作情况。

（二）公务员级别的功能[①]

在我国公务员管理制度当中设置级别，级别的功能主要体现在两个方面：一是确定工资及其他待遇的重要依据；二是平衡比较各类职务、职级序列的标尺。

1. 确定工资及其他待遇的重要依据

《公务员法》规定的公务员级别，不是纯粹的职位级别，而是职务与职级、能力、业绩、资历的综合标志。《公务员法》赋予级别更多的激励作用，使职务、职级与级别成为确定工资及其他待遇的基本依据，这是比较理想的选择。所谓其他待遇，是指政治待遇、工作待遇、生活待遇等。至于哪些待遇主要依据职务、职级，哪些待遇依据级别，则根据职务、职级与级别的功能，另行确定。

2. 平衡比较各类职务、职级序列的标尺

公务员职务、职级序列根据职位类别分别设置，便会出现多种职务、职级序列。而多种职务、职级序列分别对应一个统一的级别序列。级别在此成为平衡比较各类公务员职务、职级序列的统一标尺。以职务、职级层次为横轴，以级别为纵轴构成的坐标系，可以标识不同类别、不同职务、职级层次的公务员在机关组织中所处的位置。我国设置统一的级别序列，作为平衡比较各类职务、职级序列的标尺，有助于淡化“官本位”这把标尺的参考作用，避免将领导职务序列作为其他职务、职级序列的标准参照系。

（三）公务员级别的确定与晋升

根据《公务员法》第 21 条第 3 款的规定，公务员的级别根据所任领导职务、职级及其德才表现、工作实绩和资历确定。公务员在同一领导职务、职级上，可以按照国家规定晋升级别。这是我国公务员级别确定与晋升的依据。

公务员级别的确定或者晋升，按照管理权限，由决定其职务任免的机关批准。具体来讲，公务员的级别根据所任领导职务、职级及其德才表现、工作实绩和资历确定，公务员在同一领导职务、职级上，可以按照国家规定晋升级别。这是我国公务员级别确定与晋升的依据。级别的确定与晋升应与领导职务、职级相对应，在对应幅度内确定和晋升公务员级别。级别的晋升分为两种情况：一种是当公务员晋升领导职务、职级时，原级别没有达到新任领导职务、职级对应级别的，相

① 傅思明：《新〈公务员法〉十讲》，人民出版社 2019 年版，第 61—62 页。

应晋升级别。另一种是不晋升职务、职级，也可以在对应的级别范围内，根据德才表现、工作实绩和资历晋升级别。

新录用的公务员试用期满考核合格后，根据本人学历、资历等，结合职位要求确定职务、职级。

公开选拔或者调任的公务员，其级别按照新任职务、职级及工作年限等，参照机关同类人员确定。

公务员累计 5 年定期考核结果均为称职以上等次的，可以在职务、职级对应级别范围内晋升一个级别。公务员职务、职级晋升后，原级别低于新任职务、职级对应最低级别的，晋升到新任职务、职级对应的最低级别；原级别已在新任职务、职级对应范围的，在原级别的基础上晋升一个级别。

（四）公务员的级别与职务、职级的对应关系

公务员既有职务，也有级别。为了实现级别设置的目的，必须规范公务员职务层次与级别的对应关系；否则，难以发挥级别晋升对公务员的激励保障功能，难以体现以职位分类为导向的分类管理立法思想，难以在职务、级别对应方面体现对各类别公务员采取有所区别的管理，难以做到对各类别公务员的平衡比较。根据《公务员法》第 21 条的规定，公务员的领导职务、职级应当对应相应的级别。公务员的领导职务、职级与级别的对应关系，由国家确定。根据 2019 年中共中央办公厅的《公务员职务与职级并行规定》和 2020 年中共中央组织部制定的《公务员职务、职级与级别管理办法》等的有关规定，我国公务员级别总共有 27 级，由低至高依次为 27 级至 1 级。我国现行的公务员领导职务、职级与级别的对应关系可见下表：

1. 公务员领导职务层次与级别的对应关系

领导职务层次	公务员级别
国家级正职	1 级
国家级副职	4 级至 2 级
省部级正职	8 级至 4 级
省部级副职	10 级至 6 级
厅局级正职	13 级至 8 级
厅局级副职	15 级至 10 级

续表

领导职务层次	公务员级别
县处级正职	18 级至 12 级
县处级副职	20 级至 14 级
乡科级正职	22 级至 16 级
乡科级副职	24 级至 17 级

副部级机关内设机构、副省级城市机关的司局级正职对应 15 级至 10 级；司局级副职对应 17 级至 11 级。

2. 综合管理类公务员职级与职级对应的级别

公务员职级	公务员职级对应的级别
一级巡视员	13 级至 8 级
二级巡视员	15 级至 10 级
一级调研员	17 级至 11 级
二级调研员	18 级至 12 级
三级调研员	19 级至 13 级
四级调研员	20 级至 14 级
一级主任科员	21 级至 15 级
二级主任科员	22 级至 16 级
三级主任科员	23 级至 17 级
四级主任科员	24 级至 18 级
一级科员	26 级至 18 级
二级科员	27 级至 19 级

3. 厅局级以下领导职务与综合管理类公务员最低职级、级别对应表

厅局级以下领导职务	最低职级	级别
厅局级正职	一级巡视员	13 级至 8 级
厅局级副职	二级巡视员	15 级至 10 级
县处级正职	二级调研员	18 级至 12 级
县处级副职	四级调研员	20 级至 14 级
乡科级正职	二级主任科员	22 级至 16 级
乡科级副职	四级主任科员	24 级至 17 级

从上述综合管理类公务员的领导职务、职级与级别的对应表可以看出，我国领导职务、职级与级别的对应关系特点是：“一职数级，上下交叉”；“层次越低，级别越多”。之所以如此规定，其目的是，“为了解决领导职务有限，尤其是高级别的领导职务更为有限情形，导致公务员职务晋升困难、激励不足的问题，通过职务、职级与级别的对应，确立三种制度的差异化定位，充分发挥各自的特点，因此，领导职位的层级较少，而职级的层次则更多，而级别的层次更多，且级别跨度较大，可能出现县处级副职领导的级别与厅局级副职领导的级别相同的情况，从而强化级别的激励作用，形成规范的差异化公务员激励机制”。[①] 我国目前的相关规定，仅对综合管理类的职级与级别的对应关系作了规定，对于专业技术类公务员和行政执法类公务员的职务职级与级别的对应关系，目前尚不明确，不过，《专业技术类公务员管理规定（试行）》和《行政执法类公务员管理规定（试行）》的相关规定，也可以为我们提供部分的参考。

（五）公务员的衔级

所有公务员都有级别，但并不是所有公务员都要有衔级，需根据实际管理需要依法设置。衔级的主要功能是，在特定的工作场景下能够迅速辨识身份，理顺指挥关系，完成工作任务。因此，衔级一般有标志装饰。衔级反映出国家给予特定公务员群体的荣誉。

《公务员法》第 22 条规定，国家根据人民警察、消防救援人员以及海关、驻外外交机构等公务员的工作特点，设置与其领导职务、职级相对应的衔级。这是对人民警察、消防救援人员以及海关、驻外外交机构公务员设置衔级的规定。

《人民警察警衔条例》《海关关衔条例》《驻外外交人员法》《消防救援衔条例》分别对警察警衔、海关关衔、外交衔级、消防救援衔级的设置、授予、晋级、保留、降级、取消等进行了规范。我国警察警衔、海关关衔均为 5 等 13 级，外交衔级为 7 级，消防救援衔级按照管理指挥人员、专业技术人员和消防员分别设置为 3 等 11 级、2 等 8 级和 3 等 8 级。特别要指出的是，《消防救援衔条例》（2018 年）对于消防人员分类分等级地设置衔级的做法可以为我国的专业技术类和行政执法类公务员的级别、衔级设置提供很好的立法例。

---

① 郑功成、杨思斌：《〈中华人民共和国公务员法〉释义》，人民出版社 2019 年版，第 79 页。

第三节　公务员录用

一、公务员录用的概念与意义

公务员录用有广义和狭义之说。广义是指公民通过一定的选拔方式和程序，成为公务员并获得某一职位或岗位的任职资格；狭义是指通过公开竞争考试的方法，以应考者知识和能力水平为客观标准，择优录用公务员的活动。本节是指公务员的考试录用，考试录用是我国公务员录用的最主要形式。依据《公务员法》的规定，我国的考试录用程序中既包括录用，还包括之后的试用与任职。从这个角度来说，考试录用也是一种任职的方式，可以将其称为考任。而除了考任外，还存在其他如选任、委任、调任等公务员的任职方式。公务员的录用是公务员的“入口”环节，属于公务员的进入机制，它与选任、委任、调任等同为进入公务员队伍的任职方式。通过录用制度不仅让公民通过竞争参与实现服公职权，而且能够吸纳优秀人才进入公务员队伍，保证公务员队伍的素质，也在某种程度上“为公共行政注入了新的价值观念，即竞争激励观、平等参与观、公平效率观和民主法治观”。[①]

二、公务员考试录用的产生与发展

普遍认为，通过考试录用官员，最早源于我国古代的科举制。[②]但是，现代公务员考试录用制度，却是从西方国家发展完善起来的。因此，要深入了解考试录用制度的有关规定，就首先需要对中国古代，尤其是唐宋的科举制度和西方的文官考试制度有所了解，当然更要对新中国成立后我国公务员考试录用制度的建

① 谭功荣:《对公务员考试录用制度的价值分析》，载《理论与改革》1998年第4期，第24页。

② 参见钱再见等:《公务员制度创新与实施》，广东人民出版社2002年版，第35页。

立和发展历史有所了解。

（一）中国唐宋科举制的产生与发展

1. 唐宋科举制度发展历程

科举是中国古代封建统治者为选拔人才资源而设置的一种考试制度，让读书人参加的人才选拔考试，学而优则仕的一种制度。[①]一般认为，它最早起源于隋朝。隋朝确立的科举制度是在废除魏晋时期的“九品中正制”基础上建立起来的。由于魏晋的“九品中正制”使得士族垄断了政府的重要官职，他们按照门第的高低，形成了“公门有公、卿门有卿”、世代相传、等级森严的“门阀制度”[②]。这样一来，国家机构中就充斥着大批不学无术、腐败无能的士族官僚，它不仅使政治更加黑暗，而且使政权腐朽，国家机器运转不灵，这就为隋文帝进行选官制度的改革提供了前提和基础。隋文帝统一全国后，为了适应封建经济和政治关系的发展变化，为了扩大封建统治阶级参与政权的要求，开始采用分科考试的方式选拔官员，他令“诸州岁贡三人”参加考试，合格者可以做官。公元607年，隋文帝规定十科举人，其中进士科成为常制，这标志着科举制度的诞生。

隋朝灭亡后，唐朝的帝王承袭了隋朝传下来的人才选拔制度，并做了进一步的完善。唐初举行科举，内容较少，难度较小，方法也比较简便。唐太宗即位后，考试科目越来越细，考试内容覆盖面越来越广，考试也越来越严格，有时甚至皇帝亲自面试。例如：唐贞观十七年五月，唐太宗手诏“令州县举孝廉茂才，好学异能卓荦之士”。十八年三月，诸州所举十一人，太宗引入内殿，赐座于御前。太宗、皇太子、近臣相继提问，“咸不能答”。又令到中书省射测，“所答乖旨”。(《册府元龟》卷六十七《帝王部。求贤一》卷六百四十三《贡举部。考试二》;《唐会要》卷七十六《孝廉举》）总之，“唐制，取士之科，多因隋旧，然其大要有三。由学馆者曰生徒，由州县者曰乡贡，皆升于有司而进退之。其科目，有秀才，有明经，有俊士，有进士，有明法，有明字，有明算，有一史，有三史，有开元礼，有道举，有童子。而明经之别，有五经，有三经，有二经，有学究一经，有三礼，有三传，

① 史继忠:《对科举制度的历史考察》，载《贵州师范大学学报》1995年第3期。

② 所谓“门阀”就是，门第阀阅，即世代显贵之家，也称士族或者世族。所谓“门阀制度”，是指士族地主阶级掌握国家的经济命脉和操纵国家政权，他们的子弟依靠门第可世代高官厚禄，享受做官的这样一项特权制度。

有史科。此岁举之常选也。其天子自诏者曰制举，所以待非常之才焉”。这就是说，唐朝的科举制度越来越完善。到了宋朝，统治者及其改革者在前朝科举制度的基础上，对内容和形式进行了重大改革。例如，王安石曾经对科举制度进行了一系列的重大改革和突破，特别是主张设立法律学校，并设“明法”新科，以律令、《刑统》大义和断案为考试科目以及创造了八股文写作模式，这些改革措施使得宋朝的科举制度越来越成熟，越来越完善。可以这样说，此后的明、清各朝基本上都是沿着唐宋发展成熟的科举道路向前发展的，科举制度得以进一步完善，并进入鼎盛时期，无论是考试内容、形式和方法，还是考试标准，都相当完备，处于世界领先水平。

2. 唐宋科举制度的主要内容

（1）唐宋的科目设置及考试内容。唐朝的科举考试主要分为常科和制科。每年分科举行的称为常科，由皇帝下诏临时举行的称为制科。常科的考试科目在不同的时期数量有所不同。唐初时，只有秀才、明经、进士三个科目。到了晚唐穆宗长庆中，考试科目达到 14 个之多。[①] 但主要有秀才、明经、进士、明法、明字、明算、道举、童子 8 科。唐朝常科考试内容除侧重经义、律令、诗赋以外，还按不同科目进行专门考试。各科之中，参加明经科和进士科的最多。明经科的考试着重于儒家经典的背诵，进士科除考经义外，还要“试诗赋各一篇，时务策五道”。[②] 唐代的制科是由皇帝临时确定科目，下令考选。但以策文为主，大都与政事有关。除常科、制科外，武则天还于公元 702 年设立武举科。考试项目有马射、步射、马枪、负重等，考中者授以武职官员。宋代沿袭唐制，科目较多，有进士、九经、五经、开元礼、三史、三礼、三传、学究、明经、明法 10 科，其中最重要的是进士和明经两科。后来，王安石变法时，改革科举科目，除进士科外，其他科目被废除。虽然后来又有恢复和设置新的科目，但都没有形成定制。宋代考试内容有帖经、墨义、诗赋和策论，重诗赋，轻经义。

（2）唐宋的考试时间、次数与方式。唐宋考试的时间是每年三四月间，白天举行。唐代的常科考试每年举行一次，制科考试时间由皇帝决定，具有随意性。宋代考试时间起初是每年举行一次，到宋英宗后定为三年举行一次，成为常制。唐宋两朝考试方式主要是笔试，但是有些科目也有口试形式。例如，唐代的明经

---

① 陈秀宏:《唐宋科举制度研究》，北京师范大学出版社 2012 年版，第 21 页。

② 《唐会要》卷七十六。

科考试分三场，其中第二场就是口试，有时也可以用书面回答，主要考核考生对经书及其注释的记忆力。

（3）唐宋科举考试的考生来源及种类。唐代的考生主要有两个来源：一是国子监及州、县所属学校的学生，称为生徒；二是在家自学的士人，先向州、县报考，选中以后再送中央参加考试，称为乡贡。宋代考生的来源和种类要比唐代放宽得多。唐代不准工商杂类出身的人员参加科举考试。宋代统治者打破了这种限制，除不孝、不悌，身有疾病，或曾犯重罪之人不许参加科举考试外，考生“家不尚谱碟，身不重乡贡”[①]，甚至僧侣、道徒也可以参加考试，不讲门第出身。此外，唐宋科举考试对考生年龄没有限制，以至于有人到了老年都不放弃考试。例如，《唐摭言》所说：“三十老明经，五十少进士。……其有老死于文场者，亦无所恨。”

（4）唐宋科举制度的考试、考场规则。唐代已经有了明确的考试规则。例如，举子入场须经搜查，除了必要的工具书外，严禁携带书籍入场参加考试。考试时间内任何考生不得离开考场。宋代的考试规则更加严格和完善。例如，宋代为防止考官权力过大，采取临时派遣，年年轮换等方法，并明确规定其职权范围，对违法越权者一律追究刑事责任。对考官实行“锁院”制，考官在考试期间不得与家属、亲友会面，不得外出。对考卷实行“糊名”“誊录”制，防止考官徇情取舍，任人行事。

（5）科举考试的主持机构。由于唐代的考试分为两级，不同层级考试的主持机构不同。主持中央考试的机构是礼部侍郎。主持州、县考试的是州县官员。宋代的考试分为三级，省试由吏部主持，殿试由皇帝亲自主持，取解试是由州的判官和录事参军主持。

（6）考试录取与任用。唐代通过考试录取的比例要比宋代的低很多。唐代科举录取名额大体上每科 20 人至 30 人，最多亦不及 40 人。宋代宋真宗咸平三年（1000 年），录取进士 409 人，诸科 430 人，可见宋代取士之多。[②]唐代考试合格者称“登科”或“及第”，取得进士头衔。进士只具备做官的资格，即有了“出身”。要授官还须经吏部的铨选，名曰“释褐试”。吏部考察项目有身、言、书、判四项。此外，又规定“四事皆可取，则先德行。德均以才，才均以劳”。也就是说，符合身、言、书、判这四项要求以后，并且品德和办事态度良好的进士才能被授予官职。

---

① 陈傅良：《止斋文集》。

② 李孔怀：《中国古代行政制度史》，复旦大学出版社 2006 年版，第 265 页。

宋代的授官取消了唐代的“释褐试”。凡是通过省试、殿试的进士都可直接授官，而且所授官职比唐代要高，简化了录用程序。

3. 唐宋科举制度的主要特点

唐宋时期是中国历史上的辉煌时期，各项制度十分发达和完善，尤其是它的科举制度更是中国科举制度史上的光辉典范。它与其他朝代的科举制度相比较，主要具有以下特点：

（1）考试科目多，考试内容丰富。唐宋科举考试设置的科目相当多。例如，唐穆宗长庆中，考试科目达到 14 个之多。考试内容丰富，主要是《诗》《书》《易》《礼》《春秋》五经。此外，还要靠专业知识，例如，明法科考律令；明算科考数学历法等。

（2）制定了严格的考试规则。唐宋制定了严格的考试规则保证科举制度的正常运行。例如，在唐代，凡礼部主考官之亲属应试，必须回避，令其到吏部由考功员外郎主试，及第者由吏部侍郎复核，称为“别头试”。严禁携带任何书籍进入考场，一经查出，举子受罚，保人贬官。再如，宋代明令不得“公荐”，主考官如果在考试中违法失职，要受到监察机关的侦讯，并将受到罚款、停职，甚至撤职处分。此外，宋代为了防止科考作弊，建立了多项规章制度。

（3）公平性和公正性明显。唐宋科举考试，尤其是宋代的科举考试采用了各种措施有力地保证了科举考试的公平性和公正性。考试的基本准则是公平、公正，唐宋两代，已经有一些人将科举考试视为一种“至公”的制度。例如，唐宪宗元和三年（808 年），白居易在主持制科考试的复试时便说自己“唯秉至公，以为取舍”；宋英宗治平三年（1066 年），欧阳修赞美糊名誉录制度时说“其无情如造化，至公若权衡，祖宗以来不可易之制也”。为了达到科举考试的公平、公正，唐宋统治者采用了“别头试”“糊名”“锁院”等措施来排除各种影响科举考试的不正当行为。

（4）设立了比较独立的考试机构主持考试。从唐宋科举考试的主持机构来看主要是吏部、礼部或皇帝任命之官员，这些机构或官员一般都独立性较高。以至于有学者认为：“我国古代科举制度的显著特征之一就是主考机构独立，往往由中央统一组织，不受任何机构和个人的牵制，州县的主考官由较高级别的官员担任，全国性的考试，主考官由皇帝直接任命。”[①]

① 王丽君：《科举制度的重要特征及其起源标志探究》，载《河南教育学院学报（哲学社会科学版）》1998 年第 2 期。

（5）考生人数较多，来源较广。唐宋两代对参加科举考试的考生限制较少，以至于每次参加考试人数相当多，来自不同地方和职业群体。例如，唐代每年参加进士科考试的“多则两千人，少犹不减千人”。宋太宗淳化三年（992年），参加省试的举子达17000余人。[①]

4. 唐宋科举制度的历史地位及其意义

虽然历史学界对封建科举制度的创始时间尚未达成一致，但学界基本上赞同“始隋说”。持这种观点的学者普遍将进士科作为科举制度起源的主要标志，而进士科是隋炀帝于大业五年（609年）设立的，以此认为科举制度始于隋朝。如果承认此观点，那么唐宋处于中国科举制度发展长河中的发展和完善期，它在中国古代科举制度史上起着承上启下的作用。如果没有唐宋完善的科举制度，那么中国的科举制度将会黯然失色，甚至出现科举断层现象。因此唐宋的科举制度在中国科举史上具有独立的历史地位。

唐宋科举制度的历史意义表现在：首先，为社会下层人士提供了进入仕途的渠道和机会。科举考试打破了过去以身份、血统、地位等作为选拔行政管理的标准，在全国实行统一的公开考试，进行公平竞争，择优录用。这使得中小地主阶级和普通民众有机会进入社会上层成为统治阶级，实现自己的政治理想和抱负。其次，科举制度有力地维护了统治阶级的统治秩序。科举制度虽然为下层人士提供了进入上流社会的机会，但它的实质是封建统治者维护自己统治的一种强有力的手段。贞观年（627—649年）间，唐太宗看见新进士从端门列队而出的时候，非常高兴地说：“天下英雄入吾彀中矣！”在他看来，科举制度乃是笼络人才，使天下英雄就范，为自己所用的统治工具。实践也证明（如唐末黄巢、王仙芝就是屡举进士不第，才起兵造反的），科举制度确实起到了维护统治的作用。最后，唐宋科举制度对现代文官制度的健全和完善具有重要的借鉴作用。“经唐宋两代不断发展而日臻完备的科举制度，允许一定程度上的公开竞争、机会均等，为文官制度的健全注入了新鲜血液和活力，在选拔人才上起了良好的作用。唐宋时代涌现了一大批在中国历史上有影响的政治、文化人才，不能不说是同这种比较成熟、公正的选官制度有关。科举制度成为当时世界上最先进的选官制度，唐宋时代建立了最完整的文官制度，是中国封建社会成熟的标志。这一封建制度在当时的世界也是进

① 刘海峰、李兵：《中国科举史》，东方出版中心2004年版，第162页。

步的。”[1]英国的历史学家和政治学家都坦率地认为，英国的文官制度吸收和借鉴了中国的科举制度。美国卡特政府的人事总署署长艾伦·坎贝尔指出：“在我们的政治学教科书中，当读到文官制度的时候，都把文官制度的创始者归于中国。”

（二）西方文官考录制度的产生与发展

1. 英国

现代意义上的文官考试制度起始于英国。1833 年英国政府各部门开始实行官职的考试补缺制度，每有职位空缺便由 4 人参加考试，通过竞争择优录用。[2]但此种制度并没有在政府所有部门推广。1855 年英国内阁发布文官制度改革的第一道枢密院令，决定成立三人组成的不受党派干涉、独立主持考试选拔官员的文官事务委员会，并授权其审查即将到政府各部门做低级文官的年轻人的资格。1870 年英国政府颁布了文官制度改革的第二道枢密院令，规定凡未经考试未持有文官事务委员会及格证书者，一律不得担任任何事务官职。从此以后，一切文官职位，都必须根据文官事务委员会的规定，通过公开竞争考试才能被任命。英国文官考试录用制度从而正式确立，并对西方各国产生了很大的影响。

英国主持文官考试的机关是考试委员会。考试委员会由文官事务委员会和有关部门各派一名代表组成，其中文官事务委员会的代表任主席。考试委员会的职责包括审查报考人的资格条件，主持考试，评定成绩，宣布结果等。英国的公务员考试分为行政级、执行级、办事员级和助理办事员级四个级别，其中行政级的考选最受重视。行政级的考试分三个层次，第二层次、第三层次的考试都以通过前一层次的考试为条件。首先是以写论文为主的资格考试。其次是由文官事务委员会和文官考选处负责进行的测试，主考人员由主席、心理学家及观察者各一人组成，他们于测试完毕提出评分报告；测试的项目包括鉴识、文书起草、集体讨论、会议实习、智力测验、口试、互相评分七个方面。最后是决选委员会主持的决选，决选委员会由文官事务委员会的首席委员或副首席委员，各部人事处长、副司长以上的文官，大学中的代表，妇女或工业团体中的人士等七人组成，决选以口试形式进行，其结果直接决定是否录用应考者。

此外，英国还存在一种特殊制度安排，即所说的快速晋升人才（Fast-stream）

---

① 刘修明、夏禹龙:《中国古代文官体制的现代启示》，载《齐鲁学刊》1999 年第 6 期。

② 龚祥瑞:《文官制度》，人民出版社 1985 年版，第 44 页。

计划，这种类型公务员的选择由公职局（the Office of Public Service）来协调，由录用与测评服务局（the Recruitment and Assessment Services Agency）来执行。快速晋升人才培训计划，选拔工作突出而且优秀的毕业生，经过特定的培训使他们尽快掌握执行公务所必需的知识，直接进入公务员队伍后可获得快速晋升。①

2. 法国

法国的公务员制度起源于拿破仑时代，但是直到第二次世界大战以后，随着1946年《公务员总章程》的颁布，才建立了通过公开竞争考试选拔录用的现代公务员制度。

法国公务员法把公务员分为A、B、C、D四个职类，A职类公务员必须经由国家行政学院集中考试合格后，进入国家行政学院受训三年并顺利毕业后才能任职。而B、C、D职类公务员的考试，则由各部门成立录用委员会自行组织考试，但要接受国家公职部的统一协调和监督。法国公务员考试的标准，依据选拔人员的级别，从高到低分别适用一般文化程度标准、准实际技术标准、纯应用技能标准和有限的特别标准。各级别的考试科目、内容、时间均不相同。每年12月之前，法国政府会发布一个临时性的时间表，告知计划举行的有关竞考的信息，确切的竞考时间将公布在《政府公报》上，考生通过公报就可以获得这种信息。在法国，公务员有两种类型的竞考：一种是对外定期竞考，录用进入特定类别特定职业的最低职位的公务员，这类考试面向具备最低年龄与教育资格要求的所有人。例如，为了进入A类职系的公务员队伍，申请者必须具有大学学士学位。通常都是由存在空缺职位的内阁部或部门来组织每年一度的此类考试。另一种是对内竞考，通常是针对那些已经进入公务员队伍的人，为了晋升至更高级别的职位。内部竞考是政府内部公务员晋升的一种方法。同时，为了向民间开放公务员职位，有专门法律规定了那些在私营部门或地方及地区政府议会中工作过，并显示出适合于做公务员的人，可通过竞考进入一些特殊学校（法国国立行政学院、法国国际行政学校、ENM）。所有通过公务员录用考试的人员，按照成绩高低的顺序录用，直至录满为止。如果在两次定期竞考之间出现空缺职位，则从上次考试名单中录用公务员。②

---

① ［德］克利斯托福·德姆克：《欧盟25国公务员制度》，宋世明译，国家行政学院出版社2005年版，第25页。

② ［德］参见克利斯托福·德姆克：《欧盟25国公务员制度》，宋世明译，国家行政学院出版社2005年版，第22页。

3. 德国

德国是西方最早采用竞争考试方法选拔录用官员的国家。早在18世纪初普鲁士国王威廉一世时期，就制定了任用官员必须经过竞争考试的制度，但当时主要适用于法官、书记员等与司法行政有关的特殊职务。1743年腓特烈大帝颁布命令，将考试扩展到所有进入政府部门工作的大学生，非经考试合格者不得任用。1770年国家从内容和方法上对高级官员的考试进行了补充。1794年《普鲁士公法》颁布，标志着国家官吏考试制度正式确立。后来，尽管《魏玛宪法》规定了公务员的考试录用制度，但由于纳粹的上台，使得公务员制度畸形化发展。直到1953年德国制定了《联邦公务员法》等法律法规，才使得德国公务员考试录用制度日臻完善和成熟。到2009年，随着德国统一的公务员法的制定和颁布，德国的公务员考试录用制度越来越完善。

在德国，由法律规定一定类别、一定级别的基本任职资格条件，联邦政府或地方政府和内阁部根据公开通告的空缺职位的具体任职资格描述，进一步规定任职资格条件。在德国，成为公务员的最低年龄限制是18岁，公务员原则上没有年龄上限，但预备期是例外，不能超过32岁。德国公务员的考试采取笔试和口试，应考者顺利通过笔试和口试后进入试用期，试用期满考核合格才能被正式录取。录用公务员的标准是技能、知识与所取得的业绩。德国公务员在很大程度上采取了分权化的录用方式。德国公务员的职位一般来说是对欧盟成员国公民开放的，但那些与国家安全和民族利益有着直接或间接关系的职位除外，并且在征得联邦人事委员会或州人事委员会的相应同意后，可以认可求职者在另外一个欧盟成员国的服务年限。德国的法律规定，初任公务员必须宣誓永远忠诚于宪法。①

4. 日本

1885年，日本明治政府颁布《官吏纲要》，首次确立了考试用人制度。但日本现代意义上的公务员考试录用制度则是第二次世界大战以后在美国的推动下建立起来的，是其传统制度与西方文官制度的结合，在西方国家中被公认为是最好的。日本公务员的录用，贯彻以“成绩主义为宗旨的平等、公开、竞争、择优”原则，除少数由国会、议会和国民直接选举的高级官员外，绝大多数公务员都是经考试择优录用的。

---

① ［德］参见克利斯托福·德姆克：《欧盟25国公务员制度》，宋世明译，国家行政学院出版社2005年版，第24页、第26—29页。

日本主持公务员考试的机关有外务省和人事院，前者主持外务公务员的考试，其他公务员的考试则都由后者主持，每年人事院都举行数百场考试说明会，尽一切力量使有报考资格的人都能参加考试。日本公务员录用考试分为初级考试、中级考试、高级考试三级。参加高级考试的必须大学毕业，考试合格者被录用后可担任事务官；参加中级考试的需是短期（两年制）大学毕业，考试合格者被录用后担任一般公务员；参加初级考试的资格是高中毕业，考试合格者被录用后做辅助性工作。其中，报考中级和高级考试者，必须懂法律。公务员考试的试题首先由各部门拟写多种考卷，然后交由人事院考试科选定，以降低泄题的概率。考试结束，人事院按合格者成绩高低排序编册，然后根据用人单位的需求，向其推荐满足相关要求得分最高的五名自愿者，供用人单位从中选择一人。考试合格被录用者首先需要经过一定时间的学习，然后经过半年试用期才能转正，转正后还需到基层锻炼一段时间，最后才能正式任职。日本每年申请报考的人中，只有3%—5%能通过考试，属于世界上报考录取难度较大的国家之一。

2013年，日本国会通过了《公务员改革相关法案》，公务员录用考试制度有了新的发展，主要表现在：首先，在保持等级考试的基础上，废除高等级考试和低等级考试制度的差别，使参加低等级考试的人有机会参加培训，重新重视“综合技能考试”“一般技能考试”“专门技能考试”，并设立“研究生录用考试”“中层任职考试”“女性挑战者考试”，吸引特殊应考者。其次，细化评定公务员职业能力的方法，将考试分为笔试、口试、经历评定、业务评定、实地试验、体格检查等。再次，提高录用公平性，扩大女性公务员的录用、提拔比例，并改善女性公务员的工作条件和环境。再次，新设内阁人事局，接管之前由人事院和总务省负责的国家公务员录取考试及研修策划、新设及废除机构以及人数控制等人事行政事务，确保公务员录用工作的科学性和公平性。最后，采取多种措施，例如永久居住权、携带家人居住日本、积分制等，吸引国外高端人才，同时对内加大了综合录用的难度，例如在公务员综合职务考试中，使用英语能力TOEFL（托福）考试，下一步将提高对外语的要求，其目的就是使公务员增加学习英语的欲望，开阔视野。①

综上，尽管西方各国的公务员考试录用制度各有特点，但其始终把考试录用

① 刘再春:《日本公务员录用制度的新发展及启示》，载《领导科学》2014年第11期。

制度确立为人才选用的主要方式。将考试录用作为人选人的主要方式，则给西方国家的政府工作带来了活力。“一方面，考任制把政府工作人员的标准统一化，将大量的平庸之辈排除于政府部门之外，吸纳了大批社会精英人才进入政府之中工作，消除了私人庇荫制和政党连续性的种种弊端，把公平竞争的机制引入了政府人事行政体系之中；另一方面，考任制又保护着公务员集团的特殊利益，他保证了公务员的统一来源，确定了公务员所具有的共同背景——均由考试录用而来，而这相同的背景及其背后隐示着的基本相同的素质，以及由此引发的公务员之间的认同感和对其共同利益的认知，则促使了公务员队伍的凝聚，而一直稳定、团结、强大的公务员队伍则反过来促进了公务员制度的巩固和发展。”①

三、公务员考试录用的适用范围、原则和主管部门

（一）公务员考试录用的适用范围

公务员考试录用的适用范围，是指哪些种类和层级的公务员需要采取公开的竞争性的考试录用方式。按照《公务员法》第23条的规定，“录用担任一级主任科员以下及其他相当职级层次的公务员，采取公开考试、严格考察、平等竞争、择优录取的办法”。据此，我国公务员考试录用的对象仅限于“一级主任科员以下及其他相当职级层次的公务员”。按照《公务员法》第19条的规定，一级主任科员以下职级层次的公务员，包括一级主任科员、二级主任科员、三级主任科员、四级主任科员、一级科员、二级科员六个职务层次。而“其他相当职级层次的公务员”，则是适应职位分类制度而确定的，包括担任专业技术类、行政执法类中相当于一级主任科员以下职级层次的公务员。

从立法来看，我国确立公务员考试录用范围的标准主要是职务职级层次并以此为界限，将考试录用范围限定在“一级主任科员以下及其他相当职级层次的公务员”，之所以如此规定，是因为：担任领导职务的公务员，都是在机关中具有决策、指挥、组织、监督等职能的人员，其需要丰富的工作经验，处理突发问题的决断力，驾驭复杂局面的领导才能，调动各方工作积极性的威信，这些都需要实际工作中的日积月累，而非通过考试就能考察和达到的。另外，一般来说，担任

① 张国庆：《公共行政学》，北京大学出版社2017年版，第168页。

领导职务的公务员就被称为党政领导干部，对他们的要求比对一般公务员的更高。对这类干部的选拔任用，并不适用考试录用的方式。

因此，我国公务员考试录用仅适用于一级主任科员、二级主任科员、三级主任科员、四级主任科员、一级科员、二级科员六个职级层次。同时适用于专业技术类、行政执法类等职务序列中相当于一级主任科员以下的职级层次。而领导职务和四级调研员以上职务、职级出现职位空缺时，则通过内部晋升、外部调任等方式补充，不采取考试录用的方式。

（二）公务员考试录用的原则

按照《公务员法》和《公务员录用规定》的规定，录用公务员按照“公开考试、严格考察、平等竞争、择优录取”的办法。因此，公务员考试录用的原则主要有五个，即党管干部；公开、平等、竞争、择优；德才兼备、以德为先，五湖四海、任人唯贤；事业为上、公道正派，人岗相适、人事相宜；依法依规办事。这五项原则构成了我国公务员考试录用的基本准则和选人的标准。

1. 党管干部原则

在公务员的录用过程中，要遵守党管干部的基本原则，这也是党管干部原则在公务员录用过程中的具体要求和体现。党管干部原则在录用过程中具体体现为：公务员录用贯彻新时代中国共产党的组织路线和干部工作方针政策，突出政治标准；中央公务员主管部门（中国共产党中央组织部）负责全国公务员录用的综合管理工作，省级公务员主管部门（省级党的组织部门）负责本辖区公务员录用的综合管理工作；招录计划由中央公务员主管部门和省级公务员主管部门审定；面试的内容和方法，由省级以上公务员主管部门规定；拟录用人员名单应当报中央公务员主管部门备案，地方各级招录机关拟录用人员名单应当报省级或者设区的市级公务员主管部门审批；公务员主管部门对公务员招录工作过程进行全面监督。

2. 公开、平等、竞争、择优原则

（1）公开原则

公开原则是公务员考试录用制度的基本原则。公开原则主要是指录用公务员的政策与要求公开化，考试录用的过程公开化，考试录用的结果公开化。具体体现在如下 5 个方面：①招考政策公开；②报名时间、招考条件、招考对象公开；③用人部门、招考职位、任职资格条件公开；④考试时间、方法和程序公开；⑤考试成绩、拟录用人员名单公示、录用结果公开。“阳光是最好的防腐剂”，坚持公开原则，能够有效消除公务员录用上的黑幕等腐败现象，增加考试的透明度，利于社会各界的监督，保证录用考试真正在平等竞争的基础上进行。

（2）平等原则

平等，即公民在担任公职方面享有平等机会和权利。具体来讲，包括两个方面：一是报考机会平等，即任何人不论民族、种族、性别、出身、宗教信仰、婚姻状况等有何不同，只要具备《公务员法》规定的报考条件，都有报考公务员的资格。招录机关在确定报考资格条件时，必须遵循合理和必要原则，不能随意增加职位需求以外的不合理条件，比如要求报考者会唱歌、会武术等。二是录用机会平等，在决定是否录用报考人员时，考试成绩和考察评价是唯一的依据，任何人都不享有特权或受到歧视。平等是竞争和择优的前提，如果没有平等，竞争就无从谈起，择优的目的也就无法实现。为了保障公务员考试录取的平等，“所有的民主国家都制定有担任公职的平等的原则，不得因政见、宗教、种族和性别的不同而有所歧视”①。例如，美国1978年的《公务员制度改革法》明确要求：“保证所有的人都有平等的机会经过公开、公平的考试，只根据有关的能力、知识和技术来决定录用和晋升。”

需要注意的是，平等原则不仅注重形式平等，更注重实质平等。《公务员法》第23条第2款规定：“民族自治地方依照前款规定录用公务员时，依照法律和有关规定对少数民族报考者予以适当照顾。”这并不是所谓的反向歧视，因为我国少数民族地区经济发展一般比较落后，公民的科学文化水平相对偏低，若按一般规定，则很可能剥夺了少数民族公民参与国家管理的权利，因此需要对少数民族予以照顾。这种做法不仅不违背平等原则，反而体现了追求实质平等的精神实质。

（3）竞争原则

竞争原则，是指在公务员的考试录用中引入竞争机制，按照考试成绩排定先后名次，并考察应试者的政治思想和道德品质，层层筛选，使优秀人才脱颖而出。选拔高素质的人才是国家建立公务员考试录用制度的根本目的，只有通过公平合理的竞争，才能选拔出真正优秀的人才。在录用考试中引入竞争机制，可以有效遏制“拉关系”等用人上的不正之风，选拔出真正有才能的应试者，以保证录用

① ［法］夏尔·德巴什：《行政科学》，葛智强、施雪华译，上海译文出版社2000年版，第11页。

的公务员具有较高的政治素质和较强的工作能力。

（4）择优原则

择优录用，是指一个职位有多个报考者报考的，实行差额考试，将成绩最优秀的报考者录用为公务员。即报考者能否被录用，完全取决于其综合素质。择优录取是平等竞争的结果，也是公务员考试录用制度的最终目的。

3. 德才兼备、以德为先，五湖四海、任人唯贤原则

德才兼备、以德为先，是我们党历来遵循的选人用人标准，解决的是“选什么样的人”的问题。所谓德，主要指公务员的政治素质和道德品行，包括政治忠诚、政治定力、政治担当、政治能力、政治自律和职业道德、社会公德、家庭美德、个人品德等。所谓才，主要指公务员的能力和水平。在德与才的关系上，二者是辩证统一的，缺一不可。德是第一位的，是才的统帅，决定着才的作用和方向；才是德的支撑，影响着德的作用范围。有德无才，难以担当重任；有才无德，终究要败坏党的事业。公务员法明确坚持德才兼备、以德为先，在选拔任用公务员时，既看公务员的才，更重公务员的德，突出德的优先地位和主导作用，贯彻了党的理论和路线方针政策，抓住了公务员队伍建设的要害和关键。只有真正让那些政治坚定、品德高尚、品行端正、能干事又不出事的公务员受到褒奖、得到重用，才能树立正确的选人用人导向，促进公务员全面发展、健康成长，确保党的事业薪火相传。在体现德才兼备、以德为先的录用公务员方面，公务员法及相关配套法规要求，考试、考察更加突出政治思想、政治表现和道德品行。在公务员的调任、公开遴选、公开选调等工作中也体现相同的要求。

五湖四海、任人唯贤，是我们党选人用人的优良传统，是坚持党的性质和宗旨的必然要求，解决的是“用什么理念选人”和“从哪里选人”的问题。坚持五湖四海、任人唯贤，就是要以党和国家的事业为重，唯贤是举，不以个人好恶、亲疏、恩怨和地域、行业等画线，冲破思想观念的束缚、感情关系的羁绊，放开视野选人，广开进贤之路，把各方面优秀人才及时发现出来、合理使用起来。在实践中要综合运用录用、调任、聘任等方式，进一步拓宽公务员来源渠道，放眼各条战线、各个领域、各个行业，打破地域和身份界限，把更多的优秀人才选拔到机关中。

4. 事业为上、公道正派，人岗相适、人事相宜原则

事业为上、公道正派，是树立正确选人用人导向十分重要的方面，是选好人用准人的根本出发点和基本要求，解决的是“怎么用人”的问题。在公务员工作中坚持事业为上，就是要坚持组织路线为政治路线服务，自觉把公务员制度建设和队伍建设融入中国特色社会主义事业，准确把握党和国家事业发展提出的新任务新要求，使公务员制度建设和队伍建设与中国特色社会主义事业协调推进。考试录用、调任、聘任坚持事业需要什么样的人就选什么样的人，岗位缺什么样的人就配什么样的人，不搞论资排辈、平衡照顾，做到人岗相适、人事相宜。坚持公道正派，是由公务员工作的特点决定的。公务员工作尤其选人用人工作重要、敏感，涉及面广、影响力大，包括广大公务员在内的社会各方面都高度关注。坚持公道正派，就是要公道对待干部、公平评价干部、公正使用干部，要坚持从党的事业和工作需要出发选人用人，自觉执行公务员法的各项政策规定，按制度规矩办事，维护公务员法的严肃性。

5. 依法依规办事原则

依法依规办事，是指公务员的录取工作要严格按照公务员法及相关法规规定的条件、范围、程序依法进行，不得违反法律法规规定实施公务员录取工作，否则要承担法律责任。

（三）公务员考试录用的主管部门

考试录用公务员是国家招纳人才的重要途径，为了保证考试的客观公正，便于制定统一标准，需要有专门负责公务员考试录用的机关。根据《公务员法》第24条规定，中央机关及其直属机构公务员的录用，由中央公务员主管部门负责组织。地方各级机关公务员的录用，由省级公务员主管部门负责组织，必要时省级公务员主管部门可以授权设区的市级公务员主管部门组织。据此，我国在公务员录用组织工作上，实行有弹性的两级管理体制，即原则上为中央和省、自治区、直辖市两级政府组织，必要时可以由被授权政府即设区的市级公务员主管部门来组织。

1. 中央公务员主管部门

中央公务员主管部门是负责全国公务员录用综合管理工作的主管机关，具体包括中共中央组织部、人力资源和社会保障部。根据《公务员录用规定（试行）》的规定，其职责主要有：拟定公务员录用法规；制定公务员录用的规章、政策；指导和监督地方各级机关公务员的录用工作；负责组织中央机关及其直属机构公务员的录用。

2. 省级公务员主管部门

省级公务员主管部门负责本辖区公务员录用的综合管理工作，具体包括省级党委组织部和政府人事部门。根据《公务员录用规定(试行)》的规定，其职责主要有：贯彻国家有关公务员录用的法律、法规、规章和政策；根据公务员法和本规定，制定本辖区内公务员录用实施办法；负责组织本辖区内各级机关公务员的录用；指导和监督设区的市级以下各级机关公务员的录用工作；承办中央公务员主管部门委托的公务员录用有关工作。

3. 设区的市级公务员主管部门

设区的市级公务员主管部门主要是指设区的市级党委组织部和政府人事部门，在必要时可获得省级公务员主管部门的授权，负责组织实施本级及以下地方各级机关的公务员的录用。在这里必须注意的是：第一，授权有必要，也即设区的市级公务员主管部门有必要单独组织录用考试。第二，省级公务员主管部门对设区的市级公务员主管部门的授权，可以是主动授权，也可以是经设区的市级公务员主管部门提出申请后进行的授权；可以是对设区的市级公务员录用组织工作进行的总体授权，也可以是针对设区的市级公务员录用某一次组织工作的一次性授权；也可以将省级公务员主管部门有关公务员录用组织工作中的部分职权进行授权。具体如何授权，由各省级公务员主管部门决定。第三，接受授权的设区的市级公务员主管部门不得再授权县级公务员主管部门或招录机关组织公务员的录用。第四，机关招录公务员不得授权。

四、公务员考试录用的条件

（一）招考条件

招考条件，是指招录机关招录公务员时应当具备的条件，也是招录机关录用公务员的前提。按照《公务员法》第27条规定，“录用公务员，应当在规定的编制限额内，并有相应的职位空缺”。据此，机关录用公务员，必须同时符合两个招考条件：

1. 在国家规定的编制限额内。编制，是指机关根据机构设置性质及其工作任务、职责范围而确定的人员定额和职位分配。为了防止机关臃肿和人员膨胀，国家机关都是根据一定任务来设置一定的机构，根据确定的机构来制定编制，再根据编制来配备人员。国家机关编制具有法定性，任何单位的人员总额都不得超编。因此，只有在机关编制出现空余时，机关才能够面向社会招考，录用公务员。

2. 有相应的职位空缺。“按照职位分类的原则，每个公务员都必须占着一个职位，录用人员就是为了补充职位空缺，做到因事求人、人岗相宜。”① 我国实行公务员职位分类制度。各级国家机关，都要在其职能、机构、编制的基础上，按照一定的标准来设置职位，并明确职位的职责任务和任职条件，不同职位的职责任务和要求是不同的。出现职位空缺，意味着该项任务无人执行，会影响到机关工作的正常进行，因此有招录公务员的必要。否则，机关无须录用新的人员。

因此，根据以上两个条件，在面向社会公开发布招考公告之前，各招录机关要依照规定，向公务员录用主管部门申报录用计划，在录用计划中，要明确招录机关的编制数额、职位空缺和拟录用职位情况，由公务员主管部门审查确定后，才能正式面向社会招考。

（二）报考条件

机关招录公务员，需要报考人员具备一定的资格条件，否则不得报考，这一资格条件就是报考条件。按照《公务员法》的规定，我国公务员考试的报考条件可以分为两个，即报考的积极条件和消极条件。

1. 积极资格要件

我国《公务员法》第 13 条规定：“公务员应当具备下列条件：（一）具有中华人民共和国国籍；（二）年满十八周岁；（三）拥护中华人民共和国宪法，拥护中国共产党领导和社会主义制度；（四）具有良好的政治素质和道德品行；（五）具有正常履行职责的身体条件和心理素质；（六）具有符合职位要求的文化程度和工作能力；（七）法律规定的其他条件。”这是我国关于公务员积极资格要件的规定，具体而言：

（1）具有中华人民共和国国籍。公务员首先必须是中华人民共和国公民，因为“担任公务员是公民的一种政治权利，只有是一国的公民才能够享有此项权利”②。另外，公务员作为国家的公职人员，接触国家事务甚至是国家秘密，与国家利益息息相关，对国家安全和社会稳定有着重要影响，因此，基于上述考虑，

① 张柏林：《〈中华人民共和国公务员法〉教程》，中国人事出版社、党建读物出版社 2005 年版，第 111 页。

② 张柏林：《〈中华人民共和国公务员法〉教程》，中国人事出版社、党建读物出版社 2005 年版，第 26 页。

《公务员法》明确规定，必须具有中国国籍的公民才能成为我国的公务员。

（2）年满18周岁。这是公务员的年龄条件，主要是考虑到公务员工作的复杂性、专业性和综合性，因此需要一定的身体素质和心理素质。年满18周岁的自然人在生理与心理上都基本成熟，具有完全的行为能力，也学习了相当的文化知识，因此具备胜任公务员工作的基本能力。另外，从政治地位的意义上讲，只有年满18周岁的成年公民依据法律规定才具有选举权、被选举权，参加国家管理，担任公职等政治权利，未满18周岁的人尚属于未成年公民，暂不具有这种政治权利。[①]因此，《公务员法》对公务员的年龄作出限制，未满18周岁的人不能担任公务员。在《公务员法》规定的基础上，《公务员录用规定》（2007年11月6日中共中央组织部、人事部制定，2019年10月15日中共中央组织部修订）第18条结合我国公务员招考录用的实际情况，确定了报考公务员的年龄跨度，将报考人的年龄限定为18周岁以上，35周岁以下。

（3）拥护中华人民共和国宪法，拥护中国共产党领导和社会主义制度。这是成为公务员需要具备的政治条件。宪法是一个国家的根本大法，任何公民都应当遵守宪法、拥护宪法。公务员作为公民首先应当遵守宪法、拥护宪法，在这里，公务员拥护宪法具有更深的含义即忠于宪法。公务员作为国家的工作人员，不仅负有积极遵守宪法的义务，更负有积极认同与维护宪法秩序的责任。社会主义制度是中华人民共和国的根本制度。中国特色社会主义最本质的特征与最大的优势就是中国共产党的领导。完善和发展中国特色社会主义制度，推进国家治理体系和治理能力现代化离不开党的领导，坚持党的领导是中国特色社会主义勇往直前的根本保障。公务员作为党的路线和基本方针的贯彻者和执行者，理应坚决拥护党的领导，拥护社会主义制度。

（4）具有良好的政治素质和道德品行。这是指公务员应当遵纪守法，有良好的道德修养，有端正的工作态度和为人民服务的意识。"吏不廉平，则治道衰"，我国自古就强调官吏良好的品行，《公务员法》也对公务员的道德品质作出了规定。公务员由于执掌公权力，因而具有良好的道德修养就十分重要，否则，不仅容易滋生腐败，损害公权力的形象，而且容易给国家和社会带来危害。

（5）具有正常履行职责的身体条件和心理素质。公务员的工作常常是比较繁

① 方世荣等：《中国公务员法通论》，武汉大学出版社2009年版，第55页。

重的，有些职位还需要特别的身体素质，只有拥有健康的身体，才能够正常地履行职责。然而，是否具备正常履行职责的身体条件，是需要根据公务员所在的职位来确定的，不同的岗位职责可以有不同的身体条件要求，例如警察等职位，对公务员的视力、身高等方面有专门的要求。因此，这里的身体条件以身体健康，没有疾病，不影响正常工作为足，不能对公务员的身体条件提出过高的不合理要求。例如，某国家机关招录女性公务员，提出乳房对称的条件就是不合理甚至是荒唐的。

（6）具有符合职位要求的文化程度和工作能力。这是指公务员必须具备一定的文化水平和工作技能。现代社会发展迅速，社会管理异常复杂，要求公务员必须具备较高的文化素质，才能胜任国家和社会的管理工作。但对于文化程度和工作能力，不同的岗位要求是不同的，是否具有符合职位要求的文化程度和工作能力，应当根据工作岗位来确定，不能一切都唯学历论，如招录最高人民法院的法官，可以要求必须具有博士学位，但如果招录基层法院的书记员，就没有必要要求必须具有博士学位。但一般而言，报考者应具有大专以上文化程度。[①]《公务员录用规定》规定，经省级以上公务员主管部门批准，可以对文化程度适当调整。

（7）法律规定的其他条件。这一条件是指除上述六项条件之外法律规定的其他资格要件。公务员的职位具有复杂多样性，《公务员法》不可能面面俱到地规定出所有职位所要求的一切条件，因此需要其他法律对一些特定的职位条件予以规定。这里需要注意以下几点：第一，具备特定资格要件的前提是前六项基本的资格要件已经具备；第二，该资格条件必须是合理的，是该职位所需要的；第三，对这类其他条件作出规定的法律文件只限于法律，如《法官法》《检察官法》和《人民警察法》等。

另外，由于《公务员法》第13条规定的条件只是公务员应当具备的最基本的条件，而机关每个职位的工作性质、工作任务以及难易程度有可能不同，甚至有较大差异，这就要求机关必须按职位要求选择被录用人员，而法律又无法对这些繁多的职位要求统一作出规定，因此《公务员法》第25条第1款规定："报考公务员，除应当具备本法第十三条规定的条件以外，还应当具备省级以上公务员主管部门规定的拟任职位所要求的资格条件。"在实践中，这些资格条件常见的

① 但是根据《公务员录用规定》的规定，对于年龄和文化程度的限制，经省级以上公务员主管部门批准，可以适当调整。

有以下三种情形：（1）专业条件。根据拟录用职位的要求，多数职位对报考者所学专业有明确要求，有的职位还要求报考者必须掌握某项专门技能，例如反恐警察要求具有防暴技能。（2）政治面貌条件。某些职位，可以对报考者的政治面貌有明确要求，要求报考者为中共党员或共青团员等，例如监察委员会（纪委）。（3）基层工作经历条件。2017 年 1 月中共中央办公厅、国务院办公厅《关于进一步引导和鼓励高校毕业生到基层工作的意见》规定："省级以上机关录用公务员，除特殊职位外，按照有关规定一律从具有 2 年以上基层工作经历的人员中考录。""基层工作经历是指基层和生产一线工作经历，即具有在县乡党政机关、企事业单位和其他经济组织、社会组织等基层生产一线及农村工作的经历。曾在军队团和相当团以下单位工作过，可视为具有基层工作经历。报考中央机关的人员，在地（市）直属机关工作过，也可视为具有基层工作经历。"①

最后还要注意的是，对于报考行政机关中的初次从事行政处罚决定审核、行政复议、行政裁决、法律顾问职位的公务员还必须具有统一法律职业资格，当然，报考法院、检察院中的审判、检察职位也必须具有统一法律职业资格。

2. 消极资格要件

我国《公务员法》第 26 条规定："下列人员不得录用为公务员：（一）因犯罪受过刑事处罚的；（二）被开除中国共产党党籍的；（三）被开除公职的；（四）被依法列为失信联合惩戒对象的；（五）有法律规定不得录用为公务员的其他情形的。"这是关于公务员消极资格要件的规定，具体而言：

（1）因犯罪受过刑事处罚的。犯罪是一种严重的违法行为，因犯罪受过刑事处罚，表明了行为人实施过严重危害社会的行为，品行上有严重瑕疵，而公务员作为国家公职人员，遵守宪法和法律是其基本要求。因此，因犯罪而受过刑事处罚的，不得再被录用为公务员。需要指出的是，只要是刑法规定的犯罪，无论是故意犯罪还是过失犯罪，也无论受到的刑罚是主刑还是附加刑，都不能被录用为公务员。

（2）被开除中国共产党党籍的。党的十七大修改的党章明确规定："中国共产党是中国工人阶级的先锋队，同时是中国人民和中华民族的先锋队，是中国特色社会主义事业的领导核心，代表中国先进生产力的发展要求，代表中国先

---

① 杨士秋、王京清：《公务员录用》，中国人事出版社、党建读物出版社 2009 年版，第 36—37 页。

进文化的前进方向，代表中国最广大人民的根本利益。”加入中国共产党意味着为党的事业奋斗终生，如果加入中国共产党以后，被党组织开除党籍，就已经背离了党的意志和全心全意为人民服务的宗旨，就不再是一个合格的党员。被开除党籍的党员自然也更不符合国家机关的要求。

（3）被开除公职的。“开除公职”是指依法定的程序被用人单位开除。这里的公职，主要是指在国家机关、国有企业事业单位、人民团体中从事公务的职务。被开除公职，表明其担任过公职，但因实施与其身份不符的违法行为而被解除与机关的人事任用关系。按《公务员法》第13条的规定，公务员必须具有良好的品行，被开除公职，这在一定程度上说明其品行上确有不良，所以不能再录用为公务员。

（4）被依法列为失信联合惩戒对象的。诚信中国的基本要义是诚信政府建设。诚信政府建设最关键的是公务员必须诚信，依据诚信规则办事。“诚信不是一件衣服，可以在上下班时随意地穿上或脱下。在个人私生活上道德薄弱的人，很难成为一个有个性的领导者。一个人如果偷税漏税、虐待配偶或是孩子，甚至在高尔夫活动中作弊，那么这个人也一定会亵渎整个机构的诚信标准。当这样的人被推至领导者高位，他们会对机构或组织产生严重的伤害；即使短期内看不到，长远来说也一定不可避免。”[①] 因此，一个被依法列为失信联合惩戒对象的公民，不能报考公务员，也绝对不能被录用机关录取。要注意的是，这里的“依法”是依据国家法律、行政法规，不包括地方性法规、规章和其他规范性文件，否则有滥用此条款限制公民参政权、工作权之嫌疑。

（5）有法律规定不得录用为公务员的其他情形的。这是一个兜底条款，只要其他法律对公务员的条件作了规定，不符合这一条件的，就不能被录用为公务员。这里的法律主要是指全国人大及其常委会通过的法律。

此外，除了上述五个条件外，根据《公务员录用规定》第20条的规定，报考者不得报考与招录机关公务员有《公务员法》第74条所列情形的职位。《公务员法》第74条规定：“公务员之间有夫妻关系、直系血亲关系、三代以内旁系血亲关系以及近姻亲关系的，不得在同一机关双方直接隶属于同一领导人员的职位或者有直接上下级领导关系的职位工作，也不得在其中一方担任领导职务

① ［美］佩里·M.史密斯、杰弗里·W.弗利：《领导者的规则与工具》，庄莲平、王立中译，文汇出版社2018年版，第26页。

的机关从事组织、人事、纪检、监察、审计和财务工作。公务员不得在其配偶、子女及其配偶经营的企业、营利性组织的行业监管或者主管部门担任领导成员。因地域或者工作性质特殊，需要变通执行任职回避的，由省级以上公务员主管部门规定。”这是公务员任职回避的要求在公务员考试录用阶段延伸适用的必然结果。

五、公务员录用考试的种类、方式和内容

（一）公务员录用考试的种类

在我国，目前公务员录用考试主要采用公开竞争性考试办法，测试报考者的知识水平和工作能力。但是，录用特殊职位的公务员，经省级以上公务员主管部门批准，也可以简化程序或者采用其他测评办法。关于公开竞争性考试，本书下文将有专门论述，此处仅就简化程序和其他测评办法做一简单评述。

根据《公务员法》有关规定，简化程序或其他测评办法仅适用于特殊职位公务员的录用。这些职位由于自身的特殊性，不宜采取公开考试的方式进行录用，主要包括四种情况：一是职位特殊不宜公开招考的，如保密、机要等职位，公开招考有可能会造成泄密；二是职位特殊需要测量专门水平的，如某些职位需要中、高级职称，一般的考试难以达到测试目的；三是专业特殊难以形成竞争的，如小语种翻译，报考者极少，无法形成竞争；四是录用主管机关规定的其他情况，如军队转业干部因长期在部队服役，其知识结构和业务能力与公开竞争性考试的内容差别较大，可允许其适用内部竞争考试。

对录用这些特殊职位的公务员，经省级以上公务员主管部门批准，可以简化程序或者采用其他测评办法。所谓简化程序，是指对《公务员法》规定的公开考试录用程序进行简化，如在保留其他程序的情况下，省去面试程序、公示程序等。所谓其他测评办法，是指不采用《公务员法》规定的公开考试方法，如以实际操作考试代替笔试等。例如，国家安全部门的某些职位招考时，可以首先在一定范围内通过组织推荐、严格考察确定预选对象，然后通过有限竞争或非竞争考试测验拟录用人员的业务能力。

但是，采用简化程序或其他测评办法绝不意味着不要程序和不需要测评，报考人是否符合职位要求、能否胜任相关工作仍必须进行测评，只是在方法和程序

上有所不同。

（二）公务员录用考试的方式

按照《公务员法》的规定，公务员录用考试主要采用笔试和面试两种方式。

1. 笔试

笔试，是通过标准化试题和文字分析解答，测试报考者的知识储备、文字运用能力、综合分析能力以及思维能力等的测试方式。笔试的科目包括公共科目和专业科目。公共科目由中央公务员主管部门统一确定。专业科目由省级以上公务员主管部门根据需要设置。目前我国公务员录用笔试公共科目主要有两种：行政职业能力测验和申论。其中，行政职业能力测验均为标准化的选择题，主要考查报考者的理论知识和思维能力，而申论则是根据提供的一系列文字材料，进行分析写作，主要考查报考者的文字运用能力和综合概括、问题分析和对策论证能力。

必须注意的是，笔试尽管具有客观公正性、内容信息量大以及效率高等优点，但“笔试最大的不足是无法全面掌握报考者的实际工作能力和综合素质，对报考者的政治态度、道德品质等难以测定”。①

2. 面试

面试是指通过主考官与报考者面对面的观察、交谈等沟通方式，来了解报考者的综合素质、能力状况等的测试方式。笔试结束后，招录机关按照省级以上公务员主管部门的规定，根据笔试成绩由高到低确定面试人选。

面试应当组成面试考官小组，主要方式有结构化面谈、无领导小组讨论、心理测试、情景模拟等，以此来考察报考人员是否具备拟任职务职级所要求的基本素质和实际工作能力。随着公务员录用制度的不断完善，面试作为录用的重要环节，在测试考生的综合素质中所占的比重也会越来越大。和笔试相比，主考官能够直观地考察应试者的口头表达能力、逻辑思维能力等笔试难以考察的内容，易于对考生作出整体评价，但缺点是效率较低、成本较大，而且评分常常会受到主考官个人嗜好的影响。为了规范面试工作，保证面试的公正性和公平性，中共中央组织部、人力资源和社会保障部、国家公务员局2015年发布了《公务员录用

---

① 张柏林：《〈中华人民共和国公务员法〉教程》，中国人事出版社、党建读物出版社2005年版，第118页。

面试组织管理办法（试行）》，对规范公务员面试工作进行了较为详细的规范。本书认为，为了确保面试的公平和公正，我们可以对面试进行全过程记录，也可以实施面试官和报考人员的“双随机”选择制度。

（三）公务员录用考试的内容

根据《公务员法》第30条和《公务员录用规定》第22条的规定，公务员录用考试的内容根据公务员应当具备的基本能力和不同职位类别、不同层级机关分别设置。由于不同职位所要求的知识与能力各有差异，招考机关无法作出统一要求，因而公务员考试的内容应当具有针对性，根据公务员应具备的基本能力和报考职位类别及不同层级机关来确定。但无论考试的内容有多大差异，总的来说，其内容仍然离不开知识、智力和技能这三个方面。

在现代社会，解决复杂多变的社会问题是公务员的日常工作，而广博的知识则是解决问题的基础。因此，录用公务员理应注重其知识水平。知识分为基础知识和专业知识，基础知识主要是担任公务员必备的通用性知识，专业知识则是从事某一职位所必备的业务知识，其测查内容需要根据职位设置。如招考专业技术类职位的考试内容应侧重对其掌握和运用某些专业知识的能力进行测试。[①]智力是指人认识、理解客观事物并运用知识、经验等解决问题的能力，包括记忆、观察、想象、思考、判断等。技能主要包括应试者处理实际问题的速度与质量，检验应试者对知识和智力运用的程度和能力。[②]很显然，智力和技能体现的是应试者分析、解决问题的能力，其优劣直接关系到国家机器的运转效率，因此，理应将其作为公务员录用考试的内容。

六、公务员考试录用的程序

公务员考试录用的程序是指公务员考试录用应当遵守的步骤、方式、顺序和时限的总称。根据《公务员法》《公务员录用规定》等有关规定，我国公务员考试录用应按照以下程序组织实施：

① 应松年：《公务员法》，法律出版社2010年版，第123页。

② 徐银华等：《公务员法新论》，北京大学出版社2005年版，第105页、第106页。

（一）发布招考公告

发布招考公告，是公务员考试录用的第一道程序，也是面向社会动员优秀人才报名参加公务员考试的前提。除法律规定不宜公开招考的职位外，任何机关招录公务员，都必须面向社会发布招考公告，这不仅是公开原则的必然要求，也是实现平等竞争、择优录取的程序保障。

招考公告由公务员主管部门制定并面向社会发布，招考公告应当载明如下内容：（1）招录机关、招考职位、名额和报考资格条件；（2）报名方式方法、时间和地点；（3）报考需要提交的申请材料；（4）考试科目、时间和地点；（5）其他须知事项。

招考公告一般应在报名前通过报纸、广播、电视、互联网等知名度高、权威性强的媒体发布。招考公告的内容对招考机关具有约束力，一经发布，任何机关和个人就不得再随意增删其内容。如遇特殊情况确实需要更改的，则必须由公告发布机关于报名前在发布招考公告的新闻媒体上发布更正声明。

（二）报名和资格审查

为了方便公民报考，公务员主管部门和招录机关应当采取各种措施，为公民报考和参加考试提供便利。随着互联网技术的发展，网上报考已成为公务员报考的主要形式，不仅大大提高了报考效率，而且使报考不再受地域的限制，极大地方便了报考者。公民报考，应当在指定的时间和地点提交招考公告上所要求的申请材料，同时，报考人应确保申请材料的真实性和准确性，以备招录机关资格审查所用。另外，残疾人参加考试时，公务员主管部门和招录机关应根据其需要予以协助。

招录机关收到报名申请材料后，应当根据报考资格条件对报考申请进行审查，并在规定的时间内确认报考者是否具有报考资格，资格审查贯穿于公务员考试录用全过程。另外，根据《公务员录用规定》第 47 条的规定，报考者有违反报考规则和管理规定行为的，由公务员主管部门、招录机关或者考试机构按照管理权限，分别采取纠正、批评教育、答卷不予评阅、当科考试成绩为零分、终止录用程序等方式进行现场处置或者事后处置。报考者有隐瞒真实信息、弄虚作假、考试作弊、扰乱考试秩序等违反录用纪律行为，情节较轻的，由省级以上公务员主管部门或者设区的市级公务员主管部门给予考试成绩无效、取消资格等处理；情节严重的，给予 5 年内限制报考的处理；情节特别严重的，给予终身限制报考的处理；涉嫌犯罪的，移送有关国家机关依法处理。

招录机关经过审查，只要发现报考者有一项条件不符合招考规定的，则报考人就不能参加该职位的考试。对不符合条件的报考者，招录机关应当及时予以答复，为其改报其他职位提供机会；经审查符合条件的，由招录机关发给准考证。

（三）考试

报考者通过资格审查获得准考证后，应当按规定及时参加考试。录用考试分为笔试和面试两种，考试的内容根据公务员应当具备的基本能力和不同职位类别分别设置。报考者应先参加笔试，笔试合格者获得参加面试的资格。面试结束后，按照录用主管部门规定的笔试、面试成绩权重计算综合分数，并按成绩高低顺序排列名次。通过考试，可以全面测评报考者的基本能力和专业知识水平。

（四）资格复审、考察和体检

通过笔试和面试后，招录机关根据报考者的考试成绩等确定考察人选，并进行报考资格复审和考察。报考资格复审主要核实报考者是否符合规定的报考资格条件，确认其报名时提交的信息和材料是否真实、准确、完整。

考察应当组成考察组。考察组由两人以上组成，采取个别谈话、实地走访、严格审核人事档案、查询社会信用记录、同被考察人选面谈等方法，根据需要也可以进行延伸考察等，广泛深入地了解情况，做到全面、客观、公正，并据实写出考察材料。考察情况作为择优确定拟录用人员的主要依据。考察对象所在单位（学校）或者相关单位应予积极配合，并客观、真实反映有关情况。省级（含副省级）以上招录机关，可以实行差额考察。考察内容主要包括人选的政治素质、道德品行、能力素质、心理素质、学习和工作表现、遵纪守法、廉洁自律、职位匹配度以及是否需要回避等方面的情况。考察人选达不到公务员应当具备的条件或者不符合报考职位要求的，不得确定为拟录用人员。

具备健康的身体是正常履行职责的保障。考察结束后，招录机关应对考察合格者进行体检，以审查其健康状况是否适应公务员的工作要求。体检工作由设区的市级以上公务员主管部门负责组织，招录机关实施。关于体检的项目、标准和操作规程，人事部和卫生部等部委先后共同发布了《公务员录用体检通用标准（试行）》《公务员录用体检操作手册（试行）》《公务员录用体检特殊标准（试行）》等规定，对此作出了专门规定。前两个规范性文件已根据2016年12月30日的《人力资源和社会保障部、卫生计生委、国家公务员局关于修订〈公务员录用体检通用标准（试行）〉及〈公务员录用体检操作手册（试行）〉有关内容的通知》（人社部发〔2016〕140号）作了适当修正。对体检结果，如果招录机关或者报考者有疑问的，可以按照规定提出复检。必要时，设区的市级以上公务员主管部门也可以要求体检对象复检。

（五）公示、审批或备案

体检结束后，招录机关应根据报考者的考试成绩、考察情况和体检结果，择优提出拟录用人员名单，向社会公示。公示期不少于五个工作日。公示内容包括招录机关名称、拟录用职位，拟录用人员姓名、性别、准考证号、毕业院校或者工作单位，监督电话以及省级以上公务员主管部门规定的其他事项。

公示期间，如果报考者和其他社会成员对拟录用人员有异议，则可以按照规定向招录机关或录用主管部门举报。招录机关和录用主管部门接到举报后，应认真调查核实，确有问题的，应当取消录用，对反映有严重问题，但一时难以查实的，暂缓录用，待查实并作出结论后再决定是否录用。

公示期满后，如果没有异议或者反映的问题不影响录用的，按照规定程序办理审批或备案手续。其中，中央机关及其直属机构拟录用人员名单报中央公务员主管部门备案；地方各级招录机关拟录用人员名单报省级或者设区的市级公务员主管部门审批。备案或审批后，由录用主管部门印发录用通知，招录机关即可与拟录用人员办理录用手续。

（六）试用、任职或取消录用

公务员被录用以后，需要经过一年的试用期。设立试用制度是为了在考试、考察的基础上，对新录用的公务员在具体工作中进行更全面、深入的考察，以确定其能否胜任公务员工作。试用期内，由招录机关对新录用的公务员进行考察，并安排必要的培训。但我国将新录用公务员的试用期固定为一年。

试用期内，新录用的公务员地位比较特殊，具有公务员的身份，享受国家财政统一发放的试用期工资、与本部门正式工作人员相同的政治和生活福利待遇、履行公务员的义务，但是不确定职务职级和级别。

试用期满，所在机关要对新录用的公务员工作表现和工作业绩等进行全面考核。考核合格的，应及时予以任命职务、确定级别；考核不合格的，则不予任职定级，并按有关规定取消其录用资格。

新录用公务员试用期满考核合格的，招录机关应当按照有关规定予以任职定级。新录用公务员试用期满考核不合格的，取消录用。试用期间发现新录用公务员有不具备公务员条件、不符合报考职位要求、不能胜任职位工作等情形的，取消录用。

中央机关及其直属机构取消录用的人员名单，应当报中央公务员主管部门备案。地方各级招录机关取消录用的审批权限由省级公务员主管部门规定。新录用公务员取消录用的时间，从作出取消录用决定之日起计算。取消录用决定应当以书面形式通知本人，停发工资、转递档案以及转接社会保险关系等按照有关规定执行。

最后要特别注意的是，新录用公务员有《公务员法》第 89 条规定情形的，不得取消录用。《公务员法》第 89 条规定了不得辞退公务员的四种情形，也即，（1）因公致残，被确认丧失或者部分丧失工作能力的；（2）患病或者负伤，在规定的医疗期内的；（3）女性公务员在孕期、产假、哺乳期内的；（4）法律、行政法规规定的其他不得辞退的情形。如果新录用的公务员在试用期内有了这四种情形，录用单位不得取消录用。当然，试用期满，公务员具有这四种情形的，录用机关也不得予以辞退。

第四节　公务员任用

公务员选任、委任与聘任都是我国公务员的任用方式。不同的任用方式表现出公务员任用制度的灵活性和多样性，确保达到机关"不拘一格降人才"的用人目的。

一、选任制

选任是指通过民主选举的方式获得公务员身份，一般适用于国家机关和政党等机关的主要领导人员。在整个公务员队伍中，通过选举产生录用任命的人数虽然不多，但其地位举足轻重，在国家行政管理中起着领导、决策、监督等关键性作用。

二、委任制

委任制，又称任命制，是各国普遍使用的，历史最悠久的传统选拔方式，即指由机关按照法定的公务员管理权限自上而下直接任用公务员的方式，一般适用于国家机关和政党等机关内设机构的领导人员和其他公务员。委任制的实质是"权力配置，或者说是行政管理职能的分解和组合，是一种权利或行政职能的转换，它体现了首长对其下属的政治支配关系"[①]。委任制的特点是，"上级直接任命，简单高效，让下属积极坚定地拥护上级的方针与政策，而且它还有利于维护社会的稳定与发展，不易出现动乱。同时，这种自上而下的任命方式有利于政令清晰明确，有利于办事效率的提高"。[②]但委任制也存在一定的缺陷，主要表现为人员

① 滕志勇:《诸葛亮"识人七法"对我国公务员委任制的启示》，载《人事天地》2016年第5期。
② 滕志勇:《诸葛亮"识人七法"对我国公务员委任制的启示》，载《人事天地》2016年第5期。

的选定多依赖于上级领导的意志，相对来说容易产生用人上的不正之风，任职缺乏透明度等。因此，考任、选任、委任应当分别在恰当的条件下适用。

三、聘任制

为了健全用人机制，满足机关吸引和使用优秀人才的需求，提高公务员队伍专业化水平，除委任制和选任制外，我国也采纳了聘任制的方式选拔优秀人才进入机关，作为聘任制的公务员。常任的职业公务员制和公开考试、择优录用制的建立是西方公务员制度确立的两大标志。① 但随着经济和社会的进一步发展，职务常任原则的弊端日益显现：公务员的官僚作风盛行，办事效率低下等。20 世纪 80 年代，西方国家在公务员的任用上，开始引入市场竞争机制，出现了“合同雇用”“短期聘任”等用人形式，也有不少国家，如新西兰、丹麦等，已经开始废除原有的任用制度，将聘任制作为公务员最基本的任用制度。在全面推行聘任制的澳大利亚，法律意义上的常任制公务员已不存在。② 由此可见，“聘任制”已经或逐渐成为西方公务员任用的重要方式。

在我国，2006 年实施的《公务员法》在借鉴国外职位聘任有益经验，总结和认可我国乡镇干部聘用制度改革成果的基础上，设专章规定了聘任制的基本条件、程序、聘任合同等内容，从而为公务员聘任制提供了具体的法律依据。为了更好地规范和完善这一制度，2017 年 9 月，中共中央办公厅、国务院办公厅印发了《聘任制公务员管理规定（试行）》代替了 2011 年 9 月印发的《聘任制公务员管理试点办法》（人社部发〔2011〕14 号），对聘任制的原则、主管部门、应聘公务员的条件、招聘的程序、解除聘任合同的条件以及聘任制公务员的管理等方面都作出了更加详细的规定。同时这也标志着我国公务员聘任制进入了一个新的阶段。2007 年深圳首次试水公务员聘任制，随后，上海、江西、北京、江苏、四川、山西、山东等地也纷纷开始推行聘任制试点工作，公务员聘任制正在向全国推广。截至目前，已经有 20 多个地区开展公务员聘任制以吸引优秀人才进入机关单位，其已经成为机关吸纳专业人才的制度安排。③

---

① 张国庆：《公共行政学》，北京大学出版社 2017 年版，第 167—168 页。

② 宋世明：《中国公务员法立法之路》，国家行政学院出版社 2004 年版，第 398 页。

③ 易丽丽：《如何进一步完善公务员聘任制》，载《学习时报》2020 年 12 月 21 日，第 007 版。

（一）聘任制的含义与相关概念之辨析

1. 公务员聘任制的含义

公务员聘任制是机关根据工作需要，通过签订聘任合同，选拔、任用、管理公务员的一种人事管理制度。其主要有以下五个特点：

（1）协议性

聘任合同是维系聘用机关与受聘公务员之间关系的基础，它不仅是聘用机关对受聘公务员进行管理的依据，更是受聘公务员履行职权职责，享受各种工资福利待遇的根据。聘用机关对公务员根据合同进行管理，充分体现了聘任制的协议性，这是其他方式任用的公务员所没有的。

（2）自主性

聘任合同关系的确立是聘用机关和受聘公务员平等协商的结果，聘任合同的内容、变更或解除也是双方协商一致的。在聘任关系确立过程中，聘用机关与受聘公务员地位平等，聘用机关有权按照自己的意愿选择受聘公务员，受聘公务员也有权提出自己的要求。聘任关系确立后，虽然聘用机关与受聘公务员已经变成隶属关系，但双方仍可以通过平等自愿、协商一致的方式变更或解除聘任合同。以平等协商的方式确立、变更或解除聘任关系，充分体现了聘用机关和受聘公务员的自主性，这是其他任何任用制度都不可能实现的。当然，聘任合同的自主性，并不意味着聘任合同不受法律法规的约束，聘任合同的主体、内容和程序必须符合法律法规的规定。

（3）职位高端性

《公务员法》第100条第1款规定："机关根据工作需要，经省级以上公务员主管部门批准，可以对专业性较强的职位和辅助性职位实行聘任制。"从各地发布的聘任制公务员的招聘公告统计来看，公务员聘任制主要集中在两类专业性较强的职位：一类是社会通用的专业人才，如规划、审计、金融、信息技术；另一类是新兴专业人才，如智慧交通、智慧应急、网络安全、产业规划等。经济欠发达、县一级政府聘任职位主要是社会通用专业人才，相反，经济发达地区主要是引进新兴专业人才。①

① 易丽丽:《如何进一步完善公务员聘任制》，载《学习时报》2020年12月21日，第007版。

（4）管理复杂性

对委任制和选任制的公务员来说，我们已经有了一套相对完善的管理方法和手段。但对聘任制公务员来说，由于公务员聘任制推行时间并不长，理论研究远落后于实践，我们尚无科学的管理办法，对聘任制公务员由“谁来管”“管什么”“怎么管”，我们都没有成熟的经验可资借鉴。目前在实践中，聘用单位要么管得太死，要么采用传统的公务员管理方式进行管理，要么放手不管，这有可能会导致公务员聘任制难以达到吸才效应，难以提高人才的利用优势，而这也说明公务员聘任制管理的复杂性。

（5）时限性

聘任制公务员都有明确的聘任期限，《公务员法》对此明确规定为一年至五年。聘任期满，任用关系自然解除，但是双方可以根据需要协商续聘。而考任制、委任制公务员都没有任用的期限，选任制公务员的职务任期则是由法律、章程规定的。这种通过合同的形式明确规定任职期限的方式，也是其他公务员任用方式所不具备的。

2. 公务员聘任制与相关概念的比较

公务员聘任制与委任制、选任制的比较[①]，具体如下。

聘任制公务员与委任制、选任制公务员一样，都是依法履行公职、纳入国家行政编制、由国家财政负担工资福利的工作人员，是机关任用公务员的方式，但这三种任用方式存在很多不同，主要体现在产生方式、任职期限、任职方式和管理依据四个方面。

①在产生方式上，选任制公务员经选民或选民代表选举产生，委任制公务员通过调入、考试等产生，聘任制公务员则通过公开招聘或直接选聘产生。

②在任职期限上，选任制公务员的任期通常由法律规定，一般与代表会议的任期一致；而委任制公务员则没有任期限制，非因法定原因、非经法定程序，不得辞退，可一直任职到退休；聘任制公务员的任期却是由聘用机关与受聘公务员在聘任合同中约定的，一般是一年至五年。

③在任职方式上，选举制公务员经过代表会议选举后，发布选举生效的公告；委任制公务员按照管理权限，由任免机关印发任职决定或任职通知；聘任制公务

① 参见林戈：《公务员法立法研究》，党建读物出版社、中国人事出版社2006年版，第470—471页。

员通过签订聘任合同任命职务。

④在管理依据上，选任制、委任制公务员依据公务员法及相关法律、法规进行管理，聘任制公务员主要是依据聘任合同进行管理的，当然聘任合同没有规定的，还应该依据《公务员法》及相关法律法规进行管理。

除以上区别外，三者在权力来源、任职时间等方面也存在不同。

（二）公务员聘任制实行的原则、范围和方式

1. 公务员聘任制实行的原则

关于聘任公务员的原则，《公务员法》没有作出相关规定，《聘任制公务员管理规定（试行）》第3条规定，"聘任制公务员的管理，坚持党管干部、党管人才原则，坚持德才兼备、以德为先，坚持公开、平等、竞争、择优，坚持监督约束与激励保障并重，依照法定的权限、条件、标准和程序进行"。因此，我国聘任公务员应遵循党管干部、党管人才原则，坚持德才兼备、以德为先，坚持公开、平等、竞争、择优的原则，这也与公务员考试录用的原则相一致，体现了我国对以不同方式进入机关的公务员的要求的统一性和平等性。

2. 公务员聘任制实行的范围

聘任制实行的范围主要规定在《公务员法》第100条当中，即"机关根据工作需要，经省级以上公务员主管部门批准，可以对专业性较强的职位和辅助性职位实行聘任制。前款所列职位涉及国家秘密的，不实行聘任制"。对此，可从两个方面来理解：

（1）可以实行聘任制的职位

根据《公务员法》第100条第1款的规定，有两类职位可以实行聘任制：

①专业性较强的职位。专业性较强的职位是指具有低替代性，要求具备经过专门学习才能掌握专业知识、专业技能的职位。这类职位有两个特点：一是对专业技术知识的要求很高，二是任职者是机关急需紧缺的人才。[①] 这些职位主要集中在金融、财会、信息技术等方面，如数据分析员职位、技术鉴定专家职位等，既可以是领导职位也可以是职级。聘任为领导职务的，应当是专业性较强的职位。

②辅助性职位。辅助性职位是指具有较强事务性，在机关工作中处于辅助地位

① 参见胡光宝、张春生主编：《〈中华人民共和国公务员法〉释解》，群众出版社2005年版，第284页。

的职位。这部分职位虽然是机关中常设的固定职位，但是事务性强，在机关工作中处于辅助、从属地位，如资料管理、文件分发、数据录入等职位。这类职位工作相对简单，在知识、能力等方面要求较低，社会通用性强，容易随时从社会上找到合适的人选。但是，对于专业性较强的职位和辅助性职位只是可以适用聘任制，而非一定要实行聘任制，究竟是否实行聘任制还要看是否满足聘任制实行的条件等。

（2）不能实行聘任制的职位

根据《公务员法》第100条第2款的规定，对于可以采用聘任制的职位，涉及国家秘密的，则不能实行聘任制。这主要是考虑到在涉及国家秘密的职位上工作，需要较高的政治素质，需要较长时间的培养和考察，通过聘任难以找到合适的人选。聘任制不同于委任制，公务员聘用的期限较短，一般为1—5年，相对于稳定的公务员队伍而言，聘任制人员则显得流动性大，而涉及国家秘密的职位要求掌管的人范围越小越好，人员越稳定越好，从维护国家利益考虑不宜经常换人，否则会增大泄密的概率。[①]至于国家秘密的具体范围，由保密行政部门根据《保守国家秘密法》予以认定。

3. 公务员聘任制实行的方式

《公务员法》第101条第1款规定："机关聘任公务员可以参照公务员考试录用的程序进行公开招聘，也可以从符合条件的人员中直接选聘。"根据这一规定，机关聘任公务员可以采取两种方法：一种是公开招聘，另一种是直接选聘。至于这两种方法如何适用，《公务员法》没有作出具体规定，但是根据《聘任制公务员管理规定（试行）》的规定，"机关聘任公务员应当面向社会公开招聘"；"对于采取公开招聘方式符合聘任职位条件的人选少的专业性较强的职位，经省级以上公务员主管部门批准，可以从符合条件的人员中直接选聘"。不难发现，公务员聘任制应当以公开招聘为原则，以直接选聘为例外，即只有在公开招聘难以进行的时候方可以采取直接选聘的方式。这样的规定，不仅有利于保障聘任制推广的一致性，而且可以限制用人机关在聘任制方式选择上的权力，避免聘任制成为某些人拍马钻营的工具。

（1）公开招聘

公开招聘是指机关向社会公开招聘公务员的有关事项，参照公务员考试录用

---

① 参见吴高盛：《〈中华人民共和国公务员法〉辅导读本》，人民出版社2005年版，第329页。

的程序来确定聘任人员的方式。根据《聘任制公务员管理规定（试行）》第9条的规定，公开招聘应当采取考试与考察相结合的方法进行。公开招聘考试内容包括招聘职位所需的专业知识和工作技能等；考察内容主要包括应聘人员的政治思想、道德品质、能力素质、学习和工作表现、工作业绩、遵纪守法、廉洁自律以及是否需要回避等方面的情况。这与考试录用公务员采取公开考试、严格考察的办法是一致的，体现了聘任制虽然灵活快捷，但并不因此降低对受聘公务员的要求，从而保证了公务员队伍素质的一致性。

至于公开招聘的程序，《公务员法》没有明确规定，根据《聘任制公务员管理规定（试行）》的规定，公开招聘的程序一般可分为如下几个阶段：

①发布招聘公告。招聘公告应当载明聘任机关、聘任职位、职责、应聘资格条件、待遇、聘期，报名的方式方法、时间和地点，应聘需要提交的申请材料，考试测评内容、时间和地点以及其他应聘须知事项。

②报名与资格审查。应聘人员应当向机关提交真实、准确的申请材料。机关在规定时间内确认应聘人员是否具有应聘资格。

③考试测评。采取笔试、面试等方式进行，突出岗位特点，重点测查应聘人员的专业素养、业务能力和岗位匹配程度。

④考察与体检。机关根据考试测评成绩确定考察人选，并对其进行考察和体检。考察内容主要包括应聘人员的政治思想、道德品质、能力素质、学习和工作表现、工作业绩、遵纪守法、廉洁自律等方面的情况。

⑤公示。机关根据考试测评、考察情况和体检结果，择优提出拟聘任人员名单，并进行公示。公示期不少于五个工作日。

⑥审批或者备案。公示期满，对没有问题或者所反映问题不影响聘任的，中央和国家机关及其直属机构拟聘任人员名单报中央公务员主管部门备案，地方各级机关拟聘任人员名单报省级公务员主管部门或者经授权同意的设区的市级公务员主管部门审批。

⑦办理聘任手续。聘任机关与拟聘任人员签订聘任合同，办理相关手续。

公开招聘专业性较强的职位，经省级以上公务员主管部门批准，可以对上述程序进行调整或者适当简化。

（2）直接选聘

直接选聘是机关直接与符合条件的人员签订聘任合同。与公开招聘不同，直接选聘不发布公告，不接受社会广大应聘人员的申请，直接对符合条件的人员进行考核，审查其条件，如学历、资历或者经验等，然后确定是否聘任。[①] 根据《聘任制公务员管理规定（试行）》的规定，直接选聘仅限于工作急需、符合聘任职位条件的人选少、难以进行公开招聘的专业性较强的职位。主要是因为这类职位社会通用性差，应聘人员少，即便公开招聘也难以形成有效竞争，反而会耗费大量的机关资源，不符合效益原则，比如小语种口译的职位。

机关直接选聘，一般按照以下程序进行：

①提出拟聘任人选。机关根据平时掌握的情况或者通过相关单位、专业机构、同行专家等推荐，提出拟聘任人选。

②资格审查。根据招聘资格条件对应聘人员进行审查，重点审查政治品质、工作履历和工作业绩。

③考核测评。采取履历分析、面试比选、专家评审、业绩考核等方式，重点对拟聘任人选的专业素养、业务能力和岗位匹配程度进行考核、测评。

④考察与体检。

⑤公示。

⑥审批或者备案。公示期满，对没有问题或者所反映问题不影响聘任的，中央和国家机关及其直属机构拟聘任人员名单报中央公务员主管部门备案，地方各级机关拟聘任人员名单报省级公务员主管部门或者经授权同意的设区的市级公务员主管部门审批。

⑦办理聘任手续。

直接选聘的方法虽然简便易行、快捷高效，但由于机关选择权限较大，容易受到人为因素的干扰。因而，要严格根据公务员的条件和职位要求的资格条件，并依照法定程序来进行聘任，同时要加强监督，防止一些无法通过录用考试的人通过聘任进入公务员队伍。

（三）公务员聘任制的条件

1. 招聘条件

根据《公务员法》第 100 条第 1 款、第 101 条第 2 款以及《聘任制公务员管理规定（试行）》第 5 条、第 6 条、第 7 条的规定，实行聘任制需要满足以下三

① 杨景宇、李飞：《中华人民共和国公务员法释义》，法律出版社 2005 年版，第 243 页。

个条件：

（1）工作需要

机关实行聘任制的前提条件是工作需要，而不应当考虑其他因素，没有工作需要，不得实行聘任。那么何谓“工作需要”？我国《公务员法》和《聘任制公务员管理规定（试行）》没有明确规定。

（2）经省级以上公务员主管部门批准

实行聘任制应当经过省级以上公务员主管部门批准。其中，中央机关及其直属机构聘任公务员，由中央公务员主管部门批准；地方各级机关聘任公务员，由省级公务员主管部门批准。这样的审批体制，与公务员的录用管理体制大体一致，主要是为了规范聘任制的实施，防止机关利用聘任制乱开进入公务员队伍的大门。

（3）在规定的编制限额和工资经费限额内

编制限额和工资经费限额是机关实行聘任制的两项前提条件。任何机关的编制和工资经费都是通过编制法规定的法定程序和标准确定的，非经法定程序不得变更，否则无法获得公务员身份和财政经费保障。因此，聘任公务员只能在规定的编制限额和工资经费限额内进行。

2. 应聘条件

关于应聘的条件，《公务员法》没有明确规定，但是《聘任制公务员管理规定（试行）》对此作出了比较详细的规定。具体来讲，可将应聘者需要具备的条件分为积极条件和消极条件，以下分而述之：

（1）应聘者的积极条件

由于受聘人员具有行政编制，由国家财政负担工资福利，属于公务员。因而，应聘人员应该首先满足担任公务员的基本条件，即《公务员法》第 13 条的规定。①同时，应聘人员还应该满足拟聘任职位所要求的资格条件。只有应聘人员具备这些资格条件，一经被聘任，才能很快适应工作的要求，保障工作顺畅进行。

（2）应聘者的消极条件

《聘任制公务员管理规定（试行）》第 11 条、第 8 条规定了应聘人员的限制

① 《公务员法》第 13 条：公务员应当具备下列条件：（一）具有中华人民共和国国籍；（二）年满十八周岁；（三）拥护中华人民共和国宪法，拥护中国共产党领导和社会主义制度；（四）具有良好的政治素质和道德品行；（五）具有正常履行职责的身体条件和心理素质；（六）具有符合职位要求的文化程度和工作能力；（七）法律规定的其他条件。

性条件，也就是消极条件。这是指应聘人员只要具备下列情形之一，无论应聘何种职位，都不予以聘任，主要有六种情形：第一，因犯罪受过刑事处罚的；第二，曾被开除公职或者因违纪违法被机关、事业单位解除聘任合同或者聘用合同的；第三，涉嫌违纪违法正在接受专门机关审查尚未作出结论的；第四，受纪律处分期间或者未满影响期限的；第五，按照有关规定被列为失信联合惩戒对象的；第六，有法律、法规规定的其他情形的。这种限制性规定，主要是为了保证公务员队伍的素质，防止业务素质、政治素质不良人员进入公务员队伍，影响公务员队伍的纯洁性。在此必须注意的是，应聘人员也不得具有《公务员法》第26条[①]规定的五种情形。

（四）公务员聘任合同

1. 聘任合同的含义与特征

聘任合同是指聘任机关与应聘公务员在平等自愿的前提下，双方经过协商一致所订立的关于履行有关工作职责的权利义务关系的协议。聘任合同是聘任制的核心要素，是干部与机关之间关系的体现，是维系机关与所聘干部之间关系的基础。[②]作为合同的一种，聘任合同既具有一般合同的特征，也具有自身的特色。具体来讲，其特征有如下几点：

（1）聘任合同是双方当事人意思表示一致的法律行为。这也是聘任合同的本质特征。与一般合同一样，只有在聘任机关和拟聘任人员双方意思表示一致，自愿达成协议时，聘任合同才宣告成立。

（2）聘任合同具有较强的法定性。聘任合同的成立与否，不仅涉及聘任机关的人事管理工作，而且涉及聘任机关日常工作的顺利进行。因此，聘任合同的签订、变更、解除或者终止，应当严格遵守《公务员法》《聘任制公务员管理规定（试行）》等法律法规的规定，并应当报同级公务员主管部门备案。

（3）聘任合同是一种特殊的“身份合同”。聘任合同成立后，应聘人员取得了公务员的身份，与机关建立了人事行政关系，在合同的有效期内，具有行政编

---

① 《公务员法》第26条：下列人员不得录用为公务员：（一）因犯罪受过刑事处罚的；（二）被开除中国共产党党籍的；（三）被开除公职的；（四）被依法列为失信联合惩戒对象的；（五）有法律规定不得录用为公务员的其他情形的。

② 郭旭胜、许肖哲：《干部聘任制初探》，党建读物出版社2021年版，第49页。

制，属于公务员序列。因此，从这一角度来讲，聘任合同可以说是一种特殊的“身份合同”。

2. 聘任合同的签订原则

根据《公务员法》第102条第1款的有关规定，签订聘任合同应该坚持平等自愿、协商一致的原则。

（1）平等原则。这是指机关与受聘公务员在签订聘任合同时具有平等的法律地位。这一点是双方协商的前提，也是双方能充分表达自身意愿的基础。聘任机关作为用人的一方，又代表着国家，但不等于聘任机关可以凌驾于应聘人员之上，任意将自身意志强加于对方。作为合同的当事人，聘任机关和应聘人员的地位是平等的，双方都要以法律为依据，进行充分磋商，自由表达自己的意愿，不存在命令与服从的关系。

（2）自愿原则。这是指聘任合同的订立、变更与解除以及合同内容的确定完全由当事人自己选择和决定，任何单位和个人不得非法干预。这也是意思自治原则在聘任合同中的体现。当然，当事人的自愿也不是绝对的，任何自由都是法律允许范围内的自由，不受约束的自由是不存在的。同样，这里的自愿原则也必须在法律的范围内来实现，不得违反《公务员法》等有关法律法规的规定。

（3）协商一致原则。这是指聘任合同的内容应在双方充分磋商、达成一致的基础上来确定。这是聘任合同订立的基础，也是聘任合同得以成立的关键。只有经过充分协商，双方意见已经达成一致，机关才能和应聘人员签订聘任合同。否则，聘任合同就不能签订。协商一致表明，聘任合同的内容符合双方意愿，为双方当事人所接受，双方愿意自觉全面地履行合同。

3. 聘任合同的性质和形式

聘任合同究竟属于民事合同还是行政合同，理论界有不同的看法。有学者认为，公务员聘任合同本质上属于劳动合同[①]。也有学者认为：“聘任合同不是民事合同，其与劳动合同虽然相似，但本质上属于行政合同。因为聘任合同的签订主体一方为国家机关，内容是双方在执行公务方面的权利义务约定，目的是更好地履行公务，这些方面使它和普通的民事合同相区别。因此，聘任合同在性质上属于一种行政合同。”[②]也有学者采取了折中办法，认为应当把聘任合同定位于混合的

① 毕洪海等:《中华人民共和国公务员法培训教程》，人民出版社2005年版，第339页。

② 薛刚凌:《公务员法教程》，中国人民大学出版社2017年版，第224页。

合同，也即“由劳动合同与行政合同混合的合同，其中以劳动合同为基调，并具有行政合同的成分”。[①] 本书认为，完整的聘任行为可以通过两个阶段完成，也即机关对被聘用人员的甄选聘用阶段和后续的签订合同阶段。甄选聘用阶段由于是机关行使公权力所作的行为，故应该是行政行为；后续的聘任合同是双方合意的体现，机关没有使用公权力，故应该是民事合同。另外，如果聘任合同定性为行政合同，根据最高院关于行政协议规定的司法解释，聘任合同是不能申请仲裁的，但我国《公务员法》第 105 条明确规定，聘任合同可以仲裁，从这一点来看，聘任合同也不宜定性为行政合同。当然，聘任合同也不宜定性为混合合同，因为聘任合同本来就是公私交叉的产物，定性为混合合同不仅没有说明聘任合同性质，反而使其性质更加复杂。最后必须注意的是，如果在聘任合同的履行过程中，机关使用合同外的公权手段，废止或变更合同内容，这是行政行为，当事人应该通过行政诉讼维护自己的权益。

根据《公务员法》的规定，聘任合同应采用书面形式，口头的聘任合同没有法律效力。聘任合同是公务员聘任制的核心，也是聘任机关与受聘公务员维系聘任关系的基础。采取书面形式，对于明确机关和公务员之间的权利义务关系，分清双方责任，防止争议和解决纠纷，都有着重要意义。

4. 聘任合同的内容

聘任合同的内容，也即合同双方的权利与义务。根据我国《公务员法》之规定，聘任合同的内容，包括必备法定条款和约定条款两部分。其中必备法定条款，是聘任合同必须具备的内容，缺少这些内容聘任合同就不成立，或者难以履行。而约定条款，则是由双方当事人自愿约定的内容。聘任合同中之约定或有完全属于双方自行约定者，或有具体化法规之内容者，或有重复或援引法规规定之内容者，但一旦写入契约，即应认为属于契约约定之权利义务。[②]

（1）聘任合同的必备条款

根据《公务员法》第 103 条第 1 款和《聘任制公务员管理规定（试行）》相关条款的规定，聘任合同的法定必备条款包含以下六项内容：

---

① 王春业：《行政公务员全员聘任制改革研究》，人民出版社 2013 年版，第 163 页；张宏伟：《聘任制公务员契约治理研究》，南京大学出版社 2015 年版，第 114—118 页。

② 江嘉琪：《公务人员聘用法律关系运用行政处分之容许性》，载《东吴公法论丛》（第 10 卷），新学林出版公司 2017 年版，第 121 页。

①聘任合同期限

聘任合同的期限，是指聘任机关与受聘公务员之间签订的合同起始和终止时间，也是聘任关系存续的期限。作为一种机动灵活的用人方式，公务员聘任制具有时限性的特点，因此，期限是聘任合同的必备条款。根据《公务员法》第 103 条第 2 款的规定，聘任合同的期限为一年至五年，至于具体的合同期限确定为多少年，可由双方当事人在此法定范围内根据工作任务和目标协商确定。但根据《聘任制公务员管理规定（试行）》第 14 条的规定，聘任为领导职务的，聘任合同期限为三年至五年，试用期为一年。聘任制公务员患病或者非因公负伤在规定的医疗期内的，女性在孕期、产假、哺乳期内的，聘任合同应当延续至相应的情形消失时终止，本人要求不延续的除外。

聘任机关根据工作需要、考核结果和聘任制公务员本人意愿，经省级以上公务员主管部门批准，聘任合同期满后可以续聘。对在专业性较强的职位上表现突出、作出显著成绩和贡献、工作长期需要的聘任制公务员，聘期满五年，年度考核结果均为称职以上或者聘期考核结果为优秀的，经省级以上公务员主管部门批准，可以转为委任制公务员。

②职位及职责要求

这是聘任合同的核心条款。职位及职责要求是为受聘公务员设定的义务条款，如果没有职位及职责要求的规定，公务员的义务就无法确定，自然也谈不上履行合同。因此，职位及职责要求是聘任合同必须予以规定的内容。要注意的是，根据《聘任制公务员管理规定（试行）》第 27 条的规定，聘任制公务员在聘期内一般不得变动职位。

③工作条件

工作条件，是指聘任制公务员在工作中的设施条件、工作环境、劳动强度和工作时间的总和。根据《聘任制公务员管理规定（试行）》第 13 条的规定，工作条件也属于聘任合同的必备条款。聘任合同应当对公务员履行和完成聘任工作应该具备的工作环境、物质条件、劳动强度和工作时间等进行明确约定，以免影响公务员对聘任工作之正常履行。

④工资、福利、保险待遇

受聘公务员任职期间具有公务员身份，享受行政编制，依法享有工资、福利、保险待遇。在合同中明确受聘公务员的工资和福利等待遇，明确受聘人员应得的报酬，不仅可以使其安心工作，也可以起到鞭策作用，激励受聘公务员努力工作。这里需要注意的是受聘公务员的工资制度，按照《公务员法》和《聘任制公务员管理规定（试行）》规定，聘任制公务员实行协议工资制，聘任制公务员工资一般按月支付，也可以实行年薪制等特殊工资政策。这种工资制度具有较大的灵活性，表现在两个方面：第一，其工资是双方协议的结果，前提是不确定的，协议的过程就是商量、约定的过程；第二，工资定多少是活的，可以不与其级别和岗位相同的公务员的工资一样，可以高也可以低。[①]近几年，多地出现了聘任制公务员的高收入、高工资现象，引发了社会的普遍关注。因此，必须要对聘任制公务员的工资进行规制。尽管我国《聘任制公务员管理规定（试行）》对聘任工资的确定和审批[②]进行了一定的规制，但仍过于原则，不具有可操作性。

⑤解除聘任合同情形

聘任合同经双方协商一致，可以变更或者解除。为了防止和杜绝因为聘任合同解除发生争议，聘任合同当事人应该对聘任合同的具体解除情形在合同中予以明确。关于聘任合同解除的情形，除《聘任制公务员管理规定（试行）》相关条款明确规定的解除情形外，聘任合同双方当事人也可以约定其他的解除情形。

⑥违约责任

违约责任是指聘任合同的任何一方或双方当事人不履行合同义务时，依法应当承担的法律责任。聘任合同签订后，双方当事人应当按照约定全面履行自己的义务，任何一方不得作出违反聘任合同的行为，否则应承担相应的违约责任。违约责任可以根据法律、法规直接确定，也可以在法律、法规没有规定的情况下由双方当事人协商确定。规定违约责任的目的是促使双方当事人切实履行合同义务，保护双方当事人的合法权益。

（2）聘任合同的约定条款

除了必备条款之外，聘任合同还包括一些约定条款。约定条款是指机关和受

---

① 吴高盛：《中华人民共和国公务员法辅导读本》，人民出版社2005年版，第337页。

② 《聘任制公务员管理规定（试行）》第28条第2款规定："聘任机关应当根据聘任职位，综合考虑市场同类人员和本单位其他公务员工资水平等因素，提出聘任职位所需的工资额度，报同级人力资源社会保障、财政部门核定。聘任制公务员的工资水平根据市场同类人员和本单位其他公务员工资水平调整情况进行调整。"

聘公务员在协商一致的基础上认为需要规定的其他内容。这些内容不是聘任合同必须具备的内容，其有无并不影响聘任合同的成立，但充分体现机关与受聘公务员的自主性。如根据《公务员法》第103条第2款，聘任合同可以约定试用期。其中，试用期就属于约定条款，是否需要在聘任合同中规定试用期，完全依据双方当事人的意愿。

除以上内容外，法律、法规中与聘任合同相关之规定，即便未载入合同文件，若属针对合同所为之法规范，或有合同之缔结即有适用法规之可能者，相关规范亦可能型塑契约之权利义务。与聘任合同直接相关之聘任规定，即便契约中未载明，亦成为合同内容，拘束双方当事人。①

公务员聘任合同自签订之日起发生法律效力，但根据《公务员法》第102条第2款的规定，聘任合同的签订、变更或者解除，应当报同级公务员主管部门备案。备案有利于加强公务员主管部门对聘任制的管理，对聘任合同的合法性进行监督检查。

5. 公务员聘任关系的终结和解除

公务员聘任制是通过签订聘任合同的方式在机关和受聘公务员之间建立起特殊的权利义务关系，即聘任关系。因此，聘任合同是维系机关与受聘公务员之间关系的基础，聘任合同的签订、解除和终止直接决定了聘任关系的形成、解除和终结。

（1）聘任关系的终结

当聘任合同期满或者出现了当事人约定的聘任合同终止的条件，聘任合同终止，聘任关系终结。聘任关系终结后，聘任人员就不再具有聘任制公务员身份，聘任机关须出具解除或者终止聘任合同的书面证明，按规定办理人事档案、社会保险关系转移等相关手续。但聘任合同期满后，如果聘任制公务员因公致残，被确认丧失或者部分丧失工作能力，则合同终止后，其仍有权按照国家有关工伤保险的规定享受工伤待遇。此外，如果聘任制公务员患病或者负伤并且在规定医疗期内的，或者女性公务员在孕期、产假、哺乳期内的，聘任关系应延续至相应的情形消失时终结。

此外，如果受聘公务员是自己主动申请解除聘任关系，并且又不具备《聘任

① 江嘉琪：《公务人员聘用法律关系运用行政处分之容许性》，载《东吴公法论丛》（第10卷），新学林出版公司2017年版，第121页。

制公务员管理规定（试行）》第 19 条[①] 规定的情形，聘任制公务员提出解除聘任合同的，按照公务员从业限制有关规定执行，领导职务公务员在离职三年内，其他公务员在离职两年内，不得到与原工作业务直接相关的企业或者其他营利性组织任职，不得从事与原工作业务直接相关的营利性活动。

（2）聘任关系的解除

聘任合同订立后，双方当事人应当按照约定全面履行自己的义务，但是，如果发生特殊情况导致合同无法履行，或者履行合同必然导致一方或双方利益损害时，经协商一致双方也可以解除聘任合同，即提前终止聘任合同的履行，解除聘任关系。根据《公务员法》和《聘任制公务员管理规定（试行）》的有关规定，聘任关系的解除可分为协商解除和单方解除两种情形，所具备的条件依解除情形不同也有所差异。

①协商解除聘任关系

由于聘任关系的解除涉及双方的权利、义务变化，根据《公务员法》的规定，解除必须遵循平等自愿、协商一致的原则。一方当事人要求解除聘任合同时，应事先向对方提出要求，经双方协商一致，才可以解除。据此，聘任关系的协商解除，是指机关和受聘公务员在平等自愿的原则下，互相协商，在达成合意的基础上提前终止聘任合同的效力。协商解除是双方合意的结果，也是合同当事人意思自治的体现。

②单方解除聘任关系

1）聘任机关单方解除聘任关系

A. 聘任机关可以单方解除聘任关系的情形

第一，未经批准在其他单位兼职的。按照《公务员法》的规定，公务员非经批准，不得在机关外兼职，这是公务员全心全意履职的必然要求，也是公务员必须遵守的一项基本义务。如果受聘公务员违反这一规定，则机关可以单方解除聘任关系。

第二，患病或者非因公负伤规定医疗期满后，不能从事原工作的。“身体是

---

① 《聘任制公务员管理规定（试行）》第 19 条规定，有下列情形之一的，聘任制公务员以书面形式通知机关后可以解除聘任合同：（1）在试用期内的；（2）聘任机关未按照聘任合同约定支付工资、未依法为聘任制公务员缴纳社会保险费等，或者未提供必要工作条件的；（3）法律法规规定或者聘任合同约定聘任制公务员可以解除聘任合同的其他情形。

革命的本钱”，如果受聘公务员因患病或非因公负伤规定医疗期满后不能从事原工作，则聘任的目的就无法实现。为了保证机关工作的正常进行，机关可以单方面解除聘任关系，但应当提前30日以书面形式通知聘任制公务员本人，并且应当按照有关规定向公务员支付经济补偿。

第三，因订立合同所依据的客观情况发生重大变化，致使合同无法继续履行，经双方协商，未能就变更聘任合同内容达成协议的。在这种情况下，因聘任合同已经失去了存在的基础，因而聘任机关也可以单方解除聘任关系，但同样应当提前30日以书面形式通知聘任制公务员本人，并按照有关规定向聘任制公务员支付经济补偿。

第四，法律法规规定或者聘任合同约定聘任机关可以解除聘任合同的其他情形。这是一个兜底条款，可以有效包容法条无法穷尽列举的情况，以适应复杂多变的现实状况。

B. 聘任机关应当解除聘任关系的情形

第一，经试用不符合聘任条件的。按照《公务员法》的规定，聘任合同可以约定试用期。设立试用期，是为了对受聘公务员在具体工作中进行更加深入和全面的了解，以防止“东郭先生”进入公务员系统。因此，经试用不符合聘任条件的，机关应当解除聘任关系。

第二，聘期内年度考核不称职的。考核是对公务员一定时期内各方面表现的综合评价，如果考核为不称职，则表明其不适合公务员工作。既然不能满足机关工作的需要，机关就应当解除聘任关系，重新聘任合适的人员以保持国家机器的正常运转。

第三，不履行公务员义务，不遵守公务员纪律，经教育仍无转变，不适合继续在机关工作的。履行公务员义务，遵守公务员纪律，是对任何一个公务员的基本要求。如果连最起码的法律义务和工作纪律都无法遵守，而且经教育仍无转变的，机关自然应当解除聘任关系，以保证公务员队伍整体的素质。

第四，其他因个人原因不能正常履行聘任合同约定工作职责的。机关实行聘任的目的是更好地满足工作需要，如果聘任制公务员因个人原因导致无法正常履行职责的，作为无过错的机关为了避免自己的权利受损，应当有权解除聘任关系。在此必须注意的是，对于患病或者非因公负伤规定医疗期满后，不能从事原工作的公务员，单位并非一定要解除聘任合同。

第五，旷工或者因公外出、请假期满无正当理由逾期不归连续超过15天，或者一年内累计超过 30 天的。公务员有严格的纪律，这是机关工作正常进行，促使公务员依法履行义务的保证。同时，忠于职守、勤勉尽责也是公务员应尽的义务，如果公务员不忠于职守，擅自离开工作岗位，那么机关应当解除聘任关系。

第六，有严重违纪违法行为或者被依法追究刑事责任的。遵纪守法是公务员的基本要求。作为公职人员，公务员理应模范遵守法律法规和纪律，维护国家法制的权威，一旦有严重违纪违法犯罪行为，则表明其已经不再适合担任国家公职人员、行使国家权力。因此，机关应当解除聘任关系。

第七，法律法规规定或者聘任合同约定聘任机关应当解除聘任合同的其他情形。

C. 聘任机关不得单方解除聘任合同的情形

根据《聘任制公务员管理规定（试行）》第 18 条的规定，如果受聘公务员在聘期内有《公务员法》第 89 条规定不得辞退情形之一的，用人机关不得解除聘任合同。《公务员法》第 89 条规定，对有下列情形之一的公务员，不得辞退：因公致残，被确认丧失或者部分丧失工作能力的；患病或者负伤，在规定的医疗期内的；女性公务员在孕期、产假、哺乳期内的；法律、行政法规规定的其他不得辞退的情形。但是，具有上述所列不得辞退情形的聘任制公务员如果具有以下情形，聘任机关可以单方解除聘任合同：未经批准在其他单位兼职的；经试用不符合聘任条件的；不履行公务员义务，不遵守公务员纪律，经教育仍无转变，不适合继续在机关工作的；旷工或者因公外出、请假期满无正当理由逾期不归连续超过 15 天，或者一年内累计超过 30 天的；有严重违纪违法行为或者被依法追究刑事责任的；法律法规规定或者聘任合同约定聘任机关应当解除聘任合同的其他情形。

2）公务员单方解除聘任关系

为了防止受聘公务员的合法权益受到用人机关的不法侵害，《聘任制公务员管理规定（试行）》在规定机关单方解除权的同时，也明确规定了受聘公务员享有一定的单方解除权。具体来讲，包括以下两种情形：

A. 公务员可以单方面解除聘任关系的情形

具备以下情形的，聘任制公务员可以单方面通知机关解除聘任关系：

第一，在试用期内的。试用期属于聘用双方自由选择的时期，双方都可以解除合同。如果聘任制公务员在试用期内发现机关所承诺的条件与实际情况不符，或者发现工作与自己的兴趣、爱好、特长不相符合，不愿继续工作的，可以单方面通知机关解除聘任关系。

第二，聘任机关未按照聘任合同约定支付工资、未依法为聘任制公务员缴纳社会保险费等，或者未提供必要工作条件的。支付报酬和缴纳社会保险费，是机关的法定义务，机关未按合同约定支付报酬和缴纳社会保险费，就是违反聘任合同，也是对受聘公务员合法权益的侵犯，聘任制公务员当然可以单方面解除聘任关系。另外，如果用人单位未提供必要工作条件，例如未提供打印用的打印机、电脑等，聘任制公务员也可以解除合同。聘任制公务员在合同关系解除后有权要求机关按照合同约定补付报酬。

第三，法律法规规定或者聘任合同约定聘任制公务员可以解除聘任合同的其他情形。这是一个兜底条款，主要是为了避免出现遗漏情况。

B. 公务员可以申请解除聘任合同

《聘任制公务员管理规定（试行）》第 20 条规定："聘任制公务员可以申请解除聘任合同……""聘任制公务员申请解除聘任合同，应当以书面形式向聘任机关提出。聘任机关应当在三十日内予以答复，未在规定时间内答复的视为同意解除聘任合同。未获批准前，聘任制公务员不得自行离职。"但是，具有下述情形的，聘任制公务员不得申请解除聘任合同：第一，重要公务尚未处理完毕，且须由本人继续处理的。第二，正在接受审计、纪律审查，或者涉嫌犯罪，司法程序尚未终结的。第三，法律法规规定或者聘任合同约定的其他不得解除聘任合同的情形。

聘任合同解除或者终止，聘任机关应当出具解除或者终止聘任合同的书面证明，按规定办理人事档案、社会保险关系转移等相关手续；聘任制公务员应当按照要求进行公务交接，并履行法律法规规定和聘任合同约定的相关义务。聘任合同的签订、变更、解除或者终止，应当报同级公务员主管部门备案。

第三章 公务员履职管理制度

第一节　公务员的考核

一、公务员考核概述

（一）公务员考核的概念

考核是公务员履职管理的重要环节，有多种称谓，如考绩、考察、鉴定测评等。所谓公务员考核，包括对领导成员公务员和非领导成员公务员的考核，本书主要指对非领导成员公务员的考核，具体是指机关按照规定的权限、标准和程序，对非领导成员公务员的政治素质、履职能力、工作实绩、作风表现等所进行的了解、核实和评价。对领导成员的考核，由主管机关按照《党政领导干部考核工作条例》等有关规定办理。公务员考核制度是公务员制度的重要组成部分，也是公务员管理的一项基础性工作，其目的是准确评价公务员的德才表现和工作实绩，建设信念坚定、为民服务、勤政务实、敢于担当、清正廉洁的高素质专业化公务员队伍。

在《公务员法》中，考核与考察不同。根据《公务员法》的规定，公务员在录用、晋升和调入之前，也需要对人选进行考察。这种考察，也是一种了解、核实、评价活动，与这里所讲的考核有所类似，但两者在目的、方法和内容的侧重点上又有所不同，故前者称为考察，后者称为考核，以示有所区别。[①]

（二）公务员考核的意义

考核是公务员管理的基础，建立和完善公务员考核制度，对于加强机关的人事管理工作，优化公务员队伍，调动公务员工作的积极性和主动性，提高机关的

① 张柏林：《〈中华人民共和国公务员法〉教程》，中国人事出版社、党建读物出版社2005年版，第133页。

办事效率有着十分重要的意义。具体来讲：

1. 考核可以健全人事制度。借考核结果给公务员以升降奖惩，实现淘汰顽劣、奖励优勤，使得人事行政制度日渐完善。

2. 考核可以增进工作效率。公务员为了争取较好的职位升迁或奖励，避免被处分，必然认真努力，勤勉尽责，勇于担当，高效工作，以求获得考核的优秀和称职。所以有了考核制度，便可增进机关工作效率。

3. 考核可以知人善任，发现人才。考核的实施必有赖于领导接近与了解下属，这样便可使得领导对其下属的人格、能力、品德等有较深的认识，可以作为日后人事升迁、任免上的重要参考。

（三）公务员考核的原则

根据《公务员法》和《公务员考核规定》，公务员考核工作坚持以马克思列宁主义、毛泽东思想、邓小平理论、“三个代表”重要思想、科学发展观、习近平新时代中国特色社会主义思想为指导，贯彻新时代党的组织路线和干部工作方针政策，着眼于加强党对公务员队伍的集中统一领导、推进国家治理体系和治理能力现代化，把政治标准放在首位，突出考核公务员做好本职工作的实际成效，树立讲担当、重担当、改革创新、干事创业的鲜明导向，坚持下列原则：

1. 注重实绩、群众公认

公务员的考核应当全面，即德、能、勤、绩、廉五个方面都要逐一进行考核，但又应当突出重点，即以“工作实绩”作为考核重点。全面考核有利于从多角度来了解公务员，对公务员作出客观全面评价，同时也有利于保证考核的公正性。而把工作实绩作为公务员考核的重点，可以使考核更具有现实的可操作性，同时，工作实绩也是公务员思想、能力、素质等因素的反映，是衡量公务员德、能、勤、廉的标尺。目前，我国正处于社会主义的初级阶段，经济建设和社会发展客观上也要求考核必须突出工作实绩。此外，在公务员考核中，要充分相信和依靠群众，扩大干部考核工作中的民主，落实群众对公务员考核的知情权、参与权、选择权和监督权，要充分听取各方面的意见建议，征求考核对象、领导班子、干部群众对一方政绩的看法，考核结果要被大多数群众所认可和拥护。

2. 客观公正、精准科学

客观是指公务员考核应当坚持实事求是的原则，全面真实地反映公务员各方面的情况，对公务员作出正确评价。公正是指对任何公务员在考核时都应当平等对待。按照相同的标准和程序，一视同仁，不能掺杂不相关的主观因素。客观公正是公务员考核的基本要求，也是实现考核目的的前提条件。公务员考核除要做到客观公正外，还必须精准科学。精准科学的具体要求有四：第一，考核内容既要精准，又要科学。公务员考核紧紧围绕高质量发展这个目标分类设置考核内容，细化考核标准，从而精确甄选出有担当、有作为、想干事的公务员。第二，考核过程要精细，既要注重年度考核和专项考核，也要特别重视平时考核，对公务员要进行全方位、立体式、多角度的科学考核，确保选出来的就是人民所需要的公务员。第三，精确界定政绩“归属”。在公务员考核中，在客观公正的基础上，根据岗位职责和高质量发展相关指标完成情况，以及各方面的评定意见，准确区分集体成绩和公务员个人努力之间的关系，合理界定政绩“归属”。第四，精确运用考核结果。严格按照考核结果，该奖励的予以奖励，该惩罚的实施惩罚，坚决杜绝“考”“用”脱节、考核形式化等现象。通过考核让那些无为者“无位”，让那些有为者“上位”，并最终形成良好的用人政治生态环境。

3. 分级分类、简便易行

由于公务员的职务、具体工作要求、责任等的不同，因此对公务员按照职位分类考核，例如综合管理类、行政执法类、专业技术类等公务员的考核；同时按照是不是领导成员，又将考核分为领导成员的考核和一般公务员的考核。不同类别不同级别的公务员考核，在具体的考核内容、手段和程序等方面应该有所差异，尽管考核的重点仍是“德”“能”“勤”“绩”“廉”等方面。公务员的考核事关公务员的重大合法权益，应该遵循严格的法定程序，但考核的程序不能过于烦琐、冗长、效率低下，而应该简便易行。

4. 奖惩分明、有效管用

公务员的考核结果应当做到奖惩分明，正确使用。机关要将考核结果作为调整公务员的职务、职级、级别和工资以及公务员的奖惩、培训、辞退的依据。对于考核结果不称职、基本称职的公务员，要进行批评教育、培训、追责，甚至辞退；对于考核称职、优秀，且符合条件的，及时调整职务、级别和工资。如果公务员的考核结果不能及时在公务员的职务、职级、奖励、惩戒等制度中得到体现和反映，那么就会损害考核的严肃性和权威性，伤及公务员工作的积极性。因此，只有严格执行考核标准，兑现考核奖惩，才能发挥考核指挥棒、风向标、助推器作用。

二、考核的对象

公务员考核的对象，亦即公务员考核的适用范围，是指考核机关进行考核时所针对的客体。我国公务员实行分类考核的原则，对领导成员和非领导成员的考核实行的是两套方法。公务员考核的对象不同，考察的方式和标准也会有所差异。根据《公务员法》和《公务员考核规定》的有关规定，《公务员法》上所规定的考核，其对象主要是作为非领导成员的公务员。至于对领导成员的考核，则由主管机关按照《党政领导干部考核工作条例》等有关规定办理。按照《公务员法》第 111 条的规定，领导成员，是指机关的领导人员，不包括机关内设机构担任领导职务的人员。

三、考核的主体及其权限

公务员考核的主体是指依法享有公务员考核权限的国家机关或者国家机关负责人。公务员考核在整个公务员管理制度中具有重要的地位，对公务员考核，只能由依法享有考核权限的公务员管理部门来进行。《公务员法》《公务员考核规定》《党政领导干部考核工作条例》等法律、法规中对非领导成员公务员和领导成员公务员的考核主体进行了分别规定。

（一）非领导成员公务员考核的主体

1. 考核的管理机关。公务员考核是公务员管理工作的重要环节，因此公务员的考核工作也属于公务员管理体系的一部分，我国公务员考核工作的管理机关是各级公务员主管部门。

2. 考核等次的建议主体。在公务员定期考核中，公务员的主管领导，即公务员的上一级主管行政首长享有建议权。由主管领导提出考核意见，主要是因为其是公务员的直接主管领导，负责平时的考核工作，同时也和被考核公务员一起工作，对公务员的情况最为熟悉，能够较为公正地对被考核公务员做一个客观、全面的评价。

3. 考核结果的决定主体。根据《公务员法》第 37 条的规定，公务员考核等次要由本机关负责人或授权的考核委员会确定。据此，公务员考核的决定权掌握在本机关负责人手中，这也是首长负责制在公务员考核中的具体体现。在年度考核中，由于某些机关的负责人需要考核的下级公务员较多，故而他们也可以授权考核委员会进行考核。考核委员会由本机关领导成员、公务员管理及其他有关部门人员和公务员代表组成。

（二）领导成员公务员考核的主体

《党政领导干部考核工作条例》中对党政领导干部的考核主体进行了规定。其考核机关为党委的干部主管部门。干部主管部门在党委（党组）领导下，按照干部管理权限考核党政领导班子和领导干部。对双重管理的领导班子和领导干部，以主管方为主，协管方协助，共同组织实施考核工作。在评定考核结果时，主管方应征求协管方的意见。考核机关组建并派出考核组，考核组对考核机关负责。

四、考核的内容

考核内容是考核的核心与关键，公务员考核的内容是否合理，直接关系到考核的质量。《公务员法》第35条规定，“公务员的考核应当按照管理权限，全面考核公务员的德、能、勤、绩、廉，重点考核政治素质和工作实绩……”《公务员考核规定》第4条也规定，“对公务员的考核，以公务员的职位职责和所承担的工作任务为基本依据，全面考核德、能、勤、绩、廉，重点考核政治素质和工作实绩……”据此，我国公务员考核的内容主要包括：德、能、勤、绩、廉，并以政治素质和工作实绩为重点。

（一）德

德是指公务员在思想政治素质及个人品德、职业道德、社会公德等方面的表现。公务员的德，对于保障权力的正当行使，增强国家机关的公信力，巩固党的执政基础有着重要意义。因此，对公务员进行考核，首要内容就是公务员的德行。“德”要求机关全面考核政治品质和道德品行，重点了解学习贯彻习近平新时代中国特色社会主义思想，坚定理想信念，坚守初心使命，忠于宪法、忠于国家、忠于人民，带头践行社会主义核心价值观，恪守职业道德，遵守社会公德、家庭美德和个人品德等情况。

（二）能

能是指公务员履行岗位职责的业务素质和工作能力。具体来说，全面考核公务员适应新时代要求履职尽责的政治能力、工作能力和专业素养，重点了解政治鉴别能力、学习调研能力、依法行政能力、群众工作能力、沟通协调能力、贯彻执行能力、改革创新能力、应急处突能力等情况。

（三）勤

勤是指公务员在工作责任心、工作纪律和工作作风等方面的表现。全面考核公务员的精神状态和工作作风，重点了解忠于职守，遵守工作纪律，爱岗敬业、勤勉尽责，敢于担当、甘于奉献等情况。

（四）绩

绩是指公务员的工作实绩，也是公务员考核的重点。其主要是全面考核公务员坚持以人民为中心，依法依规履行职位职责、承担急难险重任务等情况，重点了解完成工作的数量、质量、效率和所产生的效益等情况。

（五）廉

廉是指公务员在廉洁自律等方面的表现，主要是全面考核公务员遵守廉洁从政规定，落实中央八项规定及其实施细则精神等情况，重点了解秉公用权、廉洁自律等情况。勤政廉洁、克己奉公是党和国家对公务员的基本要求，也是公务员考核的重要内容。

以上考核内容主要是对所有公务员而言的，但对于领导成员的考核，要严格按照《党政领导干部考核工作条例》执行。应当注意的是，公务员考核的这五项内容是一个有机联系的整体。公务员考核时要坚持全面考核并注重政治素质和工作实绩的原则。注重政治素质和工作实绩，既可以确保公务员政治方向正确、立场坚定，又可以激励公务员积极履职、追求实效，为公共福祉多做贡献。但是，公务员考核不能只看“绩”，而忽视对“德、能、勤、廉”方面的考核。没有了公务员“德、能、勤、廉”的保证，所谓的“绩”也不能产生真正的经济和社会效益。因此，对公务员的考核是一个全面的、系统的伟大工程，必须认真对待，做到公平、合理、规范。

五、考核的方法与程序

（一）考核方法

考核方法是公务员考核工作的方式和手段。根据《公务员考核规定》，我国公务员考核的方法主要有三种：

1. 平时考核。公务员平时考核，是指各级机关按照干部管理权限，对非领导成员公务员日常工作和一贯表现所进行的了解、核实和评价。平时考核的目的，是通过建立日常考核、分类考核、近距离考核的知事识人体系，激励广大公务员新时代新担当新作为，促进事业发展和公务员成长进步。公务员平时考核以公务员的职位职责和所承担的工作任务为依据，及时了解公务员德、能、勤、绩、廉日常表现，重点考核深入学习贯彻习近平新时代中国特色社会主义思想、遵守政治纪律和政治规矩、践行党的群众路线、完成日常工作任务和阶段工作目标的情况，以及承担急难险重任务、处理复杂问题、应对重大考验的表现等。对直接面向群众的窗口单位和服务部门的公务员，应当突出考核服务态度、服务质量和服务承诺兑现情况，注重了解为群众办实事解难事的实效，关注群众获得感满意度。

公务员平时考核结果分为好、较好、一般和较差 4 个等次。强化平时考核结果运用，根据考核结果有针对性地加强激励约束、培养教育，鼓励先进、鞭策落后，营造见贤思齐、比学赶超的良好氛围。对平时考核结果为好等次的公务员，以适当方式及时予以表扬，可以按照有关规定给予物质奖励。对平时考核一贯表现优秀的公务员，在选拔任用、职务职级晋升、评先奖优等方面优先考虑。对平时考核结果为一般等次的公务员，及时谈话提醒。对平时考核结果为较差等次的公务员，及时批评教育，必要时进行诫勉。发现存在违纪违法问题的，按照有关纪律和法律法规处理。机关应当根据具体情形，帮助引导公务员查找分析原因，制定整改措施，激发自我完善的内生动力，为其改进提高创造条件。

2. 专项考核。专项考核是对公务员完成重要专项工作，承担急难险重任务和关键时刻的政治表现、担当精神、作用发挥、实际成效等情况所进行的针对性考核，可以按照了解核实、综合研判、结果反馈等程序进行，或者结合推进专项工作灵活安排。

3. 定期考核。定期考核是指按照一定的周期，根据规定的内容、标准、程序对公务员进行集中统一的考察和评价。定期考核采取年度考核的方式，是对公务员一个自然年度内总体表现所进行的综合性考核，在每年年末或者翌年年初进行。定期考核以平时考核、专项考核为基础，为定期考核提供情况、积累资料。而定期考核则是平时考核和专项考核的概括和总结，是对平时考核和专项考核结果的进一步整理和升华。不进行定期考核，平时考核和专项考核的结果就无法形成一个全面准确的考核结果。因此，在公务员考核中，应将定期考核建立在平时考核和专项考核的基础上，将三者有机地结合起来。

除以上三种考核方法，《党政领导干部考核工作条例》还规定了领导干部的任期考核方式。所谓“任期考核”，是指对实行任期制的领导班子和领导干部在一届任期内总体表现所进行的全方位考核，一般结合换届考察或者任期届满当年年度考核进行。任期考核应当突出对完成届期目标或者任期目标情况的考核，考核结果可以采用考核报告、评语、等次或者鉴定等形式确定。

（二）考核程序

根据《公务员法》的规定，对公务员的考核，我国实行的是分类考核的办法，即对非领导成员公务员和领导成员公务员的定期考核，分别适用不同的程序。具体来讲：

1. 对非领导成员公务员的定期考核

根据《公务员考核规定》，对非领导成员公务员的定期考核，采取年度考核的办法，是对公务员一个自然年度内总体表现所进行的综合性考核，在每年年末或者翌年年初进行。考核按照以下程序进行：

（1）考核的准备阶段。在年度考核正式开始之前，机关要进行充分的准备，做好考核的基础工作。具体来说，公务员考核由其所在机关组织实施。党委（党组）承担考核工作主体责任，组织（人事）部门承担具体工作责任。机关在年度考核时可以设立考核委员会。考核委员会由本机关领导成员、组织（人事）部门、纪检监察机关及其他有关部门人员和公务员代表组成。

（2）总结述职。公务员按照职位职责、年度目标任务和有关要求进行总结，在一定范围内述职，突出重点、简明扼要填写公务员年度考核登记表。

（3）民主测评。对担任机关内设机构领导职务的公务员，在一定范围内进行民主测评。根据需要，可以对其他公务员进行民主测评。

（4）了解核实。采取个别谈话、实地调研、服务对象评议等方式了解核实公务员有关情况。根据需要听取纪检监察机关意见。

（5）审核评鉴。主管领导对公务员表现以及有关情况进行综合分析，有针对性地写出评语，提出考核等次建议和改进提高的要求。

（6）确定等次。由本机关负责人或者授权的考核委员会确定考核等次。对优秀等次公务员在本机关范围内公示，公示时间不少于5个工作日。考核结果以书面形式通知公务员，由公务员本人签署意见。

（7）存档报送。各机关应当将公务员年度考核登记表存入公务员本人干部人事档案，同时将本机关公务员年度考核情况报送同级公务员主管部门。

2. 对领导成员公务员的定期考核

根据《党政领导干部考核工作条例》等的有关规定，对领导成员的定期考核采取届中、届末考核的形式进行。没有明确届期的，每两年或三年进行一次定期考核。定期考核按照以下程序进行：

（1）考核准备。考核准备包括：拟订考核方案；组成考核组；组织考核人员进行学习或培训；考核组与被考核单位商定考核工作的实施计划等。

（2）述职。召开述职会议，领导班子主要负责人代表领导班子述职，同时作个人的述职报告，领导班子其他成员作本人的述职报告。述职报告应根据考核内容实事求是地汇报领导班子或个人的情况，不扩大成绩，不隐瞒缺点或错误，事实清楚，简明扼要。参加述职会议的人员由考核组根据考核干部的职务和职责范围来确定。

（3）民主测评。民主测评包括民意测验和民主评议。民意测验应根据考核内容列出评价项目和评价等次，由参加民意测验的人员填写评价意见。民意测验表由考核组回收，并对不同层次人员填写的民意测验表分别进行统计。参加民意测验人员的范围应与参加述职会议人员的范围基本一致。民主评议由考核组主持，采取召开小型座谈会或书面评议的方式进行。

（4）个别谈话。个别谈话要选择了解情况的人员，并注意代表性，具体人选由考核组确定。个别谈话时，考核组应有两名以上人员参加，并做好谈话记录。

（5）调查核实。考核组根据需要可以采取查阅材料、采集核实有关数据、审计、实地考察、专项调查、征求意见、理论学习情况测试等方法，调查核实考核对象的有关情况。

（6）撰写考核材料。考核组在综合分析的基础上，写出考核材料，并向考核机关报告考核情况。领导干部考核材料应包括以下内容：考核情况，包括优点和取得的成绩，存在的不足、问题，要实事求是地反映干部的情况；民意测验和民主评议的情况；考核组对评定等次的建议。

（7）综合分析，评定考核结果。评定考核结果由考核机关提出意见，报党委（党组）决定。

（8）反馈。考核结果应正式通知考核对象，考核对象对考核结果若有异议，可以提出申诉。

六、考核结果及其效力

（一）考核结果

公务员考核结果，主要是指年度考核结果，表现为公务员的年度考核等次。根据《公务员法》等的有关规定，年度考核的结果分为优秀、称职、基本称职和不称职四个等次，这些等次的评判标准具体如下：

1. 确定为优秀等次的公务员须具备下列条件：（1）思想政治素质高；（2）精通业务，工作能力强；（3）责任心强，勤勉尽责，工作作风好；（4）圆满完成年度工作任务，工作实绩突出；（5）清正廉洁。另外，根据《公务员考核规定》第15条的规定，年度考核确定为优秀等次的，应当从当年平时考核、专项考核结果好的公务员中产生，这样可以确保确定为优秀等次的公务员实至名归。

2. 确定为称职等次的公务员须具备下列条件：（1）思想政治素质较高；（2）熟悉业务，工作能力较强；（3）工作责任心强，工作积极，工作作风较好；（4）能够完成本职工作；（5）廉洁自律。

3. 公务员具有下列情形之一的，应确定为基本称职等次：（1）思想政治素质一般；（2）履行职责的工作能力较弱；（3）责任心一般，工作消极，或者工作作风方面存在明显不足；（4）能基本完成本职工作，但完成工作的数量不足、质量和效率不高，或者在工作中有较大失误；（5）能基本做到廉洁自律，但某些方面存在不足。

4. 公务员具有下列情形之一的，应确定为不称职等次：（1）思想政治素质较差；（2）业务素质和工作能力不能适应工作要求；（3）责任心缺失，工作不担当、不作为，或者工作作风差；（4）不能完成工作任务，或者在工作中因严重失误、失职造成重大损失或者恶劣社会影响；（5）存在不廉洁问题，且情形较为严重。另外，根据《公务员考核规定》第31条之规定，公务员应当按照规定参加考核。

对无正当理由不参加年度考核的公务员，经教育后仍然拒绝参加的，直接确定其考核结果为不称职等次。

公务员考核的不称职等次对公务员的权益影响甚大，主要表现在公务员年度考核中被确定为不称职的，按照规定程序降低一个职务或者职级层次任职；不称职连续达两年可予以辞退。因此为了保障公务员的合法权益，《公务员考核规定》明确授予公务员对年度考核确定为不称职等次不服的，可以按照有关规定申请复核、申诉。

（二）考核结果的效力

年度考核结果通过考核等次将公务员在一年内的表现综合反映出来，使考核结果拉开了档次，从而为考核结果的使用提供了依据。根据《公务员法》《公务员考核规定》等的规定，公务员年度考核结果作为调整公务员职位、职务、职级、级别、工资以及公务员奖惩、培训、辞退的依据。对于不同考核等次的公务员，机关有着不同的奖惩措施：

1. 公务员年度考核确定为优秀等次的，按照下列规定办理：

（1）当年给予嘉奖，在本机关范围内通报表扬；晋升上一职级所要求的任职年限缩短半年。

（2）连续三年确定为优秀等次的，记三等功；晋升职务职级时，在同等条件下优先考虑。

2. 公务员年度考核被确定为称职以上等次的，按照下列规定办理：

（1）累计两年确定为称职以上等次的，在所定级别对应工资标准内晋升一个工资档次。

（2）累计五年确定为称职以上等次的，在所任职务职级对应级别范围内晋升一个级别。

（3）本考核年度计算为晋升职务职级的任职年限，同时符合规定的其他任职资格条件的，具有晋升职务职级的资格。

（4）享受年度考核奖金。

3. 公务员年度考核被确定为基本称职等次的，按照下列规定办理：

（1）对其进行诫勉，责令作出书面检查，限期改进。

（2）本考核年度不计算为按年度考核结果晋升级别和级别工资档次的考核年限。

（3）本考核年度不计算为晋升职务职级的任职年限；下一年内不得晋升职务

职级。

（4）不享受年度考核奖金。

（5）连续两年确定为基本称职等次的，予以组织调整或者组织处理。

4. 公务员年度考核被确定为不称职等次的，按照下列规定办理：

（1）本考核年度不计算为晋升职务职级的任职年限；降低一个职务或者职级层次任职。

（2）本考核年度不计算为按年度考核结果晋升级别和级别工资档次的考核年限。

（3）不享受年度考核奖金。

（4）连续两年确定为不称职等次的，予以辞退。

七、公务员考核的特殊情形

公务员考核制度是公务员管理制度的基础性工作，直接涉及公务员的职务升降、奖惩、福利待遇等切身权益。为了保证机关人事管理工作的顺利进行，维护公务员的合法权益，《公务员考核规定》对一些特殊情形的公务员考核也作了规定。

（一）新录用公务员的考核

新录用的公务员在试用期内参加年度考核，只写评语，不确定等次，作为任职、定级的依据。

（二）参加交流工作的公务员考核

1. 调任或者转任的公务员，由其调任或者转任的现工作单位进行考核并确定等次。其调任或者转任前的有关情况，由原单位提供。

2. 援派或者挂职锻炼的公务员，在援派或者挂职锻炼期间，一般由当年工作半年以上的地方或者单位进行考核，以适当方式听取派出单位或者接收单位的意见。

3. 单位派出学习培训、参加专项工作的公务员，由派出单位进行考核，主要根据学习培训、专项工作表现确定等次。其学习培训、专项工作表现的相关情况，由学习培训和专项工作单位提供。

（三）病、事假公务员的考核

病、事假累计超过考核年度半年的公务员，参加考核，不确定等次。

（四）立案调查未结案公务员的考核

公务员涉嫌违纪违法被立案审查调查尚未结案的，参加年度考核，不写评语，不确定等次。结案后，不给予处分或者给予警告处分的，按照规定补定等次。

（五）受处分公务员的年度考核

受处分公务员的年度考核，按下列规定办理：

1. 受警告处分的当年，参加年度考核，不得确定为优秀等次；

2. 受记过处分的当年，受记大过、降级、撤职处分的当年及第二年，参加年度考核，只写评语，不确定等次。

（六）受党纪处分和组织处理、诫勉的公务员年度考核，按照有关规定办理

1. 受政务处分的公务员参加年度考核，按照《公务员考核规定》第 28 条[①]、第 29 条[②]规定办理。

2. 同时受党纪处分、政务处分或者所在机关给予处分、组织处理的，按照对其考核结果影响较重的处分确定受处分影响期间考核结果。

参加年度考核不确定等次的，按照下列规定办理：

（1）本考核年度不计算为按年度考核结果晋升级别和级别工资档次的考核年限。

（2）不享受年度考核奖金。

（3）本考核年度不计算为晋升职务职级的任职年限；连续两年不确定等次的，视情况调整工作岗位。

公务员考核工作应严格按照法定的内容、标准、程序和方法进行，对在公务员考核过程中有徇私舞弊、打击报复、弄虚作假等违法违纪行为的，依照有关规定予以严肃处理。

从总体来看，我国的公务员考核制度对于选拔优秀人才，合理使用人才，调

---

① 《公务员考核规定》第 28 条规定，公务员涉嫌违纪违法被立案审查调查尚未结案的，参加年度考核，不写评语、不确定等次。结案后，不给予处分或者给予警告处分的，按照规定补定等次。

② 《公务员考核规定》第 29 条规定，受处分公务员的年度考核，按下列规定办理：1. 受警告处分的当年，参加年度考核，不得确定为优秀等次；2. 受记过处分的当年，受记大过、降级、撤职处分的当年及第二年，参加年度考核，只写评语，不确定等次。

动公务员的工作积极性，提高工作效能发挥了重要的作用。但瑜不掩瑕，我国的考核制度也存在许多问题，考核指标客观化不够，公务员工作的实绩较难全面反映，有的部门公务员考评仍存在人际因素大于工作实绩的情况。在优秀指标的使用上，考虑平衡因素和位置因素较多，考虑实绩不够，有些部门甚至存在轮流使用优秀指标的情况，凭印象考核定等仍然占较大比重，[①]考核等次救济范围有限，且缺乏司法救济手段。这些问题都在一定程度上影响了考核的实效，因此亟须深入研究。

---

① 姜海如:《中外公务员制度比较》，商务印书馆2013年版，第228页。

第二节　公务员的职务、职级升降

一、公务员晋升的意义

公务员的晋升是指公务员在职位上的升迁，也即职务、职级的上升。公务员领导职务晋升重在“给官职”，职级晋升重在“给荣誉”，级别晋升重在“给钱财”。公务员职务职级晋升意味着公务员在机关中地位的上升、职权的加重和责任的增加，以及工资、福利等待遇的提高。这也是机关中每个公务员都向往的事情。因此，建立健全公务员领导职务与职级晋升制度，明确职务、职级晋升的条件和程序，对于激励公务员努力工作、积极进取，充分发挥公务员的才能，保持公务员队伍的稳定，提高国家机关人事管理工作的水平有着重要意义。

二、公务员晋升的原则

根据《公务员职务任免与职务升降规定（试行）》第 2 条规定，公务员的晋升，必须坚持以下原则：

1. 德才兼备原则。德才兼备、任人唯贤，是我国选拔任用干部的原则。德才兼备，以德为先，主要指“德”与“才”的统一性和不可分割性，即在公务员职务、职级的升降中，必须坚持既重视工作能力和业务水平，更重视政治素质和思想品质。任人唯贤，就是唯才是举，反对任人唯亲。

2. 突出政治标准，注重工作实绩原则。2013 年 6 月召开的全国组织工作会议提出，着力培养选拔信念坚定、为民服务、勤政务实、敢于担当、清正廉洁的好干部。职务、职级的晋升必须符合“好干部”标准，突出理想信念要求以及政治立场、政治态度和政治纪律要求。注重工作实绩就是把公务员的工作实绩和贡献作为考察其德才，进而决定其职务、职级升降的重要依据。这样可以保证各岗位，尤其是中高级职务由最有能力者担任，使具有真才实学的公务员得到提拔和任用。

同时，还能强化公务员的竞争意识，促使其不断创造新成绩。

3. 公开、平等晋升原则。所谓公开，主要指职务、职级升降的条件、资格和程序等要公开，增加透明度，让群众知晓，让群众参与。所谓平等，有两个含义：一是在升降的条件、资格面前人人平等，不因与领导的关系等因素而受排斥；二是晋升的机遇要相对平等。贯彻这一原则，可以打破晋升工作的神秘化，消除不正之风，使公务员能够了解并参与晋升的全过程，也便于把晋升工作置于广大人民群众的监督之下。

4. 职数限制原则。职数限制原则，是指公务员晋升职务、职级，必须在国家核定的职数内进行，不准突破。《公务员法》第 20 条规定："各机关依照确定的职能、规格、编制限额、职数以及结构比例，设置本机关公务员的具体职位，并确定各职位的工作职责和任职资格条件。"机关必须在"定职能，定机构，定编制"的基础上设置职位。因此，公务员晋升的前提之一就是必须有职位空缺。只有遵守这个原则才能避免出现因人设职、人浮于事、机构臃肿的局面。

5. 逐级晋升原则。《公务员法》第 45 条第 2 款规定："公务员领导职务应当逐级晋升。特别优秀的或者工作特殊需要的，可以按照规定破格或者越级晋升。"第 49 条同样规定，公务员职级应当逐级晋升。从公务员的规定来看，破格或者越级晋升仅限于领导职务的晋升，不适于职级的晋升。但从理论上而言，职级的晋升也可以破格或者越级。

三、公务员领导职务晋升的条件和程序

（一）晋升领导职务的条件

领导职务晋升的条件，亦即领导职务晋升的资格，是指公务员欲晋升领导职务应当具备的客观标准。明确职务晋升条件，对于选拔合格优秀人才，保障职务晋升的公开透明，发挥职务晋升的激励作用有着重要意义。根据《公务员法》《公务员职务任免与职务升降规定（试行）》《公务员职务与职级并行规定》等的有关规定，公务员晋升职务，应当具备以下条件：

1. 一般条件

公务员领导职务晋升的一般条件主要是指公务员应当具备拟任职务所要求的思想政治素质、工作能力、文化程度和任职经历等方面的条件和资格。具体来讲：

（1）思想政治素质。思想政治素质是对公务员思想政治方面的要求。公务员是全面履行政府职能、依法行使国家权力、管理社会事务和提供公共服务的主体。有没有坚定的政治理念和高度的政治责任感，直接关系到党的各项路线、方针和政策能否有效地执行，关系到党和国家事业的顺利开展。因此，晋升公务员领导职务，必须坚持政治思想考核，注重思想政治素质，将政治坚定、思想政治作风过硬的公务员选拔到领导岗位上。

（2）工作能力。工作能力是对公务员“才”的具体要求，指公务员应当具备拟晋升领导职务、职级所要求的工作能力。职务晋升意味着公务员工作岗位的变化，而不同的工作岗位对公务员的能力要求是不一样的，公务员只有具备了岗位所要求的工作能力，才能顺利高效地履行工作职责，保障机关工作顺利进行。此外，对于拟晋升为领导职务的公务员来讲，因其将要从事机关的决策和管理工作，因而还要求其必须具备良好的领导能力，特别是要具备相应的政治理论水平和组织、领导、协调能力。

（3）文化程度。公务员的文化程度是公务员履行职责的重要条件，主要是指公务员的文化水平和专业知识，具体表现为公务员的学历水平。不同层级、类别的职务对公务员的文化程度要求是不一样的，如根据《党政领导干部选拔任用工作条例》的规定，担任领导职务的公务员一般应当具有大学专科以上文化程度，其中地（厅）、司（局）级以上领导干部一般应当具有大学本科以上文化程度。

（4）任职经历。任职经历包括任职年限和基层工作经验两个方面，体现了一个公务员工作经验和业务水平的积累，反映了公务员对机关工作和社会生活了解的深度。公务员只有积累了丰富的工作经验，才能更加沉着妥善地应对工作带来的挑战，更好地胜任更高级别的职务。因此，公务员晋升领导职务时，应具备拟晋升职务所要求的任职经历，如晋升乡科级副职领导职务的，应当任一级科员及相当层次职级 3 年以上。

此外，为保证领导职务晋升的公平公正，使职务晋升能够真正建立在公务员考核的基础之上，发挥晋升的激励作用，晋升公务员领导职务，除具备上述条件之外，在规定任职资格年限内，公务员的年度考核结果还应当均为称职以上等次。这也是上述四个条件的具体量化，从而也使公务员的晋升条件更具有可操作性。

2. 特殊条件

公务员领导职务晋升的特殊条件是指公务员晋升领导职务需要具备的条件。根据《公务员职务任免与职务升降规定（试行）》第 19 条第 1 款的规定和《公务员职务、职级与级别管理办法》第 9 条之规定，晋升领导职务的公务员，应当具备《党政领导干部选拔任用工作条例》和有关法律、法规、章程规定的资格。具体来说，提拔担任党政领导职务的，应当具备下列资格：（1）晋升乡科级副职领导职务的，应当任一级科员及相当层次职级 3 年以上。（2）晋升乡科级正职领导职务的，应当任乡科级副职领导职务 2 年以上，或者任乡科级副职领导职务和三级、四级主任科员及相当层次职级累计 2 年以上，或者任三级、四级主任科员及相当层次职级累计 2 年以上，或者任四级主任科员及相当层次职级 2 年以上。（3）提任县（处）级领导职务的，应当具有 5 年以上工龄和 2 年以上基层工作经历。（4）提任县（处）级以上领导职务的，一般应当具有在下一级两个以上职位任职的经历。（5）提任县（处）级以上领导职务，由副职提任正职的，应当在副职岗位工作 2 年以上，由下级正职提任上级副职的，应当在下级正职岗位工作 3 年以上。（6）一般应当具有大学专科以上文化程度，其中地（厅）、司（局）级以上领导干部一般应当具有大学本科以上文化程度。（7）应当经过党校、行政院校或者组织（人事）部门认可的其他培训机构 5 年内累计 3 个月以上的培训，确因特殊情况在提任前未达到培训要求的，应当在提任后 1 年内完成培训。（8）身体健康。（9）提任党的领导职务的，应当符合《中国共产党章程》规定的党龄要求。

（二）领导职务的晋升程序

1. 领导职务晋升的一般程序

领导职务晋升程序，是指职务晋升所要遵循的步骤、方式、顺序、时限。晋升公务员的职务，除应当符合职务职级晋升的条件外，还应当遵循法定的程序。这对于保证职务晋升的公开透明，防止用人上的不正之风有着重要意义。从《公务员法》的规定来看，晋升分为领导职务的晋升和职级的晋升两种。由于担任领导职务的公务员的素质水平直接关系到所在机关工作的正常开展，因而《公务员法》着重规定了公务员晋升领导职务的程序，按照《公务员法》第 46 条等的有关规定，晋升领导职务的，按照下列程序办理：

（1）动议。动议是领导职务选拔任用工作的初始环节，是指公务员主管部门按照管理权限，根据工作需要和领导班子建设实际，提出启动公务员选拔任用工作意见，并就选拔任用的职位、条件、范围、方式、程序等提出初步建议，形成工作方案。《公务员法》增设“动议”程序，是因为对岗位职能、结构比例、人选要求等的初步酝酿，过去没有明确进入干部工作程序，因而导致存在“暗箱”

操作、人情因素、临时动议、突击提拔等不规范之处。《公务员法》第46条把“动议”这一环节明确提了出来，并且作为初始环节，这使得公务员任用的程序链条更为完备，也更为透明，既为公务员主管部门加强对选拔任用工作领导和把关提供依据，也强化了主管部门在选人用人上的责任。[①]

（2）民主推荐。晋升领导职务首先经过民主推荐，然后根据民主推荐的情况，由有关机关确定考察对象。一般来说，考察对象的范围必须在民主推荐的基础上产生，否则民主推荐的意义就会成为走过场。但值得注意的是，《党政领导干部选拔任用工作条例》第四章专章规定了“民主推荐”程序，并根据新的实践经验作了进一步丰富完善，规定民主推荐结果为选拔任用的重要参考，在一年内有效。

（3）确定考察对象，组织考察。在对民主推荐与日常了解、综合分析研判以及岗位匹配度等情况综合考虑的基础上，根据工作需要和干部德才条件，深入分析、比较择优，确定考察对象。对确定的考察对象，由组织（人事）部门进行严格考察。根据《党政领导干部选拔任用工作条例》第27条的规定，对考察对象，须依据干部选拔任用条件和不同领导职务的职责要求，全面考察其德、能、勤、绩、廉，严把政治关、品行关、能力关、作风关、廉洁关。注重考察工作实绩，围绕贯彻落实党中央重大决策部署，统筹推进“五位一体”总体布局和协调推进“四个全面”战略布局，深入了解履行岗位职责、贯彻新发展理念、推动高质量发展取得的实际成效。考察地方党政领导班子成员，应当把经济建设、政治建设、文化建设、社会建设、生态文明建设和党的建设等情况作为考察评价的重要内容，防止单纯以经济增长速度评定工作实绩。考察党政工作部门领导干部，应当把履行党的建设职责，制定和执行政策、推动改革创新、营造良好发展环境、提供优质公共服务、维护社会公平正义等作为考察评价的重要内容。考察党政领导职务拟任人选，应当保证充足的考察时间，并经过严格的程序。

（4）按照管理权限讨论决定。选拔任用党政领导干部，应当按照干部管理权限由党委（党组）集体讨论作出任免决定，或者决定提出推荐、提名的意见。属于上级党委（党组）管理的，本级党委（党组）可以提出选拔任用建议。市（地）、县（市）党委、政府领导班子正职的拟任人选和推荐人选，由上级党委会提名，党的委员会全体会议审议，进行无记名投票表决；党的委员会全体会议闭会期间，

① 傅思明：《新〈公务员法〉十讲》，人民出版社2019年版，第103页。

由党委常委会作出决定，决定前应当征求全委会成员的意见。党委（党组）讨论决定干部任免事项，必须有三分之二以上的成员到会，并保证与会成员有足够的时间听取情况介绍、充分发表意见。与会成员对任免事项，应当发表同意、不同意或者缓议等明确意见。在充分讨论的基础上，采取口头、举手或者无记名投票等方式进行表决。对意见分歧较大或者有重大问题不清楚的，应当暂缓表决。对影响作决定的问题，会后应当及时查清，避免久拖不决。

（5）履行任职手续。该程序是担任领导职务公务员的最后手续。经过有关机关决定之后，公务员还必须按照有关的规定办理完毕任职手续，才能开始履行职务。

《公务员法》第 49 条规定，公务员晋升职级，需要参考民主推荐或者民主测评结果确定人选，经公示后，按照管理权限审批。

2. 特殊情况下的晋升程序

我国公务员法不仅规定了通常情况下的领导职务晋升，还规定了特殊情况下的领导职务晋升，这主要有破格、越级晋升和公开选拔晋升。

（1）破格、越级晋升

根据《公务员法》第 45 条第 2 款和第 49 条的规定，公务员领导职务应当逐级晋升。特别优秀的或者工作特殊需要的，可以按照规定破格或者越级晋升；公务员职级应当逐级晋升。据此，公务员晋升领导职务和职级，应当遵循逐级晋升的原则。逐级晋升，就是指公务员按照职务的高低，由低向高，一级一级地晋升，如由科长晋升为副处长，再由副处长晋升为处长。坚持逐级晋升，有助于公务员深入群众、熟悉专业和积累经验，也有利于保障人事管理工作的有序进行。

但是，对于特别优秀的公务员，或者因机关工作特殊需要的，也可以按照规定破格提升或者越级晋升，这是逐级晋升的例外。破格晋升，是指在晋升时适当放宽资格方面的要求，如放宽年龄、基层工作经历、文化程度等方面的要求。越级晋升，是指跨越正常的职务晋升序列顺序，越级晋升职务，如由科长直接晋升为处长。实行破格提拔和越级晋升，有利于促进人才的脱颖而出。但是，对于破格晋升或越级晋升，必须严格掌握，执行更加严格的条件和程序。

破格晋升或越级晋升的前提条件是特别优秀或者工作特殊需要，《党政领导干部选拔任用工作条例》第 9 条规定，破格提拔的特别优秀干部，应当政治过硬、德才素质突出、群众公认度高，且符合下列条件之一：在关键时刻或者承担急难险重任务中经受住考验、表现突出、作出重大贡献；在条件艰苦、环境复杂、基础差的地区或者单位工作实绩突出；在其他岗位上尽职尽责，工作实绩特别显著。因工作特殊需要破格提拔的干部，应当符合下列情形之一：领导班子结构需要或者领导职位有特殊要求的；专业性较强的岗位或者重要专项工作急需的；艰苦边远地区、贫困地区急需引进的。破格提拔干部必须从严掌握，不得突破本条例第7条规定的基本条件和第8条第1款第7项规定的资格要求。任职试用期未满或者提拔任职不满一年的，不得破格提拔。不得在任职年限上连续破格。不得越两级提拔。

此外，《党政领导干部选拔任用工作条例》第35条对破格晋升或越级晋升的程序做了严格限制，以防止被滥用。“对拟破格提拔的人选在讨论决定前，必须报经上级组织（人事）部门同意。越级提拔或者不经过民主推荐列为破格提拔人选的，应当在考察前报告，经批复同意后方可进行。”

（2）公开选拔晋升

公开选拔，是指具有一定层级的领导职务出现空缺时，本机关没有合适的人选，可以通过适当方式向社会公开选拔公务员的制度。《公务员法》第47条规定，厅局级正职以下领导职务出现空缺且本机关没有合适人选的，可以通过适当方式面向社会选拔任职人选。公开选拔方式扩大了机关选人视野，拓宽了识人渠道，为优秀人才脱颖而出起到了一定积极作用。从现行公务员的内容看：一是选拔任职人选职务范围，限定为厅局级正职以下领导职务；二是开展竞争性选拔的前提条件，是要求职务出现空缺且本机关没有合适人选；三是选拔任职人选可以通过适当方式，这意味着竞争性选拔方式和调任等其他方式都可以。

四、公务员职级晋升的条件和程序

（一）公务员职级晋升的条件

1. 公务员晋升职级，应当在职级职数内逐级晋升，并且具备下列基本条件：

（1）政治素质好，拥护中国共产党的领导和社会主义制度，坚决维护习近平总书记核心地位，坚决维护党中央权威和集中统一领导；

（2）具备职位要求的工作能力和专业知识，忠于职守，勤勉尽责，勇于担当，工作实绩较好；

（3）群众公认度较高；

（4）符合拟晋升职级所要求的任职年限和资历；

（5）作风品行好，遵纪守法，自觉践行社会主义核心价值观，清正廉洁。

2. 公务员晋升职级，应当具备下列基本资格，也即具备一定的任职年限：

（1）晋升一级巡视员，应当任厅局级副职或者二级巡视员 4 年以上；

（2）晋升二级巡视员，应当任一级调研员 4 年以上；

（3）晋升一级调研员，应当任县处级正职或者二级调研员 3 年以上；

（4）晋升二级调研员，应当任三级调研员 2 年以上；

（5）晋升三级调研员，应当任县处级副职或者四级调研员 2 年以上；

（6）晋升四级调研员，应当任一级主任科员 2 年以上；

（7）晋升一级主任科员，应当任乡科级正职或者二级主任科员 2 年以上；

（8）晋升二级主任科员，应当任三级主任科员 2 年以上；

（9）晋升三级主任科员，应当任乡科级副职或者四级主任科员 2 年以上；

（10）晋升四级主任科员，应当任一级科员 2 年以上；

（11）晋升一级科员，应当任二级科员 2 年以上。

公务员晋升职级所要求任职年限的年度考核结果均应为称职以上等次，其间每有一个年度考核结果为优秀等次的，任职年限缩短半年；每有一个年度考核结果为基本称职等次或者不定等次的，该年度不计算为晋升职级的任职年限。

另外，公务员晋升职级应当根据工作需要、德才表现、职责轻重、工作实绩和资历等因素综合考虑，不是达到最低任职年限就必须晋升，也不能简单按照任职年限论资排辈，要体现正确的用人导向。《公务员职务与职级并行规定》第 21 条规定，公务员具有下列情形之一的，不得晋升职级：（1）不符合本规定第 17 条、第 18 条规定的[①]；（2）受到诫勉、组织处理或者处分等影响期未满或者期满影响使用的；（3）涉嫌违纪违法正在接受审查调查尚未作出结论的；（4）影响晋升职级的其他情形。

（二）公务员晋升职级的程序

1. 党委（党组）或者组织（人事）部门研究提出工作方案。

2. 对符合晋升职级资格条件的人员进行民主推荐或者民主测评，提出初步人选。

① 《公务员职务与职级并行规定》第 17 条、第 18 条规定的情形就不符合公务员职级晋升的基本条件和资格。

3. 考察了解并确定拟晋升职级人选。中央机关公务员晋升一级、二级巡视员，应当进行考察；晋升其他职级可以综合考虑民主推荐、民主测评与平时考核、年度考核、一贯表现等情况确定人选。省级以下机关公务员晋升职级的考察了解方式，由省级公务员主管部门结合实际研究确定。

4. 对拟晋升职级人选进行公示，公示期不少于 5 个工作日。

5. 审批。中央机关公务员晋升职级由本机关党组（党委）及其组织（人事）部门审批，一级、二级巡视员职级职数使用等情况按年度报中央公务员主管部门备案。省级以下机关公务员晋升职级的审批权限，由省级公务员主管部门提出意见，报省、自治区、直辖市党委审定。

公务员职级晋升应当严格依据上述程序进行，但对于各级机关中未限定职数比例的职级，其晋升程序可以适当简化。

五、公务员任职前的公示制度和试用期制度

1. 任职前的公示制度

2000 年中央组织部颁布了《关于推行党政领导干部任前公示制的意见》（中组发〔2000〕18 号）。《党政领导干部选拔任用工作条例》第 42 条规定："实行党政领导干部任职前公示制度。提拔担任厅局级以下领导职务的，除特殊岗位和在换届考察时已进行过公示的人选外，在党委（党组）讨论决定后、下发任职通知前，应当在一定范围内进行公示。公示内容应当真实准确，便于监督，涉及破格提拔的还应当说明破格的具体情形和理由。公示期不少于五个工作日。公示结果不影响任职的，办理任职手续。"

2. 任职试用期制度

《党政领导干部选拔任用工作条例》第 43 条规定："实行党政领导干部任职试用期制度。提拔担任下列非选举产生的厅局级以下领导职务的，试用期为一年：（一）党委、人大常委会、政府、政协工作部门副职和内设机构领导职务；（二）纪委监委机关内设机构、派出机构领导职务；（三）法院、检察院内设机构的非国家权力机关依法任命的领导职务。试用期满后，经考核胜任现职的，正式任职；不胜任的，免去试任职务，一般按照试任前职级或者职务层次安排工作。"因此，晋升和任职领导职务必须经过为期一年的试用期，且试用期满后要经过考核，考核结果将影响其是否能够正式任职。

六、公务员降职

（一）公务员降职的概念与意义

公务员降职，是指对具有法律法规和党内法规规定情形的公务员降低一个职务层次任职的制度，包括公务员领导职务的降低和公务员职级的降低。长期以来，我国在公务员人事管理上始终存在能上不能下、能进不能出的痼疾，不仅不利于发挥公务员工作的积极性和主动性，而且对机关工作作风、办事效率造成了较大影响。在公务员制度中建立健全降职制度，对于培育公务员工作的竞争机制，形成能者上、庸者下的用人机制，盘活整个公务员队伍，提高机关工作效能有着重要意义。

（二）公务员降职的条件

根据《公务员法》第 50 条的规定，公务员的职务、职级实行能上能下。对不适宜或者不胜任现任职务、职级的，应当进行调整。公务员在年度考核中被确定为不称职的，按照规定程序降低一个职务或者职级层次任职。又根据《公务员职务与职级并行规定》第 22 条的规定，公务员具有不能胜任职位职责要求的、年度考核被确定为不称职等次的、受到降职处理或者撤职处分的，以及法律法规和党内法规规定的其他情形的，应当按照规定降低职级。结合这两个条文之规定来分析，我国公务员降职的基本条件主要有三项：

1. “有职可降”。公务员必须是担任副科级领导职务、二级科员以上职务，若公务员本身是最低职务，即副科级或二级科员，就不能再给予降职降级，而要改为其他处理方法。

2. 逐级降低职务职级。逐级降低职务职级，也即降低一个职务、职级层次任职，是指向下降一个职务、职级层次，如某公务员现任职务为正厅级，在年度定期考核中被确定为不称职，则应当降低一个职务层次任职，即降低为副厅级；又如三级调研员降为四级调研员。具体来说：（1）公务员降职降级，一般降低一个职务、职级层次，如上例中的公务员，不能一下子被降为正处级。（2）不能以领导职务改任为同等次的职级的方法代替降职，如将上例中的公务员由正厅级改任为一级巡视员来代替降职，相反亦然。（3）公务员被降职务、职级的，其级别超过新任职务、职级对应的最高级别的，应当同时降至新任职务、职级对应的最高级别。

3. 具有法律法规和党内法规规定的情形。这些情形主要是不适宜或者不胜任现任职务、职级的；在定期考核中被确定为不称职；受到降职处理或撤职处分的；以及法律法规或党内法规规定的其他情形。其中，“不适宜或者不胜任现任职务、职级的”在实际工作中有两种情况：公务员素质低、表现差，不认真履行职责；公务员缺乏履行现任职务的条件和能力而不胜任现职。对前者要予以降职务、降职级，对后者要首先考虑转任其他同级职务、职级，若不适宜转任其他同级职位或同级职位没有空缺时，也应降职务、职级。①

（三）公务员降职的程序

为了公平、公正地实施公务员降职制度，根据《公务员法》《公务员职务任免与职务升降规定（试行）》等的规定，公务员降职一般应按照以下程序进行：

1. 提出降职建议。对定期考核中被确定为不称职的公务员，应当由其所在单位提出降职建议。降职建议的内容应当尽量详细，包括被降职公务员的情况、降职的理由、事实认定以及对被降职公务员的安排建议等。

2. 对降职事由进行审核并听取拟降职人的意见。公务员所在单位向任免机关提出降职意见后，有关部门应当对降职意见进行审核。降职虽然不是行政处分，但涉及公务员职务等的变动，对其名誉、待遇都有很大的影响。虽然降职是机关单方面的人事管理行为，但为保障被降职公务员的合法权益，有关部门应当听取拟被降职人的意见，这对于防止偏听偏信，保证降职的合理公正有着重要意义。

3. 按照干部管理权限集体讨论决定。任免机关领导根据公务员所在单位提出的降职建议、公务员本人意见等材料，集体研究讨论后，作出降职决定。

4. 按照规定办理降职手续。

（四）公务员降职后的权益保障

降职虽然不是行政处分，但它对公务员的权益也会产生较大的影响，因此理应在法律上给予救济。根据《公务员法》第 95 条的规定，公务员对本人降职处理不服的，可以自知道该人事处理决定之日起 30 日内向原处理机关申请复核；对

---

① 崔卓兰、罗嘉司、葛自丹：《公务员法学》，北京大学出版社 2005 年版，第 151 页。

复核结果不服的，可以自接到复核决定之日起 15 日内，按照规定向同级公务员主管部门或者作出该人事处理决定的机关的上一级机关提出申诉；也可以不经复核，自知道该人事处理之日起 30 日内直接提出申诉。对省级以下机关作出的申诉处理决定不服的，可以向作出处理决定的上一级机关提出再申诉。

降职后，如果公务员在后续的工作中发愤图强，积极提高政治觉悟，工作努力，成绩突出，仍然可以再次晋升职务职级。根据《公务员职务任免与职务升降规定（试行）》第 29 条的规定，被降职的公务员，在新的职位工作一年以上，德才表现和工作实绩突出，经考察符合晋升职务条件的，可晋升职务。其中，降职时降低级别的，其级别按照规定晋升；降职时未降低级别的，晋升到降职前职务层次的职务时，其级别不随职务晋升。

第三节　公务员的免职

一、公务员免职的含义

公务员免职，是指享有人事任免权的机关依照法律规定的免职权限、免职条件和免职程序，免去公务员所担任的职务。免职与任职相对应，任职意味着机关与公务员之间职务关系的形成，而免职意味着这种关系的终止。免职并不意味着公务员必然丧失公务员身份、退出公务员队伍，只是公务员现有职务关系的结束，公务员还有可能获得其他的任职。因此，免职并非贬义词，公务员免职后的法律地位需要依据免职的具体情况进行讨论。由于免职对公务员权利义务影响较大，因此，公务员非因法定事由，不被免职，即使依法需要免职，必须严格按照法定的条件和程序进行。

二、公务员免职的情形

根据公务员任用方式不同，公务员免职的情形也有区别，具体来讲：

（一）选任制公务员

根据《宪法》《公务员法》《公职人员政务处分法》等法律的规定，选任制公务员具有下列情形之一的，应当免除其职务：

1. 任期届满不再连任。任职期满后，如果该公务员未重新当选，那么其所任职务自然免除，且无须公告。例如，全国人民代表大会选举产生了新的全国人大常委会委员长，那么原来担任委员长职务的公务员即被视为终止所任职务。

2. 任期内辞职。辞职是公务员的权利。公务员可以因为各种原因，辞去职务。选任制公务员在任期内提出辞职申请的，一旦其辞职申请被批准，即视为被免职。

3. 任期内被罢免。罢免是指代表机关撤销其所选出和决定的人员的职务。被罢免的公务员自罢免决定生效时被免去职务、终止任职。

4. 任期内被撤职的。撤职作为一种政务处分，是指撤销违法违纪公务员所担任职务的处分形式。选任制公务员被任免机关撤销职务的，其职务自然免除。

此外，对于“准选任制公务员”，也即通过决定任命的公务员来讲，主要有两种情况：（1）如果在任期届满不被提名或不被决定任命的，其所任职务自然免除；（2）有关机关如果认为准选任制公务员不适合继续担任职务的，也可以直接决定免去其职务，不一定使用罢免、撤职、辞职等方式。

（二）委任制公务员

根据《公务员法》《公务员职务任免与职务升降规定（试行）》等的有关规定，委任制公务员的免职情形，主要可分为两类：

1. 程序性免职。即公务员职务、职级发生了变化，承担了新的职务、职级，应当免去原任职务、职级。这种情况主要有：（1）晋升职务、职级后需要免去原任职务、职级的；（2）降低职务、职级的；（3）转任的；（4）其他原因需要免职的，例如，机关改革、机构合并等原因。程序性免职必须先免去公务员原任职务、职级，才能办理新任职手续。

2. 单纯性免职。即公务员因各种原因不能履行职责的，免去其所任职务，主要包括：（1）辞职或者调出机关的；（2）退休的；（3）非组织选派，离职学习期限超过一年的。

（三）聘任制公务员

由于《公务员职务任免与职务升降规定（试行）》中规定的免职仅适用于委任制公务员，因此，对于聘任制公务员能否实行免职，《聘任制公务员管理规定（试行）》没有回答，学界也没有深究。本书认为，根据《聘任制公务员管理规定（试行）》第 27 条关于聘任制公务员在聘期内一般不得变动职位之规定，聘任制公务员不会因为调整新岗位或接受新职务、职级而发生程序性免职；如果免职，那一定是解除或终止合同而进行的单纯性免职，当然，对于聘任制公务员来说，机关实施免职行为，也必然就解除或终止合同。因此，在我国，聘任制公务员的免职情形就是聘任合同的解除或终止，特殊情况下，也有可能是合同职位的变更。

另外，公务员具备特定情形，可以不再办理免职手续。根据《公务员职务任免与职务升降规定（试行）》第 16 条，公务员有下列情形之一的，其职务自然免除，可不再办理免职手续，由所在单位报任免机关备案：1. 受到刑事处罚或者劳动教养的；2. 受到撤职以上处分的；3. 被辞退的；4. 法律、法规及有关章程有其他规定的。在这些情形下，由于办理免职已经没有意义，为简化程序，节省资源，所以无须办理免职手续。

最后要注意的是，如果公务员是党政领导干部，其免职情形要多于普通公务员。根据《党政领导干部选拔任用工作条例》第54条之规定，党政领导干部有下列情形之一的，一般应当免去现职：（1）达到任职年龄界限或者退休年龄界限的；（2）受到责任追究应当免职的；（3）不适宜担任现职应当免职的；（4）因违纪违法应当免职的；（5）辞职或者调出的；（6）非组织选派，个人申请离职学习期限超过一年的；（7）因健康原因，无法正常履行工作职责一年以上的；（8）因工作需要或者其他原因应当免去现职的。

三、公务员免职的程序

公务员的免职对公务员本人及其所在国家机关而言，都具有很大的影响。为保证免职工作顺利进行，保障公务员的合法权益不受侵犯，公务员的免职必须遵循一定的法定程序，具体如下：

（一）提出免职建议。即公务员的免职首先由其所在国家机关、上级机关或者其他对该公务员有免职权的国家机关提出免职建议，并附带免职理由。

（二）免职事由审核。任免机关的人事部门应当对免职理由进行审核，并且全面、客观地考察拟被免职公务员的现实表现，将处理建议报告至任免机关。

（三）集体讨论决定。任免机关应按照人事任免权限，通过领导集体讨论决定是否免除该公务员担任的原职务。

（四）履行免职手续。被确定为免除职务的公务员应当履行相关的免职手续，有关部门应当及时发布免职令，通知被免职的公务员本人，并在一定范围内公布。被免职的公务员，应当协助其原所在国家机关做好工作交接手续。

第四节 公务员奖励

一、公务员奖励概述

（一）公务员奖励的含义

公务员奖励，是指机关对政治素质过硬，工作表现突出，有显著成绩和贡献，或者有其他突出事迹的公务员、公务员集体，依据法律法规给予的奖励，是一种内部行政奖励行为[①]。公务员奖励是机关人事管理制度的重要内容，对于建设信念坚定、为民服务、勤政务实、敢于担当、清正廉洁的高素质专业化公务员队伍有着重要意义。对这一概念，我们可以从以下四个方面来理解：（1）奖励的主体是公务员所在的机关。（2）奖励的对象是公务员或者公务员集体，公务员集体是指按照编制序列设置的机构或者为完成专项任务组成的工作集体。（3）奖励的条件是工作表现突出，有显著成绩和贡献，或者有其他突出事迹。（4）奖励的内容可划分为物质性奖励和精神性奖励两个方面。

（二）公务员奖励的意义

奖励作为一种管理手段，是严管与厚爱相统一的理念的体现，其对机关人事管理工作有着重要意义：

---

① 行政奖励是行政主体为了调动和发扬人们的积极性和创造性，依照法定的条件与程序对做出突出贡献和模范遵纪守法的公务员、行政组织和行政相对人予以物质和精神的鼓励的行政行为。行政奖励可分为内部奖励和外部奖励，前者是对行政系统内部的公务员和机关、机构的奖励，后者是对公民、法人和其他组织的奖励。参见姬亚平：《论行政奖励法制的完善》，载《科学·经济·社会》2006年第3期；姬亚平：《对行政奖励中有关法律问题的思考》，载《商业时代》2007年第1期；黄学贤：《中国行政法学专题研究述评（2000—2010）》，苏州大学出版社2010年版，第343页；杨士秋、王京清：《公务员奖励》，中国人事出版社2009年版，第51页。

1. 公务员奖励有利于促进经济社会发展

公务员是国家和社会公共事务运行的主要载体，承担着政治、经济、社会、文化等大量的日常重要工作，每项工作都与国家和人民的公共福祉息息相关。因此，奖励公务员队伍中的优秀分子，表彰他们的先进事迹，鼓励和调动全体公务员的积极性，激发公务员的创造力，使其保持良好的精神状态，无疑对于促进我国经济社会发展和实现创新中国梦想具有十分重要的积极意义。

2. 公务员奖励有利于加强公务员的管理

奖励制度是公务员管理的一个重要手段。中国历代管理者都非常重视奖惩相宜的管理思想，管子说过："君之所以为君者，赏罚以为君"，认为管理的重要手段就是奖励和惩处。通过奖励，树立典范，引导大多数公务员自觉自我约束，积极履行义务，确保机关的各项工作得到正确贯彻和落实。因此，贯彻实施公务员奖励制度有利于加强公务员的自律管理，促进公务员队伍建设。

二、公务员奖励的分类

根据不同的标准，公务员奖励可以划分为不同的类型。

（一）按照奖励内容分类，奖励可分为物质性奖励和精神性奖励

物质性奖励主要是给受奖励的公务员以一次性的奖金或其他待遇，如奖励公务员 3000 元。精神性奖励主要是给受奖励的公务员和集体以某种荣誉，如记功、授予"人民满意的公务员""人民满意的公务员集体"等称号。在奖励实务中，应当处理好物质奖励与精神奖励的关系。

（二）按照奖励时间分类，奖励可分为定期奖励和不定期奖励

定期奖励是指公务员以年度考核结果为主要依据，有计划性地进行奖励。如根据《公务员考核规定》，公务员年度考核被确定为优秀等次的，当年给予嘉奖；连续三年被确定为优秀等次的，记三等功。不定期奖励，即及时奖励，是指对在处理突发事件和承担专项重要工作中作出显著成绩的公务员，不受年度考核结果、时间限制，及时地进行奖励。在及时奖励情况下由于大家对奖励的事项记忆犹新，感受颇深，奖励能够起到以点带面、辐射范围广、效果影响深远的作用，因此，应该在实践中多对公务员实施及时奖励。

（三）按照奖励对象分类，奖励可分为个人奖励和集体奖励

个人奖励是指对工作表现突出、有显著成绩和贡献，或有其他突出事迹的公务员个人给予的奖励。集体奖励是指对一定数量的公务员所组成的集体给予的奖励，适用于按照编制序列设置的机构或者为完成专项任务组成的工作集体。从奖励的效果来看，个人奖励虽然能够调动个人的积极性和主动性，提高工作效率，却容易导致公务员之间产生激烈的竞争和不合作现象，反而会对机关正常工作造成负面影响，而集体奖励则能有效地避免个人奖励所带来的问题。《国家公务员暂行条例》只规定了对公务员个人的奖励，未涉及对集体的奖励。但从实践来看，有些优秀业绩和突出贡献确实是集体合作完成的，这时如果仅对个别公务员进行奖励，不利于培养公务员的集体观念和团队精神，反而会对机关的下一步工作造成负面影响，因此，2005 年颁布的《公务员法》对集体奖励作了明确规定，这对于弥补个人奖励的缺陷，最大限度发挥奖励的作用和价值有着重要意义。

三、公务员奖励的基本原则

公务员奖励工作坚持以马克思列宁主义、毛泽东思想、邓小平理论、“三个代表”重要思想、科学发展观、习近平新时代中国特色社会主义思想为指导，贯彻新时代党的组织路线和干部工作方针政策，适应推进国家治理体系和治理能力现代化需要，服务党和国家工作大局，把政治标准放在首位，强化正向激励，弘扬奋斗精神，发挥先进典型引领作用，坚持下列原则：

（一）以德为先，突出功绩导向原则

以德为先，是指公务员奖励应该重视被奖励人的“德”，在所考察的奖励因素中，优先考察被奖励者的“德”。所谓德，主要指公务员的政治素质和道德品行，包括政治忠诚、政治定力、政治担当、政治能力、政治自律和职业道德、社会公德、家庭美德、个人品德等。突出功绩导向，是指公务员奖励要重点突出被奖励者所做出的功劳和成绩。在公务员的奖励中，德是第一位的，要突出德的优先地位和主导作用。只有真正让那些政治坚定、品德高尚、品行端正、能干事又不出事的公务员受到奖励，才能真正起到奖励的模范带头作用。当然，在以德为先的前提和基础上，奖励要以公务员的功绩为导向，真正使对国家和社会做出重大功绩的

公务员得到奖励。

（二）依法依规原则

依法依规也就是要求公务员的奖励遵守法律法规规定，遵守奖励法定原则。奖励法定原则是指奖励必须按照法定的条件、种类、标准、权限和程序来进行。坚持奖励法定原则，是发挥奖励制度作用的必然要求。如果机关背离法定的标准和程序，在奖励问题上随意而为，不仅无法实现奖励的目的，而且会适得其反，对机关工作产生恶劣的负面影响。同时，坚持奖励法定原则也要求加强对奖励实施活动的监督，对于违反规定实施奖励的，有关机关应当及时撤销奖励并追究有关人员的法律责任。

（三）坚持公平、公正、公开原则

为了能让奖励真正发挥出应有的激励作用，公务员奖励就必须坚持公平、公正和公开原则。公平，是指对于符合奖励条件的公务员，机关在奖励时应当一视同仁，做到人人平等，不能因人而异，搞双重标准。公正，就是指机关在实施奖励时，应当论功行赏，不得偏私，对于符合奖励条件的，机关应当及时给予奖励，对不符合奖励条件的，应当坚决不予奖励。公开，是指机关实施奖励的过程必须公开，不能搞“暗箱操作”“秘密奖励”。机关在实施奖励时，从奖励的条件、依据到奖励的过程、对象的确定、结果的公布都应当公开，接受整个机关和社会的监督。公平、公正、公开原则，是行政法治原则在公务员奖励法律制度中的具体体现，对于确保公务员奖励的民主性、公正性和权威性，有着十分重要的意义。

（四）发扬民主，注重群众公认原则

该原则要求公务员奖励要发扬民主作风，对公务员、公务员集体做出显著成绩和贡献需要奖励的，所在机关或部门应当征求群众意见，在征求意见的基础上，提出奖励建议。审批机关给予公务员、公务员集体奖励，必要时，应当按照干部管理权限，征得主管机关同意，并征求纪检监察机关和有关部门意见。对于人民群众公认的为国家和社会做出重大贡献或功绩的公务员，要尊重民意，按照国家规定给予奖励。在撤销奖励决定时，应该听取被撤销奖励公务员、公务员集体的意见，必要时，也可以召开听证会、公听会等以听取意见。

（五）定期奖励与及时奖励相结合原则

定期奖励是指按相对固定的周期对符合奖励条件的公务员进行奖励，主要适用于在公务员日常工作中，考核优秀，工作有突出贡献的公务员，是公务员奖励的常态。而及时奖励则是以不特定事件为基础，适用于在特定事件中有突出贡献的公务员，是公务员奖励的动态。在公务员奖励中，实行定期奖励，体现了奖励的稳定性，能够给公务员以确定的心理预期，对于激发其工作积极性有着重要意义。但是，奖励的时间与奖励的效果有着非常密切的关系。“因为奖励的授予与相关行为之间间隔时间越长，二者之间的关系就越模糊，奖励的激励强化效应也就越弱。”①因此，对于在特定事件中，表现突出、有突出贡献，符合奖励条件和情形的公务员、机关就应及时给予奖励，如在2008年5月12日四川省汶川县发生8.0级特大地震后，中共中央组织部及时表彰了“抗震救灾先进基层党组织”和“抗震救灾优秀共产党员”。如果在奖励问题上久拖不决，不仅会挫伤公务员进一步工作的积极性，而且时过境迁，物是人非，再进行奖励不利于发挥对他人的激励和导向作用，奖励的强化效应就会大打折扣。

（六）精神奖励与物质奖励相结合，以精神奖励为主的原则

这是关于奖励内容方面的原则。精神奖励是指以嘉奖、记功、授予荣誉称号等为内容的奖励。而物质奖励是指给予受奖者物质上的利益，如奖金或其他待遇。实行精神奖励和物质奖励相结合，以精神奖励为主的原则，是我国多年以来机关奖励工作的总结，也是公务员奖励的指导思想和基本原则。其中，精神奖励主要是满足公务员荣誉感、成就感等精神方面的需要，而物质奖励主要是满足公务员对物质生活方面的需要。以精神奖励为主，主要是因为对公务员来讲，为人民服务是其工作的宗旨，也是其应尽的义务，过分强调物质奖励不符合公务员的人民公仆身份。但是，以精神奖励为主，也不应忽略对公务员的物质奖励。“我们不能简单地把公务员看成不求回报、只知奉献的单纯的‘政治人’，更不能把公务员看成唯利是图、贪图享受的单纯的‘经济人’，而应把他们看成有低层次个人利益追求，有较高层次个人价值追求，为实现公共利益而努力工作的综合体。”②

---

① 杨士秋、王京清：《公务员奖励》，中国人事出版社2009年版，第57页。

② 杨士秋、王京清：《公务员奖励》，中国人事出版社2009年版，第78页。

从实践来看，物质奖励和精神奖励方式在公务员奖励中各自具有不同的作用，如果运用得当，必然产生良好的激励效应。

四、公务员奖励的条件和种类

（一）公务员奖励的条件

公务员奖励的条件是指机关对公务员什么样的行为可以给予奖励。奖励条件体现了国家在公务员中倡导的行为，从侧面体现了不同国家在不同时期对政府职责的不同定位。[①] 在不同国家，由于具体情况不同，对公务员奖励条件的规定并不完全相同。因而，如何根据国家政治经济形势的变化，政府职能转变以及国家机关工作重点的转移，确定科学合理的公务员奖励条件，对于激发公务员工作热情，引导机关工作向正确方面发展，有着重要意义。

从《公务员法》《公务员奖励规定》等有关规定来看，我国对公务员奖励条件的规定采取的是概括性规定加肯定性列举的方式，从其内容来看，侧重于公务员在履行公职中是否有突出表现和业绩，目的主要是引导公务员立足本职岗位，在本职工作中发挥更大的作用。其中，奖励的概括性条件是指公务员在工作上表现突出，有显著成绩和贡献，或者有其他突出事迹。具体来讲，主要包括如下 10 种情形：（1）忠于职守，积极工作，勇于担当，工作实绩显著的；（2）遵纪守法，廉洁奉公，作风正派，办事公道，模范作用突出的；（3）在工作中有发明创造或者提出合理化建议，取得显著经济效益或者社会效益的；（4）为增进民族团结，维护社会稳定做出突出贡献的；（5）爱护公共财产，节约国家资财有突出成绩的；（6）防止或者消除事故有功，使国家和人民群众利益免受或者减少损失的；（7）在抢险、救灾等特定环境中做出突出贡献的；（8）同违纪违法行为作斗争有功绩的；（9）在对外交往中为国家争得荣誉和利益的；（10）有其他突出功绩的。

（二）公务员奖励的种类

根据《公务员法》《公务员奖励规定》，对公务员、公务员集体的奖励分为：给予嘉奖、记三等功、记二等功、记一等功、授予荣誉称号。奖励机关根据不同

---

① 应松年：《公务员法》，法律出版社 2010 年版，第 193 页。

情形分别作出奖励：(1) 对于表现突出的，给予嘉奖；(2) 对做出较大贡献的，记三等功；(3) 对做出重大贡献的，记二等功；(4) 对做出杰出贡献的，记一等功；(5) 对功绩卓著的，授予“人民满意的公务员”“人民满意的公务员集体”等称号。

对受奖励的公务员或者公务员集体予以表彰，并对受奖励的个人给予一次性奖金或者其他待遇。

五、公务员奖励的权限和程序

（一）公务员奖励的权限

公务员奖励的权限是指哪些机关有权对公务员给予奖励以及给予哪些奖励。奖励权限法定化能够有效防止机关滥用奖励权力，保证奖励的严肃性和有效性。根据《公务员奖励规定》，给予公务员、公务员集体的奖励，经同级公务员主管部门或者市（地）级以上机关干部人事部门审核后，按照下列权限审批；

1. 给予嘉奖、记三等功，由县级以上党委、政府或者市（地）级以上机关批准。

2. 记二等功，由市（地）级以上党委、政府或者省级以上机关批准。

3. 记一等功，由省级党委和政府或者中央和国家机关批准。经省委同意，副省级城市党委和政府可以对本地区公务员、公务员集体给予记一等功奖励。

4. 授予荣誉称号，由省级以上党委、政府或者中央公务员主管部门批准。

对下级单位实行垂直管理或者实行双重领导并以上级单位领导为主的机关，可以按照奖励权限，对本系统公务员、公务员集体给予奖励。

市（地）级以上机关可以按照奖励权限，对本系统公务员、公务员集体开展及时奖励。

由市（地）级以上机关审批的奖励，应当事先将奖励实施方案报同级公务员主管部门审核。

（二）公务员奖励的程序

公务员奖励的程序是指机关在对公务员或公务员集体作出奖励决定时应当遵守的步骤、方式、顺序和时限。为了保证奖励工作的顺利进行，防止“暗箱操作”等腐败现象，机关在作出奖励决定时，必须遵守严格的程序。根据《公务员奖励规定》，机关在对公务员或公务员集体作出奖励时，应当遵守以下程序：

1. 奖励建议的提出。公务员、公务员集体做出显著成绩和贡献需要奖励的，由所在机关（部门）在征求群众意见的基础上，提出奖励建议。

2. 奖励的审核。对于机关（部门）提出的奖励建议，首先应当由同级公务员主管部门或者市（地）级以上机关干部人事部门进行审核。审核机关（部门）审核后，如果同意奖励，则进入公示程序；如果不同意奖励，则向提出奖励建议的机关（部门）说明理由，并退回有关材料。

3. 奖励的公示。审核机关（部门）审核后，在一定范围内公示不少于 5 个工作日。如涉及国家秘密不宜公示的，按照有关规定不予公示。公示后，如果没有人对奖励提出异议的，则将审核后的结果按规定的权限向审批机关报送。如有人提出异议，经核实后确实不应给予奖励的，则奖励程序终止；如果核实后不影响奖励的，在向反映情况的人员说明理由后，按规定权限向审批机关报送。

4. 审批机关批准和公布。审批机关经研究决定给予奖励的，要书面通知本人，并通过会议、广播等形式，在一定范围内将奖励决定予以公布。审批机关给予公务员、公务员集体奖励，必要时，应当按照干部管理权限，征得主管机关同意，并征求纪检监察机关和有关部门意见。《公务员奖励审批表》存入公务员本人干部人事档案；《公务员集体奖励审批表》存入获奖集体所在机关文书档案。

奖励机关开展及时奖励可以适当简化程序，必要时由审批机关直接确定奖励对象。

六、公务员奖励的实施

对在本职工作中表现突出、有显著成绩的，应当定期给予奖励。其中，对年度考核被确定为优秀等次的公务员，予以嘉奖；连续 3 年被确定为优秀等次的，记三等功。授予称号，一般每 3 年至 5 年开展一次。

对在处理突发事件和承担专项重要工作中做出显著成绩的，应当及时给予奖励。奖励种类和数量根据相关工作重要程度和成效、参与工作人员贡献和数量等因素确定。对符合奖励条件的已故人员，可以追授奖励。

对获得奖励的公务员、公务员集体，由审批机关颁布奖励决定，颁发奖励证书。同时对获得记三等功以上奖励的公务员颁发奖章、公务员集体颁发奖牌。对获得奖励的公务员，按照规定的标准给予一次性奖金。

公务员奖励作为公务员考核和晋升职务职级的重要参考。对在处理突发事件和承担专项重要工作中做出显著成绩、获得记三等功以上奖励的公务员，当年年度考核确定优秀等次时予以倾斜。获得记三等功以上奖励的公务员集体，按照有关规定可以适当提高当年年度考核优秀等次比例。对获得记二等功以上奖励的公务员、公务员集体所属工作人员，可以由公务员主管部门或者所在机关组织开展休假疗养、学习培训、参观考察等活动。获得“人民满意的公务员”称号的公务员，按照有关规定享受省部级以上表彰奖励获得者待遇。

对获得奖励的公务员、公务员集体，可以采取适当形式予以表彰。授予公务员、公务员集体称号，一般应当召开表彰大会。表彰形式应当庄重、节俭。按照国家规定，可以向参与特定时期、特定领域重大工作的公务员颁发纪念证书或者纪念章。例如，对在抗击重大疫情中做出重大贡献的公务员授予“共和国勋章”。

市（地）级以上机关应当将上一年度实施公务员奖励的工作情况，报送同级公务员主管部门备案。县级以上公务员主管部门将本地区上一年度实施公务员奖励的工作情况，报送上级公务员主管部门备案。

最后，必须注意的是，在公务员奖励的具体操作中，应当严格标准、控制数量，注重向基层和工作一线倾斜，坚决杜绝一线公务员出力流汗，后方公务员获奖励的不正常现象。

七、公务员奖励的监督

监督是确保奖励制度发挥应有效用的重要手段。由于奖励能够给公务员带来一定的物质利益和较大的荣誉，为了防止出现骗取奖励等丑恶现象的发生，维护奖励制度的严肃性和公正性，就有必要加强对机关奖励工作的监督，避免奖励工作出现失误。从《公务员法》《公务员奖励规定》等的规定来看，这种监督不仅体现在奖励的整个程序过程当中，而且表现在奖励的撤销程序上。根据《公务员法》等的有关规定，公务员、公务员集体因涉嫌违纪违法正在接受组织调查的，暂停实施奖励。具有下列情形之一的，应当撤销奖励：（1）弄虚作假，骗取奖励的；（2）申报奖励时隐瞒严重错误或者严重违反规定程序的；（3）有严重违纪违法等行为，影响称号声誉的；（4）有法律、法规规定应当撤销奖励的其他情形的。

撤销奖励，由原申报机关按程序报审批机关批准，由审批机关作出撤销决定，并在一定范围内通报。必要时，审批机关可以直接撤销奖励。公务员、公务员集体获得的奖励被撤销后，审批机关应当收回并注销奖励证书、奖章或者奖牌，停止其享受的有关待遇。撤销奖励的决定存入公务员本人干部人事档案或者公务员集体所在机关文书档案。

对公务员奖励工作的举报，公务员主管部门和有关机关应当及时受理，并按照有关规定处理。对在公务员奖励工作中徇私舞弊、弄虚作假或者有其他违纪违法行为的，依规依纪依法追究负有责任的领导人员和直接责任人员责任。

第五节　公务员培训

一、公务员培训概述

（一）公务员培训的概念与特征

公务员培训是指机关依据法律法规规定，按照公务员职位、职务和职级的要求，通过多种途径和方式，有计划、有组织地为各类公务员提供培养和训练的活动。公务员培训与一般的常规培训教育不同，它具有以下四个特征：

1. 公务员培训在性质上属于继续教育。公务员培训教育是后学历教育，即“第一教育过程”的延伸和发展，从这一点来看，它属于“第二教育过程”[①]，主要是为保障公务员的工作正常开展的需要而进行的教育活动，同时公务员的培训也是一项永久性的培训教育，只要存在执行公务的公务员，就必然有公务员培训教育。

2. 公务员培训的形式多样。公务员是国家事务管理的主要承担者，为了保障国家机关的正常运转，对公务员的培训应当采取灵活方式。例如，可以采取自学与教授相结合、脱产学习与非脱产学习相结合、定期培训与非定期培训相结合等的形式；可以采用实地参观培训，也可以推广网络培训、远程教育等方式；可以集中培训，也可以分散培训。但不论采取何种培训方式，都要以提高公务员素质和专业能力为基本点展开。

3. 公务员培训既是公务员的权利，也是义务。把公务员接受培训上升到义务和权利的高度，作为法律固定下来，是世界各国的通行做法。[②]公务员参加培训的权利，是公民宪法受教育的权利在公务员法上的具体化。对此，《公务员法》第

① 谭宗泽：《公务员法》，载应松年主编：《当代行政法》（上卷），中国方正出版社 2005 年版，第 368 页。

② 张柏林：《〈中华人民共和国公务员法〉教程》，中国人事出版社、党建读物出版社 2005 年版，第 229 页。

15条第4项明确规定，公务员享有“参加培训”的权利，同时，为保障机关工作的顺利进行，《公务员法》第67条又规定公务员在不同情况下必须参加不同类型的培训等，则体现了培训同时也是公务员应尽的一项义务。

4. 公务员培训的公益性。公务员培训不同于一般的企业、单位的人员培训，企业单位的培训是为了企业单位的利益而进行的员工再教育活动，其所需的费用由企业、单位自行承担。然而，公务员的培训是为了让公务员更好地履行职责，维护公益而进行的知识更新、业务提升的再教育活动，培训所需的经费由国家财政保障。

（二）公务员培训的意义

建立和完善公务员培训制度，具有如下意义：

1. 公务员培训可以使公务员更好地履行职责。现代社会已经进入信息社会，只有拥有强大的信息知识，才能快速适应社会的发展。公务员只有融入信息社会，加快知识更新，丰富知识储备，才能更好地履行职责。“培训可以帮助人们适应新型的信息社会，这种适应不仅能够使人们的知识现代化，而且也为人们的心智互动提供了新的信息和技术。培训还可以为众多的问题找到新的答案。”[①]

2. 公务员培训是机关“育才”的重要途径。在机关履行公务所需的各种资源中，人是最重要、最宝贵的资源，是公务执行成效的决定性因素。因此，公务员品质之良窳和能力之高低，直接关系到党和国家的治理能力和事业的兴衰成败。然而优秀的公务员是通过机关的不断培训和锻炼打磨出来的，通过科学的、有针对性的培训能够有效地开发机关的公共人力资源，培育出更多的全心全意为人民服务的“好干部”。

3. 公务员培训有助于提高机关的工作效率。新进入到机关的公务员，一般都缺乏管理的经验和基本技能，因此工作起来难免效率低下。通过培训，可以让他们快速地掌握本岗位的基础知识和管理技能，从而提高机关的工作效率。另外，随着现代科学技术的日新月异，新技术、新手段、新设备层出不穷，这些都给公务员的管理工作带来了极大的便利。通过培训，公务员能够熟练掌握这些新技术、新手段和新设备的用途和使用方法，最终能够提高机关的工作效率。

---

① 参见马宝成编译：《公共行政现代化和高级行政管理者——欧洲行政学院院长论当代公共行政改革》，载《国家行政学院学报》2000年第2期。

4. 公务员培训有助于一支高素质专业化的公务员队伍的养成。高素质专业化的公务员队伍不是“天降神兵”，而是要“凤凰涅槃，浴火重生”。在高素质专业化的公务员养成过程中，培训是必不可少的一个重要环节，唯有坚持用习近平新时代中国特色社会主义思想武装公务员队伍，把学习贯彻习近平新时代中国特色社会主义思想作为公务员培训的首要任务，把政治标准和政治要求贯穿融入公务员队伍培训的全过程，对公务员进行有针对性的分类培训，才能推动广大公务员加强政治历练，培养干净担当精神、提高专业化技术手段和能力，并最终形成一支政治素质高、专业性强的忠诚的公务员队伍。

（三）公务员培训的原则

根据《公务员培训规定》第 3 条的规定，公务员培训坚持以马克思列宁主义、毛泽东思想、邓小平理论、“三个代表”重要思想、科学发展观、习近平新时代中国特色社会主义思想为指导，贯彻新时代中国共产党的组织路线，坚持下列原则：

1. 党管干部原则

党管干部原则在公务员培训领域的体现是：首先，公务员的培训工作是在党的领导和监督下进行的活动；其次，公务员培训坚持以马克思列宁主义、毛泽东思想、邓小平理论、“三个代表”重要思想、科学发展观、习近平新时代中国特色社会主义思想为指导，贯彻新时代中国共产党的组织路线；最后，公务员的培训内容重点是政治素质。在公务员培训过程中，坚持党管干部原则有利于加强党对公务员培训工作的集中统一领导，有利于培训内容和党的基本理论、基本路线、基本方略保持一致，有利于落实党中央决策部署，自觉在思想上政治上行动上同以习近平同志为核心的党中央保持高度一致。

2. 政治统领，服务大局原则

这是指公务员培训要突出政治素质，把深入学习贯彻习近平新时代中国特色社会主义思想作为公务员培训的首要任务和重中之重，在各类培训班次中摆在第一课、指导每一课、贯穿所有课，持续加强党的理论和路线方针政策、理想信念教育，强化党史、新中国史、改革开放史学习，引导公务员增强“四个意识”、坚定“四个自信”、做到“两个维护”，自觉在思想上政治上行动上同以习近平同志为核心的党中央保持高度一致。同时，要围绕中心、服务大局，培养公务员专业能力、专业精神，提高制度执行力和治理能力。

3. 以德为先，从严管理原则

这是指培训应当促进公务员在德、才、勤、能等方面均获得一定水平提高，但要以“德”的培训内容为优先考虑，公务员培训工作应该首先对公务员进行“德”方面的培训，确保把公务员的思想政治素质方面的培训作为公务员各方面培训的重点和首要内容。公务员培训工作要按照培训对象、培训内容、培训计划有序进行，不得敷衍塞责、应付差事，要对公务员培训进行的内容，尤其是“德”的内容严格管理。

4. 突出重点，注重实效原则

全体公务员培训的重要内容是提高政治素质和工作能力。政治素质是公务员履行职责必须具备的素质，工作能力是公务员在实际工作中表现出来的本领。公务员的培训应当围绕着提高公务员的政治素质，培养公务员的工作能力来进行，将政治素质提升和工作能力培养贯穿于公务员教育培训的全过程。公务员培训过程中要重点突出政治教育和政治训练。同时，公务员的培训不能搞形式、走过场，应该真抓实干，注重培训的作用和实际效果。“讲求实效体现在三方面：第一，降低公务员培训成本，提高公务员培训效率、效益与质量。第二，塑造高素质、专业化、忠诚干净担当的公务员队伍。第三，依法治训，从严管理。建立全公务员培训法规与规章制度，依法依规开展公务员培训，规范培训流程，完善培训质量评估体系，从严管理教师与学员的行为，维护良好的培训秩序和学习风气。”[①]《公务员法》第68条规定，公务员的培训实行登记管理，公务员培训情况、学习成绩作为公务员考核的内容和任职、晋升的依据之一。这是公务员培训取得实效的关键性措施，有利于激发公务员学习培训的内在潜能和动力。

5. 分类分级，精准科学原则

不同的职位、不同层次的机关、不同的职务职级层次对公务员所要求的知识、素质和能力是不一样的，因此根据岗位特点和工作要求，分类分级且有针对性地开展履行岗位职责所必备的能力素质、知识体系培训和廉政警示、职业道德教育，引导公务员强化宗旨意识，发扬斗争精神，勇于担当作为，不断提高用习近平新时代中国特色社会主义思想指导分析和解决问题、适应新时代中国特色社会主义发展要求的能力。具体来说，综合管理类公务员，强化公共管理和公共服务等培

① 刘碧强、郗永勤：《国家公务员制度概论》，中国人民大学出版社2020年版，第164页。

训；专业技术类公务员，强化专业知识和专业技能等培训；行政执法类公务员，强化法律法规和执法技能等培训；领导机关公务员，强化政策制定、调查研究等能力培训；基层公务员，强化社会治理、联系服务群众等能力培训。分类分级培训，要按照学用结合、按需施教的原则，根据不同类别、不同层级、不同岗位公务员能力素质需要，把培训的普遍性要求和差异性需求结合起来，精准分析培训需求、选调培训对象，科学确定培训内容、培训方式方法，使培训更具针对性、有效性。①

6. 联系实际，改革创新原则

联系实际是指公务员培训要联系实际，密切实际，解决实际问题。党的十五届六中全会通过的《中共中央关于加强和改进党的作风建设的决定》，要求"坚持理论联系实际，反对照抄照搬、本本主义"。在新的历史条件下，公务员培训工作必须从理论和实践相结合的角度，以习近平新时代中国特色社会主义思想为指导，坚持解放思想、实事求是，紧紧围绕建设新时代中国特色社会主义这个主题，准确把握新时代特征和中国国情，注重传授与新时代中国特色社会主义现代化建设相适应的科学文化知识和公共管理理论与方法，致力于培养公务员的公共管理实践技能，塑造忠诚干净担当的高素质专业化公务员队伍。② 改革创新原则是针对现代公共事务管理所面临的新挑战和新问题而提出的，要求公务员培训必须与时俱进，适应经济社会发展的需要，创新培训内容，改进培训方式方法，整合培训资源，优化培训队伍，积极将改革中的新事物、新思想、新方式带入培训当中，鼓励和训练公务员的改革创新精神，从而推进公务员教育培训的理论创新、制度创新和管理创新。

二、公务员培训的机关

公务员培训的机关是指公务员培训的主管机关和公务员培训机构，前者是管理公务员培训工作的国家机关，其主要负责组织和落实对公务员的培训工作，如拟定公务员培训的法规和制度，制订培训计划等。而后者是在公务员主管机构领导下负责具体实施公务员培训工作的单位或者组织，主要任务在于讲授培训课程，完成公务员培训主管机构确定的培训工作内容。

① 国家公务局：《〈中华人民共和国公务员法〉（2018）问答》，党建读物出版社 2020 年版，第 104 页。

② 刘碧强、郗永勤：《国家公务员制度概论》，中国人民大学出版社 2020 年版，第 163 页。

（一）公务员培训主管机关

根据《公务员培训规定》第5条的规定，中央公务员主管部门负责全国公务员培训的综合管理工作。中央和国家机关各部门按照职责分工，负责相关的公务员培训工作，指导本行业本系统公务员培训。地方各级公务员主管部门负责本辖区公务员培训的综合管理工作。地方各级公务员所在机关按照干部管理权限，负责组织实施本机关的公务员培训工作。

公务员主管部门应当会同有关部门对公务员培训工作进行监督检查，制止和纠正违反本规定的行为，并对有关责任人员提出处理意见和建议。

（二）公务员培训机构

从国外来看，世界各国都很重视公务员培训机构的建设。第二次世界大战以来，各国都相继建立了各类公务员培训机构，负责组织实施、管理公务员培训等事宜。根据有关学者的归纳，国外公务员培训机构主要可分为四类①：（1）专门的公务员培训机构，如法国的国家行政学院。这种办学模式针对性较强，与政府工作实际联系得较为紧密，培养对象多为在职的公务员或到政府部门任职的大部分毕业生。该模式正受到政府的重视，发展前景广阔。（2）公务员主管机关下设的培训机构。如美国公务员的培训由人事管理总局负责，人事管理总局内设有“人力效能及发展处”，主管公务员的培训规划等，下设两种常设的公务员培训机构：一种是负责中级公务员培训的行政官员进修中心，在美国共有三所；另一种是负责高级公务员培训的机构，在美国只有一所，即联邦行政学院。（3）各部门及内部机关的培训机构。为了使培训更适合本部门的需要，各国还在一些大的部门内设立专门的培训机构，以培训本部门的公务员。如德国除了担负联邦各部公务员培训的联邦行政学院之外，各部，如财政部都设有自己的培训机构。（4）政府委托学院或社会进行公务员培训。

我国目前公务员培训的机构种类较为多样。其中，党校（行政学院）、干部学院和社会主义学院按照职能分工开展公务员培训工作。部门和系统的公务员培训机构，应当按照各自职责，承担本部门和本系统的公务员培训任务，也可以根据需要接受委托培训。公务员主管部门和公务员所在机关可以委托符合条件的高

① 谭功荣：《公务员制度比较研究》，重庆出版社2007年版，第125—130页。

等学校、科研院所、社会培训机构等承担公务员培训任务。具体来讲：

1. 中国共产党党校（行政学院）

中国共产党党校是在党委直接领导下培养党员领导干部和理论干部的学校，是党委的重要部门，是培训轮训党员领导干部的主渠道，是党的哲学社会科学研究机构。根据《中国共产党党校工作条例》的规定，中国共产党中央和地方各级委员会分别设立中央党校，省、自治区、直辖市委党校，市（地）委党校。中央直属机关工委、中央国家机关工委、中央金融机构党委、中央企业党组（党委）、新疆生产建设兵团党委，可设立党校。中央党校和地方党校，可设立分校。各省、自治区、直辖市委可根据实际情况，设立县（市）委党校。不设立县（市）委党校的，可设立市（地）委党校分校。在我国，党校的一个基本任务就是培训轮训各级党员领导干部及后备干部以及开展干部的继续教育和培训。另外，行政学院也是培训公务员、培养公共管理人员和政策研究人员、开展社会科学研究和决策咨询的机构，是政府的直属单位。在我国，行政学院的主要职责之一就是培训公务员，承办党委、政府举办的专题研讨班，开展多种形式的委托培训和合作培训，根据《行政学院工作条例》（该文件已失效）第7条的规定，行政学院包括国务院设立的国家行政学院，省、自治区、直辖市人民政府设立的行政学院，设区的市级人民政府设立的行政学院，新疆生产建设兵团设立的行政学院。省、自治区、直辖市人民政府根据实际情况，可以决定在县级人民政府设立设区的市级人民政府行政学院分院。必须注意的是，2018年3月，党政机构协同改革后，中国共产党党校已经和行政学院合署办公，对外名称为中国共产党党校（行政学院）。

2. 部门和系统内的公务员培训机构

根据工作需要，我国各部门、系统内部也建立了一些公务员培训机构承担本部门或本系统内的公务员培训。如根据《法官法》和《检察官法》在法院和检察院系统内成立的国家法官学院和国家检察官学院，是分别承担法官和检察官培训工作的培训机构。

3. 高等学校、科研院所、社会培训机构

从当前来看，我国公务员的计划内培训工作主要是由各级党校、行政学院、法官学院等这些专门的培训机构来实施的。考虑到高等学校、科研院所、社会培训机构等一般都拥有雄厚的师资力量和完备的教学设备，因此《公务员培训规定》第26条规定，公务员主管部门和公务员所在机关可以委托符合条件的高等学校、科研院所、社会培训机构等承担公务员培训任务。这对于满足公务员培训的多样化需求，弥补培训力量的不足有着重要意义。

4. 公务员实践教育基地

实践教育基地是供公务员参加实践教育的场所。2011 年 11 月，我国首个公务员特色实践教育基地福建古田基地在福建省龙岩市上杭县建立，基地的宗旨是贯彻解放思想、先行先试的精神，努力探索创新公务员培训模式，综合运用以上杭古田为重点的闽西、赣南红色资源，整合资源，开展多种选题的公务员培训；同时，发挥福建独特的对台优势，与台湾地区开展公务员培训合作，学习借鉴台湾地区的先进经验做法，推进两岸培训工作的交流合作，努力建设公务员培训改革创新平台、两岸人才培训交流合作平台。建设公务员特色实践教育基地，不仅可增强公务员培训的针对性、实效性，也是加强公务员培训机构建设的有效途径，对于全面推进全国公务员培训工作科学发展具有重要意义。为此，《公务员培训规定》第 26 条第 5 款规定要求，“统筹用好干部党性教育基地、党员教育基地、公务员实践教育基地、爱国主义教育基地等”。

公务员培训机构必须贯彻执行党和国家干部教育培训方针政策和法律法规。对违反规定的，由有关部门责令限期整改，逾期不改的给予通报批评；情节严重的，由有关部门对负有责任的领导人员和直接责任人员给予处分，对有关社会培训机构建立退出机制。

三、公务员培训的种类

根据《公务员法》第 67 条和《公务员培训规定》第 13 条、第 14 条、第 15 条、第 16 条、第 17 条的规定，公务员培训可分为如下几类：

（一）初任培训

初任培训是对新录用公务员进行的培训，重点是提高公务员思想政治素质和依法依规办事等适应机关工作的能力。初任培训由公务员主管部门统一组织，主要采取公务员主管部门统一举办初任培训班和公务员所在机关结合实际开展入职培训的形式进行。专业性较强的机关按照公务员主管部门的统一要求，可自行组织初任培训。初任培训中应当组织新录用公务员公开进行宪法宣誓。初任培训应当在试用期内完成，时间一般不少于 12 天。

（二）任职培训

任职培训是按照新任职务的要求，对晋升领导职务的公务员进行的培训，重点是提高公务员胜任职务的政治能力和领导能力。任职培训应当在公务员任职前或者任职后一年内进行。担任县处级副职以上领导职务的公务员任职培训时间一般不少于 30 天，担任乡科级领导职务的公务员任职培训时间一般不少于 15 天。

此外，调入机关担任县处级副职以上领导职务的公务员任职培训时间一般不少于 30 天，担任乡科级领导职务的公务员任职培训时间一般不少于 15 天。

（三）专门业务培训

专门业务培训是根据公务员从事专项工作[①]的需要进行的专业知识和技能培训，重点是提高公务员的业务工作能力。专门业务培训的时间和要求由公务员所在机关根据需要确定。专门业务培训是为了让公务员能够掌握从事专门工作所必需的知识、能力和工作方法，使其能够胜任专项工作。专门业务培训考试、考核不合格的公务员，不得从事专门业务工作。中央公务员主管部门对专业技术类、行政执法类公务员专门业务培训加强宏观指导。

（四）在职培训

在职培训是对全体公务员进行的培训，目的是及时学习领会党中央决策部署、提高政治素质和工作能力、更新知识。在职培训的重点是增强公务员素质能力培养的系统性、持续性、针对性、有效性，时间和要求由各级公务员主管部门和公务员所在机关根据需要确定。在职培训时，对专业技术类公务员应当进行专业技术培训。“进行专业技术培训的主要目的是对其知识和技能进行更新、补充、扩展和提高，进一步完善知识结构，提高创造力和专业技术水平，从而为机关工作提供良好的技术支持和保障。”[②]

---

① 专项工作是指因国家和政府某些工作的需要，从政府机关临时抽调公务员进行的工作，如人口普查、执法检查、经济普查等。参见陈斯喜、郑淑娜：《〈中华人民共和国公务员法〉释义及适用指南》，中国言实出版社 2005 年版，第 166 页。

② 郑功成、杨思斌：《〈中华人民共和国公务员法〉释义》，人民出版社 2019 年版，第 144 页。

（五）优秀年轻公务员的培训

从优秀年轻公务员的培训本质来看，它并不是公务员培训的种类，而仅仅是一种针对优秀年轻公务员的培训，为了突出其重要性，《公务员法》在第 67 条专门单列一款规定，国家有计划地加强对优秀年轻公务员的培训。优秀年轻公务员其实是党的后备领导干部，是为加强各级领导班子建设，保证建设有中国特色社会主义事业后继有人和国家的长治久安而选拔的，能够担当社会主义改革开放和现代化建设重任的、优秀年轻的公务员。对优秀年轻公务员进行培训，目的是促进优秀年轻公务员的成长。

优秀年轻公务员的培训，需要提高他们的政治素质和工作能力，帮助他们在工作中成长，在岗位上成才。对优秀年轻公务员的培训要有计划性，即优秀年轻公务员选定后，要确定培养方向，根据培养方向确定培养计划、落实培训措施。从培训的内容来看，要把提高政治素质和工作能力放在首位，提高他们的战略思维、创新思维、辩证思维、法治思维和底线思维能力，提升理论素养，并进行较为系统的政治、经济、历史、文化、科技、法律和相关业务知识培训。优秀年轻公务员的培训方式多种多样，可以结合初任培训、任职培训、专门业务培训和在职培训进行，也可以通过培训机构脱产培训、基层学习锻炼、组织调研或理论研讨等方式进行。①

《公务员法》将培训分为初任培训、任职培训、专门业务培训、在职培训、后备领导人员培训等。但这些分类在逻辑上缺乏一致性，初任培训与任职培训是以时间为标准进行区分；专门业务培训、在职培训是以内容为标准进行分类；而后备领导人员培训又是以对象为标准。分类逻辑一致性的缺失，使培训种类存在一定的交叉与空白，无法很好地对培训类型化。②

四、公务员培训的内容和形式

公务员培训应当以需求为导向，围绕党和国家中心工作，针对工作岗位要求和公务员全面发展需要，来确定培训的内容和方式方法。

---

① 郑功成、杨思斌：《〈中华人民共和国公务员法〉释义》，人民出版社 2019 年版，第 145 页。

② 薛刚凌：《公务员法教程》，中国人民大学出版社 2017 年版，第 146 页。

（一）公务员培训的内容

公务员培训的内容，直接关系到培训的质量和效果。根据《公务员法》第66条的规定，机关根据公务员工作职责的要求和提高公务员素质的需要，对公务员进行分级分类培训。据此，提高公务员的素质应当是公务员培训的出发点和落脚点。目前，我国公务员的素质包括思想政治素质、法律文化素质、专业技能素质、职业道德素质等，这就决定了公务员培训的内容应当坚持多元化的特色，具体来讲：

1. 思想政治教育

思想政治责任是我国公务员应具备的基本素质。我国《公务员法》也将公务员的思想政治水平作为公务员考核的一项重要内容。当前，我国正在进行深刻的社会领域变革，建设有中国特色的社会主义制度是我们党和国家各项工作的最终目标。因此，公务员培训应当突出政治素质，把深入学习贯彻习近平新时代中国特色社会主义思想作为公务员培训的重中之重，持续加强党的理论和路线方针政策、理想信念教育，强化党史、新中国史、改革开放史学习，引导公务员增强“四个意识”，坚定“四个自信”，做到“两个维护”，自觉在思想上政治上行动上同以习近平同志为核心的党中央保持高度一致。坚持运用习近平新时代中国特色社会主义思想体系的根本立场、基本观点、科学方法，认识世界、改造世界。

2. 专业能力和治理能力

围绕中心，服务大局，培养公务员专业能力、专业精神，提高制度执行力和治理能力。加强形势任务教育，紧扣统筹推进“五位一体”总体布局和协调推进“四个全面”战略布局、贯彻落实新发展理念、深化供给侧结构性改革、实施七大战略、打赢三大攻坚战和推动“一带一路”建设等党中央重大决策部署，根据岗位特点和工作要求，有针对性地开展履行岗位职责所必备的能力素质、知识体系培训。对于综合管理类公务员，应该强化公共管理和公共服务等培训；对于专业技术类公务员，应该强化专业知识和专业技能等培训；对于行政执法类公务员，应该强化法律法规和执法技能等培训。

针对领导机关公务员，应该强化政策制定、调查研究等能力培训；针对基层公务员，应该强化社会治理、联系服务群众等能力培训。

3. 廉政警示、职业道德教育

加强公务员廉政警示、职业道德教育培训，是贯彻落实“德才兼备，以德为先”用人标准，不断提升公务员队伍职业道德水平的重要举措，对于增强政府和公务员队伍的公信力、巩固党的执政基础具有重要意义。因此，公务员培训应当以习近平新时代中国特色社会主义思想作为指导，以忠于国家、服务人民、恪尽职守、公正廉洁为主要内容，全面提升公务员职业道德水平，努力造就一支信念坚定、为民服务、勤政务实、敢于担当、清正廉洁的高素质专业化公务员队伍。

（二）公务员培训的方式

公务员培训的对象是全体公务员。公务员主管部门和公务员所在机关根据公务员工作岗位和职业发展需要安排公务员参加相应的培训。公务员培训的对象主要是在职的公务员，他们本身承担繁重的机关事务工作，很难对其进行长期的脱产培训。此外，受训的公务员本身具有相当程度的理论水平和文化素养，也没有必要在有限的时间内重复教授其已经掌握的内容。再加上公务员队伍的年龄参差不齐，心理素质和综合能力也有所差异，因此，公务员培训应当采取多样、适当的培训方法，具体来讲，我国公务员培训的形式主要有以下几种：

1. 调训。即脱产集中培训，是指组织、人事部门负责制订公务员脱产培训计划，选调公务员参加脱产培训。调训应当制订科学实用的年度培训计划，有组织地选调公务员参加专题班、高级研修班、进修班、任职班等形式的脱产培训。

2. 利用现代化的培训手段。充分运用现代信息技术，完善公务员网络培训制度，建设精品课程库，提高培训教学和管理的信息化水平。网络培训、远程教育、电化教育等现代化手段的推广与应用，使远程培训和网络授课成为可能。针对公务员培训无法全部统一集中培训的特点，现代化培训手段可以让公务员灵活地选择接受培训的时间，保证培训工作的落实。

3. 鼓励公务员自学。建立健全公务员在职自学制度。时代的变化日新月异，而受时间、地点等多方面因素的限制，公务员的培训只可能在一定程度上解决公务员的知识更新问题，为了能够紧跟时代发展的步伐，机关应当鼓励公务员本着工作需要、学用一致的原则参加有关学历学位教育和其他学习。其中，参加学历学位教育应当按照干部管理权限履行审批程序。公务员所在机关应当为公务员在职自学提供必要的条件。

4. 其他方法。培训公务员的方式并不限于上述三种，随着公务员专业化分工的加强，以及社会的快速发展变化，公务员的培训形式和方法也要不断创新和发展。《公务员培训规定》第 23 条第 2 款明确："引导和支持公务员培训方式方法创新。"公务员培训应当根据内容要求和公务员特点，综合运用讲授式、研讨式、案例式、模拟式、体验式等教学方法，实现教学相长、学学相长。

五、公务员培训的管理

（一）公务员培训的登记

公务员培训的登记，是指公务员所在机关对其管理的公务员参加培训的情况，如参加培训的种类、内容、时间和考试考核结果等进行登记，以作为公务员管理的依据。将公务员培训情况登记造册，既有利于对公务员进行有计划、有目的的培训，也有利于解决反复培训和多年不训的问题，这对于提高公务员培训的效率，实现公务员培训工作的制度化和规范化有着重要意义。《公务员培训规定》要求：公务员所在机关建立和完善公务员培训档案，对公务员参加培训的种类、内容、时间和考试考核结果等情况进行登记；公务员参加脱产培训情况应当记入公务员年度考核登记表，参加 2 个月以上的脱产培训情况应当记入干部任免审批表。

（二）公务员培训结果的使用

为了能够让培训得以真正落实，防止培训沦为形式主义，充分发挥培训的作用，公务员主管机关还应当建立公务员的培训动力机制，将公务员培训情况、学习成绩等培训结果与公务员的考核、任职、晋升等相挂钩。这对于提高公务员对培训重要性的认识，调动其学习的积极性和主动性有着重要意义。

（三）公务员培训的评估

公务员培训结束，并不等于公务员培训工作的完成，还必须进行培训机构和培训班的评估。公务员主管部门负责对公务员培训机构进行评估，评估内容主要包括办学方针、培训质量、师资队伍、组织管理、学风建设、基础设施、经费保障等。公务员培训主办单位要对培训班进行评估，也可委托培训机构进行，评估内容主要包括培训设计、培训实施、培训管理和培训效果等。评估结果作为改进培训工作、提高培训质量的重要依据。

（四）公务员培训的保障

为了保障公务员培训工作的顺利开展和达到预期培训效果，必须对公务员培训工作提供必要的保障。只有建立培训保障体系，才能确保培训任务完成，提升培训质量。根据《公务员培训规定》，公务员培训的保障体系主要有以下措施：

1. 加强公务员培训机构建设。加强公务员培训机构建设，构建分工明确、优势互补、布局合理、竞争有序的公务员培训机构体系。鼓励公务员培训机构开展交流协作，推动优质培训资源共享。党校（行政学院）、干部学院和社会主义学院应当按照职能分工开展公务员培训工作。部门和系统的公务员培训机构应当按照各自职责承担本部门和本系统的公务员培训任务，也可以根据需要接受委托培训。公务员主管部门和公务员所在机关可以委托符合条件的高等学校、科研院所、社会培训机构等承担公务员培训任务。此外，统筹用好干部党性教育基地、党员教育基地、公务员实践教育基地、爱国主义教育基地等。

2. 加强师资队伍建设。省级以上公务员主管部门应当采取适当形式建立完善公务员培训师资库。从事公务员培训工作的教师，必须对党忠诚、政治坚定，严守纪律、严谨治学，具有良好的职业道德修养、较高的理论政策水平、扎实的专业知识基础，有一定的实际工作经验。必须严守讲坛纪律，不得传播违反党的理论和路线方针政策、违反中央决定的错误观点。

3. 完善公务员培训教材体系。《公务员培训规定》第 28 条明确要求："建立科学规范、务实管用、各具特色的公务员培训教材体系，适应不同类别、不同层级、不同岗位公务员学习的需要。"

4. 加强公务员培训管理者队伍建设。公务员的培训离不开一支精干、科学的培训管理者，国家要通过培训、交流等方式提高培训管理者的管理能力和管理技能，加强公务员培训管理者队伍建设。

5. 建立公务员培训的退出和惩罚机制。公务员培训机构必须贯彻执行党和国家干部教育培训方针政策和法律法规。对违反规定的，由有关部门责令限期整改，逾期不改的给予通报批评；情节严重的，由有关部门对负有责任的领导人员和直接责任人员给予处分，对有关社会培训机构建立退出机制。对违反讲坛纪律的从事公务员培训工作的教师，给予批评教育甚至处分，必要时退出培训师资库。

6. 公务员培训经费保障。公务员培训所需经费列入各级政府年度财政预算，并随着财政收入增长逐步提高。对重要培训项目予以重点保障。加强对公务员培训经费的管理，完善有关规定，厉行勤俭节约，保证专款专用，提高培训经费使用效益。

最后，充分发挥不同区域互补优势，积极促进各地区公务员培训交流合作。加强公务员对口培训，加大对革命老区、民族地区、边疆地区、贫困地区公务员培训支持力度，推动优质培训资源向基层延伸倾斜。

第六节　公务员交流

一、公务员交流的概念和特征

公务员的交流，是指出于提升公务员素质、合理配置人才、锻炼公务员等特定目的，机关依职权或依据公务员的个人申请，通过调任、转任和挂职等形式轮换公务员的工作岗位的活动。公务员交流具有如下特征：

1. 公务员交流可以是机关依职权作出，也可以是公务员的个人申请。其中，机关意志起着决定性作用，对于机关依职权作出的交流决定，公务员应当服从。但机关在考虑交流时，也应当尊重公务员的个人意愿，这对于调动公务员工作的积极性，充分发挥交流的作用与价值有着重要意义。当然，公务员个人也可以提出交流申请，由机关最终作出决定。

2. 公务员交流具有法定形式。根据《公务员法》的规定，我国公务员的交流方式包括调任、转任和挂职。这三种形式都有其特定的目的、适用范围和程序要求，因此，在公务员交流时，应当根据交流的目的，选择适当的方式，以使交流取得最佳效果。

3. 公务员交流是对公务员工作岗位的一种变换方式，不是职务、职级或级别的升降。公务员交流是一种平级调动，机关不能以交流的形式，变相地达到晋升或降低公务员的职务、职级或者级别的目的。这主要是为了防止打乱正常的公务员职务升降制度，维护公务员队伍的稳定性。

4. 公务员交流范围的广泛性。公务员的交流，既包括在机关内部的交流，也包括机关与机关、机关与外部系统之间的交流。不同范围的交流，在法律上产生的后果也是不同的。机关内部及机关与机关之间的交流，不涉及公务员身份的变化，而机关与外部系统之间的交流，有可能导致公务员身份的变化。

二、公务员交流的意义

公务员交流是公务员管理制度中的重要内容，完善公务员交流制度，对于提升公务员素质，加强公务员队伍建设有着重要意义：

1. 有助于公务员开阔视野，提高素质和能力。通过公务员交流，有利于拓宽干部的视野，丰富干部的经历，提高其综合素质和能力。长期在同一地区、部门工作，往往积累的某一领域的专业经验较为丰富，有的甚至成为某一领域的专家；但从另一方面看，如果长期只有较为单一的履职经历，干部的能力很难得到多方面锻炼，视野容易只停留在自己的“一亩三分地”里，一旦离开了自己熟悉的地区或领域就容易变得无所适从。因此，公务员交流有助于在多岗位锻炼中不断提高干部素质、丰富干部经历、增强其应对复杂局面的能力。

2. 有利于机关做到“人岗相适、人事相宜”，提高工作效能。公务员长期在一个地区、行业或机关从事同一类别的重复工作，难免会产生“审美疲劳”，滋生倦怠情绪，乃至出现经验主义，容易思想僵化、反应迟钝、故步自封、创新不足，不思进取、效率低下。通过公务员交流，可以发现一些具有特长和闯劲的干部，经过组织培养和考验，将他们安排到最适合的岗位和最适合的事情上去，做到“人岗相适、人事相宜”。“人岗相适、人事相宜”激发了公务员的工作热情和干劲，大大提高了工作效能。

3. 有利于防止公务员队伍的腐败。事实证明，公务员，尤其是领导干部长期“深耕”某一领域或地区极有可能导致腐败。公务员在某一机关或岗位上长期任职，容易形成“山头主义”“圈子文化”，结成复杂的人际关系，如果监督不及时，措施跟不上，必然给公务员以权谋私、贪污腐败留下了可乘之机。通过公务员交流，及时调整、交流这类干部，调离原岗位，斩断关系网，能够避免问题进一步恶化，既挽救和保护了领导干部，也净化了政治生态环境。

三、公务员交流的原则

公务员交流是机关与机关、机关与社会人才之间流动的一种重要方式，为了确保该制度落到实处，发挥预期作用，交流工作必须坚持下列原则：

（一）党管干部原则

党管干部原则要求在公务员转任、调任和挂职等工作中坚持以马克思列宁主义、毛泽东思想、邓小平理论、“三个代表”重要思想、科学发展观、习近平新时代中国特色社会主义思想为指导，贯彻新时代党的组织路线和干部工作方针政策，加强党对公务员队伍的集中统一领导。干部交流由党委（党组）及其组织（人事）部门按照干部管理权限组织实施，严格把握人选的资格条件。干部个人不得自行联系交流事宜，领导干部不得指定交流人选。同一干部不宜频繁交流。交流的干部接到任职通知后，应当在党委（党组）或者组织（人事）部门限定的时间内到任。跨地区跨部门交流的，应当同时转移行政关系、工资关系和党的组织关系。党要加强对公务员交流工作的监督。

（二）事业为上、人岗相适、人事相宜原则

首先，该原则要求公务员在交流工作中坚持事业为上，也即要坚持组织路线为政治路线服务，自觉把公务员交流制度建设和人才队伍建设融入中国特色社会主义事业，准确把握党和国家交流事业发展提出的新任务新要求，使公务员交流制度建设和人才队伍建设与中国特色社会主义事业协调推进。其次，该原则要求无论调任还是专任，均坚持交流事业需要什么样的人就选什么样的人，交流岗位缺什么样的人就配什么样的人，不搞论资排辈、平衡照顾，做到人岗相适、人事相宜。

（三）公道正派、注重实绩、群众公认原则

公道正派，是对各级党委（党组）和各级领导干部在交流工作中的基本要求，也是组织（人事）部门职业道德和行为规范的核心内容。坚持公道正派，是由公务员交流工作的特点决定的。公务员交流工作非常重要、敏感、复杂、影响力大，包括广大公务员和机关外人员都高度关注。坚持公道正派，就是要公道对待交流干部、公平评价交流干部、公正使用交流干部，要坚持从党的事业和工作需要决定交流人员，自觉执行公务员法、公务员转任和调任规定，按制度规矩办事，维护公务员交流法律法规法的严肃性。对于调任人选，还应该考察其机关外的工作业绩，全面了解调任人选。在公务员调任中，要充分相信和依靠群众，扩大干部调任工作中的民主，落实群众对公务员调任工作的知情权、参与权和监督权，要充分听取调任人选所在单位有关领导、群众和组织（人事）部门、纪检监察机关、

机关党组织的意见，调任人选要被群众所接受和公认。

（四）依法依规办事原则

依法依规办事原则，是指公务员的交流工作要严格按照公务员交流的法律、法规和相关规定依法定条件和法定程序进行。在公务员交流中，坚决防止“镀金”思想和短期行为，或借公务员交流变相“晋升”职务职级和级别，更不得违反规定实行公务员交流活动，例如，将乡镇机关新录用的未满规定的最低服务年限的公务员转任到上级机关进行交流。

（五）德才兼备、以德为先，五湖四海、任人唯贤原则

该原则主要是对公务员调任而言的，公务员的调任其实是进入公务员队伍的“路径”之一，同时也是公务员的一种任用方式，因此，调任人选必须符合公务员任用原则的基本要求。《公务员法》第7条规定，公务员的任用，坚持德才兼备、以德为先，坚持五湖四海、任人唯贤，坚持事业为上、公道正派，突出政治标准，注重工作实绩。根据该原则，公务员的调任，要坚持对调任人选的“德”和“才”考察，既看公务员的才，更重公务员的德，突出德的优先地位和主导作用；坚持以党和国家的事业为重，唯贤是举，不以个人好恶、亲疏、恩怨和地域、行业等画线，广开进贤之路，把更多的优秀人才吸纳到机关中。

四、公务员交流的方式

一般认为，我国公务员交流主要包括三种方式，也即调任、转任和挂职①。

（一）调任

1. 调任的概念与意义

关于调任的概念，目前我国理论上存在分歧，这主要集中在调任除了人员的

① 根据我国新修订的《公务员法》第69条的规定，交流的方式包括调任、转任，没有再包括挂职。但本书认为挂职也应该是公务员交流的一种特殊方式，这种特殊表现在现今的公务员挂职不是像过去公务员挂职重要突出的是互通人才、调剂人才之目的，而是通过承担专项任务和工作，达到丰富经验，增长才干之目的。挂职虽不改变公务员与原机关的人事关系，但是它也会在公务员与挂职单位之间产生一定的权利与义务关系，也能达到开阔视野、丰富阅历的交流目的，故挂职也有交流的意味，也应该是交流的一种方式。

调入之外，是否还包括人员的调出。对此，有的学者持肯定看法[①]，但也有学者认为《国家公务员暂行条例》中的“调任”，明确规定包含“调入”和“调出”两个方面，而《公务员法》中的“调任”只规定了“调入”一个方面。主要是考虑“调出”只涉及机关是否同意其离职的问题，从机关来看，既不用“调”，也不用“任”，因此，《公务员法》中的“调任”特指从机关外的其他从事公务的人员中调进合适人员到机关担任公务员职务的交流形式，不包括人员的调出。[②]《公务员调任规定》（2008年2月29日中共中央组织部、人事部制定，2019年10月15日中共中央组织部修订，2019年11月26日发布）第2条对调任的概念作了规定：调任指的是国有企业、高等院校和科研院所以及其他不参照公务员法管理的事业单位中从事公务的人员调入机关担任领导职务或者四级调研员以上及其他相当职务层次的职级。

与公务员录用一样，调任也属于公务员的“入口”途径，涉及公务员身份的取得，但调任与一般公务员录用却有很大区别，主要表现在两者的适用对象和程序上。根据《公务员法》的规定，调任的对象是在国有企业、高等院校和科研院所以及其他不参照公务员法管理的事业单位中从事公务的人员，适用于选拔担任领导职务或者四级调研员以上及其他相当职务层次的职级。而录用的对象是机关以外的所有符合报考条件的公民，适用于选拔担任一级主任科员以下职级层次的公务员。一般来讲，调任不需要考试，只进行考察，但公务员录用则坚持“凡进必考”的原则，不得以考察代替考试。

公务员调任制度有助于拓宽选人渠道，优化公务员队伍结构，其一方面是公务员队伍的另一个入口，在实际中具有一定程度的选拔功能[③]；另一方面还发挥了一定的交流作用，促进了公务员队伍与其他组织之间的人才交流。

2. 调任的条件

根据《公务员法》第70条的规定，国有企业、高等院校和科研院所以及其他不参照本法管理的事业单位中从事公务的人员，可以调入机关担任领导职务或者四级调研员以上及其他相当层次的职级。调任人选应当具备本法第13条规定

---

① 杨景宇、李飞：《中华人民共和国公务员法释义》，法律出版社2005年版，第169—171页。

② 张柏林：《〈中华人民共和国公务员法〉教程》，中国人事出版社、党建读物出版社2005年版，第248页。

③ 梁玉萍、张敏：《公务员多元化选拔方式评析》，载《理论探索》2011年第1期。

的条件和拟任职位所要求的资格条件，并不得有本法第26条规定的情形。调任机关应当根据上述规定，对调任人选进行严格考察，并按照管理权限审批，必要时可以对调任人选进行考试。《公务员调任规定》对调任的资格条件作了补充和细化。据此，公务员调任，应当符合下列条件：

（1）调入人员仅限于国有企业、高等院校和科研院所以及其他不参照本法管理的事业单位中从事公务的人员。因为国有企业、高等院校和科研院所以及其他不参照本法管理的事业单位中一般是由国家拨款建立或者拨款设立并维持运转的，这些单位中从事公务的人员，实际上属于国家委派经管国有资产或者管理公共事务的人员，他们的活动会影响到国家管理职能，工作性质与公务员接近。① 因此，这些单位与机关在人员交流上相互容易接受、管理方便、能够快速适应环境，政治立场坚定、对党和国家忠诚。但本书认为，为了改善行政管理，提高行政效率，协调公私部门关系，在调任制度中，将调入人员应该逐步扩大到非国有的企业和单位的人员，似乎较为可行。

（2）调入人员必须满足《公务员法》所要求的资格条件，即应当具备《公务员法》第13条规定的条件和拟任职位所要求的条件，并不得有《公务员法》第26条规定的情形。这是保障公务员队伍素质的必然要求。《公务员调任规定》第6条和第8条对调任的资格条件作了补充和细化，分为积极条件和消极条件。

①调任的积极条件

调任人选除应当具备《公务员法》第13条规定的条件外，还应当具备下列资格条件：

A. 政治立场坚定、政治素质过硬，增强“四个意识”、坚定“四个自信”、做到“两个维护”。

B. 具有胜任工作的能力素质、文化水平和专业素养，勤奋敬业、实绩突出。

C. 具有与拟调任职位要求相当的工作经历和任职资历。

D. 具备公务员法及其配套法规规定的晋升至拟任职务职级累计所需的最低工作年限。

专业技术人员调入机关任职的，应当担任副高级专业技术职务2年以上，或者已担任正高级专业技术职务。

① 杨景宇、李飞：《中华人民共和国公务员法释义》，法律出版社2005年版，第168页。

E. 调入中央机关、省级机关任职的，应当具有大学本科以上文化程度；调入市（地）级以下机关任职的，应当具有大学专科以上文化程度。

F. 调任厅局级领导职务或者一级巡视员、二级巡视员及其他相当层次职级的，原则上不超过 55 周岁；调任县处级领导职务、县级和乡镇机关乡科级领导职务或者一级至四级调研员及其他相当层次职级的，原则上不超过 50 周岁；调任其他乡科级领导职务的，原则上不超过 45 周岁。

G. 符合法律、法规、章程规定的其他条件。

因工作特殊需要，前款第 D 项、第 E 项、第 F 项所列条件需适当调整的，应当符合下列情形之一：领导班子结构需要或者调任职位有特殊要求的；专业性较强的岗位或者重要专项工作急需的；艰苦边远地区、贫困地区急需引进的。调整时，市（地）级以下机关应当按照干部管理权限报上一级公务员主管部门批准同意，省级以上机关应当按照干部管理权限报同级公务员主管部门批准同意。

必要时，省级公务员主管部门可根据本地区干部人才队伍实际，对第 1 款第 D 项、第 E 项、第 F 项条件作统一规定，报中央公务员主管部门同意后实施。另外，必须注意的是，公务员调出机关后拟再调入机关担任高于调出机关时所任职务职级的，应当具备从调出机关时所任职务职级晋升至拟调任职务职级所需的任职资格年限。

②调任的消极条件

有下列情形之一的人员，不得调任：

A. 因犯罪受过刑事处罚的；

B. 被开除中国共产党党籍的；

C. 被开除公职的；

D. 被依法列为失信联合惩戒对象的；

E. 涉嫌违纪违法正在接受有关专门机关审查尚未作出结论的；

F. 受处分期间或者未满影响期限的；

G. 正在接受审计机关审计的；

H. 法律、法规规定的其他情形。

（3）调任应当在规定的编制限额和职数内进行，并有相应的职位空缺。

（4）调入人员只限于担任领导职务或者四级调研员以上及其他相当职务层次的职级。

（5）调入必须是出于机关工作需要，比如改善机关现有的人才结构，或引进稀缺人才等。机关应当严格控制调任的人数，如果调入人员过多，会对机关内部人员的正常晋升造成影响，进而影响机关的工作效率。所以，对于公务员的调入和内部晋升机制应该统筹考虑，进行适度平衡，既要保持机关拥有新鲜的血液，又要确保机关内部人员的稳定。

3. 调任程序

根据我国《公务员调任规定》，调任按照以下程序进行：

（1）根据工作和队伍建设需要确定调任职位及调任条件

调任职级公务员应当主要补充机关紧缺的优秀专业人才。调任领导成员另有规定的，从其规定。

（2）提出调任人选

根据调任职位的要求，通过组织推荐方式产生调任人选。必要时，可以对调任人选进行考试。

（3）征求调出单位意见

调任人选确定后，调入单位要征求调出单位的意见，听取其是否同意拟调任人选进入调入单位。

（4）组织考察

对调任人选应当进行严格考察，依据调任资格条件和调任职位的职责要求，全面考察德、能、勤、绩、廉等方面表现，突出政治标准，注重了解政治理论学习、制度执行力和治理能力情况，深入考察政治忠诚、政治定力、政治担当、政治能力、政治自律等方面情况，严把政治关、品行关、能力关、作风关、廉洁关，并形成书面考察材料。考察材料应当写实，评判应当全面、准确、客观，用具体事例反映调任人选的情况。

考察时，应当采取个别谈话、实地走访、同调任人选面谈等方法，根据需要也可以进行专项调查、延伸考察等，听取调任人选所在单位有关领导、群众和组织（人事）部门、纪检监察机关、机关党组织的意见，审核干部人事档案，查核个人有关事项报告，查询社会信用记录，对反映问题线索具体、有可查性的信访举报进行核查。所在单位应予积极配合，并提供客观、真实反映调任人选现实表现和廉政情况的材料。材料由调任人选所在单位党委（党组）提出结论性意见，必要时，由党委（党组）书记、纪委书记（纪检监察组组长）签字。

（5）集体讨论决定

对于被调入人员，调入单位应该集体讨论决定，严禁单位首长或个别领导不经过集体讨论，私自决定。

（6）调任公示

根据考察情况集体讨论决定拟调任人员，并按照任前公示制的有关规定在调出、调入单位予以公示。公示期不少于五个工作日。

（7）报批或者备案

公示期满，对没有反映问题或者反映问题不影响调任的，按规定程序进行审批或者备案。按照干部管理权限确定拟调任人员后，调入机关按照规定的权限办理审批或者备案。地方省级以下机关调任公务员应当报市（地）级以上公务员主管部门审批。对反映有严重问题未经查实的，待查实并作出结论后再决定是否调任。

（8）办理调动、任职和公务员登记手续

调任人员审批、备案后，办理调动手续，并按有关规定进行公务员登记。调任人员除由国家权力机关依法任命职务的以外，一般实行任职试用期制，试用期为一年。试用期满考核合格的，正式任职；考核不合格的，另行安排工作。

（二）转任

1. 转任概述

公务员转任，是指公务员在公务员队伍内部不同职位之间的交流或者交流到参照公务员法管理的机关（单位）工作人员职位。转任是在公务员系统内部的一种交流方式，既可以跨地区、跨部门转任，也可以在同一部门进行转任。前者如省部级正职以下的领导成员的跨地区、跨部门转任，后者如担任机关内设机构领导职务和工作性质特殊的公务员在本机关内的转任。

为了培养和锻炼各级领导干部，根据《公务员法》第71条第2款、第3款规定，对省部级正职以下的领导成员应当有计划、有重点地实行跨地区、跨部门转任；对担任机关内设机构领导职务和工作性质特殊的公务员，应当有计划地在本机关内转任。实行领导成员、领导职务及工作性质特殊的公务员的转任，有助于领导干部和公务员丰富阅历，积累实践经验和改善知识结构，从而为其将来走上更高的领导职级打好基础。各级公务员主管部门和机关应当采取有效措施，激励、引导和支持公务员转任到艰苦边远地区、基层一线或者服务保障重大战略、重大工程、重大项目、重点任务的职位工作。

公务员转任一般是在同一领导职务层次、同一或者相当职级层次进行的转任。

法律法规对公务员中领导成员以及监察官、法官、检察官等转任另有规定的，公务员转任中涉及领导职务和职级升降、领导职务和职级互相转任的，按照有关规定办理。

2. 转任的条件

根据《公务员法》第71条和《公务员转任规定》（2020年12月8日中共中央组织部制定，2020年12月28日发布）相关条款的规定，公务员在不同职务、职级之间转任应当具备拟任职位所要求的资格条件，在规定的编制限额和职数内进行。据此，公务员转任应当符合以下条件：

（1）转任的公务员必须符合拟转任职务所要求的资格条件。转任是公务员职位的变动，而不同的职位对任职公务员的要求是不一样的。为了保证机关工作的顺利进行，转任的公务员应当具备拟任职位所要求的政治素质、工作能力、文化程度等方面的资格条件。接收转任公务员的机关必须对拟转任者从政治、工作、文化等方面进行考核，以确定其是否胜任拟转任的职务、职级。

（2）转任必须在国家规定的编制限额和职数内进行，并有相应的职位空缺。编制限额和职数，是对机关的设置和人员数量实行控制的重要手段之一，具有法定效力，任何机关和个人都不得擅自突破，转任自然也不例外。同时，转任还要有职位的空缺，否则，机关也不能接受转任。

（3）转任对象必须是法律法规规定的公务员。转任的对象并不是所有的公务员，也不是所有的公务员都要进行转任，要成为转任对象，必须符合法律法规规定。根据《公务员转任规定》，转任对象必须是以下这些公务员：①因工作需要转任的；②优化队伍结构需要的；③需要通过转任提高能力素质的；④在同一职位工作时间较长的；⑤按照规定需要回避的；⑥因其他原因需要转任的。

具有下列情形的公务员一般不得转任：①试用期未满的；②正在接受纪律审查、监察调查，或者涉嫌犯罪，司法程序尚未终结的；③法律法规规定的其他不得转任的情形。

另外，乡镇机关新录用公务员工作未满规定的最低服务年限的，不得转任到上级机关，也即未满最低服务年限的基层公务员不得转任，但公务员法规定，上级机关应当注重从基层机关公开遴选公务员。公开遴选是公务员队伍内部竞争性转任的一种方式，一般适用于市（地）级以上机关从下级机关公开择优选拔内设机构公务员。公开遴选有利于解决领导机关公务员队伍来源和经历结构单一，实现公务员队伍内部“二次择优”。2013年，中共中央组织部、人力资源社会保障部制定印发《公务员公开遴选办法（试行）》，对公开遴选的实施范围、组织权限、程序等进行了规定，公开遴选相关政策措施不断完善，工作流程进一步优化。必须注意的是，《公务员转任规定》第 7 条规定了公务员应当转任的情形。根据该规定，担任机关内设机构领导职务的公务员在同一职位工作满 10 年的，不担任领导职务的公务员在组织、人事、纪检、监察、审计、财务、项目和资金审批、招标采购、行政许可、行政处罚等同一职位工作满 10 年的，应当转任。因工作特殊需要暂缓转任的，应当按照管理权限报公务员主管部门同意。

3. 公务员转任程序

（1）机关内部转任程序

①确定转任职位及相关资格条件，研究提出拟转任人选。

②按照管理权限研究决定。

③办理任免职手续。需要报批或者备案的，按照有关规定办理。

（2）跨地区、跨部门转任程序

机关开展跨地区、跨部门公务员转任的，一般由转入机关或者其上级机关按照以下程序办理：

①根据需要制定工作方案，确定转任职位及相关资格条件。

②研究提出拟转任人选。

③征求转出机关意见，根据有关规定和工作需要组织考察。

④按照管理权限研究决定。

⑤办理任免职等相关手续。需要报批或者备案的，按照有关规定办理。

（3）公务员主管部门跨地区、跨部门转任程序

公务员主管部门在本辖区内开展公务员跨地区、跨部门转任的，一般按照以下程序办理：

①制定工作方案，确定转任职位及相关资格条件。

②公务员主管部门会同相关机关研究提出拟转任人选，或者直接提出拟转任人选。

③根据有关规定和工作需要组织考察。

④转入机关或者其上级机关按照管理权限研究决定。

⑤办理任免职等相关手续。需要报批或者备案的，按照有关规定办理。

公务员转任程序完成后，转入机关应当及时与转任后的公务员进行谈心谈话，根据工作需要进行培训，加强关心关爱和指导帮助。转出机关应当配合转入机关

做好考察等工作，如实反映拟转任人选真实情况，及时转递干部人事档案，转移行政关系、工资关系等。公务员应当服从转任决定，在 10 个工作日内办理公务交接等手续。对无正当理由拒不服从组织转任决定、拒不办理公务交接手续的，依规依纪依法予以免职或者降职使用，并视情节轻重给予处分。

（三）挂职

挂职是指机关根据工作需要，有计划地选派公务员在一定时间内去其他单位承担具体的重大任务或者其他专门性的工作。修订后的《公务员法》第 72 条规定，根据工作需要，机关可以采取挂职方式选派公务员承担重大工程、重大项目、重点任务或者其他专项工作。这是贯彻 2018 年全国组织工作会议精神所作的重要修改。在公务员管理实践中，挂职不改变公务员的人事关系、工资关系等，只是工作岗位上的暂时调整。挂职的公务员仍属于选派单位，占用选派单位的编制，期满后仍回选派单位工作，这是挂职与调任、转任等公务员交流的主要区别。

修订后的公务员法将挂职的定位作了适当调整，特指有目的地选派公务员承担重大工程、重大项目、重点任务或者其他专项工作，在发挥挂职公务员作用、推进工作的同时，促使挂职公务员拓宽视野、开阔思路、丰富经验。目前，挂职锻炼的对象主要是从在职公务员中挑选出来的，一般主要是缺乏基层工作经验的公务员和有培养前途的中青年公务员，特别是后备干部人选。《党政领导干部选拔任用工作条例》规定，经历单一或者缺少基层工作经历的年轻干部，应当有计划地派到基层、艰苦边远地区和复杂环境工作，坚决防止“镀金”思想和短期行为。《关于规范干部挂职工作有关问题的通知》规定，围绕服务保障脱贫攻坚、西部大开发、东北振兴、原中央苏区振兴发展等重大战略，“一带一路”建设、雄安新区建设、海南自由贸易区（港）建设以及其他重大工程、重大项目、重点任务，可以组织干部人才挂职；要从严控制领导班子中挂职干部人数，根据事业需要安排挂职岗位，合理确定挂职时间，严格备案审批等。

第七节　公务员的回避

一、公务员回避的概念与意义

公务员回避是指为保证公务员不受外界人为因素的干扰，公正廉洁地执行公务，依照法律、法规、规章等规定，对公务员在有关职位担任领导职务或者职级、执行公务等作出的限制或者调整。建立完善的公务员回避制度，对于加强对公务员的管理和监督，完善权力运行制约机制，防止利益冲突，保证公务员依法、公正执行公务，建设信念坚定、为民服务、勤政务实、敢于担当、清正廉洁的高素质专业化公务员队伍有着重要意义。

1. 有助于确保公务员公正地履行职责。根据自然正义原理，公务员应当公平公正地履行职责。但是由于公务员是生活在现实社会中的感情动物，往往会产生各种偏见，这些偏见来源主要有：物质利益（material interest），也即在财务上、金钱上有直接利益关系的；个人态度、关系及信仰（personal attitudes，relationships，beliefs），也即有个人敌意、亲密之个人、友谊、家庭关系、职业上关系、雇员与雇主关系而对决策者之态度有重大影响的；对机关之忠贞（loyalty to the institution），也即对组织之忠诚，似不可能在客观与利益间保持公正平衡的；事前对该案会参与裁判（prior involvement and pre-judgement of the issues），即之前已参与同一案件之审查，似已有先入为主的观念的[①]。因为偏见是公正的最大敌人，有了这些偏见，公务员自然难以做到执行职务的公平和公正。实行回避制度，帮助公务员排除产生偏见的亲情、利益等因素的不当干扰，可以有效地确保公务员公正履行职责。

2. 有助于促进机关的廉政建设。回避制度是一种防腐剂，具有将公务员和腐败源绝缘的“隔离带”作用。坚持回避制度，可以有效克服“打招呼、递条子”，

① Gerard Hogan and Daid Morgan，Administrative Law（London：Sweet & Maxvell，2012），pp.246–249.

“请托送礼”“提钱进步”等不良行为，能够积极主动地从源头上铲除产生腐败的土壤和条件，为公务员健康成长创造良好的风清气正、河清海晏的政治环境，从而有利于公务员干净担当和机关的廉政建设。

二、回避的种类

根据《公务员回避规定》第 2 条的规定，公务员回避包括任职回避、地域回避和公务回避。

1. 任职回避

任职回避，又称为职务回避，是指对有某种亲属关系的公务员，在担任某些关系密切的职务方面作出的限制和约束。根据《公务员法》第 74 条的规定，公务员之间有夫妻关系、直系血亲关系、三代以内旁系血亲关系以及近姻亲关系的，不得在同一机关双方直接隶属[①]于同一领导人员的职位或者有直接上下级领导关系的职位工作，也不得在其中一方担任领导职务的机关从事组织、人事、纪检、监察、审计和财务工作。亲属关系是公务员的一种重要社会关系，以公务员为中心，有亲疏远近之分，实行任职回避，就是要减少亲属关系对公务员履行职务的影响，防止任人唯亲、结党营私等现象，保证公务员能够依法公正地行使权力。另外必须注意的是，即使具有亲属关系的一方没有在国家机关工作，但有可能影响公务员履行职务的，也应该回避。例如《公务员法》第 74 条第 2 款规定，公务员不得在其配偶、子女及其配偶经营的企业、营利性组织的行业监管或者主管部门担任领导成员。

根据《公务员回避规定》第 5 条的规定，实行任职回避的亲属关系[②]，主要是指下列关系：（1）夫妻关系；（2）直系血亲关系，包括祖父母、外祖父母、父母、子女、孙子女、外孙子女；（3）三代以内旁系血亲关系，包括伯叔姑舅姨、兄弟姐妹、堂兄弟姐妹、表兄弟姐妹、侄子女、甥子女；（4）近姻亲关系，包括配偶

---

① 《公务员回避规定》第 5 条第 3 款规定，本规定所称直接隶属，是指具有直接上下级领导关系；同一领导人员，包括同一级领导班子成员；直接上下级领导关系，包括上一级正副职与下一级正副职之间的领导关系。

② 根据《公务员回避规定》第 5 条第 2 款规定，公务员回避的亲属关系，包括法律规定的拟制血亲关系。

的父母、配偶的兄弟姐妹及其配偶、子女的配偶及子女配偶的父母、三代以内旁系血亲的配偶。

根据《公务员法》第74条的规定，实行任职回避的职务关系，主要是指以下4种：

（1）在同一机关担任双方直接隶属于同一领导人员的职务。直接隶属，是指具有直接上下级领导关系；同一领导人员，包括同一级领导班子成员。

（2）在同一机关有直接上下级领导关系的职务。直接上下级领导关系，包括上一级正副职与下一级正副职之间的领导关系。

（3）在其中一方担任领导职务的机关从事组织、人事、纪检、监察、审计和财务工作。

（4）在其配偶、子女及其配偶经营的企业、营利性组织的行业监管或者主管部门担任领导成员。

在实践中，对于公务员的任职回避，在大多数情况下都是可行的，但对于一些特殊地区或职业来讲，严格执行任职回避，反而会给公务员工作带来极大的不便。因此，考虑到实践中实行回避的复杂性，《公务员法》允许在这种情况下对任职回避作出相应的变通。为保持法律的严肃性和公务员队伍的稳定性，省级以上公务员主管部门可以对任职回避规定的执行作出变通规定。比如，夫妻双方在边远地区或者特殊岗位上工作，就不容易实行任职回避。

根据《公务员回避规定》第8条，公务员的任职回避按照以下程序办理：（1）本人提出回避申请或者所在机关提出回避建议。（2）任免机关组织人事部门按照管理权限进行审核，并提出回避意见报任免机关。在报任免机关决定前，应当听取公务员本人及相关人员的意见。（3）任免机关作出决定，需要回避的，予以调整。职务层次不同的，一般由职务层次较低的一方回避；职务层次相同的，根据工作需要和实际情况决定其中一方回避。

2. 地域回避

地域回避是指担任一定层次领导职务的公务员不得在其原籍或者其他不宜任职的地区，担任一定级别的职务。实行地域回避，主要是为了消除亲属、宗族等社会关系对公务员履行公职的不正当干扰，为公务员提供良好的工作环境，保证其能够秉公执法。根据《公务员法》第75条的规定，公务员担任乡级机关、县级机关、设区的市级机关及其有关部门主要领导职务的，应当按照有关规定实行地域回避。《公务员回避规定》第11条规定，公务员担任乡（镇）党委和政府主要领导职务的，应当实行地域回避；公务员不得在本人成长地担任县（市）党委和政府主要领导职务，一般不得在本人成长地担任市（地、盟）党委和政府主要领导职务。公务员不得在本人成长地担任县（市）纪委监委、组织部门、法院、检察院、公安部门主要领导职务，一般不得在本人成长地担任市（地、盟）纪委监委、组织部门、法院、检察院、公安部门主要领导职务。

民族自治地方的少数民族领导干部的地域回避按照有关法律规定并结合本地实际执行。

据此，对于地域回避，可从以下几个方面来理解：

（1）适用地域回避制度的机关是乡级机关、县级机关、设区的市级机关及其有关部门。乡级机关主要是指：乡级党委和人民政府；县级机关主要是指：县级党委、人民政府、纪委监委、组织部门、法院、检察院、公安部门等；市级机关主要是指市级纪委监委、组织部门、法院、检察院、公安部门等。《公务员法》将地域回避限制在市级以下，一方面，由于市级以下公务员所承担的工作一般较为具体、直接，执行公务的范围相对也小。实行地域回避确有必要和可能。另一方面，鉴于一般的公务员在许多公务活动中只是公务的具体办理者，对公务没有直接决定权。①

（2）地域回避适用于担任乡、县及市三级机关及其有关部门主要领导职务的公务员。主要领导一般是指各机关及部门的正职领导成员。

（3）法律对公务员回避另有规定的，从其规定。比如民族区域自治地方的公务员不适用地区回避。这是充分考虑了少数民族地区的特点，有利于促进少数民族地区经济文化的发展，符合我国宪法关于在少数民族聚集地区实行民族区域自治的精神。

根据《公务员回避规定》第 12 条规定，公务员的地域回避按照以下程序办理：（1）本人提出回避申请或者所在机关提出回避建议。（2）任免机关组织人事部门按照管理权限进行审核，并提出回避意见报任免机关。在报任免机关决定前，应当听取公务员本人及相关人员的意见。（3）任免机关作出决定。需要回避的，予以调整。

3. 公务回避

公务回避是指公务员在行使职权的过程中，因其所处理的事务与其有利害关

---

① 傅思明：《新〈公务员法〉十讲》，人民出版社 2019 年版，第 148 页。

系，为保证公务的公正履行，依法终止职务行为而由其他公务员替代其执行公务，根据《公务员回避规定》第13条的规定，公务员应当回避的公务活动包括：（1）考试录用、聘任、调任、领导职务与职级升降任免、考核、考察、奖惩、转任、出国（境）审批；（2）巡视、巡察、纪检、监察、审计、仲裁、案件侦办、审判、检察、信访举报处理；（3）税费稽征、项目和资金审批、招标采购、行政许可、行政处罚；（4）其他应当回避的公务活动。实行公务回避，主要是为了防止公务员在履行公务中掺杂个人因素，保障公务的公正履行。“人的本质不是单个人所固有的抽象物，在其现实性上，它是一切社会关系的总和。[①]”公务员虽是国家的公职人员，但也生活在现实生活当中，有着各种各样的利害关系，如果将所有的利害关系都作为公务回避的事由，那么就有可能导致在某个案件中找不到一个符合规定的公务员来执行公务，因此，考虑到利害关系的复杂性，《公务员法》对利害关系做了适当的限制。根据《公务员法》第76条的规定，公务员执行公务时，有下列情形之一的，应当回避：

（1）涉及本人利害关系的。“任何人都不得做自己的法官”，事实证明，趋利避害的本性使公务员在处理与自己相关的事务时很难作出公正、理性的判断。因此，公务员在执行涉及自己利害关系的公务时，应当主动回避。

（2）涉及与本人有夫妻关系、直系血亲关系、三代以内旁系血亲关系以及近姻亲关系的人员的利害关系的。

（3）其他可能影响公正执行公务的。这是一个兜底条款，将回避的范围扩大到了所有可能影响公正执行公务的利害关系上。从实践来看，诸如同学关系、战友关系、老同事关系等，都有可能会影响公务员公正行使职权，因此一旦出现此种情形，公务员应当予以回避。

根据《公务员回避规定》第15条的规定，公务员的公务回避一般按下列程序办理：（1）本人或者利害关系人及时提出回避申请，或者主管领导提出回避要求。（2）所在机关及时进行审查作出是否回避的决定，并告知申请人。（3）需要回避的，由所在机关调整公务安排。此外，在特殊情况下，所在机关也可以直接作出回避决定。

① 《马克思恩格斯选集》（第1卷），人民出版社2012年版，第135页。

三、回避的程序

根据回避程序启动主体的不同，公务员的回避程序可以区分为：申请回避、自行回避和决定回避。

1. 申请回避

申请回避是指机关处理的公务所涉及的利害关系人，认为具体处理公务的公务员有法律规定的应当回避的情形时，依法在公务结束前请求有权机关停止该公务员继续处理此项公务的制度。为保证国家机关准确、高效地处理公共事务，申请回避的主体应当是公务处理结果对其权利义务具有实际影响的利害关系人，除利害关系人之外的主体一般没有申请公务员回避的权利。但其他人员可以向机关提供公务员需要回避的情况。公务回避一般由本部门主管领导作出回避决定。由于在任职回避和地域回避中不存在利害关系人，因而申请回避制度主要存在于公务回避制度中。

申请回避是利害关系人凭借主观判断作出的行为，其申请是否能够得到支持需要经过有权机关的审查。一般而言，申请回避有如下几个步骤：（1）提出申请。利害关系人应当在公务执行开始后到公务处理结束前的期间向有权决定的机关提出申请。提出申请时应当一并说明申请所依据的理由和事实依据。（2）有权决定的机关接到回避申请后，根据利害关系人提出的事实材料和理由，在充分调查和研究的基础上，审查利害关系人的请求是否能够成立。（3）作出决定。经过依法审查，有权机关应当在一定期限内作出是否批准回避申请的决定，并书面或者口头通知申请人和被申请人。回避理由成立的，应当依法作出回避决定；回避理由不成立的，可以驳回申请人的请求。

2. 自行回避

自行回避是指公务员本人在处理公务的过程中，自己认为存在法律规定的应当回避的情形时，主动向有关机关负责人提出回避请求，由有关机关负责人依法对其申请进行审查，从而作出是否准许决定的制度。自行回避原则上适用于任职回避、地域回避以及公务回避。公务员认为自身符合法律规定的应当回避的条件时，应当主动提出申请。

依照相关规定，自行回避需要经过以下审查批准程序：（1）由公务员本人提出回避请求，即公务员在任职前或者任期内以及公务执行结束之前，向有权机关提出回避请求并说明理由。（2）审查申请。有权机关的主管人员应当在收到回避申请后，依法及时对公务员提出的理由和事实进行审查。（3）作出处理决定。有权机关负责人对回避请求依法审查后认为该公务员确实存在法律规定的应当回避的情形时，应当对其任职进行调整或者及时终止该公务员对此公务的处理。

3. 决定回避

决定回避是指在利害关系人没有提出回避申请以及公务员没有主动提出回避的情况下，有权机关根据已掌握的事实材料，直接作出的回避决定。决定回避主要适用于任职回避和地域回避的情形中，一般由人事主管部门批准决定。规定由有权机关决定回避的制度，是对回避制度的一种有效补充。利害关系人或者公务员本人可能由于各种原因不能申请回避或者不愿意申请回避。在这种情况下，人事主管部门就可以在事实材料充分的基础上，主动作出回避的决定，保证国家机关能够公正地处理公共事务、树立良好形象。

四、公务员回避的法律竞合

《公务员法》规定的公务员的范围十分广泛，除其他机关的公务员外，司法机关中的法官和检察官也被纳入其中，同样也要受《公务员法》有关回避制度的约束。但是法官和检察官与其他机关的公务员有着较大区别，尽管他们也有共同点。因此，根据《公务员法》第 78 条的规定，《法官法》《检察官法》等法律中对法官、检察官的回避制度有不同于《公务员法》关于回避规定的，应当优先适用《法官法》《检察官法》等其他法律关于回避的特殊规定。此时，我们可以将《公务员法》中关于回避的规定视为一般规定，仅作为其他规定回避制度的法律的补充性规定，只有在《法官法》《检察官法》没有相应规定的时候才有适用的余地。此外，国家驻外机构公务员的回避，由有关部门另行规定。只有在有关部门没有规定或回避规定不完善时，才适用《公务员法》关于回避的规定。

五、公务员回避的管理与纪律

《公务员回避规定》对公务员回避的管理与纪律进行了较为详细的规定，这对于确保公务员回避制度落到实处发挥了重要的作用。根据《公务员回避规定》，公务员回避的管理和纪律主要体现在对于回避的及时预防、应对措施、法律责任和信息化建设等方面。首先，对拟进入机关的人员和拟晋升、转任等的人员，应当依据本规定加强事前提醒、严格审查把关，根据需要提前调整，避免形成回避关系；对因婚姻、职位变化等新形成的回避关系，应当及时予以调整。其次，公务员应当服从回避决定，无正当理由拒不服从的，应当予以免职或者降职使用，直至不再形成回避关系。再次，公务员有需要回避的情形不及时报告或者故意隐瞒的，应当区分不同情况，予以批评教育、责令检查、诫勉、组织调整或者组织处理；影响公正执行公务，造成不良后果的，应当给予相应处分。复次，在公务员回避工作中，对有不按照规定审核回避条件、办理回避申请、作出回避调整等情形的，区分不同情况，予以责令纠正或者宣布无效；根据情节轻重，依规依纪依法追究负有责任的领导人员和直接责任人员责任。最后，各级公务员主管部门应当结合公务员管理信息系统建设，推进公务员回避工作信息化、规范化。

综上，完整的回避制度是任职回避、地域回避和职权回避的有机结合，其作用在于保证国家公务员保持公正廉洁，避免因亲情关系妨碍或影响其秉公办事，更好地依法执行公务。因此，应当充分重视任职回避、地域回避和职权回避的相关规定，充分认识到它们在公务管理中有效结合的价值与实际意义。①

---

① 傅思明:《新〈公务员法〉十讲》，人民出版社2019年版，第149页。

第八节　公务员的工资福利保险

工资、福利、保险是公务员激励机制中最为重要的一项内容，事关公务员生活之尊严、工作之质量和成效及社会秩序之稳定。没有工资、福利和保险，或者工资、福利和保险难以满足日常开支，公务员都无法安心工作，而公务员不安心工作，机关工作就难以开展，经济和社会秩序也无法得到维持。因此，获得较为丰厚的工资、福利和保险待遇既是公务员的法定权利，也是国家应尽的法定义务。

一、公务员的工资

（一）公务员工资概述

1. 公务员工资的概念与特点

公务员的工资是指国家根据法律法规规定，以货币形式对公务员的劳动所支付的报酬。工资不仅是公务员维持日常生活的必要条件，也是公务员在社会中的地位和作用的合理反映。但与企业等单位的职工工资相比，公务员工资有其自身的特点：（1）等级和照顾性。私人之报酬可按事务繁简、工作时间长短甚至工作量多寡而给付，公务员的工资则不仅反映其等级之高低，且须提供公务员维持与其身份相当之生活水准，以体现国家应负公务员生活照顾之义务。[①]（2）法定性。私人之报酬可由当事人相互约定，除劳工之薪资不应低于最低工资外，不受法律之限制；公务员之工资则由法律规定，在法定支出标准之外，为增减给付之约定者，其约定无效。又工资与公务员身份有不可分之关系，事先表示抛弃者，亦应认为不生效力。[②]（3）激励性。公务员的工资尽管并非一定是劳动的对价，但无

① 吴庚：《行政法之理论与实用》，台湾三民书局2012年版，第236—237页。

② 吴庚：《行政法之理论与实用》，台湾三民书局2012年版，第236—237页。

论如何，公务员工资的支付都要能够达到激励公务员努力工作，做人民公仆的目的。因此，公务员工资必须具有一定的激励性，要能够吸引外部优秀人才和激励在岗公务员积极履行义务。

2. 公务员工资的法律性质

关于公务员工资的法律性质，历来存在“相对报酬说”与“生活资金说”之争。[①] 相对报酬说认为工资乃是公务员执行职务所得之报酬，为国家所支付之对待给付；持生活资金说则认为，工资是国家为照顾公务员生活所支配之资金。前者乃是着眼于公务员关系与劳动契约关系的近似性而立论；后者则主要立足于官吏对封建君主的概括身份从属关系之特质，认为公务员献身执行勤务的义务，与君主保障其适合身份的生活之义务构成一种相互交换关系。近年来，国内学者多认为国家公务员的工资是劳动报酬。例如有学者认为，国家公务员的工资是国家支付给公务员的劳动报酬。[②] 谭宗泽教授也主张，基于公务员与国家之间的公务员职务关系的行政性而言，可以认为工资是公务员的行政受益权的体现，具有生活扶养性和与勤务的对价性；如果认为公务员与国家之间还包括国家与公务员间的雇佣关系的话，工资就是公务员的劳动报酬。[③] 本书认为，公务员工资不能简单地认为是劳动报酬，而应该认为是国家依法对公务员的一种特殊的物质给付，其目的是让公务员过有尊严的生活和忠实于公务之履行。这是因为公务员的工资并非按照劳动效益给予的对价，而是按照职务、职级和级别等因素依法确认的，更多地体现了“等级性”和“法定性”，另外公务员的工资除要维持公务员及家庭的生活所需外，还要确保公务员在社会中的一定身份和地位。因此，鉴于公务员工资的特性，对于公务员的工资不能依据一般的劳动法予以规范和保障，而应该制定专门的公务员工资法予以规范和保障。

3. 公务员工资制度的意义

建立合理、科学、公平的公务员工资制度，对于充分发挥工资的保障、激励、调节功能具有重大的作用。主要表现在[④]：

---

① 参见［日］鹈饲信成：《日本公务员法》，曹海科译，重庆大学出版社 1988 年版，第 95—97 页。

② 熊文钊：《现代行政法原理》，法律出版社 2000 年版，第 203 页；钱再见等：《公务员制度创新与实施》，广东人民出版社 2002 年版，第 284 页。

③ 谭宗泽：《公务员法》，载应松年：《当代中国行政法》，人民出版社 2018 年版，第 529 页。

④ 杨景宇、李飞：《中华人民共和国公务员法释义》，法律出版社 2005 年版，第 189 页。

（1）保证公务员本人及赡养人员的基本生活需要，使其安心工作，解除公务员的后顾之忧。工资作为公务员主要的甚至是唯一的经济来源，必须要能够解决公务员自己及其全家必需的生活开支，以维持公务员健康的体质，使公务员能精力充沛地从事所承担的工作，并对其家庭在生活上有一个比较妥当的安排，使其不因家庭生计而分散精力。因此，公务员的工资收入，不仅仅是公务员个人及家庭生活消费问题，而且关系到党政机关各工作部门的工作效率能否得到充分的发挥。

（2）激励公务员努力工作，有效地调动公务员的积极性和创造性。建立富有竞争作用的公务员工资制度，将公务员的工作热情建立在对个人物质利益的关心基础之上，给其合理的工资报酬，使公务员认识到，对于他们的工作和劳动，国家给予了承认并提供足够的报偿。

（3）吸引各方面人才加入公务员队伍，为建设高素质公务员队伍提供条件。运用工资的调节功能吸引各方人才竞争公务员职位，是一项非常有力的措施。工资对人力资源的合理配置能产生一定的调节作用，调节着人才市场和人才资源的流向。国家利用工资这一经济杠杆协调各方面的利益关系。确立公务员工资制度，提高公务员的工资水平，使公务员成为具有吸引力的职业，势必将保持各个机关足够的凝聚力和吸引力，把社会各方面的优秀人才适量地吸引到公务员队伍中，从而保证公务员队伍的素质不断提高。

4. 公务员工资制度的新近改革

2014 年 12 月，中央全面深化改革领导小组第七次会议审议通过《关于县以下机关建立公务员职务与职级并行制度的意见》，以增加职级晋升通道，解决基层公务员“晋升难、待遇低”的矛盾。2016 年 7 月，人力资源和社会保障部印发《人力资源和社会保障事业发展“十三五”规划纲要》，部署“完善适应机关事业单位特点的工资制度”。2016 年 12 月，十二届全国人大常委会第二十五次会议通过《关于授权国务院在部分地区和部分在京中央机关暂时调整适用〈中华人民共和国公务员法〉有关规定的决定》，推行公务员职务与职级并行、职级与待遇挂钩制度。2018 年新修改的《公务员法》规定，公务员实行国家统一规定的工资制度。公务员工资制度贯彻按劳分配原则，体现工作职责、工作能力、工作实绩、资历等因素，保持不同领导职务、职级、级别之间的合理工资差距。2019 年 3 月，中共中央办公厅印发《公务员职务与职级并行规定》，规定“公务员根据所任职级执行相应的工资标准，享受所在地区（部门）相应职务层次的住房、医疗、交通补贴、社会保险等待遇”。

总体来看，根据公务员法的规定，我国目前实行的是职务与职级并行、职级与待遇挂钩，国家统一规定的工资制度。

（二）公务员工资确立的原则

工资制度是《公务员法》的重要内容，工资制度是否合理，关系到公务员队伍的稳定，也涉及国家财政的负担能力问题。从《公务员法》的规定来看，确定公务员工资制度一般应遵循以下原则：

1. 同工同酬原则

几乎所有的市场经济国家都把同工同酬作为公务员内部工资分配的主要原则，只要公务员从事相同或相近的工作，就应当得到大致相同的报酬，而不论其所在单位、性别、种族和政治背景有何差别。① 由于同工同酬原则体现了工资管理中的公正与公平，许多国家在法律中都规定了同工同酬原则。法国《公务员总章程》中规定，国家公职和地方公职中属于相同职类的公务员享有同样的报酬，不得因他们的政治、工会、哲学或宗教方面的观点，他们的性别和种族而受到任何区别对待。英国规定，文官中的妇女领取与做类似工作的男人相同的工资。我国没有明确规定同工同酬原则，但《公务员法》第 79 条第 2 款规定了公务员的工资制度应当贯彻按劳分配的原则，也在一定程度上体现了同工同酬的内涵。另外，同工同酬原则，并不排除工资的合理差距。我国《公务员法》规定，公务员工资应该根据工作职责、工作能力、工作实绩、资历等因素，保持不同领导职务、职级、级别之间的合理工资差距。只有这样，才能打破“大锅饭”和平均主义，发挥工资制度的激励效应。

2. 职务与职级并行的原则

根据《公务员法》规定，“国家实行公务员职务与职级并行制度，根据公务员职位类别和职责设置公务员领导职务、职级序列”；公务员工资制度要“保持不同职务、职级、级别之间的合理工资差距”。我国实行国家统一的公务员工资制度。职务、职级和级别是确定公务员工资的基本依据。实行国家统一的工资制度，体现不同职务、职级和级别的公务员的工作责任、工作能力、工作实绩等方面差异，

---

① 谭功荣：《公务员制度比较研究》，重庆出版社 2007 年版，第 241 页。

并做好统筹兼顾。保持不同职务、职级和级别的公务员工资之间的合理差距，既要克服平均主义现象，又要充分发挥公务员工资的激励作用。

3. 与经济发展水平相适应原则

与经济发展水平相适应原则是确定公务员工资水平应当遵守的原则。虽然公务员工资制度应贯彻按劳分配的原则，但由于公务员的工作具有难以量化评估的特点，而且公务员工资属于社会产品的二次分配，由法律直接定位公务员工资水平缺乏参照标准。① 因此，为了使公务员的工资保持在一个合理的水平上，既不至于让国家财政不堪负担，又能够发挥公务员的积极性。《公务员法》明确要求，公务员的工资水平应当与国民经济发展相协调、与社会进步相适应。为此，国家应当实行工资调查制度，定期对公务员和企业相当人员工资水平进行调查比较，并将工资调查比较结果作为调整公务员工资水平的依据，保证各行业、各部门之间的工资分配合理公正。

4. 正常增资原则

要让公务员的工资能够始终保持在合理的水平，实现与经济社会发展相协调，体现出职务、职级、资历等差异，就必须建立起工资的正常增长机制。国外许多国家都将“定期增资原则”作为公务员工资制度的一项基本原则，例如日本的《一般职员报酬法》规定：“公务员工作优良，满十二个月提薪一次，工作成绩格外优秀者，提前提薪或越级提薪。”我国《公务员法》第 79 条第 3 款也明确规定：“国家建立公务员工资的正常增长机制。”我国综合管理类公务员工资正常增长主要有 4 个途径：（1）晋升领导职务、职级增加工资；（2）按年度考核结果晋升级别增加工资；（3）按年度考核结果晋升级别工资档次；（4）调整基本工资标准。通过多种途径不断提高公务员的工资，一方面，是为了保证公务员队伍的素质和公务员队伍的稳定，激励公务员安心为国家机关服务，并且努力提高行政管理工作的服务效率。另一方面，也是为了保证公务员队伍的廉正、守法、奉公，促进机关的廉政建设。②

5. 法律保障原则

公务员依法履行公职，完成了国家规定的工作任务，有权要求国家支付工资报酬。为了确保公务员工资的及时足额获得，我国同世界大多数国家一样，已将

---

① 全国人大法制工作委员会:《〈中华人民共和国公务员法〉解读》，人民出版社 2005 年版，第 237 页。

② 参见钱再见等:《公务员制度创新与实施》，广东人民出版社 2002 年版，第 309—310 页。

公务员工资制度纳入法制化轨道。公务员工资有明确的法律规定，强调依法定薪、依法支薪、依法管薪、依法保薪。[①]《公务员法》第 80 条第 5 款规定："公务员工资应当按时足额发放。"第 84 条规定："……任何机关不得扣减或者拖欠公务员的工资。"第 11 条规定，公务员工资等所需经费应当列入财政预算，予以保障。实行法律保障制度，不仅可以使公务员工资得到充足的保障，而且也可以防止公务员调资方面的胡作为、乱作为等行为。

（三）公务员工资的构成

我国公务员工资的构成并不是一成不变的，而是随着工资制度的改革而不断发展变化。1985 年 6 月，中共中央、国务院印发了《关于国家机关和事业单位工作人员工资制度改革问题的通知》，开始对国家机关、事业单位工作人员的工资制度进行全面改革。这次工资改革的主要内容之一，就是在机关实行以职务工资为主要内容的结构工资制，按照工资的不同职能，区分为基础工资、职务工资、工龄津贴和奖励工资四个部分，其中，职务工资在工资构成中占主要部分。1985 年的工资制度改革后，发现工资制度存在过分强调职务因素和平均主义盛行等问题，于是在 1993 年，国务院下发《关于机关和事业单位工作人员工资制度改革问题的通知》，改革的主要内容之一，就是机关实行职务级别工资制，由职务工资、级别工资、基础工资、工龄工资四个部分组成。随着我国社会主义市场经济体制的建立和各项制度改革的不断深化，1993 年建立的工资制度在运行中逐渐暴露出工资收入分配秩序比较混乱、工资收入水平总体偏低等问题，于是 2006 年实施的《公务员法》明确提出公务员实行国家统一的职务与级别相结合的工资制度，并将公务员基本工资构成由原职务工资、级别工资、基础工资、工龄工资四项调整为职务工资和级别工资两项，其余部分是津贴、补贴和奖金。[②]根据现行《公务员法》第 79 条第 1 款和第 80 条的规定，公务员实行国家统一规定的工资制度，公务员工资包括基本工资、津贴、补贴和奖金。具体来讲：

1. 基本工资

2006 年《公务员法》将公务员的基本工资由职务工资、级别工资、基础工资、

---

① 张桀：《公务员制度的理论与实践》，人民日报出版社 2012 年版，第 320 页。

② 我国公务员工资构成的发展变化详情，请参见熊亮：《中华人民共和国工资制度 70 年：经验、传承和创新》，载《中国人事科学》2019 年第 10 期。

工龄工资四部分简化为职务工资与级别工资两部分，2018年修改后的《公务员法》和《公务员职务与职级并行规定》又规定，我国公务员实行职务和职级并行的工资制度，公务员的领导职务、职级和级别是确定公务员工资和其他待遇的依据。由此可见，我国当下的公务员的基本工资由两块构成：一块反映职务、职级，是职务职级工资；另一块反映级别，是级别工资。其中，职务职级工资是根据公务员的职务职级高低、责任轻重和工作难易程度等因素来确定的工资，而级别工资是根据公务员的级别即公务员的工作绩效和工作年限等因素来确定的工资。同时要保持不同领导职务、职级、级别之间的合理工资差距。

2. 津贴

津贴是对公务员在特殊劳动条件或工作环境下付出额外劳动和生活费支出给予的适当补偿。根据《公务员法》第80条的规定，公务员的津贴主要包括以下几种：

（1）地区附加津贴，主要反映地区之间经济发展水平和物价消费水平等方面的差异，同时还考虑公务员工资水平与企业职工工资水平之间的差距。实行地区附加津贴，可使不同地区的公务员工资水平与当地经济发展相联系，体现不同地区物价水平的差异，允许各地方运用地方财政提高公务员的工资水平，保障公务员在当地的生活质量。地区津贴是对1956年我国实行的“工资区”制度的替代。1993年提出建立地区附加津贴制度的构想，根据各地经济发展水平、物价和生活费用支出等因素，考虑机关、事业单位工资水平与当地企业工资水平的差距来确定津贴标准，目的是将机关、事业单位职工工资的提高与本地区经济发展联系起来。但是由于种种原因，地区附加津贴制度一直未能出台。[①]

（2）艰苦边远地区津贴，是对在艰苦边远地区工作的人员额外劳动消耗和特殊生活费支出等的适当补偿。建立这项津贴，体现了不同地区在自然地理环境等方面的差异，有利于发挥工资的补偿和导向作用，鼓励人们到艰苦边远地区工作。近几年，我国颁布了许多关于艰苦边远地区津贴的规定，大大提高了津贴标准，例如2016年1月，人力资源和社会保障部、财政部印发了《关于完善调整艰苦边远地区津贴增长机制和调整艰苦边远地区津贴标准的通知》。但由于公务员基本工资仍然实行全国统一标准、地区附加津贴尚未建立、艰苦边远地区津贴主要

① 熊亮：《中华人民共和国工资制度70年：经验、传承和创新》，载《中国人事科学》2019年第10期。

体现补偿性，工资体现的实际购买力明显不足。[①]

（3）岗位津贴，是国家对高温、高危等特殊岗位上工作的公务员支付的额外报酬。岗位津贴的发放与岗位有直接联系，严格坚持“有岗有津贴，无岗无津贴”原则。设置岗位津贴，主要在于调动特殊岗位上公务员工作的积极性，发挥工资的导向调节作用，更好地体现按劳分配原则。2015 年，国家提高人民警察警衔津贴标准，最高警衔津贴标准增加了 6.19 倍，最低警衔津贴标准增加了 2.61 倍。2016 年，调整人民警察执勤津贴发放范围、发放方法，提高发放标准。2017 年，人社部、财政部印发《关于建立政法委机关工作津贴有关问题的通知》，对各级党委政法委机关公务员发放政法委机关工作津贴，标准为每人每月 1200 元。综观公务员岗位津贴制度，其制度特点：一是岗位津贴种类较多，发放依据、发放标准差异巨大，基本没有岗位津贴设置说明；二是发放对象比较混乱，部分岗位津贴带有提高部门人员待遇性质，与从事工作岗位的特殊性无关；三是岗位津贴尚未建立评估和调整机制，不同种类岗位津贴的调整频率、调整幅度差异较大，规范性不足。[②] 因此，统一公务员岗位津贴的科学、规范发放，实属迫切。

3. 补贴

补贴主要是指公务员按照国家规定享受的住房、医疗等方面的补贴。其中，住房补贴是为帮助公务员解决住房问题而发放的补贴。长期以来，对公务员的住房问题，我国实行的都是实物分房的办法，但随着住房制度的改革，各地都相继取消了实物分房的办法，而采取通过发放津贴，鼓励公务员通过买房来解决住房问题。同时，国家还建立了住房公积金制度，公积金由公务员个人和单位按工资的一定比例缴纳存储，用于公务员购买、建造、翻修或大修自住房屋。

医疗补贴是帮助公务员解决看病就医问题而发放的补贴，也是我国社会医疗保障制度的重要组成部分。根据《关于实行国家公务员医疗补助的意见》等有关规定，公务员医疗补助的水平要与当地经济发展水平和财政负担能力相适应，保证国家公务员原有医疗待遇水平不降低，并随经济发展有所提高。

近年来，为了激励公务员，提高基层公务员的待遇，政府直接使用补贴手段，

---

① 杨梅：《我国公务员工资制度的探索与实践：制度特征、问题及改革思路》，载《中国行政管理》2019 年第 8 期。

② 杨梅：《我国公务员工资制度的探索与实践：制度特征、问题及改革思路》，载《中国行政管理》2019 年第 8 期。

例如，2015年3月，人社部、财政部印发《关于乡镇机关事业单位工作人员实行乡镇工作补贴的通知》，意在疏解基层公务员收入偏低的问题。

4. 奖金

奖金是对公务员超额劳动或做出突出贡献的年终性奖励，也是根据按劳分配原则采取的作为工资补充的劳动报酬形式。[①] 因此，奖金的发放必须体现赏罚分明的特点，以公务员的考核等次来确定奖金的标准。根据《公务员法》第80条第4款的规定，公务员在定期考核中被确定为优秀、称职的，按照国家规定享受年终奖金。

以上四项内容是我国公务员工资的基本构成因素，公务员工资的这四个部分在工资总额中的比重并非固定不变，有可能会随着国家宏观工资政策的调控，出现比重的变化，但无论如何，公务员的工资必须按时足额地发放给公务员本人。另外，必须注意的一个问题是，公务员在法定工作日之外加班的，能否领取加班工资。关于这个问题，学界有两种观点：一种观点认为公务员加班的，应该像其他普通劳动者那样，有权领取加班工资；另一种观点认为公务员加班是在做其分内之事，加班是公务员的义务，是对本职工作没有完成的继续，而对本职工作，国家已经支付了工资。我们认为公务员额外加班的，应该领取加班工资，因为这本属于公务员的额外劳动和贡献，但我国《公务员法》第82条第2款规定，公务员在法定工作日之外加班的，应当给予相应的补休，不能补休的按照国家规定给予补助。从我国公务员法的规定来看，应该是不承认加班工资，仅规定给予补助，而这似乎难以形成常态化和规范化的做法，不利于调动公务员加班的热情和积极性。

二、公务员的福利

（一）公务员的福利概述

公务员福利，是指按照国家有关法律法规和制度的规定，为公务员提供的工资、奖金、保险以外的补贴、服务、实物报酬和其他非物质性待遇。广义的公务员福利，不仅包括物质性的报酬，还包括休假、工时制度等非物质报酬。福利制

① 陈斯喜、郑淑娜：《〈中华人民共和国公务员法〉释义及适用指南》，中国言实出版社2005年版，第196页。

度对于改善公务员的工作和生活环境，增进公务员对机关的归属感有着重要意义。对于机关而言，良好的福利制度，不仅能够保持公务员队伍的稳定性，调动公务员工作的积极性，提高机关的工作效率，而且能够对人才流动发挥导向作用，吸引社会优秀人才进入公务员队伍。①

福利制度的分配原则与基本工资、津贴制度所依据的按劳分配原则有所不同。福利制度是按照公务员的需要和可能进行分配的，实际上可能由全体公务员享受，但也可能只有部分公务员能够享受，因此不全是根据按劳分配进行的。同时，福利制度与保险制度也有所不同。能够享受保险的公务员是一部分暂时或永久丧失劳动能力的公务员，因此保险制度的目的是保障丧失劳动能力的公务员的基本生活需要。而可以享受福利制度的是所有公务员，只要其主观上需要而且客观上也有可能实现即可。福利制度是为了让公务员生活得更好，而不仅仅是最低基本生活的保障。②

（二）公务员福利制度的内容

《公务员法》第82条规定，公务员按照国家规定享受福利待遇。国家根据经济社会发展水平提高公务员的福利待遇。社会福利有“社会工资”的美称，特别是在英国及北欧福利型国家和社会主义社会的国家保障型制度下，社会福利已经成为人们生活中不可或缺的“工资”的重要组成部分。③我国公务员福利制度形成、发展于计划经济时期，主要通过国家财政补贴进行隐性保障或实物分配。随着社会主义市场经济体制的建立和不断完善，公务员福利待遇逐步向货币化、透明化方向发展。根据《公务员法》和相关规定，公务员的福利主要包括以下几个方面：

1. 福利补贴。满足公务员的某些必需的消费而作出的支出，为减轻公务员生活负担而设立对公务员的补贴，如上下班交通补贴、避暑降温费、冬季取暖费、洗理费、生活用品价格补贴等。

2. 困难补助费。对生活遇到特殊困难的公务员及其家庭发放补助。分为定期补助和临时补助两种，定期补助是对于生活水平过低，不能维持正常生活的公务员给予按月发放补助费。临时补助是对发生一些特殊困难而自己又无力解决的，如因疾病、死亡、天灾、人祸等造成生活困难的公务员，给予临时性补助。

---

① 薛刚凌：《公务员法教程》，中国人民大学出版社2017年版，第128—129页。

② 湛中乐：《〈中华人民共和国公务员法〉释义》，北京大学出版社2005年版，第170页。

③ 参见张彦、陈红霞：《社会保障概论》，南京大学出版社1999年版，第266页。

3. 建立的集体福利设施。为满足公务员的共同需要，方便生活，并使公务员获得减免费服务而建立的集体福利设施——食堂、浴室、理发室、托儿所、幼儿园、疗养院、文化室、娱乐室、影剧院、图书馆、体育场馆等。

4. 工时制度。工时制度是国家为了合理安排公务员的工作和休息时间、维护公务员的休息权利而对工作时间的限制性规定。国家规定公务员实行每天 8 小时工作制，每周五天工作制，周六周日双休制，特殊条件或紧急任务情况下可以依法缩短或延长工作时间。公务员在法定工作日之外加班的，应当给予相应的补休。

5. 公共节假日休假。公务员全体在每周六、周日，每年的元旦（1 天）、春节（3 天）、清明节（1 天）、劳动节（1 天）、端午节（1 天）、中秋节（1 天）、国庆节（3 天）享受国家规定的假日和节日休假；如果恰逢星期六、星期日，应当在工作日补假。公务员中的青年在五四青年节、妇女在三八妇女节、军人在八一建军节各享受半天的假日，如果适逢星期六、星期日，不补假。

6. 带薪休假。连续工作 1 年以上的公务员按照《职工带薪年休假条例》的规定享受年休假。公务员累计工作已满 1 年不满 10 年的，年休假 5 天；已满 10 年不满 20 年的，年休假 10 天；已满 20 年的，年休假 15 天。在年休假期间享受与正常工作期间相同的工资收入。机关应当保证公务员享受年休假。

7. 探亲假待遇。工作满 1 年以上的公务员，与配偶不住在一起，且又不能在年休假日团聚的，每年可享受 30 天的探亲假一次；与父母双方都不住在一起，且又不能在年休假日团聚的，未婚的每年可享受 20 天的探亲假期；2 年休一次的，假期为 45 天；已婚的每 4 年享受一次 20 天的假期。公休日、法定节日均计入假期内，假期发放本人的标准工资，探望配偶以及未婚者探望父母的往返路费由单位负担，已婚者探望父母的往返路费在本人月标准工资的 30% 以内由本人自理，超出部分由单位负担。

8. 病假待遇。公务员病假在 2 个月以内的，发给原工资；超过 2 个月不满 6 个月的，从第 3 个月起，工作年限不满 10 年的发给本人工资的 90%、工作满 10 年的工资照发；超过 6 个月的从第 7 个月起，工作年限不满 10 年的发给本人工资的 70%、工作年限满 10 年的和 10 年以上的，发给本人工资的 80%。公务员在病假期间，不享受出勤补贴。公务员因公负伤按国家公伤有关政策办理。

9. 婚丧假及待遇。公务员本人结婚或职工的直系亲属（父母、配偶和子女）死亡时可享受一天至三天的婚丧假。职工结婚时双方不在一地工作的，在外地的直系亲属死亡时需要本人去外地料理丧事的，可以根据路程远近，另给予路程假。在批准的婚丧假和路程假期间，职工的工资照发。途中的车船费等全部由职工自理。

10. 产假及待遇。女职工产假为 98 天，其中产前休假 15 天。难产的，增加产假 15 天。多胞胎生育的，每多生育 1 个婴儿，增加产假 15 天。女职工产前检查应按出勤对待，不能按病假、事假、旷工处理。女职工怀孕不满 4 个月流产的，应当根据医务部门的意见，给予 15—30 天的产假；怀孕满 4 个月以上流产者，给予 42 天产假，产假期间，工资照发。有不满 1 周岁婴儿的女职工，其所在单位应当在每班劳动时间内给予其两次哺乳（含人工喂养）时间，每次 30 分钟。多胞胎生育的，每多哺乳 1 个婴儿，每次哺乳时间增加 30 分钟。女职工每班劳动时间内的两次哺乳时间，可以合并使用。哺乳时间和在本单位内哺乳往返途中的时间，算作劳动时间。

总体而言，我国现行的公务员福利制度对保障公务员合法权益发挥了重要作用，不仅提升了公务员生活品质，增进了政府施政效能，也稳定了公务员队伍。但我国现行的公务员福利制度在运行中也暴露了许多问题，主要表现是：首先，福利货币化的规范程度不够，例如部分单位还存在实物福利；其次，福利社会化的程度依然较低，例如一部分机关有幼儿园、图书馆等；最后，福利待遇透明度不够。完善现行公务员福利制度的措施：首先，实施福利货币化改革的同时提高其规范程度；其次，推进福利社会化改革，减少“机关办社会”“单位办社会”现象；最后，增强福利待遇的透明度。① 通过对我国公务员福利制度的不断改革和完善，使其成为招揽“金凤凰”的一个好制度。“一个好的公务员福利制度不但能够适时补充俸给之不足，并同时具有提升公务员生活质量，增进政府施政效能，以及为国家‘招才’、‘留才’等重要功用。”②

三、公务员的保险

（一）公务员的保险概述

公务员保险是指国家对因生育、失业、年老、疾病、伤残和死亡等原因，暂

① 参见贾洪波：《干部工资福利保险制度简述》，党建读物出版社 2019 年版，第 93—95 页。

② 冯惠平：《公务员福利制度之法理与实务探讨——从生育及丧葬补助谈起》，载《军法专刊》2015 年第 2 期，第 96 页。

时或永久丧失劳动能力的公务员给予的物质保障。社会保险是公务员的基本权利，也是国家应尽的义务。“社会保险搞好了，对于消除社会不安定因素有重要的作用；对于减少公务员的后顾之忧，使他们安心工作，不断提高工作效率具有重要意义；建立完整的社会保险制度，也是保护劳动力再生产的必要条件。”[①] 目前，我国公务员保险制度正处于改革试点阶段，如何解决机关事业单位和企业单位在社会保险上的双轨制问题，消除收入上的分配不公，建立起符合公务员职业特点的公务员保险制度，将是我国人事制度改革中的重要内容。

（二）公务员保险制度的内容

根据《公务员法》第 83 条和相关之规定，我国公务员保险制度包括以下内容：

1. 医疗保险

医疗保险是指公务员在患病治疗期间所应享受的保险待遇。公务员的医保改革是我国当前医疗体制改革中的难点问题。对公务员的患病就医，我国长期以来实行的都是公费医疗政策，即国家通过医疗卫生部门向享受人员提供制度规定范围内的免费医疗预防。但实践证明，这种社保制度存在很多问题，如药品浪费严重，经费过度超支，加重国家财政负担等。2000 年 5 月，国务院转发了原劳动和社会保障部《关于实行国家公务员医疗补助的意见》，结合目前我国公务员医疗保险的实际情况，在实施城镇职工基本医疗保险的基础上，对公务员实行医疗补助。此后，很多地方已经开始对公务员的医保制度进行改革，建立了全新的公务员医疗保险制度，目前，全国 31 个省、自治区和直辖市中，基本上都取消了公费医疗，加入医疗保险。

2. 生育保险

生育保险是指国家对女性公务员在生育子女期间给予的经济、物质等方面的帮助，目的在于通过向女性公务员提供产假以及医疗服务等方面的待遇，保障她们因生育而暂时丧失劳动能力时的基本经济收入和医疗服务，解除其生育的后顾之忧，同时也体现了国家对妇女儿童权益的保护。根据 1988 年 7 月国务院发布的《女职工劳动保护规定》，生育保险制度的主要内容包括，女性公务员产假为 90 天，其中包括产前休假 15 天，难产者增加 15 天，多胎生育的每多生一个婴儿，增加

---

① 张金龄：《海外公务员工资福利制度》，人民出版社 1993 年版，第 151 页。

15 天，不得在女性公务员怀孕期、产期和哺乳期降低其基本工资或者予以辞退。

3. 养老保险

养老保险是指公务员退休以后为保障其基本生活而享受的保险待遇，包括养老保险金（即退休金）和其他各项待遇。养老保险金的发放方式，是从退休之日起，按月发放，直到本人去世为止。我国公务员养老保险金在相当长的一段时间内实行国家统包，也即“国家保险”，直到 2015 年 1 月 14 日，国务院发布《关于机关事业单位工作人员养老保险制度改革的决定》，决定对机关事业单位工作人员养老保险制度进行改革。目前，我国机关事业单位实行社会统筹与个人账户相结合的基本养老保险制度，由单位和个人共同缴纳。根据国家相关规定，基本养老保险费由单位和个人共同负担，单位缴纳基本养老保险费的比例为本单位工资总额的20%，个人缴纳基本养老保险费的比例为本人缴费工资的8%，由单位代扣。个人工资超过当地上年度在岗职工平均工资 300% 以上的部分，不计入个人缴费工资基数；低于当地上年度在岗职工平均工资 60% 的，按当地在岗职工平均工资的 60% 计算个人缴费工资基数。此外，个人账户储存额只用于工作人员养老，不得提前支取，每年按照国家统一公布的记账利率计算利息，免征利息税。参保人员死亡的，个人账户余额可以依法继承。

目前，全国各地公务员的养老保险已经并入了社会养老保障体系中，公务员不用缴纳养老保险费却可享受高额养老金的国家保险时代已经过去了。当然，由于我国的养老保险并轨时间并不是很长，还有很多不完善之处，亟须我们不断探索和深入研究。

4. 失业保险

失业保险是指国家通过立法强制实行，由政府负责建立基金，对非因本人意愿中断就业而失去工资收入的劳动者提供一定时期的物质帮助及再就业服务的一项社会保险制度。[①] 其核心内容是社会集中建立失业保险基金，分散失业风险，使暂时处于失业状态下的劳动者的基本生活得到保障，并通过职业培训达到安置就业的目的。[②] 失业保险一般包括普通劳动者的失业保险和公务员的失业保险。其中，公务员的失业保险是指公务员因被辞退、辞职等事由而退出公务员队伍后

---

① 薛彬：《浅析建立公务员失业保险制度的必要性》，载《就业与保障》2016 年第 11 期。

② 程绍萍：《建立公务员失业保险制度的必要性及对策思考》，载《劳动关系学院学报》2006 年第 1 期。

所享受的物质帮助及再就业服务待遇。其目的主要在于给公务员提供失业后的物质生活保障，以维持其基本生活并促进其再就业。

我国的失业保险制度建立于 1986 年，从失业保险制度实施至今已有 30 多年了。但无论是 1986 年 7 月国务院颁布的《国营企业职工待业保险暂行规定》，还是 1993 年 4 月国务院颁布的《国有企业职工待业保险规定》，甚至是 1999 年 1 月国务院颁布的《失业保险条例》，① 一直没有把公务员纳入失业保险的范围。随着我国政府体制改革的不断深入，公务员队伍的流动性逐渐加大，辞职辞退等现象较为普遍，失业风险骤增，迫切需要建立公务员失业保险制度。完善的失业保险制度不仅能够确保政府机构改革的顺利和人力资源的合理流动，而且能够保障公务员失业后的基本生存权和社会稳定。② 正因如此，《公务员法》第 83 条第 1 款要求“公务员依法参加社会保险，按照国家规定享受保险待遇”。第 90 条第 2 款接着规定：“被辞退的公务员，可以领取辞退费或者根据国家有关规定享受失业保险。”但从目前来看，对公务员的失业保险，我国只有部分地区进行了试点尝试，全国并没有建立起统一的保险制度。

本书对建立国家公务员失业保险制度的几点思考：第一，应该明确公务员失业保险制度建立的原则。这些原则主要是，公务员失业保险制度之建立必须符合公务员的职业特点，也即公务员活动的公益性和离职后的限制性；公务员失业保险要与我国的经济发展水平相适应，不能失业保险项目过多，保险金支付太高；失业保险制度的建立应该重在失业后的再就业培训和服务，而非仅支付失业费。第二，明确公务员失业保险基金的构成。公务员失业保险基金应该由公务员所在机关和公务员缴纳的失业保险费、失业保险基金的利息、财政补贴等构成。失业保险费的征缴按照公务员所在机关工资总额的 2%—5% 缴纳；公务员按照本人工资的 1%—3% 缴纳失业保险费。第三，公务员失业保险基金的支出。失业保险基金用于支出的费用：公务员失业保险金；失业保险金领取期间的医疗补助金；公务员失业保险金领取期间死亡的丧葬补助金、抚恤金；接受职业培训和介绍的补贴。第四，领取失业保险金的条件。只要公务员已经办理了失业登记，所在单位和公

① 《失业保险条例》尽管将城镇各类企业事业单位、城镇企业事业单位的职工都纳入失业保险覆盖范围，但最终还是未将公务员纳入失业保险制度范围。

② 参见程绍萍：《建立公务员失业保险制度的必要性及对策思考》，载《劳动关系学院学报》2006 年第 1 期；薛彬：《浅析建立公务员失业保险制度的必要性》，载《就业与保障》2016 年第 11 期。

务员已经履行缴费义务满 2 年（实习期的公务员的缴费义务需要从实习期满计算 2 年），且已经中断就业的，失业公务员就可以领取失业保险金。但失业公务员出现以下情形的，不得领取保险金，继续领取的，需如数退回，并加算银行同期存款利息：（1）重新就业的；（2）服兵役的；（3）定居国外的；（4）享受养老保险的；（5）死亡的，领取丧葬补助金、抚恤金除外；（6）被追究刑事责任的；（7）多次拒绝有关部门介绍的工作的；（8）其他。第五，领取失业保险金的数额和期限。在美国，公务员被解雇，政府向失业公务员提供相当于其工资 40% 的救济金，期限为 26 周。[①] 我国是发展中国家，应该将失业公务员领取失业保险金的期限适当延长，但最长时间不得超过 2 年，领取失业保险金的数额具体由有关部门结合缴费时间长短和缴费数额予以确定。第六，必须明确失业保险金领取和审核的程序、失业保险基金的用途和监管等内容。

5. 工伤保险

工伤保险是指对公务员在工作中因遭受意外伤害或患有职业病而导致暂时或永久丧失劳动能力以及死亡时，公务员或其亲属从国家获得物质帮助的保险制度。建立公务员工伤保险制度，有利于保障负伤或工亡公务员的合法权益，减轻机关的用人负担，同时也体现了对公务员本人及其亲属的尊重。我国目前尚没有全国统一的公务员工伤保险制度，且公务员工伤保险存在许多问题，[②] 但不少地区在结合企事业等单位工伤保险制度的基础上，对公务员的工伤保险进行了一些试点改革。

新中国成立后，我国比较重视对革命残废军人、人民警察等的伤残等级标准

① 张金龄：《海外公务员工资福利制度》，人民出版社 1993 年版，第 21 页。

② 我国公务员工伤保险存在的主要问题是：（1）工伤保险制度与企事业单位职工的工伤保险制度分立。《工伤保险条例》的保障对象不包括公务员，实际中公务员工伤抚恤规定是参照军人工伤抚恤制度实施的，但公务员与军人在工作的性质、环境、风险等方面都有不同。（2）公务员工伤认定和鉴定管理不规范。例如工伤认定没有专业化的统一标准、认定主体较多、程序复杂等，部分公务员的工伤待遇不能及时和有效地得到保障。（3）工伤保险经费来源缺乏保障。实际运行中，公务员工伤抚恤资金通常没有专门的基金作为资金保障，通常采取的是由民政部或者人社部审批待遇，由财政和用人单位共同支付待遇。（4）工伤保险制度的保障内容不够全面。公务员工伤制度只重点规定了发生工伤事故且满足伤残等级和死亡后的待遇支付，缺乏公务员发生工伤事故和职业病后关于医疗保障方面的规定，也没有规定工伤预防、职业康复和职业病的预防、治疗和康复等问题。详情参见贾洪波：《干部工资福利保险制度简述》，党建读物出版社 2019 年版，第 157—159 页。

及与因工伤残的待遇方面的制度建设，[①] 但对普通公务员的工伤保险制度建设一直处于不完善状态。2003 年 4 月 27 日国务院发布的《工伤保险条例》第 62 条第 1 款规定："国家机关和依照或者参照国家公务员制度进行人事管理的事业单位、社会团体的工作人员因工作遭受事故伤害或者患职业病的，由所在单位支付费用。具体办法由国务院劳动保障行政部门会同国务院人事行政部门、财政部门规定。"根据《工伤保险条例》的规定，国家机关、事业单位、社会团体的工作人员因工伤残的待遇由用人单位支付，但是劳动和社会保障部、人事部、财政部并没有再随后制定相应配套措施。2011 年，修改后的《工伤保险条例》第 2 项第 2 条第 2 款规定："中华人民共和国境内的企业、事业单位、社会团体、民办非企业单位、基金会、律师事务所、会计师事务所等组织的职工和个体工商户的雇工，均有依照本条例的规定享受工伤保险待遇的权利。"第 65 条规定："公务员和参照公务员法管理的事业单位、社会团体的工作人员因工作遭受事故伤害或者患职业病的，由所在单位支付费用。具体办法由国务院社会保险行政部门会同国务院财政部门规定。"《公务员法》第 83 条规定"公务员依法参加社会保险，按照国家规定享受保险待遇。公务员因公牺牲或者病故的，其亲属享受国家规定的抚恤和优待"。但是，公务员发生工伤工亡到底该如何认定、享有哪些待遇、有关待遇得不到落实的时候该如何处理在制度上并没有明确，也没有相关规定。

为保障受工伤公务员的合法权益，在国家尚未出台专门的规定时，公务员保险也可以参考人民警察工伤保险的相关规定。2014 年 4 月民政部等九部委联合出台了《人民警察抚恤优待办法》，对伤亡警察的抚恤待遇作了明确规定。该办法第 14 条规定："人民警察死亡被评定为烈士的，依照《烈士褒扬条例》的规定发给遗属烈士褒扬金，其标准为烈士牺牲时上一年度全国城镇居民人均可支配收入的 30 倍。"该办法第 15 条还明确了："人民警察死亡，根据其死亡性质和死亡时的月工资标准（基本工资和警衔津贴），发给其遗属一次性抚恤金，标准是：烈士、因公牺牲的，为上一年度全国城镇居民人均可支配收入的 20 倍加本人 40 个月的工资；病故的，为上一年度全国城镇居民人均可支配收入的 2 倍加本人 40 个月的工资。"伤残人民警察，按照伤残等级享受伤残抚恤金。伤残抚恤金由发给其伤

① 比如 1950 年 12 月 11 日原内务部发布了《革命残废军人优待抚恤暂行条例》；1988 年 6 月国务院公布《军人抚恤优待条例》；1989 年 4 月 15 日民政部发布了《革命伤残军人评定伤残等级条件》；2014 年 4 月民政部等部委颁布的《人民警察抚恤优待办法》。

残证件的县级人民政府民政部门发给，其标准按照《军人抚恤优待条例》规定执行；另外对于住院伙食补助费、外地就医交通食宿费用以及需要配置辅助器械的，该办法规定参加工伤保险的按工伤保险有关规定执行，没有参加工伤保险的由所在单位负责解决。

近年来，部分地区通过地方性立法或政策性规定，将公务员纳入工伤保险，规定了国家机关、事业单位工伤的范围、待遇及相应的救济程序。例如，2011 年北京市出台了《北京市实施〈工伤保险条例〉若干规定》等多个规范性文件，将北京市市属公务员纳入了工伤参保范围，实现了北京市各类用人单位工伤保险制度、待遇和标准的统一。[①] 再如，2019 年 6 月 28 日起实施的《广州市公务员和参照公务员法管理单位工作人员纳入工伤保险制度统筹管理实施办法》明确，广州市实施公务员法管理的各级机关、参照公务员法管理的事业单位及人民团体和群众团体（以下简称用人单位）应按照本办法规定为本单位编制内的全部工作人员（以下简称职工）参加工伤保险、缴纳工伤保险费。用人单位应当按月缴纳工伤保险费，职工个人不缴纳工伤保险费。自 2004 年以来，我国已有 16 个省份和 8 个地市出台办法，将公务员和参照公务员法管理的事业单位、社会团体人员纳入了工伤保险的覆盖范围。[②] 这些地方的试点和改革对于建立全国统一的公务员工伤保险制度有着积极的探索意义。

---

① 袁京：《北京市属公务员纳入工伤保险》，http：//www. gov. cn/fwxx/sh/2012 — 01/06/content 2037993. htm。

② 晓剑：《积极探索将公务员纳入工伤保险范围》，载《中国劳动保障报》2016 年 11 月 29 日，第 004 版。

第四章

公务员退出管理制度

第一节　公务员退出管理制度概述

公务员退出管理制度是指公务员依法退出公务员系统，不再保留公务员身份，不再履行相应职责、享受相应待遇的管理规则体系及运行机制。公务员队伍是一个不断新陈代谢、动态变化的群体，不断有新的人才通过选拔、任用等进入公务员系统，同时有退出管理机制与其相配合，让已经不再适合履行相应职责的人员退出公务员队伍，从而保障公务员队伍的素质稳定。只有这样有进有出，打破铁饭碗，方能保持公务员队伍的永久活力，提高公务员队伍的整体素质和业务水平。

公务员退出方式主要包括辞职、辞退、退休、开除、试用期满不合格取消录用、解聘、死亡（宣告死亡和自然死亡）七种。由于试用期满不合格取消录用、解聘、在职死亡等退出方式和管理机制在本书其他章节已有阐述，本章不再赘述，本章仅就辞职、辞退、退休、开除等管理制度进行阐述。这四种退出制度有的源于公务员个人的选择，有的源于公务员对责任的承担，有的源于公务员工作年限期满，还有的带有一定惩罚的性质，因而各自的性质、条件、程序、待遇等均不尽相同。这些制度共同构成了我国公务员现行的退出管理机制。

第二节 公务员辞职

一、公务员辞职概述

公务员辞职是指公务员出于本人意愿，依照法律规定，申请辞去所担任的公务员职务，退出机关。在传统特别权力关系理念支配下，公务员一旦步入国家机关，便不能自由退出。但今日公务员辞职已经是司空见惯的事情，许多国家的公务员法对公务员的辞职都有规定。例如德国《公务员法》第 30 条规定，公务员于任何时间均得以书面呈请辞职；奥地利联邦《公务员法》第 21 条规定，公务员得以书面表示退出职务关系；法国《公务员法》第 24 条规定，通常情况下也允许公务员辞职。

辞职与辞去公职不同。辞去公职是典型意义的辞职，即公务员与所在国家机关解除任用关系，失去公务员身份。而辞职除包括辞去公职外，还包括担任领导职务的公务员因公辞职和自愿辞职以及领导成员的引咎辞职和责令辞职。在后面这四种辞职情形中，公务员只是辞去所担任的领导职务，并不辞去公职，并不因此而丧失公务员身份。

为了正确理解辞职的含义，有必要将辞职与免职加以区分。免职是指国家机关在其法定权限内，依法免除公务员所担任的职务。在我国，免职仅仅作为一项职务管理形式，不具有纪律惩戒的性质，属于公务员职务的变更形式。辞职与免职的区别主要表现在三个方面：第一，作出决定的主体不同。辞职必须是公务员出于本人意愿主动提出的，而免职则是机关依法单方面作出的，公务员必须服从。第二，作出决定的原因不同。除个别情形外，辞职大多出于公务员个人的原因。而免职则必须有法定事由，根据《公务员职务任免与职务升降规定（试行）》，当公务员因职务升降、退休、离职学习期限超过 1 年，或者因其他原因需要免职的，机关可以依照法定程序予以免职。第三，作出决定的法律后果不同。辞职除辞去领导职务外，必然导致公务员与国家行政机关之间的任用关系解除，公务员失去公务员身份。而免职则仅是职务关系的变更，相关人员并不丧失公务员身份。

辞职是公务员退出公务员队伍的一个重要“出口”，建立和完善公务员辞职制度，对于深化人事改革，实现公务员队伍的整体优化，促进公务员制度的良性循环，具有重要而深远的意义。

二、公务员辞去公职

（一）公务员辞去公职概述

公务员辞去公职是指公务员依照法律、法规规定，申请终止与任免机关的任用关系。公务员一旦辞去公职后，随即丧失公职人员身份，其与原任职机关之间的公职关系也即行消灭。对这一概念，可以从以下几个方面来理解：

1. 公务员辞去公职是其辞职权的自由行使。从宪法理论上看，公务员有选择职业自由和职业规划的自由。我国《宪法》规定，公民享有劳动的权利，而职业自由和职业规划自由是劳动自由的重要组成部分。公民有权选择是否从事公务员职业，也有权在进入公务员系统后根据个人爱好辞去公职，这是公民辞职权的重要体现。但公务员行使辞职权必须出于本人真实意愿，任何机关和个人都不得采用威胁、强迫等手段迫使公务员辞去公职；否则，即是对公务员辞职权的侵害。

2. 公务员辞去公职必须经过批准。虽然辞去公职是公务员的自由，但由于辞去公职涉及机关的人事管理工作，会对机关公务的正常履行造成一定的影响。因而，公务员辞去公职需由本人书面申请，并经任免机关审批，未经批准的，不得辞去公职。这对保障公务员管理的严肃性，维护机关的正常运转有着积极意义。

3. 公务员辞去公职是有限制的。为了维护国家利益和保障机关公务的正常运行，公务员辞去公职是有条件的，并不是任何公务员想辞去公职就辞去公职。对此，我国《公务员法》有着详细规定，例如，公务员未满国家规定的最低服务年限的，就不得辞去公职。

（二）公务员辞去公职的原则

公务员辞去公职工作坚持以马克思列宁主义、毛泽东思想、邓小平理论、“三个代表”重要思想、科学发展观、习近平新时代中国特色社会主义思想为指导，贯彻新时代党的组织路线和干部工作方针政策，加强党对公务员队伍的集中统一领导，坚持下列原则：

1. 党管干部

在公务员辞去公职领域，坚持党管干部原则有利于党对辞职公务员的监督和管理，有利于加强党对公务员队伍的集中统一领导。党管干部原则在辞去公职领域的体现主要表现在：首先，党制定辞去公职的相关规定；其次，公务员辞去公职必须经过组织人事部门审核，并报公务员主管部门备案。

2. 尊重个人意愿和从严审核审批相结合

辞去公职是公务员的权利，一般情况下，尊重个人意愿，任何组织和个人不得干涉。但是，由于公务员一般有可能掌握了国家秘密或者工作秘密，或者正在接受司法机关、监察机关审查等，因此，公务员辞去公职必须经过组织的审核和批准，对于未经相关部门审核批准的，公务员不得辞去公职。

3. 保障合法流动和加强离职后从业管理相结合

公务员辞去公职后，国家要保障辞职的公务员的合法流动，任何单位和个人不得限制其自由活动。但为了防止公务员的利益输送、权力期权等违法行为的产生，辞职的公务员的单位和公务员主管部门以及其他相关部门要对公务员离职后的从业管理活动加强监督和管理。

4. 依法依规办事

公务员辞去公职，应当依照法定的情形、权限和程序办理。否则，应该追究相关部门和人员的法律责任。

（三）公务员辞去公职的条件

根据《公务员法》的规定，公务员辞去公职有一定条件限制。这些条件基本可以分为肯定性条件和限制性条件两种。

1. 肯定性条件

公务员辞职的肯定性条件，是指公务员辞职是公务员出于自身意愿的选择。公务员不愿在机关继续工作，原因可能多种多样，但无论出于何种原因，公务员提出辞去公职必须出于本人意愿，而非任何机关、组织或者个人的强迫。

2. 限制性条件

公务员辞去公职的限制性条件主要是对辞去公职所作的限制，这也是对肯定性条件的补充。公务员本身承担着国家和社会公共管理的职能，工作涉及国家和社会利益，因此公务员在享有辞职自由的同时，也必须确保国家和社会利益不受损害。只有在符合肯定性条件且不具备限制性条件的情形下，公务员才能辞去公职。根据《公务员法》第86条和《公务员辞去公职规定》第6条的规定，公务员辞去公职的限制性条件主要有以下几项：

（1）未满国家规定的最低服务年限的不得辞职。为了节约机关的人事管理成本，同时保证机关工作的连续性和稳定性，国家机关在录用公务员时，一般都要求新录用的公务员有最低服务年限，只有在服务年限届满后，公务员才能提出辞职。按照2008年颁布的《新录用公务员任职定级规定》，新录用公务员在机关的最低服务年限为5年（含试用期）。

（2）在涉及国家秘密等特殊职位任职或者离开上述职位不满国家规定的脱密期限的，不得辞职。国家秘密是关系国家安全和利益，依照法定程序确定，在一定时间内只限一定范围的人员知悉的事项，如国家事务重大决策中的秘密事项、国民经济和社会发展中的秘密事项等。涉密职位主要是指公务员的本职工作直接涉及国家秘密。由于职位的特殊性，在涉密职位上工作的公务员往往知悉国家的秘密事项，一旦辞去公职进入社会，就有可能泄露这些秘密，给国家利益造成损害。因而，不允许这些公务员在涉密职位上直接辞职，即使要辞职，也必须在离开这些职位经过脱密期限后辞职。

（3）正在接受审计，或者重要公务尚未处理完毕且须由本人继续处理的，不得辞职。在机关的日常工作中，有些公务由于其专业性较强，或者完成周期比较长、连续性要求高，需要由特定公务员亲自处理，如果这时公务员辞去公职，而接手的公务员又不熟悉业务，就很容易给机关工作带来被动，进而影响公务的正常履行。因此，为了保证机关工作正常有序地进行，防止给国家利益造成不必要的损害，也有必要对这类公务员辞去公职加以限制。

（4）正在接受纪律审查、监察调查，或者涉嫌犯罪，司法程序尚未终结的，不得辞职。公务员如有违法违纪现象，在接受调查处理期间，不能辞去公职。如果公务员辞去公职，一是有可能妨碍调查的顺利进行，二是有可能借助辞职逃避应有的责任。因此，公务员一旦涉嫌违纪违法而接受调查的，在程序尚未终结前，不能辞去公职。

（5）法律、行政法规规定的其他不得辞去公职的情形。这是一个兜底条款，即法律、行政法规规定的其他不得辞去公职的情形。这主要是为了防止立法遗漏，弥补《公务员法》列举不全留下的立法空间。

另外，还有一种不得辞去公职的情形，也即《公务员辞去公职规定》第12条所指的情形。根据该条规定，公务员与所在机关因专项培训等订立协议约定工作期限的，在未满约定工作期限内一般不得申请辞去公职，除非已经向所在机关支付违约金或者履行相应义务。“这种限制主要适用专门技术类公务员。因为专门技术培训具有特殊性，它解决的不是人人都能掌握和操纵的专门技术。考虑到行政机关对公务员进行专门技术培训的特殊需要，要求受培训者工作满规定的服务年限是必要的。”①

（四）公务员辞去公职的程序

为保证机关人事管理工作的顺利开展，公务员辞去公职必须遵循一定的法律程序。根据《公务员法》《公务员辞去公职规定》等的有关规定，公务员辞去公职应当遵守以下程序：

1. 公务员提出书面申请。辞去公职意味着公务员不再具有公务员的身份，无论是对公务员本人还是其所在机关都影响巨大。从慎重角度考虑，公务员辞职应当采取书面形式。这也是世界各国的普遍做法。如法国公务员法规定，公务员若要辞职，必须先写出正式报告，并经主管领导人批准。②在我国，公务员申请辞去公职的，应当向任免机关提出书面申请，填写《公务员辞去公职申请表》。采取书面形式，不仅可提醒公务员慎重行事，而且能防止人事纠纷的发生。同时，担任县处级副职以上领导职务或者二级调研员及相当层次以上职级的，应当一并报告个人有关事项。

2. 组织人事部门审核。重点审核公务员是否具有不得辞去公职或者辞去公职后的从业限制情形，并征求其所在单位和纪检监察机关、保密等部门的意见。同时，提醒其严格遵守从业限制规定，告知违规从业须承担的法律责任。

3. 任免机关审批，作出同意或者不同意辞去公职的批复。对公务员的辞职申请，任免机关应当自接到公务员辞去公职申请之日起30日内予以审批，其中，对领导成员辞去公职的申请，应当自接到申请之日起90日内予以审批。同意辞去公职的，应当同时免去其所任领导职务、职级。其中，对需要进行经济责任审计的，应当事先按照有关规定进行审计。特别要注意的是，《公务员辞去公职规定》

---

① 黄达强:《各国公务员制度比较研究》，中国人民大学出版社1990年版，第418页。

② 应松年:《公务员法》，法律出版社2010年版，第162页。

第 11 条规定:“公务员在辞去公职审批期间不得擅自离职。对擅自离职的,给予开除处分。”

4. 任免机关将批复送公务员所在单位和申请辞去公职的公务员。任免机关应将审批结果以书面形式通知公务员所在单位和申请辞去公职的公务员。公务员申请辞去公职未予批准的,可以按照规定申请复核或者提出申诉。复核、申诉期间不停止该人事处理决定的执行。

5. 同意辞去公职的,办理公务交接手续。经批准辞去公职的公务员办理公务交接手续,应当自批准之日起 10 个工作日内完成。对拒不办理公务交接手续的,撤销同意辞去公职的决定,给予开除处分。

6. 归档并备案。作出决定后,任免机关应将同意辞去公职的批复和《公务员辞去公职申请表》等存入本人人事档案,同时将批复送同级公务员主管部门备案。

(五)公务员辞去公职后的相关事宜

1. 辞职后的档案转递。公务员辞去公职后,不再拥有公务员的身份,其与原任职单位之间的任用关系,也因辞去公职而解除。其工资自批准之日的次月起停发工资,社会保险按照有关规定执行。公务员辞去公职后,原所在机关应当自批准之日起 2 个月内将其人事档案转递至相应的人事档案工作机构、公共就业和人才服务机构或者本人户籍所在地社会保障服务机构。具体按照人事档案工作有关规定办理。本人应当配合转递人事档案,未予配合的,其后果由本人承担。

2. 辞职后的工作年限计算。公务员辞去公职后重新就业的,在计算工作年限时,其辞去公职前在机关的工作年限合并计算。

3. 辞职后的从业规定。

(1)辞职后从业禁止情形。公务员辞去公职后,可以根据自己的意愿重新就业,但是为了防止公务员利用其原任职单位的人脉关系谋取不正当利益等权钱交易腐败现象的发生,公务员在选择就业上有一定的限制。根据《公务员法》《公务员辞去公职规定》等的规定,公务员辞去公职的,原系领导成员、县处级以上领导职务的公务员在离职 3 年内,不得接受原任职务[①]管辖地区和业务范围内的企业、中介机构或者其他营利性组织的聘用,不得从事与原任职务管辖业务直接

① 《公务员辞去公职规定》第 16 条第 2 款规定:原任职务,是指公务员辞去公职前 3 年内担任过的领导职务。

相关的营利性活动；其他公务员在离职 2 年内，不得接受与原工作业务[1]直接相关的企业、中介机构或者其他营利性组织的聘用，不得从事与原工作业务直接相关的营利性活动。

（2）违反从业禁止的法律责任。公务员如有违反这些规定，原所在机关应当及时告知同级公务员主管部门。公务员主管部门会同其原所在机关责令限期解除与接收单位的聘用关系或者终止违规经营活动；逾期不改正的，按照《公务员法》第 107 条规定，由县级以上市场监管部门没收该人员从业期间的违法所得，责令接收单位将该人员予以清退，并根据情节轻重，对接收单位处以被处罚人员违法所得 1 倍以上 5 倍以下的罚款。

（3）辞职后的从业报告制度。公务员辞去公职后，在从业限制期限内，应当于每年年底前向原所在机关报告从业情况。原所在机关应当同时对其从业情况进行了解和核实，对是否违反从业限制规定作出认定。

（4）从业行为限制清单制度。省级以上具有行业监管、行政许可、行政处罚、司法等职能的机关，应当结合实际建立公务员辞去公职后从业行为限制清单，并报同级公务员主管部门备案。

三、公务员辞去领导职务

（一）公务员辞去领导职务概述

公务员辞去领导职务是指依法担任领导职务的公务员，依照法定的条件和程序，辞去其所担任的职务。公务员辞去领导职务与辞去公职不同，公务员在辞去领导职务后，只是不再担任领导职务，但并不丧失公务员的身份，也并不一定离开所任职的机关。之后如有必要，还可转任其他的领导职务。因此严格来说，公务员辞去领导职务并不必然导致公务员退出。但建立公务员辞去领导职务的制度，有利于加强对干部的监督管理，规范党政领导人员的正常流动，推进领导干部能上能下、能进能出机制的完善，是我国已有的党政领导干部辞职制度在公务员制度中的体现，也是对公务员辞职制度的进一步发展和完善。

---

① 《公务员辞去公职规定》第 16 条第 2 款规定：原工作业务，是指公务员辞去公职前 3 年内从事过的工作业务。

（二）公务员辞去领导职务的种类

根据《公务员法》《党政领导干部选拔任用工作条例》《党政领导干部辞职暂行规定》等的有关规定，公务员辞去领导职务主要包括因公辞职、自愿辞职、引咎辞职、责令辞职四种类型。

1. 因公辞职

因公辞职是指担任领导职务的公务员因工作变动需要，向任免机关提出辞去现任领导职务。因公辞职主要适用于选任制的公务员。如某省省长在任期内调任其他省市任省委书记，就需要向选举它的省人民代表大会提出辞职。因公辞职的领导干部另有任用，按照有关法律规定拟任职务与现任职务不能同时担任的，应当在任免机关批准其辞职后，再对外公布其新任职务。

2. 自愿辞职

自愿辞职是指担任领导职务的公务员因个人或者其他原因，自愿提出辞去领导职务。自愿辞职与因公辞职不同，因公辞职是出于工作变动需要，是公务员调动和交流应当履行的一种法律程序，而自愿辞职则是出于公务员的个人原因，如因病不能工作或者对机关工作失去兴趣等。担任领导职务的公务员自愿辞职后，其公务员身份依然保留，可选择继续担任非领导职务，也可以选择离开公务员队伍；如选择离开公务员队伍的，还应当办理辞去公职手续。

另外，根据《党政领导干部辞职暂行规定》第 11 条，如果党政领导干部有重要公务尚未处理完毕，而且须由本人继续处理的；由人大、政协选举、任命、决定任命的领导干部任职不满一年的；正在接受纪检机关（监察部门）、司法机关调查或者审计机关审计等情况的，不得辞去领导职务。

3. 引咎辞职

引咎辞职是指领导成员因工作严重失误、失职造成重大损失或者恶劣社会影响，或者对重大事故负有领导责任等，不宜再担任现职的，由本人主动提出辞去现任领导职务。公务员引咎辞职，只是辞去现任的领导职务。这里的“领导成员”，是指机关的领导人员，不包括机关内设机构担任领导职务的人员。引咎辞职是国家为了提高政治回应性[①]，改善官民关系的一种良好的制度选择和安

① 政治回应是指政府能够积极地反映并回答通过民选官员表达出来的公民意志。参见［美］罗纳德·克林格勒（Donald E.Klingner）、约翰·纳尔班迪（John Nalbandian）：《公共部门人力资源管理：系统与战略》，孙柏瑛、潘娜、游祥斌译，中国人民大学出版社 2001 年版，第 7 页。

排，[①]是一种问责方式。但从西方国家的实践来看，也没有任何一个国家从法律法规上把引咎辞职作为一种正式制度加以规定和明确。与此相反，我国却将“引咎辞职”明确规定在党内法规和国家法律之中。我国“引咎辞职”最早规定于1995年中共中央制定的《党政领导干部选拔任用工作暂行条例》（已废止）。现行有效的《党政领导干部选拔任用工作条例》（2002年7月制定，并分别于2014年1月和2019年3月修订）第55条继续规定了“引咎辞职”制度。《公务员法》第87条第3款明确规定：“领导成员因工作严重失误、失职造成重大损失或者恶劣社会影响的，或者对重大事故负有领导责任的，应当引咎辞去领导职务。”“引咎辞职”的入法“利于为党政领导干部政治责任的追究确定法律依据，这是建立责任政治、责任政府的迫切需要，这是深化政治体制改革时代要求，这是执政党立党为公、执政为民的体现。可以使领导成员更加具有责任意识、忧患意识和危机意识”。另外，引入引咎辞职“可以发挥相当的缓释功能，可以缓和可能出现的干群矛盾，缓解社会舆论压力，从而维护党和政府的形象”。[②]

根据《公务员法》第87条第3款的规定，领导成员因工作严重失误、失职造成重大损失或恶劣社会影响的，或者对重大事故负有领导责任的，应当引咎辞去领导职务。在实践中，这些情形主要表现为：（1）因工作失职，引发严重的群体性事件，或者对群体性、突发性事件处置失当，造成严重后果或者恶劣影响，负主要领导责任的。（2）决策严重失误，造成巨大经济损失或者恶劣影响，负主要领导责任的。（3）在抗灾救灾、防治疫情等方面严重失职，造成重大损失或者恶劣影响，负主要领导责任的。（4）在安全工作方面严重失职，连续或者多次发生重大责任事故，或者发生特大责任事故，负主要领导责任的；连续或者多次发生特大责任事故，或者发生特别重大责任事故，负主要领导责任、重要领导责任的。（5）在市场监管、环境保护、社会管理等方面管理、监督严重失职，连续或者多次发生重大事故、重大案件，造成巨大损失或者恶劣影响，负主要领导责任的。（6）执行《党政领导干部选拔任用工作条例》不力，造成用人严重失察、失误，影响恶劣，负主要领导责任的。（7）疏于管理监督，致使班子成员或者下属连续或多次出现严重违纪违法行为，造成恶劣影响，负主要领导责任的。（8）对配偶、

---

① 付春：《“引咎辞职”：提高政治回应性的制度安排》，载《复旦公共行政评论》，上海人民出版社2007年版，第258—264页。

② 应松年：《公务员法》，法律出版社2010年版，第98页。

子女、身边工作人员严重违纪违法知情不管，造成恶劣影响的。（9）有其他应当引咎辞职情形的。

此外，根据有关规定，公务员引咎辞职的，一年内不得重新担任与其原任职务相当的领导职务，两年内不得提拔。对引咎辞职的公务员，机关应当综合考虑其一贯表现、资历、特长等因素，合理安排工作岗位或者相应工作任务，并同时确定相应的职级待遇。受到组织处理或者纪律处分，影响期满后拟重新任用的，在作出决定前应当征得上一级组织人事部门同意。

4. 责令辞职

责令辞职，是指担任领导职务的公务员应当引咎辞职或者因其他原因不再适合担任现任领导职务，本人又不提出辞职的，由任免机关通过一定程序责令其辞去现任领导职务。责令辞职是公务员辞职形式中最为严厉的一种，对于符合条件的公务员来讲，没有选择的余地，只能辞职，如拒不辞职的，由有关机关免去现职。

被责令辞职的公务员若对决定不服，可以按照有关规定提出书面申诉，机关应当依据有关规定受理并作出处理。

领导干部被责令辞职的，一年内不得重新担任与其原任职务相当的领导职务，两年内不得提拔。机关应根据辞职原因、个人条件、工作需要等情况予以适当安排。受到组织处理或者纪律处分，影响期满后拟重新任用的，在作出决定前应当征得上一级组织人事部门同意。如果责令辞职的干部提出辞去公职的，则按自愿辞去公职的程序办理。

第三节 公务员辞退

一、公务员辞退概述

（一）公务员辞退的含义与特征

公务员辞退，是指机关依照法律法规规定，解除与公务员的任用关系。作为公务员退出机制的一种，辞退具有以下几项特征：

1. 辞退公务员是机关的权力。只要符合法定的条件，机关就可以按照法定程序辞退公务员，解除机关与公务员之间的任用关系。辞退公务员是机关的单方行为，无须征得被辞退公务员的同意。

2. 公务员辞退必须基于法律规定的事由。公务员被辞退后，不得再保留公务员身份，可谓对公务员权益影响巨大。因此，为了保障公务员的合法权益不受侵犯，根据《公务员法》《公务员辞退规定》等的有关规定，辞退公务员，应当依照法定的情形、权限和程序办理。只有在法定情形出现时，机关才能辞退公务员。否则，辞退就有可能侵犯公务员的合法权益，是一种严重违法行为。

3. 公务员被辞退后，可享有一定的待遇。辞退公务员与开除公务员不同，虽然两者都是机关的单方行为，都无须征得公务员的同意，公务员被开除或被辞退后，也不再具有公务员身份，但二者仍有区别。开除是一种行政处分，具有惩戒性，而辞退不是行政处分，也不具有惩戒性，因此公务员被辞退后，可依法领取辞退费或根据国家有关规定享受失业保险，但被开除的公务员就无法享受这些待遇。

（二）建立公务员辞退制度的意义

建立完善公务员辞退制度，具有以下作用和意义：

1. 有利于加强对公务员的监督，增强机关活力，提高办事效率。长期以来，我国公务员队伍存在“能进不能出”“干好干坏一个样”的问题，不仅束缚了公务员工作的积极性和热情，而且造成了机关官僚主义作风盛行，严重影响了机关的办事效率。建立和完善公务员辞退制度，对不合格的公务员予以辞退，不仅能够使公务员产生紧迫感和危机感，促使其改变工作作风，提高办事效率，而且可优化机关的用人机制，建立起优胜劣汰、能上能下、能进能出的动态管理机制，从而增强公务员队伍的活力。

2. 有利于保护公务员的合法权益。辞退涉及公务员身份的变更，对公务员权益影响很大，而国家机关在辞退公务员的过程中又始终居于主导地位，如果不从实体和程序上予以制约和规范，就可能造成国家机关权力的滥用，肆意侵害公务员的合法权益。因此，建立完善公务员辞退制度，合理设定公务员辞退的条件与情形，规范公务员辞退的程序，能够有效地防止国家机关滥用人事管理权力，保护公务员合法权益不受侵害。

二、公务员辞退的情形

《公务员法》和《公务员辞退规定》从我国的具体情况出发，分别采用肯定列举和否定列举的方式对公务员辞退的情形作出了较为详细的规定。

（一）可以辞退的情形

根据《公务员法》《公务员辞退规定》等的有关规定，公务员具有下列情形之一的，机关可对其作出辞退决定：

1. 在年度考核中，连续两年被确定为不称职的。考核是公务员管理的一项重要内容，分为平时考核、专项考核和定期考核等方式，其中定期考核一般为年度考核，以平时考核和专项考核为基础。根据《公务员法》的规定，年度考核的结果分为优秀、称职、基本称职和不称职四个等次。一名公务员如果在年度考核中连续两次被确定为不称职的，只能说明该公务员无法承担机关工作，不能很好地履行公务，已经不适合在机关中继续工作，为了避免人浮于事，促进机关工作高效运转，机关可以将其辞退。

2. 不胜任现职工作，又不接受其他安排的。制度的成功运转需要适当的人事来实现。机关中的每个职位对就职公务员的知识、能力等要求是不一样的，为了保证行政管理活动的优质高效，就要做到用得其人、人尽其才，实现岗位与人才的最佳匹配。公务员不胜任现职工作，意味着其无法完成岗位职责，会影响机关工作的正常进行。在考虑其能力的基础上，机关可对其工作进行变动。如公务员拒绝接受安排的，机关有权将其辞退。

3. 因所在机关调整、撤销、合并或者缩减编制员额需要调整工作，本人拒绝合理安排的。为了适应社会的发展，我国各机关的组成和职能将不断地发生变动和调整。在这个过程中，机关的人员组成、工作岗位也会因此而发生相应的变动。为了保护公务员的合法权益不因机构改革而受到损害，机关应对所涉及的公务员作出合理的安排。对公务员来讲，也应当以国家利益和大局为重，而不应漫天要价，和单位讨价还价。如果机关已对公务员作出了合理安排，公务员仍加以拒绝的，机关可以予以辞退。

4. 不履行公务员义务，不遵守公务员纪律，经教育仍无转变，不适合继续在机关工作，又不宜给予开除处分的。履行公务员义务，遵守公务员纪律是法律对每一个公务员的基本要求，也是公务员依法执行公务，认真履行职责的前提。如果公务员不履行公务员义务，不遵守公务员纪律，并且经教育批评后，其态度、行为依然没有转变的，表明公务员已经不再适合继续在机关工作。如果尚未达到开除程度的，机关可以通过辞退的方式，将其清除出公务员队伍，这对于保障公务员队伍的整体素质有着重要意义。

5. 旷工或者因公外出、请假期满无正当理由逾期不归连续超过 15 天，或者一年内累计超过 30 天的。旷工，是指公务员无正当理由，未办理请假手续，在工作时间内不到岗，不从事本职工作。无正当理由逾期不归是指公务员非因法定事由或遭遇不可抗力，未办理必要的续假手续，在法定休假期限届满后仍未回到工作岗位。忠于职守、勤勉尽责，是每个公务员应当遵守的法定义务。旷工和无正当理由逾期不归不仅妨碍了机关公务的正常履行，也对机关人事管理工作造成了影响。为了严肃工作纪律，维护国家和社会利益，当公务员旷工或者无正当理由逾期不归连续超过 15 天，或者一年内累计超过 30 天时，机关有权对其作出辞退决定。据 1998 年原劳动和社会保障部办公厅《关于计算连续旷工时间问题的复函》，连续旷工超过 15 天，应理解为连续旷工超过 15 个工作日。在计算具体天数时，应扣除休息日和法定休假日。

我国《公务员法》将长期旷工作为辞退公务员的情形之一，本书认为有待商榷。“辞退不是对公务员违纪行为的惩戒处罚，其功能在于汰劣。”[①] 辞退主要适用于公务员工作能力不足，难以胜任本职工作，或者因机构改革、部门调整引起的缩减人员等行为，一般不涉及违法违纪行为。公务员长时期旷工或因公外出，无

① 林戈:《公务员法立法研究》，党建读物出版社、中国人事出版社 2006 年版，第 403 页。

正当理由，擅自脱岗，影响公务之执行，实属一种严重的违法行为，故应作为开除处分的一种情形对待，而不应纳入辞退制度予以规范。

（二）不得辞退的情形

辞退是将不合格的公务员清理出公务员队伍，对公务员权益影响巨大。为防止机关滥用辞退权，侵犯公务员的合法权益，《公务员法》《公务员辞退规定》明确规定，如果公务员具有下列情形之一的，机关不得予以辞退：

1. 因公致残，被确认丧失或者部分丧失工作能力。公务员如果因工作而导致残疾的，应当受到国家的特别保障，即使被确认丧失或者部分丧失工作能力，无法继续工作的，机关也不得予以辞退。

2. 患病或者负伤，在规定的医疗期内。这里的医疗期是指公务员患病或非因公负伤而停止工作治病休息的时期。公务员在工作中患病或者负伤，其身体、精神上都受到了严重伤害，出于人道主义的考虑，机关在这一时期不得辞退公务员。

3. 女性公务员在孕期、产假、哺乳期内的。对妇女进行特别保护，是我国一贯的立法政策。《妇女权益保障法》第27条规定，任何单位不得因结婚、怀孕、产假、哺乳等情形，降低女职工的工资，辞退女职工，单方解除劳动（聘用）合同或者服务协议。但是，女职工要求终止劳动合同（聘用）或者服务协议的除外。孕期、产假、哺乳期，是女性公务员的特殊时期。规定这一时期的女性公务员不得被辞退，不仅有益于女性公务员的身心健康，而且体现了国家保障妇女儿童合法权益的宪法精神。

4. 法律、行政法规规定的其他不得辞退的情形。这是一个兜底条款，有利于"把辞退限定在适当范围内，防止机关辞退权的不当使用甚至滥用。同时，对有特定情形的公务员起到必要的权利保护作用"。[①] 比如，根据《驻外外交人员法》第9条第3项规定，驻外外交人员享有在驻外工作期间不被辞退的权利。需要注意的是，其他不得辞退的情形只能由法律或者行政法规加以规定，其他效力较低的规范性文件如地方性法规、行政规章或其他规范性文件等都不能对此作出规定。

---

① 国家公务员局编写：《〈中华人民共和国公务员法〉（2018）问答》，党建读物出版社2020年版，第144页。

三、公务员辞退的程序

辞退能够确保国家机关建立起优胜劣汰的人事机制，但如果运用不当，也会给公务员合法权益造成严重侵害。为了使国家机关的辞退权能依法行使，不被滥用，充分发挥辞退制度的作用，机关必须依靠和遵守法定程序。根据《公务员法》《公务员辞退规定》等的有关规定，公务员辞退的程序如下：

（一）所在机关提出建议

所在机关拟辞退公务员的，应当先在核准事实的基础上，经领导集体研究提出建议，填写《辞退国家公务员审批表》并附上相关资料，按管理权限报任免机关。

（二）任免机关人事部门审核

任免机关在收到拟被辞退公务员所在单位填写的《辞退国家公务员审批表》及相关资料后，应交由其人事部门进行审核。任免机关人事部门审核后，应提出审核意见，报任免机关审批。

（三）任免机关审批

任免机关集体讨论，审批并作出辞退决定。对拟辞退且按照规定需要进行经济责任审计的，应当事先对其进行审计。任免机关根据有关规定可以直接作出辞退决定，但对正在接受审计、纪律审查、监察调查，或者涉嫌犯罪，司法程序尚未终结的，暂缓审批。

县级以下机关辞退公务员，由县级公务员主管部门审核并报县级党委审批后作出决定。

（四）送达

作出辞退决定的，《辞退公务员通知书》应当在作出辞退决定后 10 个工作日内送达本人，告知辞退依据和理由，同时将辞退决定送呈报单位。被辞退公务员对辞退决定不服的，可以按照规定申请复核或者提出申诉。复核、申诉期间不停止辞退决定的执行。

（五）被辞退公务员办理公务交接手续

被辞退公务员办理公务交接手续，应当自《辞退公务员通知书》送达之日起10个工作日内完成。对拒不办理公务交接手续的，撤销辞退决定，给予开除处分。

（六）归档与备案

将《辞退公务员审批表》和辞退决定等存入本人人事档案，同时将辞退决定送同级公务员主管部门备案。

四、公务员辞退的后续事宜

1. 停发工资。公务员被辞退后，不再具有公务员身份，其所任领导职务、职级自然免除，自作出辞退决定之日的次月起停发工资。

2. 遵守脱密期相关规定。被辞退公务员原系涉密人员的，应当按照有关规定进行脱密期管理。

3. 人事档案转递。公务员被辞退后，原所在机关应当自作出辞退决定之日起2个月内将其人事档案转递至相应的人事档案工作机构、公共就业和人才服务机构或者本人户籍所在地社会保障服务机构。具体按照人事档案工作有关规定办理。本人应当配合转递人事档案，未予配合的，其后果由本人承担。

4. 享受社会保险和领取辞退费。被辞退公务员已参加失业保险的，根据国家有关规定享受失业保险待遇；未参加失业保险的，领取辞退费。其他社会保险按照有关规定执行。辞退费由接收人事档案的相关服务机构按月发放。原所在机关应当在人事档案转出后15个工作日内，将辞退费一次性拨付。相关服务机构发放确有困难的，由原所在机关按月发放。公务员被辞退前连续工作满1年以上的，自被辞退的次月起发放辞退费。

辞退费发放标准为公务员被辞退时所任领导职务、职级对应的基本工资。辞退费发放期限根据被辞退公务员在机关的工作年限确定。工作年限不满2年的，按照3个月发放；满2年的，按照4个月发放；2年以上的，每增加1年增发1个月，但最长不得超过24个月。

但是，如果公务员有下列情形之一的，辞退费停发：（1）重新就业[①]；（2）应征服兵役；（3）移居国（境）外；（4）被判处刑罚；（5）享受基本养老保险待遇；（6）死亡。

被辞退公务员有前款第（1）项、第（2）项、第（3）项、第（4）项、第（5）项情形之一的，应当主动告知相关服务机构或者原所在机关。由相关服务机构发放辞退费且有上述所列情形未发放的，应当将辞退费返还被辞退公务员原所在机关。

辞退公务员所需经费，应当列入财政预算，予以保障。

① 根据《公务员辞退规定》，公务员被辞退后重新就业的，在计算工作年限时，其被辞退前在机关的工作年限合并计算。

第四节 公务员退休

一、公务员退休概述

(一)公务员退休的含义

公务员退休是指当公务员年老、工作达到一定年限或者完全丧失工作能力时,退出现职,由国家依法给予物质生活保障的行为。退休既是公务员的权利,也是公务员的义务。如果公务员退出工作岗位,但没有享受到养老金和其他待遇的,不是退休。公务员退休虽然终结了公务员与机关的公职关系,但并非终结了全部的法律关系。国家公务员退休后,仍然负有保守国家秘密和工作秘密、维护政府信誉、提供历史咨询、不得违法兼职等责任和义务。为了让公务员队伍能够新有所进,老有所养,各国都比较重视公务员退休制度的建立与完善。如英国于1855年设置“文官考选文员会”,开始规划实施文官考试制度,国会却在尚未制定《考试法》的时候,先于1858年修正通过了《养老金法》(即《退休法》),由此可见英国对退休制度的重视。[①] 我国现行的公务员退休制度,是从新中国成立后的干部退休制度发展而来的。如1955年颁布的《国家机关工作人员退休处理暂行规定》和1978年颁布的《安置老弱病残干部的暂行办法》等法规规章,都对机关工作人员的退休条件、退休审批、退休待遇等问题作了具体规定,同时也为公务员退休制度的建立奠定了初步基础。1993年《国家公务员暂行条例》在总结以往经验的基础上,对退休进行了专章规范,建立了公务员的退休制度。2006年实施的《公务员法》则更将退休上升到法律层面,进一步规范了公务员的退休制度。

公务员的退休与离休不同。离休,是指对新中国成立以前参加中国共产党所领导的革命战争,脱产享受供给制待遇和从事地下革命工作的老干部,达到离职

① 许南雄:《各国人事制度》,台北南鼎文化出版社2007年版,第522页。

休养年龄的，实行离职休养的制度。[①]从性质上来说，离休是我国干部退休制度中的特殊形式，也是对中华人民共和国成立以前参加革命的老同志设立的一种较优越的社会保障措施。随着时间的推移，目前在岗的公务员基本上全部为新中国成立以后参加工作的，适用离休制度的老干部将会越来越少。因此，从长远来看，离休制度只是暂时性制度，没有必要在法律中加以规定，对于离休干部的安置管理和待遇照顾，仍可依据《国务院关于老干部离职休养的暂行规定》（1980 年 9 月 29 日全国人民代表大会常务委员会第十六次会议批准，1980 年 10 月 7 日国务院公布施行）等有关规定来执行。

公务员的退休与退职不同。退职是我国曾经实行过的一种特殊退休制度。它是指国家行政工作人员因年老、病弱不能继续工作，又不符合退休条件；或因自愿；或因不适宜现职，又不愿接受其他工作，因而退出国家行政工作人员行列而产生的一种职务的消灭。[②]退职人员按工作年限发给一次性退职金；退职干部易地安家的，发给本人两个月标准工资；退职干部享受居住地区同级干部相同的公费医疗待遇。该制度始创于 20 世纪 50 年代，目的是减轻财政负担，沿用至今，但已无实际意义。因为目前我国的公务员已到退休年龄，而工龄不足 10 年的人极少，随着养老保险制度的改革，退职制度没有存在的必要，《公务员法》也未对退职制度作出规定。[③]

（二）建立公务员退休制度的意义

建立和完善公务员退休制度，对于促进机关公务员的新老更替，保持公务员队伍的活力，解除公务员后顾之忧，提高工作效益，有着十分重要的意义。

1. 建立公务员退休制度可以保证公务员对机关的忠诚度。建立和实行退休制度，可以确保公务员能够忠诚于机关，并积极地完成本单位工作。这是因为，公务员要想能够顺利退休，并获得足额养老金，其必须忠诚于机关，努力工作，一旦其违背忠诚，不作为、贪污腐败或徇私舞弊，那么将会丧失养老金或者领取少部分养老金。因此，公务员退休制度也是维系公务员对机关忠诚度的一个重要手段。

2. 建立公务员退休制度是公务员队伍永葆生机与活力的重要手段。建立公务

① 应松年、朱维究：《行政法学总论》，中国工人出版社 1985 年版，第 243 页。

② 应松年、朱维究：《行政法学总论》，中国工人出版社 1985 年版，第 245 页。

③ 应松年：《公务员法》，法律出版社 2010 年版，第 169 页。

员退休制度，让公务员实现老有所养，老有所靠，才能消除在职公务员的后顾之忧，调动其工作的积极性和主动性，提高机关的办事效率。而且，建立完善的退休制度，年老的或丧失工作能力的公务员才敢于离开公务员队伍，让年轻的公务员充实到机关，从而使机关永葆生机与活力，并持续发展。

3. 建立公务员退休制度是公务员退休权益的重要保障。我国《宪法》第 44 条明文规定："国家依照法律规定实行企业事业组织的职工和国家机关工作人员的退休制度。退休人员的生活受到国家和社会的保障。"第 45 条第 1 款规定："中华人民共和国公民在年老、疾病或者丧失劳动能力的情况下，有从国家和社会获得物质帮助的权利……"由此，根据《宪法》规定，公务员年老力衰，不能或无法工作时，有退出公务员队伍，并从国家获得生活保障的权利。只有国家建立完善的公务员退休制度，才能确保公务员退休权益得以实现。

二、公务员退休的方式、条件与程序

（一）公务员退休的方式

各国公务员退休的方式有很多，但概括来讲，主要有以下四种：（1）自愿退休，即达到法定退休条件的公务员主动申请退休。这是各国公务员最主要的退休方式。（2）强制退休，又称命令退休、强迫退休，是指公务员具备退休条件时，该退不退，由国家机关强令其退休。（3）残疾退休，是指公务员因身体伤残完全丧失了工作能力，虽未具备退休所要求的工龄和年龄，仍可退休。（4）延迟退休，是指已达到退休年龄的公务员，经法定程序批准，推迟退休。一般是各国政府为保留优秀人才，避免因其退休而给国家工作造成重大损失而采取的特殊措施。[①]

根据我国《公务员法》的规定，我国公务员的退休方式主要有两种：一是强制退休，又称刚性退休，即当公务员在达到退休年龄或者完全丧失工作能力时，无论其是否愿意退休，都必须依法办理退休手续，离开工作岗位。强制退休的特点是只要公务员符合退休条件，就必须退休，没有选择是否退休的权利，体现了退休是公务员应尽的义务，这对于保障公务员队伍的年轻和时代性有着重要意义。二是自愿退休，又称提前退休、批准退休，是指公务员不到应当退休的年龄，但

① 黄达强：《各国公务员制度比较研究》，中国人民大学出版社 1990 年版，第 431—432 页。

由于具备了法定条件，本人又自愿提出申请，经任免机关批准，可以提前退休。实行自愿退休，使部分服务年限较长，而又未达到退休年龄的公务员，可根据自己意愿，在退休年龄到来前退出工作岗位，不仅尊重了公务员本人的意愿，也有利于拓宽公务员的出口，充分体现了退休制度的权利属性。

（二）公务员退休的条件

退休条件是指公务员退休所应当满足的基本要求，一般主要包括年龄要求、工作年限（工龄）要求、健康状况要求、职务性质要求等内容。

根据《公务员法》的规定，我国公务员退休的条件，因公务员退休的方式不同也有所不同。具体来讲：

1. 公务员强制退休的条件

根据《公务员法》第 92 条的规定，公务员达到国家规定的退休年龄或者完全丧失工作能力的，应当退休。因此，强制退休的条件有两种：一是年龄条件，即公务员达到了国家规定的退休年龄。根据 1982 年《中共中央关于建立老干部退休制度的决定》（中发〔1982〕13 号）中的规定，担任中央、国家机关部长、副部长，省、市、自治区党委书记、省长、副省长，以及省、市、自治区纪律检查委员会和法院、检察院主要负责干部的，正职一般不超过 65 岁，副职一般不超过 60 岁。担任司局长一级的干部，一般不超过 60 岁。另根据 1978 年国务院颁布的《关于安置老弱病残干部的暂行办法》中的规定，普通公务员的退休年龄为男年满 60 周岁，女年满 55 周岁。二是身体条件，即完全丧失工作能力。完全丧失工作能力，是指因损伤或疾病造成人体组织器官严重缺损畸形或严重损害，致使伤病的组织、器官或生理功能完全丧失或存在严重功能障碍。关于完全丧失工作能力的认定标准，参照 2002 年原劳动和社会保障部颁布的《职工非因工伤残或因病丧失劳动能力程度鉴定标准（试行）》（劳社部发〔2002〕8 号）执行。凡是符合这两种条件之一的公务员，都必须强制退休。

随着社会的发展、人口结构的变化和养老金供给不足等问题越来越突出，导致退休年龄成为一个非常激烈的争论焦点。主要体现在：第一，男女退休年龄平等问题。早在《公务员法》制定过程中，就有观点提出，要按照男女平等的宪法原则，明确规定男性和女性公务员实行同龄退休，即都为年满 60 周岁。第二，延迟退休年龄问题。近年来养老基金支出压力越来越大，延迟退休年龄其实也是为了降低养老基金支出压力。当然，延迟退休年龄并不仅仅是出于养老金的财务平衡、增强社保制度的可持续性的考虑，更重要的是平衡代际关系，推动人力资源的有效利用。延迟退休年龄是一个非常复杂的问题。如法国曾经计划从2011年7月起，将法定退休年龄以每年4个月的速度逐步提高，到2018年把法定退休年龄提高到62岁，领取全额退休金，年龄从65岁提高至67岁，尽管使用8年时间将退休年龄推迟2岁，但引起巨大的争议，法国全国发生大罢工，数百万人走上街头抗议这一“有损退休福利制度”改革。[①] 尽管延迟退休年龄，有可能引发社会罢工或动乱，但本书认为延迟退休年龄是大势所趋，且对我国来说，显得尤为紧迫。首先，目前我国的退休年龄总体偏低，与人均预期寿命不匹配，不适应人口结构变化和老龄化发展趋势，不适应劳动力供求关系变化，造成了人力资源浪费。其次，我国人口老龄化现象严重，延迟退休也能缓解老龄化加剧，养老金入不敷出等社会问题。因此，人力资源和社会保障部正在研究制定延迟退休年龄的具体方案。

2. 公务员自愿退休的条件

《公务员法》第93条规定了3种自愿退休的情形：一是工作年限满30年的；二是距国家规定的退休年龄不足5年，且工作年限满20年的；三是符合国家规定的可以提前退休的其他情形，例如从事核试验、野外作业以及有毒有害物质的活动。从《公务员法》的规定来看，自愿退休的条件主要强调的是工龄。无论是工作年限满30年的，还是据国家规定退休年龄不足5年且工作年限满20年的，都已经为国家、为社会付出了很多的辛勤与心血，他们可以提出申请，经任职机关批准，即可以提前离开工作岗位，享受退休待遇。

尽管符合自愿退休的条件，但在特定情形下，公务员的退休权会受到限制。如《公职人员政务处分法》第52条第2款规定：“公职人员在被立案调查期间，未经监察机关同意，不得出境、辞去公职；被调查公职人员所在机关、单位及上级机关、单位不得对其交流、晋升、奖励、处分或者办理退休手续。”

（三）公务员退休的程序

公务员退休的程序因退休的方式而有所不同。强制退休的，无须本人申请，经过任免机关批准即可退休。自愿退休的，则需要由公务员本人提出书面申请，

---

① 姜海如：《中外公务员制度比较》，商务印书馆2013年版，第284页。

经任免机关批准后，再办理退休手续。任免机关批准后，应当将退休决定书面送达公务员，公务员接到决定后，应当与机关办理退休手续。

三、公务员退休后的待遇、安置与管理

（一）公务员退休后的待遇

公务员退休后，享受国家规定的退休金和其他待遇，国家应为其生活和健康提供必要的服务和帮助。公务员退休后能否获得合理的待遇，不仅关系到公务员退休后的基本生活，而且关系到公务员队伍的稳定和社会的安定发展。从我国目前的情况来看，我国公务员退休后的待遇主要包括三项：养老金待遇、政治待遇和其他物质生活待遇。

1. 养老金待遇

养老金是指国家发放给退休公务员的生活费，也是公务员退休后物质生活的重要保障。退休公务员的养老金虽然不是以按劳分配的方式发放的，但与按劳分配有着一定的联系，因此，各国在计算公务员退休金时大都以公务员的工作年限为依据。如法国公务员退休金的计算方式大致为：任职满 15 年以上而每年扣缴退抚金的公务人员，其年薪的 2% 乘以任职年资，即其退休金额。德国公务员退休金的计算方式则为最后任职俸给乘以 35%（任职 10 年以上），任职满 11 年到 25 年每年核给 2%，任职 26 年以上，每年再加给 1%，退休金最高额为任职俸给的 75%。[①] 另外，随着经济的发展和物价的上涨，为了确保公务员退休后的生活质量不因物价上涨而有所降低，一些国家还特别规定了公务员的养老金可随之作出调整。

从我国来看，按照《关于机关事业单位工作人员养老保险制度改革的决定》（国发〔2015〕2 号）等规定，我国的公务员养老金待遇计发标准等于基本养老金加职业年金，其中基本养老金 = 基础养老金 + 过渡性养老金 + 个人账户养老金。

2. 政治待遇

政治待遇是指具有领导职务的公务员退休后在政治地位方面所享受的待遇。在西方国家中，公务员退休后即为普通公民，不再享受任何政治待遇。但我国一直比较重视退休官吏的政治待遇，例如魏晋时的“光禄大夫”“太中大夫”“谏议

---

① 许南雄：《各国人事制度》，台北南鼎文化出版社 2007 年版，第 528—529 页。

大夫”等；退休官吏可以上朝面见皇帝等。根据国务院的相关文件规定，退休的领导干部能够与同级在职干部一样听重要报告、参加某些重要会议和重要政治活动，及时了解党的路线、方针、政策等。因此，退休的领导干部仍然能够享受政治待遇之现象，可以视为我国公务员退休制度的一个重要特征。

3. 其他物质生活待遇

除养老金待遇、政治待遇外，我国公务员退休后还可享受其他的一些待遇，如住房津贴、生活优惠待遇等。不同的国家给予退休公务员的其他待遇各有不同。例如，英国规定公务员除退休金外，还可领取一次性的退休补贴，金额为退休金的 3 倍。德国则规定退休公务员死亡时，其配偶、子女可领取比例不等的家庭抚恤金。① 目前，我国规定的公务员退休后可以享受的其他待遇，大致可分为两类：第一类是公务员在职时享有，退休后继续保留的其他待遇，如物价补贴等。第二类则是专门由退休公务员享有的其他待遇，如异地安家补助费、特殊贡献补助费等。

（二）公务员退休后的管理

公务员退休后的管理主要是指对已经退休公务员的监督与管理，如发放退休金、关心他们的身体健康、帮助其解决生活中的困难及对其相关活动的监督等。目前，我国退休公务员的管理基本上是由政府和所在单位共同负责的。当然，我们要进一步探索退休公务员的社会化管理机制。

公务员退休后的管理主要体现在两个方面：第一，监督退休公务员的违法行为。例如，根据《公务员法》的规定，公务员退休后，原系领导成员的公务员在离职三年内，其他公务员在离职两年内，不得到与原工作业务直接相关的企业或者其他营利性组织任职，不得从事与原工作业务直接相关的营利性活动。退休公务员如有上述行为的，由其原所在机关的同级公务员主管部门责令限期改正。逾期不改正的，由县级以上市场监管部门没收该人员从业期间的违法所得，责令接收单位将该人员予以清退，并根据情节轻重，对接收单位处以被处罚人员违法所得 1 倍以上 5 倍以下的罚款。第二，为退休公务员提供各种服务，例如，组织退休公务员学习党的文件指示、听取报告，解决退休后遇到的各种困难等。

---

① 李和中：《国家公务员制度导论》，中国人民大学出版社 2011 年版，第 92 页、第 189 页。

第五节　公务员开除

一、公务员开除概述

（一）公务员开除的含义

公务员开除是指机关对于具有严重违法违纪的公务员，解除其与机关的任用关系的处分。公务员被开除后，即解除其与机关的人事管理关系，不再具有公务员的身份，而且不得被重新录用或者调任到其他国家机关。从性质上来说，开除是对公务员的一种惩戒措施；同时由于被开除的公务员必须离开原机关，解除了与机关的任用关系，因此，开除也属于公务员退出机关的一种情形。正因如此，本书专门将开除作为一种退出机制予以研究。

（二）公务员开除的特征

公务员开除主要有以下几项特征：

1. 开除是机关的单方行政行为。对于具有严重违法违纪的公务员，机关无须征得公务员同意，即可单方作出开除决定。当然，机关单方作出开除决定并不意味着机关就不听取当事公务员意见。机关在作出开除决定时，根据法律规定，必须要听取公务员的陈述和申辩，以求公平、公正。

2. 开除是解除公职关系的行为。缘于任免机关的任用行为，公务员与机关公职关系得以形成，从而产生了公职法律关系。这种公职关系也可以因某种情形的出现而得以解除或终止，解除或终止公务员公职关系的原因很多，其中开除就是公职关系接触的一种情形，尽管这种情形不是很常见，但的确也是解除公职关系的一种行为。

3. 开除是一种严重的惩戒行为。对于违法违纪的公务员，应当按照法律法规规定给予一定的惩戒，但在所有的惩戒措施中，开除对当事人的权益影响非常大，是最严厉的一种惩戒行为。这种严重性不仅表现在公务员丧失公职身份，而且不得再被录用为公务员和受到后续就业的一些限制。因此，为了保证机关开除决定的公正、合理，机关必须依据法律规定的开除的条件、程序等作出开除惩戒决定。

（三）公务员开除制度的意义

公务员的开除制度作为公务员退出的一种机制，对于加强公务员队伍管理，提高公务员队伍的整体水平有着十分重要的作用。

1. 开除制度可以倒逼和威慑公务员依法行使职权。在法治国家，一切享有公权力的人员都要依法行使职权，依法承担责任。公务员开除制度就像“达摩克利斯之剑”一直悬挂在公务员的头上，时刻提醒公务员要依法行使职权、努力工作、遵纪守法，如有违反，将会被清除出公务员队伍，从而倒逼公务员积极履行职责，依法行使公权力。同时对违法违纪的公务员作出开除处分，也可以对其他公务员起到威慑、教育作用，敦促其依法行使职权。

2. 开除制度可以纯洁公务员队伍，净化政治生态环境。公务员是执行国家政策，推展各项建设的主要动力，一个廉洁高效、干净担当的公务员队伍，直接关系到一个国家的政治、经济、社会和文化等发展，甚至决定着党和国家的前途和未来。严肃公务员纪律，纯洁公务员队伍，将那些违法违纪的公务员或者腐败分子剔出公务员系统，对于净化政治生态环境，培养信念坚定、为民服务、勤政务实、敢于担当、清正廉洁的公务员，及建设清廉政府都具有十分重要的意义。

二、公务员开除的条件

公务员开除的条件是指可以给予公务员开除处分的情形，根据《公务员法》《行政机关公务员处分条例》等有关规定，公务员开除的条件主要有两类：一类是因犯罪被判处刑罚；另一类是公务员有严重违法违纪情形。

（一）公务员因犯罪被判处刑罚

如果公务员有违法犯罪行为被依法判处刑罚的，机关应当给予开除处分。《公职人员政务处分法》第 14 条将因犯罪被判处刑罚，机关给予开除的情形分为两大类型，即绝对开除和相对开除。

1. 公务员因犯罪被判处刑罚，绝对开除的情形主要有三种：（1）因故意犯罪被判处管制、拘役或者有期徒刑以上刑罚（含宣告缓刑）的；（2）因过失犯罪被判处有期徒刑，刑期超过三年的；（3）因犯罪被单处或者并处剥夺政治权利的。

2. 公务员因犯罪被判处刑罚，相对开除的情形主要有两种：（1）因过失犯罪被判处管制、拘役或者三年以下有期徒刑的，一般应当予以开除；案件情况特殊，予以撤职更为适当的，可以不予开除，但是应当报请上一级机关批准。（2）公职人员因犯罪被单处罚金，或者犯罪情节轻微，人民检察院依法作出不起诉决定或者人民法院依法免予刑事处罚的，予以撤职；造成不良影响的，予以开除。

（二）公务员违法违纪达到开除的行为

根据公务员违法违纪内容的不同，公务员违法违纪达到开除的行为主要包括以下9类：

1. 违反国际安全和社会稳定，情节严重的行为。这类行为包括以下几个方面：（1）散布有损中国共产党领导和国家声誉的言论的；（2）参加旨在反对宪法、中国共产党领导和国家的集会、游行、示威等活动的；（3）拒不执行或者变相不执行中国共产党和国家的路线方针政策、重大决策部署的；（4）参加非法组织、非法活动的；（5）挑拨、破坏民族关系，或者参加民族分裂活动的；（6）利用宗教活动破坏民族团结和社会稳定的；（7）在对外交往中损害国家荣誉和利益的。

特别要注意的是：公务员如果有上述第（2）项、第（4）项、第（5）项和第（6）项行为之一的，对策划者、组织者和骨干分子，予以开除；公务员公开发表反对宪法确立的国家指导思想，反对中国共产党领导，反对社会主义制度，反对改革开放的文章、演说、宣言、声明等的，予以开除。

2. 违反工作纪律，情节严重的行为。公务员不遵守工作纪律，情节严重的行为主要是：（1）滥用职权，危害国家利益、社会公共利益或者侵害公民、法人、其他组织合法权益的；（2）不履行或者不正确履行职责，玩忽职守，贻误工作的；（3）工作中有形式主义、官僚主义行为的；（4）工作中有弄虚作假，误导、欺骗行为的；（5）泄露国家秘密、工作秘密，或者泄露因履行职责掌握的商业秘密、个人隐私的。

3.违反组织纪律，情节严重的行为。这类行为主要有：（1）在选拔任用、录用、聘用、考核、晋升、评选等干部人事工作中违反有关规定的；（2）弄虚作假，骗取职务、职级、衔级、级别、岗位和职员等级、职称、待遇、资格、学历、学位、荣誉、奖励或者其他利益的；（3）对依法行使批评、申诉、控告、检举等权利的行为进行压制或者打击报复的；（4）诬告陷害，意图使他人受到名誉损害或者责任追究等不良影响的；（5）以暴力、威胁、贿赂、欺骗等手段破坏选举的。

4.违反群众纪律，情节特别严重的行为。这类行为主要有：（1）利用宗族或者黑恶势力等欺压群众，或者纵容、包庇黑恶势力活动的；（2）违反规定向管理服务对象收取、摊派财物的；（3）在管理服务活动中故意刁难的；（4）其他侵犯管理服务对象利益的行为，造成不良后果或者影响的。在此要注意的是，对于公务员利用宗族或者黑恶势力等欺压群众，或者纵容、包庇黑恶势力活动的，情节严重的，就予以开除，但对于公务员具有第（2）项、第（3）项和第（4）项行为，必须达到情节特别严重，才能予以开除。

5.违反规定取得外国国籍或永久居留权的行为。这类行为主要是《公职人员政务处分法》第31条第2款规定的行为。根据《公职人员政务处分法》第31条第2款规定，公务员违反规定取得外国国籍或者获取境外永久居留资格、长期居留许可的，予以撤职或者开除。需要注意的是，这类行为是行为犯，无需考虑情节和后果，一旦出现此种情形，可以给予撤职，也可以予以开除。

6.违反规定从事经济活动，情节严重的行为。这类行为主要是《公职人员政务处分法》第36条规定的情节严重的行为。根据《公职人员政务处分法》第36条之规定，公务员违反规定从事或者参与营利性活动，或者违反规定兼任职务、领取报酬，予以降职或撤销，情节严重的，予以开除。

7.违反职务廉洁义务，情节严重的行为。公务员违反职务廉洁纪律，情节严重的行为主要有：（1）贪污贿赂的；（2）利用职权或者职务上的影响为本人或者他人谋取私利的；（3）纵容、默许特定关系人利用本人职权或者职务上的影响谋取私利的；（4）收受可能影响公正行使公权力的礼品、礼金、有价证券等财物的。

8.违反社会公德、家庭美德，情节严重的行为。这类行为主要有：（1）违背社会公序良俗，在公共场所有不当行为，造成不良影响的；（2）参与或者支持迷信活动，造成不良影响的；（3）参与赌博的；（4）拒不承担赡养、抚养、扶养义务的；（5）实施家庭暴力，虐待、遗弃家庭成员的；（6）其他严重违反家庭美德、社会公德的行为。

特别要注意的是，公务员吸食、注射毒品，组织赌博，组织、支持、参与卖淫、嫖娼、色情淫乱活动的，予以撤职或者开除。

9. 其他情节严重的违法行为。这是一个兜底规定。在适用兜底规定时，注意适用条件：（1）公务员有其他违法行为；（2）影响公务员形象；（3）损害国家和人民利益；（4）情节严重。

（三）不再给予开除处分的情形

根据《公职人员政务处分法》第 27 条和《行政机关公务员处分条例》第 52 条的规定，已经退休的公务员退休前或者退休后有违法行为的，不再给予政务处分，但是可以对其立案调查；依法应当予以降级、撤职、开除的，应当按照规定相应调整其享受的待遇，对其违法取得的财物和用于违法行为的本人财物依照《公职人员政务处分法》第 25 条的规定处理，也即没收、追缴或者责令退赔；已经离职或者死亡的公职人员在履职期间有违法行为的，依照同样的办法处理。

立法之所以作出这样的规定，其目的在于减少不必要的程序，节约机关资源。开除作为处分，针对的是在职公务员，对于非在职公务员实施开除处分，没有实际意义。既然违法的公务员已经由于退休、离职或者死亡等原因而退出公务员队伍，那么对其再给予开除处分就没有什么必要。然而，毕竟该公务员存在违法行为，如果其没有退休、离职或死亡等，就要受到处分，因此对于这类公务员，其退休、离职或死亡后的待遇应按照《中共中央组织部、人力资源和社会保障部、监察部、国家公务员局关于公务员受处分工资待遇处理有关问题的通知》进行调整，也即予以克减或者取消；对其违法取得的财物和用于违法行为的本人财物，应当依法没收、追缴或者责令退赔。

三、公务员开除的权限与程序

（一）公务员开除的权限

根据《公务员法》《公职人员政务处分法》《行政机关公务员处分条例》的规定，对公务员给予处分，由任免机关或者监察机关按照管理权限决定。但是对于选任产生的公务员来讲，公务员被开除后，其和所在机关的人事管理关系随即解除，但由于这类公务员是通过选举产生的，因而在其被开除之前，还须由原选举单位对其作出罢免或免职的决定。具体来讲，监察机关或任免机关的开除权限如下：

1. 对经各级人民代表大会、县级以上各级人民代表大会常务委员会选举或者决定任命的公务员予以撤职、开除的，应当先依法罢免、撤销或者免去其职务，再依法作出政务处分决定。公务员涉嫌违法，已经被立案调查，不宜继续履行职责的，任免机关可以决定暂停其履行职务。

2. 对经中国人民政治协商会议各级委员会全体会议或者其常务委员会选举或者决定任命的公务员予以撤职、开除的，应当先依章程免去其职务，再依法作出政务处分决定。公务员涉嫌违法，已经被立案调查，不宜继续履行职责的，任免机关可以决定暂停其履行职务。

3. 对各级人民代表大会代表、中国人民政治协商会议各级委员会委员给予政务处分的，应当向有关的人民代表大会常务委员会，乡、民族乡、镇的人民代表大会主席团或者中国人民政治协商会议全国委员会常务委员会通报。公务员涉嫌违法，已经被立案调查，不宜继续履行职责的，任免机关可以决定暂停其履行职务。

4. 除上述公务员的特殊规定以外，其他公务员的开除决定均由任免机关或监察机关决定，但不得重复处分。

（二）公务员开除的程序

作为公务员惩戒处分的一种，开除与其他惩戒处分所遵守的程序基本相同，本书第六章将有详述，此处不再赘述。

四、公务员开除的后续事宜

（一）公务员开除的法律效果

根据《公务员法》《公职人员政务处分法》等有关规定，自开除处分生效之日起，公务员与机关之间的人事行政关系应当解除，被处分公务员便不再具备公务员的身份，无法继续享受公务员的待遇与权利，也无须再承担公务员的义务与责任。另外，根据《公务员法》等法律的规定，曾经被开除公职的人员不得被录用为公务员，也不得被录用为参照公务员管理的单位的人员。由此可见，公务员开除的效果不仅涉及公务员被处分当时的权益，还影响被处分人将来再次就业时的择业权。

公务员被开除后，其与原所在机关便不再具有人事管理关系，人事档案应按照有关规定递转。公务员有新工作单位的，其本人档案转由新工作单位管理；没有新工作单位的，其本人档案转由其户籍所在地人事部门所属的人才服务机构管理。

（二）不服开除决定的权利救济

公务员对开除处分不服的，可以按照《公务员法》和《公职人员政务处分法》的有关规定，申请复核或者申诉。复核、申诉期间不停止处分的执行。

第五章 公务员的权利与保障制度

第一节　公务员的权利

一、公务员权利的概念与特征

公务员的权利是指公务员依法所享有的，要求他人作出或者不作出一定行为的能力和资格。与普通公民权利相比，公务员的权利具有如下特征：

（1）身份性。除公务员作为普通公民所享有的权利外，《公务员法》规定的公务员所享有的权利都是与公务员的身份职责相关的，因此，公务员的权利以其取得公务员的身份和职责为前提，没有公务员的身份和职责，公务员不可能拥有公务员的专有权利。

（2）法定性。公务员的权利是由《公务员法》明确规定的，这也是行政法的职权法定原则在公务员法中的具体体现和实践。公务员不得恣意扩充自己的权利，否则，即构成违法。

（3）工具性。公务员是代表行政主体行使公权力，进行公共服务的专业人员，为了更好地履行公共职务，法律必须赋予执行任务的公务员必要的法律手段和工具。公务员法赋予公务员权利是为了保障公务员更好地行使公权力，履行公共职责，因此公务员的权利具有工具性的价值。当然，公务员的权利本身也具有重要价值。它不仅是对公务员进行激励的一种方式，同时也是对公务员权利和利益的保障。

二、公务员权利的种类

（一）依权利内容划分，公务员的权利可以分为三类，即身份保障权利、物质保障权利、接受培训教育权利、申请辞职权利和救济保障权利。

1. 公务员身份保障权。身份保障权是指公务员非因法定原因，并经法定程序，不受开除、辞退或其他处分之权利。“身份保障权是公务员最基本的一项权利。

只有身份和职务确有保障，公务员在依法履行公务、行使权力时才能无后顾之忧，富有安全感。另外，确立公务员的身份职务保障权，保证公务员的职业稳定，也有利于保持国家行政管理的连续、稳定、科学和高效。”①

2. 公务员物质保障权。物质保障权是指公务员依法享有的经济利益方面的权利，主要包括履行职责所需要的装备设施和领取工资、福利、津贴的权利。公务员的物质保障权利既是公务员顺利履行职责的保障，也是对公务员及其家人基本生活和尊严的保障。

3. 公务员接受培训教育权。接受培训教育权是指公务员接受各种教育和培训的权利。西方现代政府人才理论认为，公务员培训不是公务员的私事，而是一种政府人才开发的需要，对政府人才培训的投入也是国家发展的一种事业投入。因此，许多国家公务员法规定，公务员应当定期参加知识培训和再教育。公务员为了提升个人素质，提高技能，有权要求国家提供培训和教育机会及资源，这是公务员应当享有的权利，当然接受培训教育也是公务员必须履行的义务。

4. 公务员申请辞职权。申请辞职权是指公务员可以基于自身原因，向所在单位提出辞去公职，主动退出工作单位的权利，这是公务员职业自由权在公职领域的重要体现。但公务员辞职会涉及保密、违法违纪等问题，所以，大多数国家对公务员的申请辞职权都有一定的限制，其目的是保障公职的稳定性、连续性和纯洁性。

5. 公务员救济保障权。公务员救济保障权是指当公务员的权利受到侵犯时，为保护自己的权利而享有的权利，也即权利的保障权利。一般而言，为了保障公务员的权利，实行公务员制度的国家在公务员法或公务员保障法中都规定了公务员的救济权利，只是救济的手段和范围稍有不同而已。公务员的救济保障权对于落实和保障公务员权利，及监督公务员所在单位依法行使权力具有重要的意义。

（二）根据权利形成的原因不同，公务员权利可以分为原生的权利和派生的权利。

1. 公务员原生的权利。公务员原生的权利是指因公务员身份直接取得的权利。这种权利以具有公务员的身份为前提，且与公务员的身份有着密不可分的关系。以公务员身份取得的权利主要有获得履行职责应当具有的工作条件的权利、公务

---

① 崔卓兰、罗嘉司、葛自丹:《公务员法学》，北京大学出版社2005年版，第42页。

员的名称权、参加工会的权利、依法辞职权、执行公务时名誉人身受保护权，以及非因法定事由和非经法定程序不被免职、降职、辞退、处分的权利，等等。

2. 公务员派生的权利。公务员派生的权利是指因公务员原生的权利受到机关或其领导人员侵犯时，而引发的权利。这类权利是由原生权利派生出来的，以原生的权利为前提或依附于前者，它是一种事后的救济和保障的权利，主要有申诉权、控告权，甚至仲裁权和诉讼权。

（三）根据权利行使期间的不同，公务员的权利可以分为试用期的权利、在职期间的权利和退出后的权利。

1. 试用期的权利。公务员在试用期的权利，是指新进入机关的公务员在试用期间所享有的权利。试用期间的公务员尚未真正取得公务员身份，只能是一种“准”公务员。尽管理论上可以认为试用期的公务员与正式的公务员的法律地位相同，但是在实际上他们的权利还是受到一定的限制。例如，在我国，试用期内，新录用公务员应当安排在录用职位工作，一般不调整岗位，不得借调到其他单位工作，不得参加规定以外的离职学习，不得报考其他机关的公务员和到企事业单位应聘；聘任制的公务员在试用期的工资福利有可能没有正常情况下那么优厚。由此可见，试用期的公务员的权利还是会受到一定的限制。

2. 在职期间的权利。公务员在职期间的权利是指公务员进入公务员机关系统后到退出系统这个期间内依法享有的各种权利。在职期间的权利内容丰富，各国公务员法所规定的公务员的权利大多数都属于这个期间的权利。这些权利既是对公务员身份的确认和保障，又是公务员执行公务的前提和条件。

3. 退出后的权利。公务员退出后的权利是指公务员因退休、辞职、被辞退、开除等原因而退出公务员系统后依法享有的一些权利，主要包括退休人员享有领取法定退休金、辞退费及其他非生产性福利待遇的权利。这种权利是国家对退出公务员的生活保障和补偿，不因为公务员身份之改变而灭失。

（四）根据权利是否基于职务而产生，公务员权利可以分为公务员的基本权利和基于职务所生的权利。

1. 公务员的基本权利。公务员的基本权利，是指公务员作为人，与其他普通公民同样享有的宪法所规定和保障的基本权利，例如平等权、人身自由权、选举权和被选举权等。公务员作为普通公民所享有的基本权利一般不会因为其成为公务员而失去，得不到保障，除非法律另有规定。

2. 公务员基于职务所生的权利。公务员基于职务所生的权利，也即公务员职务权利，是指公务员为了行使行政职权，所享有的经济上、身份上以及其他方面的权利，例如工资请求权、身份保障权和申请培训权等。公务员职务权利是公务员执行职务的必要条件，是维持机关正常运作和国家管理秩序稳定有序的根本保障。

三、我国公务员的权利

本书对我国公务员权利的论述，采用的是上述公务员分类中的第四种分类方式，也即根据公务员权利是否基于职务而产生，将公务员权利分为公务员的基本权利和基于职务所生的权利。

（一）公务员的基本权利

1. 基本权利的主体

宪法所规定的基本权利为一国公民所享有，因此只要该自然人属于一国之公民，就必然享有该国宪法所规定的基本权利，也即宪法基本权利的主体。公务员是一个国家中的“特殊公民”，这主要是由公务员的双重身份决定的。一般而言，公务员主要具有双重身份，即公务员身份和公民身份。当公民在行使国家的公权力，履行公共任务时，其基本身份就是公务员；当其不履行公共任务时，其基本身份就是一个普通公民。作为普通公民，公务员可以享有宪法和法律规定的公民应当享有的各种权利，如人格尊严、人身自由权、财产权、选举权和被选举权、劳动权、教育权等。对于这些权利，任何机关和个人都不得侵犯。因此，“除非依法律或依法律明确授权之行政命令，对公务员基本权利为合比例性之限制者外，公务员即应享有与一般国民同等基本权利保障”。[①] 当然，公务员也应当履行宪法和法律上规定的普通公民应当履行的各种义务，如遵守宪法和法律的义务、纳税的义务、赡养父母的义务等。

2. 基本权利的限制

由于公务员既具有公务员身份，又具有普通公民身份，身份难免重叠，但其权利义务与普通公民所享有的基本权利并非全然一致，主要是公务员基本权利的限制较多，特别是言论自由和罢工权必须受到限制。

---

① 李震山:《行政法导论》，台湾三民书局 2019 年版，第 162 页。

（1）基本权利限制的必要性[①]

首先，由于公务员执行职务时，系代表国家或各级政府，拥有一定的公权力，动辄影响人民的权益甚巨，所以必须对公务员权利特别加以限制或约束。其次，从法定资源需要原理来说，法定资源的取得与法定耗费的支付是辩证统一的。公务员在取得国家职权行为中，依照法律规定必须作出一定已得资源的支付，以及一定行为机会的放弃，行为的法定耗费构成了整个社会人们行为中的利益互补关系。如果这种关系遭到破坏，就会导致法律秩序的混乱，出现权利与义务相脱离的现象，因此法律须设定理想的社会模式来合理安排社会资源。在公务员取得稀缺性资源（权力）的同时也应对公务员的公民资源进行合理限制。再次，从国家利益来看，公民个人利益应服从国家利益。为了维护国家安全和保守国家秘密，作为公民中的特殊个体，公务员在入职时，就宣誓要维护国家的安全、荣誉和利益，因此，公务员应承担较普通公民更多的责任，即对公务员人身自由和某些公民权利进行必要的限制。最后，从组织廉政建设角度而言，组织的廉洁性和权力的特性也是限制公务员权利的原因之一。公务员公务行为代表组织行为，相应地，公务员个人形象也代表组织的形象，组织的高效、廉洁在很大程度上是透过公务员的高效、廉洁表现出来的。公众往往从公务员表现看待组织形象。权力具有自由裁量性和主动性，致使公众很难确定公务员行为是公务行为还是公民行为，因此对公务员有损组织形象的公民行为进行严格的限制，这对保证政府廉洁形象、防止公务员的腐败是非常必要和现实的。

（2）基本权利限制的原则

公务员的基本权利受到一定的限制是必然的，但是这并不意味着国家和机关可以任意剥夺和限制公务员的基本权利。对公务员基本权利的限制，必须遵循以下原则：

第一，法律保留原则。法律保留是指行政机关不得通过任何形式或手段介入只能由立法机关制定法律的形式予以规范的领域，行政机关只能够在现有的法律框架内（包括对不确定法律概念进行合理解释的范围内）实施。[②] 关于法律保留的范围，各国学术界和实务界的解释不尽相同。较为主要的学说有“干预保留”说、“侵害保留”说、“重要事项保留”说、“权力保留”说或“全面保留”说。德

---

① 参见沈瞿和：《公务员权利义务衡平论》，社会科学文献出版社 2017 年版，第 128—129 页。

② 刘莘：《行政法基本原则》，载应松年：《当代中国行政法》，人民出版社 2018 年版，第 116—117 页。

国学界和实务界更倾向于“重要事项保留”说，它指的是立法机关应当亲自为某些特别重要的事项制定法律规范，在这些事项上行政机关不得介入或替代性地制定规范性文件。所谓“重要事项”指的是对公民权利的实现和保护而言特别重要的某些具体措施，最典型的是直接关乎宪法基本权利的事项，以及像我国《立法法》第 8 条所列的 11 项重要事项，等等。此说比上述其他观点更灵活，也更具可操作性。在我国，法律保留原则在制度层面已经存在，例如，我国《宪法》第 33 条至第 56 条，对人民的各种自由与权利，均给予了广泛的保障；其中有许多地方明确规定，非有法律依据，不得剥夺和限制公民之自由和权利。因此，基本权利应适用法律保留，且是法律保留的核心所在。再如，《行政处罚法》（2021 年修订）第 10 条规定，限制人身自由的行政处罚，只能由法律设定。因此，对公务员基本权利的限制应该依据法律保留原则由法律予以规范，其他任何规范性文件不得为之。

第二，明确性原则。法律明确性原则，是指限制人民自由及权利的法律或行为的目的、内容、范围等应该详细明确。法律属抽象性之普递规范，其内容固难要求充分具体明确，然基于法治原则，凡影响人民权益，尤其是限制人民权利之法律，其规定应符合法律明性原则，以确保法律具有预先告知之功能，使人民对其行为，是否受法律规范有预见可能性，国家机关依法行政或依法审判，亦有明确之基准，不致因法律规定不明确，致执法恣意或有不公之危险。[①] 因此，凡是限制公务员自由和权利的法律或行为应该在目的、内容和范围方面具体明确，让公务员能够自觉约束自身行为，理性行使权利。

第三，比例原则。“比例原则”又称“禁止过分原则”，要求对公民权利的限制或不利影响，只有在公共利益所必要的范围内，方得为之；是指政府实施行政权的手段与行政目的间，应存在一定的比例关系[②]，也就是“手段”与“目的”成比例、相平衡。一般公认，比例原则包括适当原则、必要性原则以及狭隘比例原则。[③] 比例原则的主要教义就是采取的手段能够达到一定的目的，且手段是经济高效的和损害最小的。对公务员基本权利的限制，是为了让公务员更好地履行公职，服务于公共利益，因此对公务员基本权利的限制必须是为了公共利益目的。

---

① 我国台湾地区大法官释字第 636 号解释。

② 参见陈新民：《行政法学总论》，台湾三民书局 2015 年版，第 111 页。

③ Konrad Hesse，Grundzüge des Verfassungsrechts des Bundersrepublik Deutschland，13Aufl，1982.

依据比例原则，由于公务员的言论自由、集会游行示威自由和罢工等自由对公共利益的影响较公务员财产方面为重，因此各国普遍对这些权利的限制较为严格，例如在我国，公务员不得发布有害国家安全和社会主义制度的言论、不得参加反对政府的活动等。另外，依据比例原则，公务员级别较高的，其职权和责任较大，因此其权利的限制就较一般公务员相对严格，且限制较多，但也要遵循最小侵害原则。

第四，禁止不当联结原则。禁止不当联结原则系指行政机关的行政行为与人民的给付间，并无实质的内在关联者（特别从法律授权观察），则不得互相结合（即不得互相有依存关系）。[①]不当联结其实就是“将某一行政手段与一个不相关的行政目的结合起来，要求相对人承担与此行政行为不具有实质关联性的负担”[②]。由于这些行政手段和目的之间的联结不具有正当性，是一种违法行为，因此应该从法律上予以禁止。在对公务员基本权利进行限制时，该权利限制一定要与限制所要达到的目的具有关联性，否则，即为违法行为。不当联结在公务员法中也时常见到，例如将公务员完成计划生育政策的情况与其公职联结起来，对违反计划生育政策的公务员开除公职，从而剥夺其工作权。因此，对公务员基本权利限制时，该限制与目的达成必须具有相关性，例如为了防止领导职务公务员的贪污腐化，我们对其隐私权进行一定的限制，要求其报告个人财产和收入状况。在对公务员基本权利限制时，坚持禁止不当联结原则能够防止公务员主管部门或用人单位恣意限制公民权利，保护公务员权利能够依法自由不受克减地行使。

（二）公务员基于职务所生的权利

1. 公务员职务权利主体身份的认定

公务员的职务权利，是指公务员基于公务员身份，履行公共职务时所具有的权利。从理论上来说，公务员具有双重身份，也较容易辨别：当他以公民身份出现时，其作出的行为是个人行为，行为后果由个人承担；当他以公务身份出现时，其作出的行为是公务行为，体现的是国家意志，行为后果由国家和机关承担。但是由于“公务员”和“公民个人”这两种身份同时赋予特定的个体身上，往往难

---

① 林锡尧：《行政法要义》，元照出版有限公司 2006 年版，第 80 页。

② 王留一：《禁止不当联结原则：内涵界定与司法适用》，载《福建行政学院学报》2017 年第 4 期，第 44 页。

以在实践中进行区分。因此，如何准确认定公务员的公务身份和个人身份，将公务行为与个人行为相区别，就成为理论与实务当中的一个重要课题。对于公务员公务身份的认定，可以以公务行为为标准。如果其行为具有公务行为的特征，那么公务员的身份就是公务身份。否则，公务员的身份就是普通公民身份。因此，认定公务员的身份其实就转化为如何认定公务行为的问题。对于如何区分公务行为和个人行为，理论上主要有两种观点①：

（1）主观说。这种观点认为，是否执行公务应以行为人的主观意识为判断标准。如果行为人在主观上认识到其行为是执行公务，则该行为是执行公务的行为。反之，客观上虽然有执行公务的特征，但行为无执行公务的主观意识的，则不构成执行公务的行为。

（2）客观说。这种观点认为，是否执行公务应以行为的外在表现为判断标准。即从外在表现形式来看，只要具有利用公务的形式，便构成执行公务。如执行命令或受委托执行公务的行为、执行公务所必要的行为、客观上足以认为其与执行公务有关的行为等，都属于执行公务的行为。

我国绝大多数学者主张，客观说排除了行为人的主观因素，也不以是否有助于或有必要于执行职务的行为为限，从外观上将侵权行为与执行职务行为联系起来，从而扩大了行使职权行为的范围，更加有利于保护相对人的合法权益。因而在认定公务行为上，应当以客观说为标准。但由于这一标准只是从宏观上确定了执行公务行为的范围界限，对于某一具体行为是不是执行公务的行为，还需借助于具体的判断规则加以认定。学者提供了各种标准，如职权标准、时空标准、名义标准、目的标准等，对于确定某一行为是否为公务行为，必须综合以上标准予以分析判断。②

2. 公务员职务权利的种类

根据我国《公务员法》第 15 条的规定，我国公务员的权利具体包括以下几种：

（1）获得履行职责应当具有的工作条件。这项权利是公务员正常执行公务最基本的条件，也被称为履行职责保障权。公务员执行国家公务、推行政令，国家有权要求他们尽职尽责，同时国家也要为公务员履行职责提供应有的权力保障，这里的权力即职权，是职责范围内的影响力和支配力量。公务员享有这种职权的

① 马怀德:《国家赔偿问题研究》，法律出版社 2006 年版，第 98—99 页。

② 马怀德:《国家赔偿问题研究》，法律出版社 2006 年版，第 99—101 页。

大小不是领导赋予的，更不是公务员本人要求的，而是执行公务本身的客观需要，是由法律赋予的。就公务员个人而言，担任什么职务，就获取与此项职务相应的职权。这种职权以国家的政权为后盾，以法律的强制为保障，是不允许任何人侵犯的。同时，由于这种职权是公务员履行职责所必需的，因而不可以擅自转让和放弃，不该行使时就不得行使，该行使时就必须行使。并且，公务员在行使这种职权时不得超出法定的范围，不得凭借它去谋取私利，否则要承担相应的法律责任。

此外，公务员要能够顺利履行职责，也应当具备其他的工作条件，如交警检查酒后驾驶，需要酒精测试仪、记录本等工具，没有该工作条件就无法履行职责。这些条件是履行公职所必需的，个人不可能也不应该承担这部分支出，因此必须也要由国家所提供和保障，公务员获得的工作条件应以满足履行职责为限。

（2）非因法定事由、非经法定程序，不被免职、降职、辞退或者处分。该权利又被称为公务员的身份保障权，也是最重要的一种公务员权利。公务员是国家录用的人员，非经法定事由和程序，不得被任意免职。如果对公务员的免职、降职、辞退或者处分不合乎法定条件，或者仅合乎法定条件，而不合乎法律规定的程序，便不具有法律效力。对此，公务员可以拒绝接受。因此，规定公务员的身份保障权，不仅能够防止公务员遭到不正当迫害，保证公务员公道正派地履行职责，维护国家和人民的利益，而且能够保证公务员工作的连续性和稳定性。但是，必须注意的是，我国公务员身份保障的规定是限定列举，仅限于免职、降职、辞退或处分，不适用于降级、转任和挂职等，在此，也有可能存在用人单位裁量权恣意行使的情况，所以公务员法应有相应的保障措施。

（3）获得工资报酬、享受福利、保险待遇。该权利也被称为公务员的社会经济保障权。公务员也是劳动者，他们为国家和社会付出一定的劳动，因此也应当像其他劳动者一样，获得劳动报酬。公务员的福利保险待遇是指公务员在生、老、病、死、伤残等特殊情况出现时，从国家和社会得到的物质帮助，维持一定的生活水准，以保证国家机器的正常运转和社会的稳定。① 公务员的工资、福利保险待遇是公务员维持正常生活的必要条件，也是他们为人民服务，依法行使国家权力的激励手段。公务员应当享有与其身份和地位相称的社会经济权利。任何机关

---

① 方世荣等:《中国公务员法通论》，武汉大学出版社 2009 年版，第 67 页。

不得违反国家规定自行更改公务员工资、福利、保险政策，擅自提高、降低或克扣公务员的工资、福利、保险待遇。

（4）参加培训。参加培训既是公务员的权利，也是公务员的义务。该权利是公务员文化教育权的体现。从公务员自身来讲，需要不断地汲取新的知识和掌握新的技能，才能更好地适应社会的发展，进而更好地为人民服务；从机关管理角度来讲，对公务员进行定期培训，强化其专业技能和提高其理论水平，能够提高公务员工作的效率，保证机关工作的顺利进行。

公务员培训一般包括理论培训和业务知识的培训。理论培训主要学习有关国家的政策及国家的法律。业务知识的培训主要包括学习行政管理知识，与业务工作有关的技术、技能和基础科学知识理论、文化知识等。[①] 由于现代社会的飞速发展，公共管理的专业性、技术性日益增强，公务员只有不断地参加学习和培训，补充更新知识，完善自己的知识结构，才能适应现代公共管理的要求。在竞争机制引入公务员管理工作以后，公务员为求得自身的发展，只有把握好学习和培训的机会，不断吸收新的知识充实自己，以挖掘自己的潜力，创造性地执行公务，才能提高自己的竞争能力，使自己不至于在竞争中被淘汰。因此，公务员参加培训的权利要得到保障，国家有义务为公务员的培训学习提供必要的时间、经费、场所和设施等条件。

（5）对机关工作和领导人员提出批评和建议。我国《宪法》第 41 条规定：“中华人民共和国公民对于任何国家机关和国家工作人员，有提出批评和建议的权利……”公务员作为公民也享有这一权利。公务员作为国家的公民，有行使宪法规定的对国家机关工作及领导提出批评和建议的权利，其目的是激发公务员工作的积极性，促使国家机关及领导改进工作作风。批评是针对国家机关及领导工作中存在的缺点、错误而提出的，是我国民主生活健全的体现，它不同于对违反政纪、国法行为向国家监察部门或司法机关提出的控告。建议则是为促进国家机关或领导人改进工作提出的建设性意见，是公务员主人翁责任感的体现。公务员的批评、建议的范围可以包括国家任何机关与国家机关的任何个人，但作为公务员，最经常、最主要的是针对本机关及其领导的工作提出批评和建议，内容可以涉及国家机关及领导人的工作程序、工作内容、工作方式和工作作风以及与自己工作、

① 张淑芳：《公务员法教程》，中国政法大学出版社 2011 年版，第 194 页。

权益等有关的问题。批评和建议的方式是多种多样的，既可是书面的，也可口头表达。被批评的对象对公务员提出的批评与建议，要认真对待，定期答复，而不得压制，更不能打击报复，否则，就是侵犯了公务员的合法权利。

（6）提出申诉和控告。这是公务员的权利保障请求权，即其基本权利受到侵害时请求法律给予救济的权利，是保障权利的权利。申诉，是指当事人认为自己享有的权利受到侵害时，按照一定的程序，向有关国家机关提出申请，要求有关机关处理或重新处理的活动。申诉涉及当事人的权益，法律往往规定了申诉的条件，包括：必须有机关的处理决定，且当事人对处理决定不服；申诉必须在法定期限内提出；必须有具体的请求和明确的申诉理由；必须向有权机关提出申诉。控告是公务员的一种当然权利，无须经法律特别授权。

控告的范围和方式一般无须受到限制，公务员可以采取口头形式，也可以采用书面形式。对一般违法行为的控告，可向监察机关提出；对犯罪行为的控告，应向司法部门提出。控告必须坚持实事求是的原则，忠于事实真相，不得捏造或歪曲事实，否则就要承担相应的法律责任。

允许公务员依法提出申诉和控告，是国家为维护公务员的合法权益而提供的法律保障，是纠正人事管理工作中的失误和不当、防止国家机关及其公务员出现违法失职行为、监督其依法办事的有效方式。

（7）申请辞职。公务员有通过法定方式进入公务员系统的自由，也有离开公务员系统的自由，这是公务员职业自由权的体现。国家赋予公务员这一权利的目的是调动和发挥公务员的积极性，促进人才合理流动，避免在公务员管理中出现"入口"与"出口"渠道之不畅，以增强公务员管理的生机与活力。不过，由于身份、工作性质与职务特点所限，公务员的辞职必须严格按照法律规定进行，经有关部门批准后方可离职，这也体现出公务员的辞职权较一般劳动者的辞职权限制较多。

（8）法律规定的其他权利。除了《公务员法》第 15 条规定的公务员的权利之外，公务员还享有法律规定的其他各项权利。这主要包括两个方面：一是宪法和法律规定的作为一般公民所应当享有的权利，如选举权和被选举权；二是《公务员法》其他条文和其他法律对公务员权利的规定，如受到处分时有陈述申辩的权利，对明显违法的决定、命令有抗拒执行的权利等。这样的兜底性规定使公务员的权利规定更加完善。

总之，“没有无义务的权利，也没有无权利的义务”。[①]公务员在行使公权力的过程中，既要履行应尽的义务，同时也享有法定的权利。没有义务强制，公务员就会沦为侵蚀国家、滥用权力的“特权一族”；没有权利保障，公务员也将失去独立人格，缺乏工作激励，成为国家的工具和附庸。[②]

① 《马克思恩格斯选集》（第2卷），人民出版社1972年版，第137页。

② 应松年：《公务员法》，法律出版社2010年版，第219页。

第二节　公务员权利的救济

法谚曰："有权利必有救济。"当公务员权利受到侵害时，法律也应当赋予其相应的救济途径，不能因为其是公务员，就将其排除在权利救济的大门之外，否则，不仅会挫伤公务员工作的积极性，也不利于公务员队伍的长治久安和公共福祉的达成。

从我国《公务员法》《公职人员政务处分法》《行政诉讼法》《监察法》等有关规定来看，我国公务员的权利救济尚不完善，主要是通过机关内部途径来进行的，即申诉、复核与控告，对于聘任制公务员还有人事仲裁与诉讼救济渠道。

一、公务员申诉

（一）公务员申述概述

公务员申诉，是指公务员对机关作出的涉及本人的人事处理决定不服，依法向有关机关提出意见和理由，要求有关机关复核并作出处理决定的制度。申诉是宪法赋予公民的一项基本权利，对公务员提出的申诉要求，有关机关必须查清事实，依法作出处理。公务员的申诉具有以下特点：

1. 申诉必须由公务员本人提出。申诉是对公务员的权利救济制度，因此只有公务员本人才能提出申诉，对于不涉及本人的人事处理决定，公务员无权提出申诉。但是，如果本人丧失行为能力或死亡的，其近亲属可以代为提出。这里的近亲属，是指配偶、父母、子女、兄弟姐妹。

2. 申诉的对象局限于涉及公务员本人权益的人事处理决定。人事处理决定是指国家机关在人事管理活动中，对国家公务员就定级、晋级、奖惩等作出的处理决定，既包括行政处分，也包括非行政处分。

3. 申诉的原因是公务员认为人事处理决定违法并损害了自己的合法权益。只要公务员认为人事处理决定侵害了其合法权益就有权提出申诉。至于机关的人事处理决定是否正确，公务员的合法权益是否确实受到侵害，不是公务员提出申诉的必要条件。

申诉制度在我国历史悠久。1952 年，中央人民政府制定的《国家工作人员奖惩暂行条例》中第一次规定了我国国家工作人员的申诉制度，但当时申诉的范围仅限于奖惩决定。随后，1954 年的《宪法》第 97 条也规定了中华人民共和国公民对于任何违法失职的国家机关工作人员，有向各级国家机关提出书面控告或者口头控告的权利，从而也为国家机关工作人员申诉权利奠定了宪法依据。1982 年《宪法》又再次确认了公民的这一权利，而 1993 年颁布的《国家公务员暂行条例》和 1997 年颁布的《行政监察法》则将宪法规定的公民申诉权在公务员领域内作了具体化的规定，标志着我国公务员申诉制度的基本确立。多年的实践证明，公务员的申诉制度在维护公务员合法权益，正确处理机关与公务员之间的矛盾上发挥了重要作用，对于促进国家机关依法处理人事决定有着重要意义。

从目前来看，《公务员法》和《公职人员政务处分法》共同构成了我国公务员申诉制度的基本法律规范。虽然这两部法律都对公务员的申诉制度作了规定，在申诉原则、申诉程序上有着许多共同之处，但二者仍然存在一些差别：

1. 提出申诉的主体不同。在《公务员法》中，有权提出申诉的主体是受到人事处理的公务员，然而在《公职人员政务处分法》中，有权提出申诉的主体既包括公务员，也包括公务员外的其他人员，例如村委会成员及其他履行公务的人员。

2. 申诉的范围不同。《公务员法》规定的公务员可以对八种人事处理决定提出申诉，分别是处分；辞退或者取消录用；降职；定期考核定为不称职；免职；申请辞职、提前退休未予批准；未按规定确定或者扣减工资、福利、保险待遇；法律、法规规定可以申诉的其他情形。而《公职人员政务处分法》中规定公务员有权提出申诉的事项主要是对公职人员的政务处分，从公务员申诉的范围来看，《公职人员政务处分法》要远小于《公务员法》。

3. 申诉的处理机关不同。《公务员法》中规定的申诉处理机关包括作出原人事处理的机关、同级公务员主管部门、作出该人事处理的机关的上一级机关和省级以下作出申诉处理决定机关的上一级机关。而《公职人员政务处分法》规定的复审、复核处理机关则是作出决定的原监察机关、上一级监察机关。

总之，《公务员法》与《公职人员政务处分法》规定了两种并不完全相同的申诉制度，两者相互交叉又相互补充，共同构成了我国公务员的申诉制度。

（二）《公务员法》中的申诉

1. 申诉的范围

申诉的范围，是指公务员可对哪些事项提出申诉，这是一个较为复杂的问题。从申诉的性质和各国的情况来看，确定公务员申诉的范围应当把握三点：第一，申诉的事项应当属于对公务员不利的处理，像奖励、提拔职务这些授益性的行为不宜列入申诉范围。第二，申诉事项应当属于人事处理，如果是分配工作任务，安排出国出差等，属于机关日常的行政管理事务，不能列入申诉的范围。第三，申诉事项应当属于涉及个人权益的具体管理行为，而不属于涉及不特定人员的制定政策行为。[①] 根据《公务员法》第 95 条的规定，公务员对涉及本人的下列人事处理不服的，可以自知道该人事处理之日起 30 日内向原处理机关申请复核；对复核结果不服的，可以自接到复核决定之日起 15 日内，按照规定向同级公务员主管部门或者作出该人事处理的机关的上一级机关提出申诉；也可以不经复核，自知道该人事处理之日起 30 日内直接提出申诉：（1）处分；（2）辞退或者取消录用；（3）降职；（4）定期考核定为不称职；（5）免职；（6）申请辞职、提前退休未予批准；（7）未按国家规定确定或者扣减工资、福利、保险待遇；（8）法律、法规规定可以申诉的其他情形。

2. 申诉的原则

根据《公务员申诉规定（试行）》第 3 条至第 5 条的规定，处理公务员的申诉，应当遵守以下四项原则：

（1）处理公务员的申诉，应当坚持合法、公正、公平、及时的原则，依照法定的权限、条件和程序进行。这是公务员申诉处理的基本原则，也是行政法治原则在公务员申诉中的具体体现。

（2）公务员提出申诉，应当实事求是，不得捏造事实，诬告、陷害他人。公务员有提出申诉的权利，但是这一权利的行使并不是没有界限的。公务员在提出申诉时，必须以事实为依据，不得借申诉之名，诬告陷害他人，影响他人的名誉和机关的正常工作秩序。否则，公务员应当承担相应的法律责任。

（3）复核、申诉期间不停止人事处理的执行。在申诉处理期间，不停止对公务员处理决定的执行，主要是为了保障国家人事行政管理的连续性和稳定性。人

---

① 张柏林：《〈中华人民共和国公务员法〉教程》，中国人事出版社 2006 年版，第 324—325 页。

事处理决定是有关机关代表国家作出的，具有权威性。如果只因公务员提出申诉就不予执行，那么就有可能打乱机关的日常管理工作，影响机关管理工作的高效有序运行，进而影响机关对社会的管理。因此，《公务员法》明确规定，复核、申诉期间，不停止人事处理决定的执行。

（4）公务员不因提出申诉而被加重处理。申诉是公务员的法定权利，国家机关不得因公务员提出申诉而对公务员心存偏见，加重对公务员的处理决定。否则，法律规定的公务员申诉权利就只能是一纸空文。

3. 申诉的受理机关

根据《公务员法》第 95 条第 2 款和《公务员申诉规定（试行）》第 6 条第 1 款规定，受理公务员申诉的机关应当组成公务员申诉公正委员会，负责受理和审理公务员的申诉案件。据此，申诉公正委员会是公务员申诉的受理机构与审理机构。

公务员申诉公正委员会一般由受理机关中相关工作机构的人员组成，必要时，可以吸引其他机关的有关人员参加。委员会的组成人数应当是单数，主任一般由主管公务员申诉工作的机关负责人或者负责处理公务员申诉的工作机构负责人担任。

公务员申诉公正委员会在处理申诉案件过程中实行回避制度。公正委员会委员和其他处理公务员复核、申诉的工作人员，根据有关规定需要回避的，本人应当申请回避；利害关系人也有权要求其回避。公务员申诉公正委员会委员和工作人员的回避，由受理机关负责人决定。回避决定作出前，相关人员应当暂停参与调查和审理。

4. 申诉的管辖

根据《公务员法》《公务员申诉规定（试行）》等的规定，公务员申诉的管辖规则具体如下：

（1）公务员对涉及本人的人事处理不服的复核，由原处理机关管辖。

（2）公务员对本人所在机关作出的人事处理不服的申诉，由同级公务员主管部门或者作出人事处理的机关的上一级机关管辖。

（3）对省级以下机关作出的申诉处理决定不服的再申诉，由作出申诉处理决定的机关的上一级机关管辖。

（4）中央垂直管理部门省级以下机关公务员对人事处理不服的申诉，由上一级机关管辖。对申诉处理决定不服的再申诉，由作出申诉处理决定的机关的上一级机关管辖。

（5）省以下垂直管理部门公务员对人事处理不服的申诉，由上一级机关管辖。其中，对省垂直管理机关作出的申诉处理决定不服的再申诉，由省、自治区、直辖市人民政府管辖。

（6）行政机关公务员对行政监察机关作出的处分决定不服的申诉，由行政监察机关按照管理权限管辖。行政机关公务员对任免机关作出的处分决定不服，向公务员主管部门或者行政监察机关申诉的，由受理机关管辖。行政机关公务员不得同时向公务员主管部门和行政监察机关提出申诉。

5. 申诉的程序

（1）申请与受理

公务员对涉及本人的下列人事处理不服，应当由本人亲自申请复核或者提出申诉、再申诉。如本人丧失行为能力或者死亡，可以由其近亲属代为提出。公务员申请复核，可以自知道该人事处理之日起 30 日内向原处理机关申请复核。在复核决定作出前，申请复核的公务员不得提出申诉。对复核结果不服的，应当自接到复核决定之日起 15 日内提出申诉；也可以不经复核，自知道该人事处理之日起 30 日内直接提出申诉。公务员对省级以下机关作出的申诉处理决定不服的，应当自接到申诉处理决定之日起 30 日内向作出处理决定的上一级机关提出再申诉。因不可抗力等正当理由在规定的期限内未能申请复核和提出申诉、再申诉的，经受理机关批准可以延长期限。

公务员提出申诉和再申诉，应当提交申诉书，同时提交原人事处理决定、复核决定或者申诉处理决定等材料的复印件。申诉书应当载明下列内容：申诉人的姓名、单位、职务、联系方式、住址及其他基本情况；被申诉机关的名称；申诉的事项、理由及要求；提出申诉的日期。

受理机关在收到申诉和再申诉申请后，应当从以下几个方面对申请人的申请进行审查：

①申请人是否适格。即申请人是不是受到人事处理不服的公务员本人，如本人丧失行为能力或者死亡，申请人是不是其近亲属。②申诉、再申诉事项是否属于可以申诉的事项。③申诉、再申诉是否在规定的期限内提出。④是否属于受理机关管辖。⑤申请人提交的申诉材料是否齐备。经过审查，对于同时符合以上五个条件的申诉、再申诉，受理机关应予受理。对于不符合上述条件之一的申诉、再申诉，受理机关不予受理。但如果申请人提交的申诉材料不齐备，应当及时告

知申请人，限期 15 日内补正。申请人按照要求补正全部材料的，应予受理。

对于受理与不予受理决定，受理机关应当在接到申诉书之日起 30 日内作出，并以书面形式通知申请人。受理机关决定不予受理的，还应当向申请人说明理由。

（2）审理与决定

申诉案件由公务员申诉公正委员会负责受理和审理。对涉及公务员申诉、再申诉事项，受理机关有权进行调查。调查应当由 2 名以上工作人员进行。接受调查的机关和个人应当如实提供情况。

公务员申诉公正委员会应当根据调查情况对下列事项进行审议：①原人事处理认定的事实是否存在、清楚，证据是否充分；②原人事处理适用法律、法规、规章和有关规定是否正确；③原人事处理的程序是否符合规定；④原人事处理是否显失公正；⑤被申诉机关有无超越职权或者滥用职权的情形；⑥其他需要审议的事项。此外，在审理对复核决定、申诉处理决定不服的申诉、再申诉时，公务员申诉公正委员会还应当对复核决定和申诉处理决定进行审议。

对申诉、再申诉案件，公务员申诉公正委员会应按照少数服从多数的原则，提出明确的审理意见，并向受理机关提交审理报告。受理机关应当根据公务员申诉公正委员会的审理意见，区别不同情况，在 60 日内作出如下申诉处理决定：

①维持决定。原人事处理认定事实清楚，适用法律、法规、规章和有关规定正确，处理恰当、程序合法的，维持原人事处理。

②撤销决定。原人事处理认定事实不存在的，按照管理权限责令原处理机关撤销或者直接撤销原人事处理。

③变更决定。原人事处理认定事实没有错误，但适用法律、法规、规章和有关规定有错误，或者处理明显不当的，按照管理权限责令原处理机关变更或者直接变更原人事处理。

④责令重新作出处理决定。原人事处理认定事实不清，证据不足，或者违反规定程序和权限的，责令原处理机关重新处理。

对于案情复杂的，受理机关的处理期限可以适当延长，但是延长时间不得超过 30 日。受理机关作出申诉处理决定或再申诉处理决定后，要制作申诉处理决定书或再申诉处理决定书，并加盖公务员申诉公正委员会的印章。申诉处理决定书和再申诉处理决定书应当及时送达申诉人和原处理机关。再申诉处理决定书同时还应送达作出申诉处理决定的机关。送达按照下列方式进行：

①直接送达。直接送达是指直接送达给本人，由受送达人在送达回证上签名

或者盖章。受送达人本人不在的，可以由其同住的成年近亲属在送达回证上签名或者盖章，即视为送达。送达日期为受送达人在送达回证上的签收日期。

②留置送达。受送达人或者与其同住的成年近亲属拒绝接收或者拒绝签名、盖章的，送达人应当邀请有关基层组织的代表或者其他有关人员到场，见证现场情况，由送达人在送达回证上记明拒收事由和日期，由送达人、见证人签名或者盖章，将处理决定留在受送达人的住所或者所在单位，即视为送达。送达日期为有关人员在送达回证上的签收日期。

③邮寄送达。直接送达有困难的，可以通过邮寄送达。邮寄送达的，以回执上注明的收件日期为送达日期。

④公告送达。采取上述规定的方式无法送达的，可以在相关媒体上公告送达。自发出公告之日起，经过 60 日，即视为送达。对于公告送达，处理机关应当在案卷中记明原因和经过。

此外，在处理决定作出前，申请人可以提出撤回复核、申诉和再申诉的申请，申请应当以书面形式提出。受理机关在接到申请人关于撤回复核、申诉和再申诉的书面申请后，可以决定终结处理工作，并以书面形式告知申请人和被申诉机关。

（3）执行与监督

原处理机关在处理决定发生效力后，应当及时执行，并自处理决定发生效力之日起 60 日内将执行情况以书面形式告知作出处理决定的机关。发生效力的处理决定主要包括以下几种：①已过法定期限没有提出再申诉的申诉处理决定。②中央公务员主管部门作出的申诉处理决定。③中央垂直管理机关作出的申诉处理决定。④再申诉处理决定。

机关对公务员处理有错误的，应当及时予以纠正；造成名誉损害的，应当赔礼道歉、恢复名誉、消除影响；造成经济损失的，应当根据有关规定给予赔偿。机关如果不执行发生效力的处理决定，或者对申诉人打击报复的，对负有责任的领导人员和直接责任人员，受理申诉的机关可以向有关机关提出给予其处分的建议；构成犯罪的，依法追究刑事责任。

最后必须注意的两点是：第一，在复核、申诉期间不停止人事处理的执行，例如，将公务员从厅级降到副厅级，降职决定已经作出，送达公务员本人即生效执行。《公务员法》之所以这样规定，其考虑因素有两个："其一，公务员人事处理作为内部行为，为维护处理机关的权威性和管理秩序的需要，人事处理作出即生效而具有拘束力；其二，公务员的管理具有连续性和相对稳定性，如复核、申诉期间停止执行，可能导致个别公务员滥用申诉控告的风险。”[①] 第二，公务员不因申请复核、提出申诉而被加重处理。

（三）《监察法》中的复审复核

《监察法》中的复审复核，是指公职人员（主要是公务员）对监察机关作出的涉及本人的政务处分决定不服的，向作出政务处分决定的监察机关或上一级监察机关申请对政务处分决定或复审决定进行重新审查的行为。根据《公职人员政务处分法》第 7 条之规定，政务处分的种类主要有：（一）警告；（二）记过；（三）记大过；（四）降级；（五）撤职；（六）开除。

与《公务员法》中的复核申诉制度类似的是，为保证国家人事行政管理的连续性和稳定性，防止因复审、复核干扰国家机关正常工作的进行，《监察法》《公职人员政务处分法》也规定复审、复核期间，不停止原处理决定或原政务处分决定的执行。

1. 复审、复核程序

《公职人员政务处分法》第 55 条和《监察法》第 49 条对监察机关作出的涉及公务员本人的处理决定或政务处分决定不服的复审、复核程序作了相关规定。根据这些规定，监察对象对监察机关作出的涉及本人的处理决定或政务处分决定不服的，可以在收到处理决定之日起一个月内，向作出决定的监察机关申请复审，复审机关应当在一个月内作出复审决定；监察对象对复审决定仍不服的，可以在收到复审决定之日起一个月内，向上一级监察机关申请复核，复核机关应当在两个月内作出复核决定。

监察机关发现本机关或者下级监察机关作出的政务处分决定确有错误的，应当及时予以纠正或者责令下级监察机关及时予以纠正。和《公务员法》具有相同规定的是：第一，在涉及本人的处理决定或政务处分决定的复审、复核期间，不停止原处理决定的执行；第二，监察机关不得因为公职人员提出复审、复核而加重政务处分。

在此需要注意的是，《公职人员政务处分法》对复审、复核程序一些步骤的具体称谓与《公务员法》有所不同。如《公职人员政务处分法》中的复核是指上

---

① 郑功成、杨思斌：《〈中华人民共和国公务员法〉释义》，人民出版社 2019 年版，第 215 页。

一级监察机关对下级监察机关针对原处理决定作出的复审决定的审查；而《公务员法》中的复核是指原处理机关对于人事处理决定的自我审查。对于这些名称上的区别，使用时应当注意，以免混淆。

2. 复审复核决定

经过复审复核后，监察机关应根据案件的不同情况，分别作出如下处理：

（1）维持决定。监察机关复审复核案件，认为政务处分决定事实清楚，适用法律正确的，应当予以维持。

（2）变更决定。监察机关复审复核案件，认为原政务处分决定有下列情形之一的，应当变更或者责令原决定机关变更：①适用法律、法规确有错误的；②对违法行为的情节认定确有错误的；③政务处分不适当的。

（3）撤销决定或重新作出决定或责令重新作出决定。监察机关复审、复核案件，认为原政务处分决定有下列情形之一的，撤销建议。监察机关复查申诉案件，认为原决定有下列情形之一的，复审、复核机关应当撤销原政务处分决定，重新作出决定或者责令原作出决定的监察机关重新作出决定：①政务处分所依据的违法事实不清或者证据不足的；②违反法定程序，影响案件公正处理的；③超越职权或者滥用职权作出政务处分决定的。

3. 政务处分决定变更或撤销后的救济

公职人员的政务处分决定被变更，需要调整该公职人员的职务、职级、衔级、级别、岗位和职员等级或者薪酬待遇等的，应当按照规定予以调整。政务处分决定被撤销的，应当恢复该公职人员的级别、薪酬待遇，按照原职务、职级、衔级、岗位和职员等级安排相应的职务、职级、衔级、岗位和职员等级，并在原政务处分决定公布范围内为其恢复名誉。没收、追缴财物错误的，应当依法予以返还、赔偿。

公职人员因有《公职人员政务处分法》第 57 条[①]、第 58 条[②]规定的情形被撤销政务处分或者减轻政务处分的，应当对其薪酬待遇受到的损失予以补偿。

---

① 《公职人员政务处分法》第 57 条规定，有下列情形之一的，复审、复核机关应当撤销原政务处分决定，重新作出决定或者责令原作出决定的监察机关重新作出决定：（一）政务处分所依据的违法事实不清或者证据不足的；（二）违反法定程序，影响案件公正处理的；（三）超越职权或者滥用职权作出政务处分决定的。

② 《公职人员政务处分法》第 58 条规定，有下列情形之一的，复审、复核机关应当变更原政务处分决定，或者责令原作出决定的监察机关予以变更：（一）适用法律、法规确有错误的；（二）对违法行为的情节认定确有错误的；（三）政务处分不当的。

二、公务员控告

（一）公务员控告概述

1. 公务员控告的含义

控告一般有广义与狭义之分，按照宪法的规定，公民享有控告的权利，因此公务员既有公民控告的权利，也有因公务员身份而享有的控告权利。所谓公务员控告，是指公务员个人认为其合法权益受到机关及其领导人员的侵犯，依法向上级机关或监察机关提出指控、告发，请求有关机关予以纠正并保护自己合法权益的行为。公务员提起控告的，应当符合下列条件：

（1）提出控告的主体必须具有公务员身份。如果是普通公民提起的控告，属于普通的公民控告权的行使，不属于公务员控告，不适用《公务员法》的规定。另外，当公务员作为普通公民的权益受到侵害时，其以普通公民身份所提出的控告，亦不属于公务员控告。

（2）被控告机关与被控告人是机关及其领导人员。根据《公务员法》的规定，公务员控告所针对的对象应该是机关及其领导人员，其他人员侵犯公务员合法权益的，不属于公务员法所讲的控告。

（3）提起控告的公务员认为自身合法权益受到了违法侵害。《公务员法》规定，控告的原因应是公务员认为机关及其领导人员侵犯了其合法权益，因此公务员提出控告，是他人侵犯了公务员合法权益。这里的“合法权益是指公务员依据职务、职级所享有的权利与利益，如取得报酬权、培训权等，不是作为一般公民的民事权益”[①]。

（4）控告必须是向有权机关提出。公务员提出控告的目的是要监督和纠正机关或领导人员的违法违纪行为，并惩处有关人员，因此公务员提出控告应当向具有监督职能的上级机关或监察机关提出。

公务员控告是公务员救济制度的重要组成部分，担负着救济与监督两大功能。从救济功能来看，公务员可以利用控告制度，将合法权益受到违法侵犯的事实通过一定程序向有关部门反映，纠正对公务员的不恰当处理，以维护自身权益。从

① 国家公务员局：《〈中华人民共和国公务员法〉（2018）问答》，党建读物出版社2020年版，第152—153页。

监督功能来看，通过公务员的控告，有关机关以检查国家机关的处理决定是否合法恰当为契机，能够对国家机关及其领导人员可能存在的滥用职权等违法乱纪行为予以及时的揭露和惩处，从而有效地保证国家机关廉洁高效地运转。[①]

2. 公务员控告、申诉的区别

公务员控告与公务员申诉都是我国公务员权利救济制度的重要组成部分，两者虽然都是公务员维护自己合法权益的重要手段，但仍然存在一些差异：

（1）申诉与控告的原因不同。公务员提出申诉主要是因为对自己的人事处理决定不服，而提出控告的原因主要是认为国家机关及其领导人员侵害自己的合法权益。从范围上来看，侵害公务员的合法权益，既可以是关于人事处理方面的，也可以是其他方面的，如奖励和工资福利待遇等。

（2）申诉与控告的目的不同。公务员提出申诉的目的主要是对人事处理决定不服，要求重新审查，变更或撤销原有人事处理决定。而公务员提出控告的目的则是要求恢复合法权益，并要求追究实施违法侵害的机关和人员的法律责任。

（3）申诉与控告的功能不完全相同。控告与申诉都兼具救济与监督功能，但两者的重点不完全一样。申诉的重点在于对公务员的合法权益予以救济，而控告的重点则在于公务员对国家机关及其领导人员的监督。

除了以上三个主要方面外，申诉与控告在程序、处理方式等具体方面也都存在一些差别。

（二）公务员控告的程序

对于公务员控告，《公务员法》第98条只是作了原则性的规定，也即公务员认为机关及其领导人员侵犯其合法权益的，可以依法向上级机关或者监察机关提出控告。受理控告的机关应当按照规定及时处理。除此之外，关于公务员控告的程序方面，我国尚无有效的具体规定。我们主要结合学术研究和现行有效的法律文件，例如，《监察机关调查处理政纪案件办法》等规定对公务员控告程序做了简单介绍。

1. 提起控告

公务员认为机关及其领导人员侵犯了其合法权益，可以亲自依法向上级机关或

---

① 薛刚凌：《公务员法教程》，中国人民大学出版社2017年版，第210页。

监察机关提出控告。如本人丧失行为能力或者死亡，可以由其近亲属代为提出。公务员提出控告，应当采取书面形式，必要时，也可以采取口头形式，控告应当有明确的被控告机关或被控告人员，且被控告的机关和人员属于受理控告的机关管辖。

2. 受理与立案

受理控告的机关在接到控告后，应当依照有关规定对控告人提供的情况进行初步的审查、判断，决定是否立案。需要立案的，应当及时立案。

3. 调查与审理

受理机关决定立案的，应当认真调查取证，调查处理应当通知被调查单位及其上级机关或者被调查人及其所在单位，并听取被调查人的陈述和申辩。

4. 作出处理决定

受理控告的机关对国家公务员提出的控告立案审理后，应当区分不同情况作出处理决定，并将处理决定以书面形式送达控告人、被控告机关、被控告人和被控告人所在的机关。

5. 执行处理决定

有关机关和人员在接到处理决定后，应当在规定的期限内执行，并将执行情况通报给作出处理决定的机关。机关及其领导人员有违法违纪行为的，应当依法给予惩戒。对受侵害的公务员，应当依法给予赔偿、消除影响、恢复名誉。

最后，必须注意的是，根据《公务员法》第99条之规定：公务员提出申诉、控告，应当尊重事实，不得捏造事实，诬告、陷害他人。对捏造事实，诬告、陷害他人的，依法追究法律责任。

三、人事争议仲裁

按照《公务员法》第105条规定，聘任制公务员与所在机关之间因履行聘任合同发生争议的，可以自争议发生之日起60日内向人事争议仲裁委员会申请仲裁。当事人对仲裁裁决不服的，可以自接到仲裁裁决书之日起15日内向人民法院提起诉讼。据此，公务员聘任纠纷的解决主要有两种方式，即人事争议仲裁和诉讼。

（一）人事争议仲裁的含义与特征

所谓人事争议仲裁，就是指人事争议仲裁委员会对申请仲裁的人事争议案件依法进行调解和裁决的活动。聘任纠纷的处理是公务员聘任制度中的一个重要问题。聘任纠纷是一种合同争议，通过人事争议仲裁方式予以解决是比较妥当的。同时，在机关用人制度中引入仲裁制度，一方面，可以促进机关的依法管理工作；另一方面，个人对裁决不服的可以向人民法院起诉，也有利于充分保障聘任制公务员的合法权益。①

结合仲裁本身的特点，我们认为人事争议仲裁主要有以下特点：

1. 单方申请，仲裁双方地位平等

人事争议发生后，只要一方当事人提出申请，而且争议事项属于仲裁机构的受理范围，仲裁机构就应当受理；对方不提交答辩状或者不出庭的，不影响仲裁程序的进行。而双方地位平等主要表现在：申请人和被申请人在仲裁程序中的权利义务平等，适用法律平等。

2. 机构相对独立，一级仲裁

仲裁机构的相对独立，一是指仲裁委员会相对独立于设立它的行政机关，依法独立处理人事争议；二是指仲裁委员会之间没有隶属关系，各仲裁委员会独立开展工作，任何仲裁委员会都不能干预其他仲裁委员会对人事争议的处理。一级仲裁是指仲裁委员会作出裁决后，当事人对裁决不服，可以向法院提起诉讼。

3. 先行调解，及时裁决

调解和裁决是仲裁委员会处理人事争议的两种方式。先行调解是指仲裁委员会处理人事争议，应先调解后裁决，同时还要将调解贯穿于整个人事争议处理的全过程。当然，对于调解未达成协议的，仲裁庭应当及时裁决，使双方权益得到及时保障。

（二）人事争议仲裁的原则

根据《公务员法》第105条第2款和2017年《劳动人事争议仲裁办案规则》（人力资源和社会保障部令第33号）的规定，人事争议仲裁要坚持合法、公正、先行调解和及时裁决的原则。

1. 合法原则

合法原则是指对人事争议进行仲裁时，仲裁机构必须以事实为依据，以法律

① 杨景宇、李飞：《中华人民共和国公务员法释义》，法律出版社2005年版，第250页。

为准绳，依法对争议案件进行审查和处理。具体来讲，合法原则主要体现在三个方面：一是仲裁机构的组成要合法，即仲裁委员会要依法设立，其组成人员要符合法律规定的人员结构。二是仲裁程序要合法，即仲裁机构要依据《公务员法》等法律法规规定的程序来进行仲裁。三是仲裁依据要合法，即仲裁机构应当根据《公务员法》等法律法规和聘任合同来处理机关与公务员之间的争议，仲裁裁决要有法律依据，不能枉法裁判。

2. 公正原则

公正是仲裁的基本要求。坚持公正原则，就是要求仲裁机构应当秉公执法，对当事人双方在适用法律上一律平等，不因双方身份和地位上的差别而搞特殊对待，对任何一方都应当不偏袒、不歧视，依照调查得到的客观事实情况作出仲裁裁决。具体来讲，要做到公正处理人事争议案件，就应当注意以下三个方面：一是仲裁机构要独立办案，即人事争议仲裁委员会处理人事争议案件具有独立性，任何组织和个人无权干预。二是实行合议制度，即在仲裁过程中案件要经过充分讨论和研究，这是民主集中制原则在人事仲裁中的具体体现，有利于集思广益、避免主观臆断，保证公正处理人事争议案件。三是要实行回避制度，即当仲裁成员是案件的当事人、代理人的近亲属或与案件有利害关系，或与当事人有其他关系，可能影响公正裁决时，不得参加该案的仲裁活动，以防止徇私舞弊的现象发生。

3. 先行调解原则

对于人事争议案件，劳动人事仲裁委员会在对案件进行仲裁前，应当坚持调解优先，引导当事人或者委托调解组织或者其他具有调解能力的组织和个人通过多种调解方式解决争议。调解达成协议的，应当制作调解书。调解书经当事人签收后，具有法律效力。只有在调解无效或者达不成调解的情形下，才允许仲裁庭直接予以仲裁。

4. 及时裁决原则

“迟来的正义为非正义。”人事争议发生后，不仅会影响聘任公务员的权益，而且会影响机关工作的正常进行。因此，仲裁机构对于发生的人事争议案件，应当及时受理并作出裁决，不得久拖不决。

（三）人事争议仲裁的主体

1. 仲裁委员会

根据《公务员法》第 105 条第 2 款和 2017 年《劳动人事争议仲裁组织规则》

（人力资源和社会保障部令第34号）的相关规定，劳动人事争议仲裁委员会（以下简称仲裁委员会）[①]由人民政府依法设立，专门处理争议案件。仲裁委员会按照统筹规划、合理布局和适应实际需要的原则设立，由省、自治区、直辖市人民政府依法决定。人事争议仲裁委员会由公务员主管部门的代表、聘用机关的代表、聘任制公务员的代表以及法律专家组成。仲裁委员会组成人员应当是单数，仲裁委员会设主任一名，副主任和委员若干名。仲裁委员会主任由政府负责人或者人力资源社会保障行政部门主要负责人担任。仲裁委员会下设实体化的办事机构，具体承担争议调解仲裁等日常工作。办事机构称为劳动人事争议仲裁院（以下简称仲裁院），设在人力资源社会保障行政部门。仲裁院对仲裁委员会负责并报告工作。

劳动人事争议仲裁委员会的职责主要有六项：第一，聘任、解聘专职或者兼职仲裁员；第二，受理争议案件；第三，讨论重大或者疑难的争议案件；第四，监督本仲裁委员会的仲裁活动；第五，制定本仲裁委员会的工作规则；第六，其他依法应当履行的职责。

2. 仲裁庭

仲裁庭是人事争议仲裁委员会处理人事争议案件的基本形式。仲裁委员会处理争议案件实行仲裁庭制度，实行一案一庭制。仲裁委员会可以根据案件处理实际需要设立派驻仲裁庭、巡回仲裁庭、流动仲裁庭，就近就地处理争议案件。仲裁庭一般由三名仲裁员组成。仲裁委员会可以组成仲裁庭或由独任仲裁员处理争议案件。但根据《劳动人事争议仲裁组织规则》第13条之规定，处理下列争议

① 根据2017年《劳动人事争议仲裁办案规则》（人力资源和社会保障部令第33号）第2条的规定，劳动人事争议仲裁委员会仲裁6类纠纷，也即，1. 企业、个体经济组织、民办非企业单位等组织与劳动者之间，以及机关、事业单位、社会团体与其建立劳动关系的劳动者之间，因确认劳动关系，订立、履行、变更、解除和终止劳动合同，工作时间、休息休假、社会保险、福利、培训以及劳动保护，劳动报酬、工伤医疗费、经济补偿或者赔偿金等发生的争议；2. 实施公务员法的机关与聘任制公务员之间、参照公务员法管理的机关（单位）与聘任工作人员之间因履行聘任合同发生的争议；3. 事业单位与其建立人事关系的工作人员之间因终止人事关系以及履行聘用合同发生的争议；4. 社会团体与其建立人事关系的工作人员之间因终止人事关系以及履行聘用合同发生的争议；5. 军队文职人员用人单位与聘用制文职人员之间因履行聘用合同发生的争议；6. 法律、法规规定由劳动人事争议仲裁委员会处理的其他争议。本书是指第二类纠纷的仲裁，也即实施公务员法的机关与聘任制公务员之间、参照公务员法管理的机关（单位）与聘任工作人员之间因履行聘任合同发生的争议。

案件应当由三名仲裁员组成仲裁庭，设首席仲裁员：（1）十人以上并有共同请求的争议案件；（2）履行集体合同发生的争议案件；（3）有重大影响或者疑难复杂的争议案件；（4）仲裁委员会认为应当由三名仲裁员组庭处理的其他争议案件。简单争议案件可以由一名仲裁员独任仲裁。记录人员负责案件庭审记录等相关工作。记录人员不得由本庭仲裁员兼任。

仲裁庭组成不符合规定的，仲裁委员会应当予以撤销并重新组庭。

3. 仲裁员

仲裁员是由仲裁委员会聘任，依法调解和仲裁争议案件的专业工作人员。仲裁员分为专职仲裁员和兼职仲裁员。仲裁委员会应当依法聘任一定数量的专职仲裁员，也可以根据办案工作需要，依法从干部主管部门、人力资源社会保障行政部门等机构人员以及专家学者、律师中聘任兼职仲裁员。仲裁委员会聘任仲裁员时，应当从符合《劳动争议调解仲裁法》第 20 条[①]规定的仲裁员条件的人员中选聘。仲裁员聘期一般为五年。仲裁委员会负责仲裁员考核，考核结果分为优秀、合格、不合格。考核结果作为解聘和续聘仲裁员的依据。专职仲裁员和兼职仲裁员在调解仲裁活动中享有同等权利，履行同等义务。

（1）仲裁员的权利

①履行职责应当具有的职权和工作条件；

②处理争议案件不受干涉；

③人身、财产安全受到保护；

④参加聘前培训和在职培训；

⑤法律、法规规定的其他权利。

（2）仲裁员的义务

①依法处理争议案件；

②维护国家利益和公共利益，保护当事人合法权益；

③严格执行廉政规定，恪守职业道德；

④自觉接受监督；

⑤法律、法规规定的其他义务。

---

① 《劳动争议调解仲裁法》第 20 条规定，仲裁员应当公道正派并符合下列条件之一：（1）曾任审判员的；（2）从事法律研究、教学工作并具有中级以上职称的；（3）具有法律知识、从事人力资源管理或者工会等专业工作满五年的；（4）律师执业满三年的。

（3）仲裁员的解聘

根据《劳动人事争议仲裁组织规则》第 26 条之规定，仲裁员有下列情形之一的，仲裁委员会应当予以解聘：

①聘期届满不再续聘的；

②在聘期内因工作岗位变动或者其他原因不再履行仲裁员职责的；

③年度考核不合格的；

④因违纪、违法犯罪不能继续履行仲裁员职责的；

⑤其他应当解聘的情形。

（4）仲裁员的监督

仲裁委员会应当建立仲裁监督制度，对申请受理、办案程序、处理结果、仲裁工作人员行为等进行监督。仲裁员不得有下列行为：

①徇私枉法，偏袒一方当事人；

②滥用职权，侵犯当事人合法权益；

③利用职权为自己或者他人谋取私利；

④隐瞒证据或者伪造证据；

⑤私自会见当事人及其代理人，接受当事人及其代理人的请客送礼；

⑥故意拖延办案、玩忽职守；

⑦泄露案件涉及的国家秘密、商业秘密和个人隐私或者擅自透露案件处理情况；

⑧在受聘期间担任所在仲裁委员会受理案件的代理人；

⑨其他违法违纪的行为。

仲裁员有以上情形的，仲裁委员会视情节轻重，给予批评教育、解聘等处理；被解聘的，五年内不得再次被聘为仲裁员。仲裁员所在单位根据国家有关规定对其给予处分；构成犯罪的，依法追究刑事责任。

（四）人事争议仲裁的程序

根据《公务员法》和 2017 年《劳动人事争议仲裁办案规则》（人力资源和社会保障部令第 33 号）的规定，人事争议仲裁一般要经过以下几个阶段：

1. 当事人提交申请

机关与聘任公务员之间发生人事争议后，任何一方当事人从知道或应当知道其权利受到侵害之日起 60 日内，有权以书面形式向有管辖权的仲裁委员会申请仲裁。当事人向仲裁委员会申请仲裁，应当提交仲裁申请书，并按被申请人人数递交副本。

仲裁申请书应当载明下列事项：

（1）申请人和被申请人姓名、性别、年龄、职业及职务、工作单位、住所和联系方式。申请人或被申请人是单位的，应写明单位的名称、住所、法定代表人或者主要负责人的姓名、职务和联系方式。

（2）仲裁请求和所依据的事实、理由。

（3）证据和证据来源、证人姓名和住所。

2. 立案受理

仲裁委员会在收到仲裁申请书之日起 10 个工作日内，认为不符合受理条件的，应当书面通知申请人不予受理，并说明理由；认为符合受理条件的，应当在收到仲裁申请之日起 5 日内向申请人出具受理通知书。仲裁处理结果作出前，申请人可以自行撤回仲裁申请。申请人再次申请仲裁的，仲裁委员会应当受理。对仲裁委员会逾期未作出决定或者决定不予受理的，申请人可以就该争议事项向人民法院提起诉讼。仲裁委员会受理仲裁申请后，应当在 5 日内将仲裁申请书副本送达被申请人。

被申请人收到仲裁申请书副本后，应当在 10 日内向仲裁委员会提交答辩书。仲裁委员会收到答辩书后，应当在 5 日内将答辩书副本送达申请人。被申请人逾期未提交答辩书的，不影响仲裁程序的进行。

特别要注意的是，劳动者一方在 10 人以上并有共同请求的争议，或者因履行集体合同发生的劳动争议，仲裁委员会应当优先立案，优先审理。

3. 调解

仲裁委员会处理争议案件，应当坚持调解优先，引导当事人通过协商、调解方式解决争议，给予必要的法律释明以及风险提示。对未经调解、当事人直接申请仲裁的争议，仲裁委员会可以向当事人发出调解建议书，引导其到调解组织进行调解。当事人同意先行调解的，应当暂缓受理；当事人不同意先行调解的，应当依法受理。开庭之前，经双方当事人同意，仲裁庭可以委托调解组织或者其他具有调解能力的组织、个人进行调解。仲裁庭审理争议案件时，应当进行调解。必要时可以邀请有关单位、组织或者个人参与调解。

仲裁调解达成协议的，仲裁庭应当制作调解书。当事人就部分仲裁请求达成调解协议的，仲裁庭可以就该部分先行出具调解书。

调解书应当写明仲裁请求和当事人协议的结果。调解书由仲裁员签名，加盖仲裁委员会印章，送达双方当事人。调解书经双方当事人签收后，发生法律效力。

经调解组织调解达成调解协议的，双方当事人可以自调解协议生效之日起15日内，共同向有管辖权的仲裁委员会提出仲裁审查申请。仲裁委员会受理仲裁审查申请后，应当指定仲裁员对调解协议进行审查。仲裁委员会经审查认为调解协议的形式和内容合法有效的，应当制作调解书。调解书的内容应当与调解协议的内容相一致。调解书经双方当事人签收后，发生法律效力。

4. 开庭裁决

调解不成或者调解书送达前，一方当事人反悔的，仲裁庭应当及时作出裁决。仲裁委员会应当在受理仲裁申请之日起5日内组成仲裁庭并将仲裁庭的组成情况书面通知当事人。仲裁庭应当在开庭5日前，将开庭日期、地点书面通知双方当事人。当事人有正当理由的，可以在开庭3日前请求延期开庭。是否延期，由仲裁委员会根据实际情况决定。对于事实清楚、权利义务关系明确、争议不大的；标的额不超过本省、自治区、直辖市上年度职工年平均工资的；双方当事人同意简易处理的三种争议案件，可以简易处理。仲裁庭在审理过程中，发现案件不宜简易处理的，应当在仲裁期限届满前决定转为按照一般程序处理，并告知当事人。

当事人对自己提出的主张有责任提供证据。与争议事项有关的证据属于用人单位掌握管理的，用人单位应当提供；用人单位不提供的，应当承担不利后果。法律没有具体规定、按照上述规则无法确定举证责任承担的，仲裁庭可以根据公平原则和诚实信用原则，综合当事人举证能力等因素确定举证责任的承担。

当事人因客观原因不能自行收集的证据，仲裁委员会可以根据当事人的申请，参照民事诉讼有关规定予以收集；仲裁委员会认为有必要的，也可以决定参照民事诉讼有关规定予以收集。仲裁委员会依法调查取证时，有关单位和个人应当协助配合。仲裁委员会调查取证时，不得少于两人，并应当向被调查对象出示工作证件和仲裁委员会出具的介绍信。

仲裁庭裁决案件，应当自仲裁委员会受理仲裁申请之日起45日内结束。案情复杂需要延期的，经仲裁委员会主任或者其委托的仲裁院负责人书面批准，可以延期并书面通知当事人，但延长期限不得超过15日。仲裁庭裁决案件时，其中一部分事实已经清楚的，可以就该部分先行裁决。当事人对先行裁决不服的，可以提起诉讼。

裁决应当按照多数仲裁员的意见作出，少数仲裁员的不同意见应当记入笔录。仲裁庭不能形成多数意见时，裁决应当按照首席仲裁员的意见作出。裁决书应当载明仲裁请求、争议事实、裁决理由、裁决结果、当事人权利和裁决日期。裁决书由仲裁员签名，加盖仲裁委员会印章。对裁决持不同意见的仲裁员，可以签名，也可以不签名。

当事人对仲裁裁决不服的，可以自收到仲裁裁决书之日起 15 日内向人民法院提起民事诉讼。逾期不起诉的，裁决书发生法律效力。

对发生法律效力的调解书或者裁决书，当事人必须履行。一方当事人逾期不履行的，另一方当事人可以申请人民法院执行。

第六章 公务员的义务与责任制度

第一节　公务员的义务

一、公务员义务的含义与特点

公务员的义务，是指国家法律规定的公务员基于公务员身份必须作出某种行为或者不得作出某种行为的限制与约束。从法律规定来看，公务员的义务可以分为积极义务和消极义务。积极义务，是指公务员必须依法履行的作为义务，如公务员应当忠于职守、维护国家的安全和义务等。消极义务，是指公务员不得作为的义务，如禁止兼职的义务，不得参与集会、游行、示威的义务，等等。

作为一种法律义务，公务员的义务具有如下五个特征：

（1）公务员义务的法定性。公务员的义务是法律对公务员提出的要求，是法律明确规定的义务。没有法律明确规定的社会义务，不能成为公务员的法律义务。

（2）公务员义务的身份性。公务员的义务基于公务员身份而产生。从《公务员法》的规定来看，公务员的义务既包括职务义务，也包括身份义务，但无论是哪种义务，都是以公务员具有公务员身份为前提。换言之，如果公务员不再具有公务员身份，那么公务员就无须再履行这些义务。

（3）公务员义务的国家强制性。任何义务都具有一定的强制性，公务员的义务也不例外。作为法律义务，公务员义务的这种强制性来自国家，亦即公务员不履行法律义务的，国家就要强迫他履行义务，或者追究他因不履行法律义务而产生的法律责任。

（4）公务员义务的本位性。即公务员的权利是从属于公务员的义务而存在。公务员执掌国家权力，管理着国家和社会事务，承担着“为人民服务”的义务，其权力行使关乎国家安全、社会稳定和公共利益。实践证明，绝对权力导致绝对腐败，不受监督和约束的权力必然会给党和国家的事业带来严重的损害，因此，在公务员履行公务的过程中，应当突出其遵守的法律义务，强调其权力的边界，这也正是国家制定《公务员法》的主要目的之一。虽然从立法来看，法律也规定了公务员的诸多权利，但这种权利和普通公民的权利不同，它是国家为保障公务员更好地履行义务而赋予公务员的，就此而言，公务员的权利可以说是为公务员的义务来服务的。也正是基于这一点，《公务员法》将公务员的义务放在了公务员的权利之前。因此《公务员法》的义务本位思想，不仅有利于维护公民的合法权益，保障党和国家事业的顺利进行，而且体现了对公民基本权利的尊重，彰显出行政法的控权理念。[①]

（5）公务员义务的广泛性。我国公务员法对公务员规定了较多的义务，主要有政治、国家安全、履行职务、保守秘密和品行等方面，除此之外，公务员法还规定了公务员的许多纪律义务，从而构成了一个网状的义务体系。

二、公务员义务的发展变迁

近代国家建立以前，作为君主的左右手或奴仆，承其命令辅佐其统治国家的“官吏”，其与君主之间的关系乃是一种与权利义务无涉的全人格服从关系，官吏必须服膺君主（或其家族）的个人目的，承担无定量的勤务义务。[②]此时期的公务员没有独立的法律地位，完全是君主肆意支配的奴隶和财产。“君主对于他的臣民的生命、自由和财产享有绝对的、专断的、无限的和不受限制的权力”[③]，面对君主至高无上的无限权力，官吏要效忠于君主或国王，对君主或国王负忠实的义务。近代国家成立以来，以国家与公务员间之权利义务关系为主轴的近代公务员制度渐次建立，公务员不再负无定量之勤务义务，转而负定量义务；也不再效忠于君主或国王，而是效忠于国家和人民全体。唯不论公务员义务如何变化，但“最原始的公务人员权利义务形态，可以说公务人员对国家负有忠实义务；相对地，国家对公务人员则负有生活照顾义务”[④]。忠实义务，其实是公务人员最基本之义务。公务人员之所有义务，可以说都直接或间接与忠实义务有关。[⑤]只是在经年累月的运作下，有些义务已经被类型化甚至法定化为特别义务，例如：服从义务、

① 薛刚凌：《公务员法教程》，中国人民大学出版社 2017 年版，第 21—22 页。

② 林明锵、蔡茂寅：《公务员法》，载翁岳生主编：《行政法》，中国法制出版社 2009 年版，第 374 页。

③ ［英］洛克：《政府论》（上册），叶启芳、瞿菊农译，商务印书馆 1996 年版，第 9—10 页。

④ 林明锵：《公务员法研究》（一），学林文化事业有限公司 2000 年版，第 16 页。

⑤ 参阅张家洋：《行政法》，台湾三民书局 1991 年版，第 457 页。

保密义务，不兼业义务，等等。因此，忠实义务在过去，可以说是支援公务人员义务不定量论的后勤部队。如今，公务人员义务在法治原则的要求之下，应尽量从忠实义务中加以类型化，尽可能使公务人员之义务成为定量或可得定量，并且加以法治化。因此，如今所谓之忠实义务，应理解为扣除已经类型化之特定或法定义务，所剩余之概括义务。①

尽管公务员的忠实义务已经类型化和法制化为具体的公务员义务，但今天仍有许多国家的公务员法明确规定了公务员的忠实义务。例如，英国公务员法典中明确规定，凡是公职人员，必须忠于国家，无论何时，只要国家需要，即应为国家效劳。德国《联邦公务员法》规定："公务员应当全力以赴地献身于他的职业。他应当无私地、赤诚地对待他的职务。他在机关内和在机关外的行为，都必须符合他的职业历要求的尊严和忠诚。"在我国，新中国成立后，最早规定公务员忠实义务的是 1954 年《宪法》第 18 条。该条规定："一切国家机关工作人员必须效忠人民民主制度，服从宪法和法律，努力为人民服务。"后来，公务员法明确规定了公务员要忠于宪法、忠于国家、忠于人民、忠于职守等忠实义务，而且其他一些法律也明确规定了公务员的忠实义务，例如,《保险法》第 156 条规定："保险监督管理机构工作人员应当忠于职守，依法办事，公正廉洁，不得利用职务便利牟取不正当利益，不得泄露所知悉的有关单位和个人的商业秘密。"再如,《检察官法》《法官法》《人民警察法》等法律中都有公务员忠实义务之规定。各国在公务员法和其他法律中单独规定公务员"忠实义务"，是对已经类型化了的公务员忠实义务的补充和完善，使公务员不致出现有违其他忠实义务而法律没有明确规定的行为。

综上所述，公务员义务的发展其实就是公务员忠实义务的具体化、类型化和法治化的过程，在这个发展变迁的过程中，尽管大部分忠实义务已经类型化、法治化，但单独的"忠实义务"仍有存在价值，仍可作为公务员履行职务义务时的一个"品质上"的指导原则。②

---

① 徐崑明、陈秀美:《公务员惩戒制度之现况简介与未来展望》，载台湾行政法学会:《公务员法与地方制度法》，元照出版有限公司 2003 年版，第 126 页。

② 陈新民:《宪法基本权利之基本理论》(下)，元照出版有限公司 1999 年版，第 144 页。

三、我国公务员的法定义务

从理论上来看，我国公务员的义务也是公务员忠实义务的类型化和法治化的结果。从立法模式和技术看，我国《公务员法》规定的都是公务员的作为义务，这构成了我国公务员义务特色的同时，也体现出我国公务员义务规范体例的不科学。就科学角度而言，公务员履行义务的方式既有作为，也有不作为，这样才能使义务规范周全。如果仅从作为的角度规定公务员义务，就使得公务员不作为义务无法上升为义务规范，造成公务员义务规范缺失。比如，我国公务员政治方面的不作为义务，只能规定在惩戒里，成为公务员的纪律约束；我国公务员营利性兼职的不作为义务，是以纪律约束的方式出现的，禁止营利性兼职的期间规定则是在法律责任章节中加以规范的。这势必导致公务员义务规范分散、缺失。[①]

从《公务员法》的具体规定来看，我国公务员的义务集中规定在《公务员法》第 14 条，另外第 44 条、第 59 条、第 107 条也规定了公务员的相关义务。根据这些条款的规定，我们可以将我国的公务员义务分为两大类：作为义务和不作为义务。

（一）公务员作为义务

1. 忠于宪法，模范遵守、自觉维护宪法和法律，自觉接受中国共产党领导

遵守宪法和法律是每个公民的义务。公务员较之普通公民，应具有更强的法律意识和守法觉悟，更应忠于宪法，带头遵守并积极宣传宪法和法律，做守法模范，成为宪法、法律和法规的忠诚卫士。同时，在工作中自觉接受党的领导，只有这样，才能更好地维护党和国家的形象，更好地保护公民、法人和其他组织的合法权益。

2. 忠于国家，维护国家的安全、荣誉和利益

公务员在执行公务时，其言行是代表国家和政府的，这就必然要求他们忠于国家，时刻站在国家和政府的立场上，维护国家的安全、荣誉和利益。特别是在目前全面深化改革的形势下，少数公务员为了个人的利益或者局部的利益，做出

① 周实：《比较公务员法》，东北大学出版社 2015 年版，第 65—66 页。

一些有损国格和人格的行为，损害了国家的形象和声誉，造成了国家政治和经济利益上的损失，甚至造成了我国在对外交往工作上的被动。因此，强调公务员必须履行维护国家的安全、荣誉和利益的义务，具有重要的现实意义。

3. 忠于人民，全心全意为人民服务，接受人民监督

在我国，人民群众是国家的主人，国家和社会的管理应以人民利益为最高准则。国家的一切权力来自人民，因此，公务员忠于人民，全心全意为人民服务，接受人民监督是我国政治制度的必然要求。我国《宪法》第 27 条第 2 款明确规定："一切国家机关和国家工作人员必须依靠人民的支持，经常保持同人民的密切联系，倾听人民的意见和建议，接受人民的监督，努力为人民服务。"

全心全意为人民服务，就是要求公务员应当认真听取人民群众的意见和建议，坚持立党为公、执政为民原则，着力解决人民最关心、最直接、最现实的利益问题，真心实意为人民办实事、办好事，努力促进社会公平正义。同时，公务员在履行职责时，应自觉接受人民的监督，这是体现人民当家做主的客观要求，也是提高政府行政水平的迫切需要。"只有让人民监督政府，政府才不会松懈；只有人人起来负责，才不会人亡政息。"

4. 忠于职守，勤勉尽责，服从和执行上级依法作出的决定和命令，按照规定的权限和程序履行职责，努力提高工作质量和效率

（1）忠于职守，勤勉尽责。公务员的职位都是国家机关在三定（定职责、定机构、定编制）的基础上，根据工作需要设定的，每个职位都有自己的任务和职责。因此，在职位上的每一个公务员都应当忠于职守，勤勉尽责，用心想事，用心做事。只有这样，才能提高工作效率，保障机关的正常运行。

（2）服从和执行上级依法作出的决定和命令。现代公务员的组织体制是一个类似于金字塔形的层级隶属制度，所有的公务员[①]都应当服从和接受上级的领导，层层控制，这对维护行政活动的统一协同性、命令的一致性和提高行政管理的效益性有着重要意义。根据《公务员法》第 14 条的规定，公务员应当服从和执行上级依法作出的决定和命令。对于公务员的这种服从义务，应当注意以

① 在我国，法官也是公务员，其是否也要服从和执行上级依法作出的决定和命令？本书认为，对此我们应该分为两种情况：第一，如果是审判事务范围内的事项，法官独立审判案件，服从法律，原则上不服从和执行上级依法作出的决定和命令；第二，如果属于一般的行政管理事项，法官作为公务员，应该服从和执行上级依法作出的决定和命令。

下几点：

第一，公务员服从的决定与命令应是上级作出的。上级，是指同一系统或组织中地位、等级较高的机构或人员，包括直接上级和间接上级。直接上级是指具有直接领导权、指挥权与主管权的上级，间接上级是指除直接上级以外的具有领导权、指挥权或监督权的上级。一般而言，对公务员实施领导应逐级进行；只有在特殊情况下，才可以越级领导。

第二，公务员服从和执行的是上级作出的决定和命令。所谓决定和命令是指上级命令下级公务员必须作出一定行为或者不得作出一定行为的指令；就形式而言，既可以是抽象行为，也可以是具体行为。

第三，公务员服从与执行的上级的决定和命令应是合法作出的。首先，合法是指内容合法，即命令和决定应当是上级机关在法定权限内作出的，决定和命令的内容是和公务员的职责有关、命令和决定的内容不得抵触法律的规定等。其次，合法还包括程序合法，即上级的命令和决定是按照法定程序作出的，履行了必要的手续。

第四，公务员对认为是错误命令和决定的执行。《公务员法》第60条规定，公务员执行公务时，认为上级的决定或者命令有错误的，可以向上级提出改正或者撤销该决定或者命令的意见；上级不改变该决定或者命令，或者要求立即执行的，公务员应当执行该决定或者命令，执行的后果由上级负责，公务员不承担责任；但是，公务员执行明显违法的决定或者命令的，应当依法承担相应的责任。根据这一规定，公务员如果认为上级的命令或决定有错误的，可以向上级提出意见；上级不改变或者要求立即执行的，公务员应当执行，执行的后果由上级负责，公务员不承担责任。但如果上级的命令或决定明显违法，公务员向上级提出意见而上级不接受的，公务员有权利也有义务不予执行，如果执行，则公务员要承担相应的责任。这就从两个方面明确了公务员的责任：一是提出“纠错”而没有被接受，公务员应当立即执行；二是如果盲目“唯上”，执行了上级明显违法的决定或者命令，公务员也要承担相应的法律责任。

关于公务员的服从义务，域外主要有三种观点：第一，绝对服从说。该学说认为，凡长官所有职务命令，不论合法与否，属官皆应服从之。第二，折中说。该学说认为，只要上级之职务命令非显然违法，属官皆应服从之。第三，有限服从说。该学说认为，公务员对于上级命令享有违法判断权，如果认为上级命令违法，即无须服从。[①]从目前各国的立法例来看，早期的公务员立法强调的是对上级命令的绝对服从。近年来的立法主要还是采纳了第二种学说，例如《德国公务员法》规定：“负有执行公务命令的义务，并遵守公务方面的一般准则。”同时规定：“对公务命令的合法性表示怀疑的，公务员必须立即报告其直接上级。如果命令被维持，但对其合法性依然表示怀疑的，公务员应当报告上级的上级。如果命令得到确认的，公务员必须执行，且不再承担个人责任。”《日本国家公务员法》也规定，公务员对上级违反法令的决定可以拒绝执行；不过，《英国公务员管理法》在其附属的《公务员行为规范》第11条规定：凡是公务员认为他或她被要求做事的方式是违法的、不适宜的或不道德的；违反宪法规定或职业道德的；可能导致管理不善的；与该行为规范不相一致的其他情形，他或她应按照内阁部与执行机构制定的行为准则或部门指导原则中的适当程序进行汇报，这似乎赋予了公务员对上级命令的违法判断权。本书认为，第二种和第三种学说是符合法治国家原则的要求的，只是折中说采客观的违法性标准，而有限服从说是主观性的判断标准，二者殊途同归，应当强调的是完善公务员的行使异议权的渠道。

再来看我国《公务员法》第60条的规定，经分析可以发现，第60条进一步规定“公务员执行明显违法的决定或者命令的，应当依法承担相应的责任”，在对于谁是上级、何谓明显、法的范围有多大这些问题无明确答案的情况下，公务员依此抵抗明显违法命令的保障机制极度匮乏，公务员只能选择服从，最终无法培育公务员的公共精神和对宪法的忠诚感。[②]另外，我国公务员尚不能通过外部渠道进行权利救济，因而公务员如果“抗命”，必将遭受上级的打击和报复，甚至处分，所以“异议权”也就大打折扣或贬值。本书认为应该在法律上将“明显违法的决定或者命令”予以列举细化，例如侵害人的尊严、违反刑法或行政法，且可能给公务员科处刑罚或行政罚；另外，完善公务员权利的救济机制和保障机制，这样从理论和制度上能确保公务员最大限度地忠实于宪法和法律。

（3）按照规定的权限和程序履行职责，努力提高工作质量和效率。公务员在执行公务时是代表国家的，必须体现国家的意志和利益，必须依照国家的法律、

---

① 林明锵、蔡茂寅：《公务员法》，载翁岳生主编：《行政法》，中国法制出版社2009年版，第396页。

② 金伟峰、姜裕富：《公务员忠诚义务的若干问题研究——对〈公务员法〉第12条的解读》，载《行政法学研究》2008年第1期。

法规和政策办事。严厉禁止违反法律、法规和政策的规定，谋求本部门或小团体利益和损害人民利益的行为发生。依法执行公务包括以下内容：执行公务的主体必须是公务员；执行公务的权限要合法；意思表示要客观真实；执行公务的内容要合法；执行公务的程序和形式要合法。只有具备以上条件，公务员执行国家公务的行为才是合法有效的，才能依法得到保障。

5. 保守国家秘密和工作秘密

国家秘密，是指关系国家的安全和利益，由有关机关依据法定程序确定，在一定期限内只限极少数人知道的事项，包括尚未公布或不准公布的政治、经济、军事、外交和科学技术等的重大事项。保守国家秘密是我国宪法和保守国家秘密法规定的公民的一项义务，是关系国家安全和人民根本利益的大事。由于工作关系，公务员会接触较多的国家秘密，因而更需要增强保密观念，严守保密纪律。另外，因为公务员是执行国家公务的，国家秘密同公务员的工作秘密是无法截然分开的，有些国家秘密是由一系列的工作秘密组成的，泄露了工作秘密，就间接地泄露了国家秘密。有些工作秘密虽然未列入国家秘密的范围，但除了有关公务员之外，是不应或者暂时不应让其他人知道的，泄露了会给工作造成损失，也需要保密。因此，保守国家秘密和工作秘密就成为公务员必须履行的一项义务。对于公务员而言，履行保密义务的基本要求是："不该说的国家秘密不说；不该问的国家秘密不问；不该看的国家秘密不看；不该记录的国家秘密不记录；不在私人交往中涉及国家秘密；不在公共场所办理、谈论属于国家秘密的事项；不在没有保密保障的地方和设备中存贮、处理国家秘密信息和载体；不通过普通电话、明码电报、普通邮局、计算机公用网和普通传真递送、传输国家秘密信息和载体；不携带密件、密品参观、游览和探亲访友。此外，公务员对已知的窃取或者泄露国家秘密的行为，应当予以制止并及时向有关方面举报。"① 公务员不仅在在职期间必须遵守保密义务，就是在辞职、退休、被辞退等脱离公务员职务以后，也不能泄露在职期间所了解的国家秘密和工作秘密。对违反国家保密法规，泄露国家秘密和工作秘密的公务员，应视情节轻重，给予严肃处理，直至追究刑事责任。最后必须注意的是，对于有些政府内部信息，虽不是秘密，但也不能为了不正当目的使用。例如，英国《公务员管理守则》规定：公务员"不应该未经授权地、不

① 张柏林：《〈中华人民共和国公务员法〉释义》（最新版），中国人事出版社、党建读物出版社 2012 年版，第 33—34 页。

适当地或者过早地把他们作为公务员所接触的政府信息透露给外界，试图以此阻挠或者影响政府的政策、决定和行动”。[①]

6. 带头践行社会主义核心价值观，坚守法治，遵守纪律，恪守职业道德，模范遵守社会公德、家庭美德

核心价值观是一个社会、一个国家的重要稳定器。构建具有强大凝聚力感召力的社会主义核心价值观，关系社会和谐稳定，关系国家长治久安。党的十八大报告指出，倡导富强、民主、文明、和谐，倡导自由、平等、公正、法治，倡导爱国、敬业、诚信、友善，积极培育和践行社会主义核心价值观。党的十九大报告再次强调，要培育和践行社会主义核心价值观。要以培养担当民族复兴大任的时代新人为着眼点，强化教育引导、实践养成、制度保障，发挥社会主义核心价值观对国民教育、精神文明创建、精神文化产品创作生产传播的引领作用，把社会主义核心价值观融入社会发展各方面，转化为人们的情感认同和行为习惯。深入挖掘中华优秀传统文化蕴含的思想观念、人文精神、道德规范，结合时代要求继承创新，让中华文化展现出永久魅力和时代风采。

2018 年 3 月 11 日，第十三届全国人民代表大会第一次会议通过《宪法修正案》，将“国家提倡爱祖国、爱人民、爱劳动、爱科学、爱社会主义的公德”修改为“国家倡导社会主义核心价值观，提倡爱祖国、爱人民、爱劳动、爱科学、爱社会主义的公德”。《公务员法》要求所有公务员带头践行社会主义核心价值观，坚守法治，遵守纪律，恪守职业道德，模范遵守社会公德、家庭美德，这是由公务员的双重身份决定的，相对于普通公民来说，公务员要起到带头示范和发挥模范作用。

7. 清正廉洁，公道正派

把清正廉洁、公道正派作为我国公务员的一项义务，是坚持为人民服务精神的重要体现，是对国家进行有效管理的必然要求。清正廉洁、公道正派就是要求公务员办事公道，执法如山，廉洁自律，个人利益服从国家利益，全心全意为人民服务。公务员只有廉洁自律，不以权谋私，不贪污受贿，才能做到公道正派。只要党政干部保持清廉，国家就能够根治社会上的贪污受贿等不正之风；如果党政干部腐化堕落，利用职权为自己或自己身边的人谋取私利，就会严重损害政府

---

① ［英］A.W. 布拉德利、K.D. 尤因：《宪法与行政法》（上册），程洁译，商务印书馆 2008 年版，第 543 页。

的信誉和形象，从而损害国家建设事业的发展。

8. 法律规定的其他作为义务

例如，宪法宣誓也应该视为公务员的义务。国家工作人员宪法宣誓活动，能够彰显宪法权威、法治权威，增强国家工作人员的宪法观念、法治观念。2015 年 7 月 1 日，第十二届全国人大常委会第十五次会议通过《全国人民代表大会常务委员会关于实行宪法宣誓制度的决定》，规定各级人民代表大会县级以上各级人民代表大会常务委员会选举或者决定任命的国家工作人员，以及各级人民政府、人民法院、人民检察院任命的国家工作人员，在就职时应当公开进行宪法宣誓。随后，国务院办公厅印发《国务院及其各部门任命国家工作人员宪法宣誓组织办法的通知》，教育部、国土资源部、国家税务总局、国家安全监管总局等国务院部门、最高人民法院等单位印发本部门宪法宣誓组织办法。2016 年、2017 年国务院组织举办了国务院任命的国家工作人员宪法宣誓仪式。2016 年人力资源社会保障部组织中央机关新录用公务员开展了宪法宣誓活动。吉林省、云南省等省份也全面落实了宪法宣誓制度。2018 年 12 月修改《公务员法》第 9 条明确规定，公务员就职时应当依照法律规定公开进行宪法宣誓，从而将宪法宣誓制度视为公务员就职时的一种义务。

（二）公务员不作为义务

我国公务员的不作为义务是以公务员违反纪律的形式表现出来的，集中表现为《公务员法》第 59 条所规定的 18 种违纪违法行为，也即，（1）不得散布有损宪法权威、中国共产党和国家声誉的言论，组织或者参加旨在反对宪法、中国共产党领导和国家的集会、游行、示威等活动；（2）不得组织或者参加非法组织，组织或者参加罢工；（3）不得挑拨、破坏民族关系，参加民族分裂活动或者组织、利用宗教活动破坏民族团结和社会稳定；（4）不得不担当，不作为，玩忽职守，贻误工作；（5）不得拒绝执行上级依法作出的决定和命令；（6）不得对批评、申诉、控告、检举进行压制或者打击报复；（7）不得弄虚作假，误导、欺骗领导和公众；（8）不得贪污贿赂，利用职务之便为自己或者他人谋取私利；（9）不得违反财经纪律，浪费国家资财；（10）不得滥用职权，侵害公民、法人或者其他组织的合法权益；（11）不得泄露国家秘密或者工作秘密；（12）不得在对外交往中损害国家荣誉和利益；（13）不得参与或者支持色情、吸毒、赌博、迷信等活动；（14）不得违反职业道德、社会公德和家庭美德；（15）不得违反有关规定参与禁止的网络传播行为或者网络活动；（16）不得违反有关规定从事或者参与营利性活动，在企业或者其他营利性组织中兼任职务；（17）不得旷工或者因公外出、请假期满无正当理由逾期不归；（18）不得违纪违法的其他行为。公务员的不作为义务相对来说比较简单，此处不再赘述，以下仅就三项重要的且比较难以理解和亟须立法完善的公务员的不作为义务进行阐述。

1. 公务员不得兼职义务

公务员兼职是指公务员在担任本职工作以外，还兼任有其他职务的情形。公务员“一经任用，即应专心致志，对国家服无定量之勤务与负忠实之义务，如果再经营商业或投机事业，则不免心有旁骛，影响本身之工作。而且公务员因工作之方便，往往知悉国家之机密，若准予经营商业，则难免不利用职权以独暴利，故应加以禁止，以防与民争利”[①]。现今，实行公务员制度的国家和地区都对公务员的兼职做了明确限制，如《日本国家公务员法》第101条规定，“职员除法律或命令有规定者外，必须把工作时间和职务上的注意力全部用于完成本职工作，专心致志地从事政府所赋予的工作。职员除法律和命令有规定者外，不得兼任官职，职员兼职不许另给报酬”。我国《公务员法》第44条也规定，公务员因工作需要在机关外兼职，应当经有关机关批准，并不得领取兼职报酬。根据此规定，公务员在机关内兼职没有限制，但在机关外兼职的则有一定的限制条件，即应当经过批准，并不得领取兼职报酬。此外，《公务员法》第59条规定，公务员不得违反有关规定从事或者参与营利性活动，不得在企业或者其他营利性组织中兼任职务。从上述规定来看，我国公务员的兼职主要有两种情形：

（1）允许机关内的兼职

对于公务员在机关内的兼职，《公务员法》未作出任何限制。也就是说，公务员在国家机关和政党等机关之间的兼职是法律允许的。允许公务员在机关内兼职，一方面是考虑到公务员工作中的客观需要，如省委书记兼任省人大常委会主任，省长兼任省委副书记，这是根据我国政治体制作出的制度安排。另一方面是考虑到公务员在机关内的兼职相较机关外的兼职来说，一般不容易导致腐败、利益冲突等问题。但是，《公务员法》对公务员在机关内兼职未作出限制，并不是指公务员在机关内可以随意兼职。考虑到某些职务的特殊性质，一些法律对公务

① 张润书：《行政学》，台湾三民书局2017年版，第569页。

员在机关系统内的兼职还是有一定限制的。如《法官法》第22条规定："法官不得兼任人民代表大会常务委员会的组成人员，不得兼任行政机关、监察机关、检察机关的职务，不得兼任企业或者其他营利性组织、事业单位的职务，不得兼任律师、仲裁员和公证员。"因此，对于法官来讲，其在机关内的兼职，需要受到一定的限制。

（2）对机关外兼职进行限制

机关外的兼职，是指在机关之外的其他组织内兼职的情形。对公务员在机关外的兼职，《公务员法》进行了限制。根据《公务员法》第44条的规定，公务员因工作需要在机关外兼职，应当经有关机关批准，并不得领取兼职报酬。这里的有关机关，主要是指公务员的主管部门和任免机关。报酬，既可以是金钱，也可以是其他物质利益。据此，公务员在机关外兼职的，应当满足三个条件：一是因工作需要，二是事先经过有权机关批准，三是不得领取任何报酬。只有满足这三个条件的，才允许公务员在机关外兼职。

需要注意的是，根据《公务员法》第59条的规定，公务员不得在企业或者其他营利性组织中兼任职务。如何处理《公务员法》第44条和第59条的关系，理论上有不同的观点。有学者认为，《公务员法》第44条规定的在机关外兼职包括两种情况：一是在本机关外的其他国家机关兼职，二是在本机关外的非国家机关兼职。其中，在非国家机关中兼职又可以分为两种情况：一是在一些学校、科研单位兼职，二是在一些企业和其他营利性组织兼职。对在企业和其他营利性组织中兼职的情形，我国《公务员法》是明确予以禁止的。[①] 按照这一观点，《公务员法》第59条是对《公务员法》第44条的限缩性规定，即公务员即使满足《公务员法》第44条规定的三个条件，也不得在企业和其他营利性组织中兼任职务。但是，也有学者认为，《公务员法》第44条中的"机关外"，是指国家机关和政党等机关之外的其他组织，包括企业事业组织等。这种观点认为，虽然根据《公务员法》第59条的规定，公务员不得"从事或者参与营利性活动，在企业或者其他营利性组织中兼任职务"。但由于《公务员法》所确定的公务员范围比较宽，有些公务员，比如人大常委会组成人员、政协委员、民主党派领导人员等，出于工作或发挥其专业特长等需要，有时可能需要他们在企业或者其他营利性组织中

① 全国人大法制工作委员会《〈中华人民共和国公务员法〉解读》编写组：《〈中华人民共和国公务员法〉解读》，人民出版社2005年版，第129页。

兼任职务，如独立董事等。因此，《公务员法》第44条作了例外规定。[①] 按照这一观点，对于某些公务员来讲，在满足《公务员法》第44条所规定的条件时，是允许其在企业和营利性组织中兼任职务的。本书赞同第二种主张。

公务员，特别是公务员中的党员干部违反兼职规定，要承担一定的法律责任。根据《中国共产党纪律处分条例》第94条规定，党员干部在经济组织、社会组织等单位中兼职，或者经批准兼职但获取薪酬、奖金、津贴等额外利益的，情节较轻的，给予警告或者严重警告处分；情节较重的，给予撤销党内职务或者留党察看处分；情节严重的，给予开除党籍处分。

此外，公务员在受停职处理期间，因为停发工资，如果不允许在民间机构工作，将影响其生存，且停职期间，不发生专心从事职务之问题，故此期间可以兼职。

2. 离职从业限制义务

离职从业限制，是指公务员在离开公务员队伍后的一定期限内，不得从事与其原来所掌管的权力或者分管的业务有直接关系的营利性工作。

公务员辞职以后，虽然已经不再具有公务员的身份，但是仍然可能受到曾经掌握的公共权力的辐射，产生"权力期权"，导致利益冲突问题。有学者将公务员离职后的利益冲突划分为以下三个方面：一是利用之前在公共部门工作时所积累的关系网、人情链和公共权力的剩余资源为自己或私营部门牟利。辞职的公务员特别是原担任党政领导干部的有可能将其在职时掌握的政策精神、内部信息，早已有意无意营造的强大的政府关系网，以及原有的职务影响带到私营部门，利用这些公共权力的剩余资源进行经营活动以谋取经济利益，这不仅会造成不公平竞争，更值得警惕的是会导致腐败滋生。二是"洗钱"，即某些官员在职时利用公共权力捞取了不法收益，在反腐败工作不断深入的今天，他们惧于交代金钱来源，致使有钱不敢花，只好假借去私人部门投资或任职之名，将黑钱漂白，使不法收入合法化。三是"权力兑付"，即有些官员在任职期间用权力帮助、支持某些企业、个人以谋取利益，但慑于有关党纪政纪法规，没有及时将权钱交易兑换，但已给自己铺好了道路，所以，通过辞职后进入私人部门以薪金等方式来兑现之前已经谈妥的回报。[②] 公务员离职后，利用原职务的影响谋取私利，也是一种腐败。[③] 因

---

① 杨景宇、李飞：《中华人民共和国公务员法释义》，法律出版社2005年版，第104—105页。

② 龙太江、博岚岚：《公务员辞职后的利益冲突问题》，载《探索与争鸣》2007年第6期。

③ 应松年：《公务员法》，法律出版社2010年版，第267页。

此，必须对公务员离职后的从业活动进行限定，实现利益回避。“利益回避之义务在于维护公务员公正廉明之重要法益，而对离职公务员选择职业自由予以限制，其目的洵属正当；其所采取之限制手段与目的达成间具实质关联性，系为保护重要公益所必要。”①

我国《公务员法》第107条对公务员离职后的从业行为进行了限制，也即“公务员辞去公职或者退休的，原系领导成员、县处级以上领导职务的公务员在离职三年内，其他公务员在离职两年内，不得到与原工作业务直接相关的企业或者其他营利性组织任职，不得从事与原工作业务直接相关的营利性活动”。从我国《公务员法》的规定来看，离职从业限制的情形，主要是辞去公职和退休的公务员，不包括被辞退和开除的公务员。有学者认为，这主要是因为“被辞退和开除的公务员，声誉受损，其职业前景势必受到负面影响，不再有必要予以限制”②。本书认为，这种说法有待商榷。被辞退和开除的公务员的声誉确实在一定程度上会受到损害，对其前景有一定的负面影响，但并非一定就能阻断其获得权力期权之收益，因此，被辞退和开除的公务员也应该纳入从业限制范围。

① 林洲富：《行政法——案例式》，五南图书出版公司2019年版，第109页。

② 郑功成、杨思斌：《〈中华人民共和国公务员法〉释义》，人民出版社2019年版，第233页。

第二节　公务员的监督与惩戒

一、公务员的监督

（一）公务员的监督的概念及意义

公务员监督，是指机关对公务员的思想政治、履行职责、作风表现、遵纪守法等情况进行的日常监督，属于监督行政[①]的重要一环，是机关对公务员的行为进行的一种内部监督。2018年修订后的《公务员法》第57条第1款规定："机关应当对公务员的思想政治、履行职责、作风表现、遵纪守法等情况进行监督，开展勤政廉政教育，建立日常管理监督制度。"修订后的《公务员法》增加了对公务员监督的规定，强化公务员日常监督，建立健全管思想、管工作、管作风、管纪律的从严管理公务员的体系；是与《监察法》和《中国共产党党内监督条例》等党内法规相衔接，充分吸纳、集中体现近年来从严管理监督干部的重要制度成果，抓早抓小，正风肃纪，使公务员习惯在受监督和约束的环境中工作生活；把监督作为公务员管理的重要环节予以明确，构建公务员管理"闭环系统"，进一步完善公务员管理机制。

（二）公务员日常监督的主体

机关是公务员日常监督的主体，机关包括公务员所在机关和纪委监委、人大、

① 监督行政有广义、狭义之理解，广义的监督行政是指有关国家机关各种社会组织和广大公民对行政机关及其公务员的行政活动是否符合社会主义民主和法治原则，是否符合国家和人民的利益，依法实行的广泛监督；狭义的监督行政是指为了实现行政法治原则，由有权限的国家机关对行政主体和行政公务人员的行政活动是否合法和适当进行审查监督，并对违法或不当的行政行为实施纠正和追究行政责任的法律活动。参见王周户：《行政法原理论》，陕西人民出版社1998年版，第298页。

政府、政协、司法、审计等负有监督职责的机关及组织（人事）部门。公务员所在机关履行日常监督职责，纪委监委履行对所辖范围内公务人员的监督调查处置职责，人大、政府、司法机关履行对公务员依法监督职责，人民政协履行对公务员依章程民主监督职责，审计机关履行对公务员依法审计监督职责，组织（人事）部门按照干部管理权限和职能职责，对违反规定的公务员采取相应方式进行处理。上述机关应按照管理权限，严格履行监督职责，不履行或者不正确履行职责、造成严重后果的，应当追究责任。

（三）公务员日常监督的内容

公务员日常监督内容主要是对公务员的思想政治、履行职责、作风表现、遵纪守法等情况进行监督。

1. 思想政治情况，是指忠于宪法，模范遵守、自觉维护宪法和法律，自觉接受中国共产党领导；忠于国家，维护国家的安全、荣誉和利益；忠于人民，全心全意为人民服务，接受人民监督的情况等。

2. 履行职责情况，是指忠于职守，勤勉尽责，认真贯彻落实党中央的决策部署，服从和执行上级依法作出的决定和命令，按照规定的权限和程序履行职责，努力提高工作质量和效率的情况等。

3. 作风表现情况，是指落实中央八项规定精神，加强作风建设，密切联系群众，反对形式主义、官僚主义情况，带头践行社会主义核心价值观，恪守职业道德，模范遵守社会公德、家庭美德情况等。

4. 遵纪守法情况，是指遵守政治纪律、组织纪律、廉洁纪律、群众纪律、工作纪律、生活纪律情况，遵守宪法法律情况等，是公务员监督的重点内容。根据《公务员法》第59条的规定，公务员应当遵纪守法，不得有下列行为：（1）散布有损宪法权威、中国共产党和国家声誉的言论，组织或者参加旨在反对宪法、中国共产党领导和国家的集会、游行、示威等活动；（2）组织或者参加非法组织，组织或者参加罢工；（3）挑拨、破坏民族关系，参加民族分裂活动或者组织、利用宗教活动破坏民族团结和社会稳定；（4）不担当，不作为，玩忽职守，贻误工作；（5）拒绝执行上级依法作出的决定和命令；（6）对批评、申诉、控告、检举进行压制或者打击报复；（7）弄虚作假，误导、欺骗领导和公众；（8）贪污贿赂，利用职务之便为自己或者他人谋取私利；（9）违反财经纪律，浪费国家资财；（10）滥用职权，侵害公民、法人或者其他组织的合法权益;(11)泄露国家秘密或者工作秘密;(12)在对外交往中损害国家荣誉和利益;(13)参与或者支持色情、吸毒、赌博、迷信等活动;(14)违反职业道德、社会公德和家庭美德;(15)违反有关规定参与禁止的网络传播行为或者网络活动;(16)违反有关规定从事或者参与营利性活动,在企业或者其他营利性组织中兼任职务;(17)旷工或者因公外出、请假期满无正当理由逾期不归;(18)违纪违法的其他行为。

(四)公务员监督问题的处置

《公务员法》第57条规定,对公务员监督发现问题的,应当区分不同情况,予以谈话提醒、批评教育、责令检查、诫勉、组织调整、处分。对公务员涉嫌职务违法和职务犯罪的,应当依法移送监察机关处理。根据《监察法》规定,对有职务违法行为但情节较轻的公职人员,按照管理权限,直接或者委托有关机关、人员,进行谈话提醒、批评教育、责令检查,或者予以诫勉;对违法的公职人员依照法定程序作出警告、记过、记大过、降级、撤职、开除等政务处分决定。根据《中国共产党问责条例》等有关规定,这里的组织调整,一般包括停职检查、调整职务、责令辞职、免职、降职等。组织调整可以单独使用,也可以与处分同时使用。

根据《党政领导干部选拔任用工作条例》《关于实行党政领导干部问责的暂行规定》《党政领导干部生态环境损害责任追究办法(试行)》《关于组织人事部门对领导干部进行提醒、函询和诫勉的实施细则》等有关规定,受到诫勉处理的,半年内不得提拔或者进一步使用;受到调离岗位处理的,至少1年内不得提拔或者进一步使用;受到引咎辞职、责令辞职、免职处理的,至少1年内不得安排领导职务,至少2年内不得担任高于原职务层次的领导职务;受到降职处理的,2年内不得提拔或者进一步使用。同时受到党纪政务处分和组织调整(组织处理)的,按照影响期长的规定执行。

(五)公务员的自觉监督

《公务员法》第58条规定,公务员应当自觉接受监督,按照规定请示报告工作、报告个人有关事项。党的十八届六中全会审议通过的《关于新形势下党内政治生活的若干准则》明确规定,领导干部必须强化组织观念,工作中重大问题和个人有关事项必须按规定、按程序向组织请示报告,离开岗位或工作所在地要事先向组织请示报告。对无正当理由不按时报告、不如实报告或隐瞒不报的，要严肃处理。党的十八届六中全会审议通过的《中国共产党党内监督条例》第三章第14条规定，坚持和完善领导干部个人有关事项报告制度，领导干部应当按规定如实报告个人有关事项，及时报告个人及家庭重大情况，事先请示报告离开岗位或者工作所在地等。有关部门应当加强抽查核实。对故意虚报瞒报个人重大事项、篡改伪造个人档案资料的，一律严肃查处。

1. 公务员向党组织请示报告事项。中共中央印发的《中国共产党重大事项请示报告条例》第35条规定了党员应当向党组织请示事项，包括5个方面：（1）从事党组织所分配的工作中的重要问题；（2）代表党组织发表主张或者作出决定；（3）按照规定需要请示的涉外工作交往活动；（4）转移党的组织关系；（5）其他应当向党组织请示的事项。该条例第36条规定了党员应当向党组织报告事项，包括5个方面：（1）贯彻执行党组织决议以及完成党组织交办工作任务情况；（2）对党的工作和领导干部的意见建议；（3）发现党员、领导干部违纪违法线索情况；（4）流动外出情况；（5）其他应当向党组织报告的事项。该条例第37条规定了领导干部应当向党组织请示事项，包括5个方面：（1）超出自身职权范围，应当由所在党组织或者上级党组织作出决定的重大事项；（2）属于自身职权范围但事关重大的问题和情况；（3）代表党组织对外发表重要意见；（4）因故无法履职或者离开工作所在地；（5）其他应当向党组织请示的事项。该条例第38条规定了领导干部应当向党组织报告事项，包括8个方面：（1）学习贯彻习近平新时代中国特色社会主义思想，贯彻落实党中央决策部署和党组织决定中的重要情况和问题；（2）遵守政治纪律和政治规矩，坚决维护习近平同志党中央的核心、全党的核心地位，坚决维护党中央权威和集中统一领导情况；（3）坚持民主集中制，发扬党内民主，正确行使权力，参与集体领导情况；（4）参加领导班子民主生活会和所在党支部（党小组）组织生活会情况；（5）履行管党治党责任，加强党风廉政建设和反腐败工作以及遵守廉洁纪律情况；（6）重大决策失误或者应对突发事件处置失当，纪检监察、巡视巡察和审计中发现重要问题，以及违纪违法情况；（7）可能影响正常履职的重大疾病等情况；（8）其他应当向党组织报告的事项。

2. 公务员个人有关报告事项。有报告义务的公务员应当如实报告个人有关事项，不如实报告问题的要给予处理。

二、公务员的惩戒

（一）公务员的惩戒的含义

公务员的惩戒是指法定机关对有违法违纪行为的公务员给予否定性评价并相应制裁以示警戒的制度。[①]公务员惩戒制度主要是指公务员处分制度[②]。在我国，主要是《公务员法》《行政机关公务员处分条例》《公职人员政务处分法》所规定的处分和政务处分制裁制度。惩戒制度是公务员法律制度的重要组成部分，现代公务员制度是建立在功绩制基础之上的，作为公务员的绩效评价的自然延伸，就要引入“罚劣”原则，来提高公共服务的质量，维护公务员作为国家意志之执行者的正直廉洁的形象。[③]

公务员受惩戒的行为主要包括公务员的违法行为和违纪行为，这些行为主要规定在《公务员法》第59条和《公职人员政务处分法》第28条、第29条、第30条、第31条、第32条、第33条、第34条、第35条、第36条、第37条、第38条、第39条、第40条、第41条等条文中，涉及政治领域、国家安全、工作纪律、廉政法纪、职业伦理、社会公德与家庭美德等方面。公务员的违法违纪行为很难在公务员法和公职人员政务处分法中罗列穷尽，因此其他相关法律法规、党内法规规定的违法违纪行为也属于公务员惩戒的行为。

（二）公务员惩戒的原则

1. 惩戒法定原则

惩戒属于侵益性行政行为，公务员一旦受到处分，必然会对其工资、荣誉等权益造成影响。因此，机关作出惩戒处分时，必须坚持惩戒法定的原则，这也是保护公务员合法权益的必然要求。具体来讲，惩戒法定原则包括如下内容：

（1）处分主体法定。处分必须由有处分权的机关在法定权限范围内行使。对

---

① 方世荣等：《中国公务员法通论》，武汉大学出版社2009年版，第211页。

② 有学者认为，公务员惩戒制度包括公务员的纪律和公务员的处分。参见杨临宏：《中国公务员法：原理与制度》，云南大学出版社2009年版，第161页。本书认为，公务员的惩戒除处分外，谈话提醒、批评教育、责令检查、诫勉等也是公务员的惩戒，尽管本书主要谈论的是处分和政务处分惩戒。

③ 应松年：《公务员法》，法律出版社2010年版，第233页。

公务员来讲，并不是所有机关都可以作出处分决定，只有具有处分权的机关才有权力对公务员进行惩戒。根据我国相关法律法规规定，只有任免机关、所在单位和监察机关才有权力对公务员进行处分。此外，拥有处分权的机关在行使处分权时，还必须遵守法定的职权范围，不得越权。

（2）处分依据法定。即机关实施处分不仅要有法定依据，而且设定处分的依据也必须符合法律要求。如《行政机关公务员处分条例》第 2 条就明确规定，行政机关公务员违反法律、法规、规章以及行政机关的决定和命令，应当承担纪律责任的，依照本条例给予处分。除法律、法规、规章以及国务院决定外，行政机关不得以其他形式设定行政机关公务员处分事项。《公职人员政务处分法》第 3 条也明确规定，监察机关应当按照管理权限，加强对公职人员的监督，依法给予违法的公职人员政务处分。因此，任免机关、单位或监察机关作出处分或政务处分必须要有法律依据，否则就要承担法律责任。

（3）处分的程序法定。即机关无论作出何种处分，都应当遵守《公务员法》《公职人员政务处分法》等有关法律法规规定的程序。机关实施处分，不仅要实体合法，而且要程序合法。《行政机关公务员处分条例》第 3 条明确规定，非因法定事由，非经法定程序，不受处分。《公务员法》第 63 条再次重申“对公务员的处分，应当事实清楚、证据确凿、定性准确、处理恰当、程序合法、手续完备”。《公职人员政务处分法》第 5 条也再次明确，给予公职人员政务处分的，也“应当事实清楚、证据确凿、定性准确、处理恰当、程序合法、手续完备”。

2. 公平、公正原则

给予行政机关公务员处分必须公正、公平，这是我国宪法确定的公民在法律面前一律平等原则的体现。

处分公正、公平，就是指处分决定的作出应当客观无偏私。公正公平原则要求在对公务员的违法违纪行为定性时，只应考虑主观过错、行为性质、社会危害性等因素，而不应考虑违法违纪行为人的身份、职务、地位等法外因素。在处分的适用上，应当遵循前后一致和平等对待，制定客观的裁量基准，秉公办理。

3. 惩处与教育相结合原则

惩处与教育相结合原则，是指处分决定机关在调查违法违纪案件中，不仅要严肃处理行为人的违法违纪行为，依法给予必要的惩处，而且还要立足于教育，着眼于提高公务员的思想和政治素质，寓教于惩，以惩施教，把惩处与教育，治标和治本结合起来。[①] 坚持惩处与教育相结合的原则，是党和国家机关长期以来的政策，也是“惩前毖后、治病救人”精神的直接体现。我国《行政机关公务员处分条例》第 4 条明确将“教育与惩处相结合”作为处分的基本原则。《公务员法》第 61 条也规定，公务员因违法违纪应当承担纪律责任的，依照本法给予处分或者由监察机关依法给予政务处分；违纪违法行为情节轻微，经批评教育后改正的，可以免予处分。《公职人员政务处分法》第 12 条进一步作了详细规定，该条规定：“公职人员违法行为情节轻微，且具有本法第十一条[②] 规定的情形之一的，可以对其进行谈话提醒、批评教育、责令检查或者予以诫勉，免予或者不予政务处分。公职人员因不明真相被裹挟或者被胁迫参与违法活动，经批评教育后确有悔改表现的，可以减轻、免予或者不予政务处分。”

4. 过罚相当原则

过罚相当，就是指依法给予违法违纪行为人的处分的种类、幅度应当与其行为的性质、情节、社会危害程度相适应。它是衡量一国公务员惩戒机制是否成熟的标志[③]，也是比例原则对公务员处分的必然要求。但是，这一原则并不是一般意义上的重违法违纪行为重处分，轻违法违纪行为轻处分的责罚等价主义，而是在立足于违法违纪行为的性质和危害程度的基础上，兼顾违法违纪行为的情节等因素的责罚相适应。因为处分的轻重虽然是由违法违纪行为的性质和危害程度所决定的，但违法违纪行为的性质和危害程度并不是唯一的决定因素，违法违纪行为的过程、动机、目的、手段以及违法违纪行为人的主观心理状态、违法违纪行为人在违法违纪行为中所处的地位与所起的作用等情节，对处分的轻重都有着重要影响。据此，如果有的公务员实施了较为严重的违法违纪行为，但有主动交代或立功表现的，就应当对其从轻或减轻处分。[④]《行政机关公务员处分条例》第 4 条规定，给予行政机关公务员处分，应当与其违法违纪行为的性质、情节、危害程度相适应。《公职人员政务处分法》第 4 条也规定，监察机关给予的政务处分与

---

① 屈万祥：《行政机关公务员处分条例条文释义》，中央编译出版社 2007 年版，第 30 页。

② 《公职人员政务处分法》第 11 条所规定的情形是：（1）主动交代本人应当受到政务处分的违法行为的；（2）配合调查，如实说明本人违法事实的；（3）检举他人违纪违法行为，经查证属实的；（4）主动采取措施，有效避免、挽回损失或者消除不良影响的；（5）在共同违法行为中起次要或者辅助作用的；（6）主动上交或者退赔违法所得的；（7）法律、法规规定的其他从轻或者减轻情节。

③ 应松年：《公务员法》，法律出版社 2010 年版，第 235 页。

④ 屈万祥：《行政机关公务员处分条例条文释义》，中央编译出版社 2007 年版，第 15 页。

违法行为的性质、情节、危害程度相当。这些立法的目的正是在于“区分违法违纪行为的轻重，尤其是社会危害性、主观过错等综合因素的判断，做到轻微过失一般惩戒，重大过错严重惩戒，这样才能真正发挥惩戒调控机制的积极作用”[①]。

5. 一过不二罚原则

一过不二罚原则，是指对公务员的同一违法违纪行为，不得由多个机关重复给予惩戒制裁。对公务员的同一违法行为，监察机关和任免机关如果重复给予政务处分和处分，将会导致对同一违法违纪行为的重复评价和打击，这对受处分的公务员来说，是显失公平的，也违反过罚相当原则和比例原则，因此应当摒弃。我国《公务员法》第 61 条第 2 款明确规定，对同一违纪违法行为，监察机关已经作出政务处分决定的，公务员所在机关不再给予处分。《公职人员政务处分法》第 16 条也明确规定，对公职人员的同一违法行为，监察机关和公职人员任免机关、单位不得重复给予政务处分和处分。

必须要注意的是，公务员有违法行为，有关机关依照规定给予停职、调整或免职等组织处理的，或者担任领导职务的公务员有违法行为，被罢免、撤销、免去或辞去领导职务的，监察机关可以同时给予政务处分，并不违反“一过不二罚”原则。

（三）公务员处分的种类与期间

1. 处分的种类

我国《公务员法》第 56 条将处分分为六种，即警告、记过、记大过、降级、撤职、开除。这六种处分是按照由轻到重的先后顺序依次排列的，具体来讲：

（1）警告。警告是对违法违纪的公务员予以警示和告诫的处分形式，也是最轻微的处分方式。警告的目的在于申明公务员有违法违纪行为，并警示其不得再有违纪违法行为，否则，将给予更为严厉的处分形式。

（2）记过。记过是对公务员违法违纪行为的过错予以记载，也属于警示性的处分方式。

（3）记大过。记大过也是对公务员的违法违纪过错予以记载的处分形式，也属于警示性处分，但比记过在过错程度上要重。

（4）降级。降级是指降低公务员级别的处分方式。一般适用于虽然有违法违

---

① 应松年:《公务员法》，法律出版社 2010 年版，第 235 页。

纪行为，但仍可继续担任现任职务的公务员。降级与降职不同，降职是机关按照公务员的管理权限，对年度考核不称职的公务员，降低其所担任的职务，它是对公务员的一种日常管理行为，不是行政处分。

（5）撤职。撤职是指撤销违法违纪公务员所担任职务的处分形式。由于公务员的职务与级别相对应，因而受撤职处分的，应按规定降低公务员的级别。被撤职者如果没有同时受到辞退等处理的，仍保留公务员身份。撤职与免职不同，免职是干部管理的一种方式，是指有关机关按照管理权限，依法免去公务员所担任的职务。公务员被免职后，根据不同的情况，会出现平调、晋升等情形，因此免职不是行政处分。《公务员法》第50条规定："公务员的职务、职级实行能上能下。对不适宜或者不胜任现任职务、职级的，应当进行调整。公务员在年度考核中被确定为不称职的，按照规定程序降低一个职务或者职级层次任职。"《公务员职务与职级并行规定》第22条规定："公务员职级实行能上能下，具有下列情形之一的，应当按照规定降低职级：（一）不能胜任职位职责要求的；（二）年度考核被确定为不称职等次的；（三）受到降职处理或者撤职处分的；（四）法律法规和党内法规规定的其他情形。"可见，降职主要是对不称职的公务员和不胜任现职的公务员进行的职务职级调整，使他们能上能下，能在适合他们的岗位上工作，属于根据能力不足，降低使用的性质，不是对公务员的行政处分。[①]

（6）开除。开除是指对违法违纪的公务员，解除其与机关的任用关系的处分形式。开除是最严厉的处分形式。公务员受开除处分的，自处分决定生效之日起，解除其与单位的人事关系，不得再担任公务员职务。

以上是我国行政处分和政务处分的法定种类，从总体上看，《行政机关公务员处分条例》和《公职人员政务处分法》虽然比较全面系统地规定行政机关公务员的行政处分和所有行使公权力机关工作人员的政务处分，但也存在不完善的地方。这些不完善的地方主要表现为：一是处分种类缺乏经济惩戒措施，例如罚款、降低工资等；二是撤职与开除之间呈"断崖式"过渡，使得处分畸轻畸重，导致人事管理机关自由裁量权过大，不利于公务员权益之保障；三是未规定公务员处

① 参见徐银华、石佑启、杨勇萍：《公务员法新论》，北京大学出版社2014年版，第230页；方世荣等：《中国公务员法通论》，武汉大学出版社2009年版，第220—221页。

分的追究时效，不利于对受处分公务员的公平公正处理。①

2. 处分的期间

公务员处分期间是受处分的有效期间，亦即处分法律效果的影响期间。行政处分不是“终身制”，对因违法违纪受到处分的公务员，经过一段时间，确定其有悔改表现，并且没有再发生违纪行为，可以通过一定的程序，解除行政处分，从而给受处分的公务员一个将功补过的机会，激励其不断上进，体现“惩前毖后、治病救人”的精神。②根据《公务员法》的规定，公务员受处分的期间是，警告6个月；记过12个月；记大过18个月；降级、撤职24个月。从其法律规定来看，不同处分在期间上各有差异，也体现出了轻重不同的法律后果。

（四）处分的程序

公务员处分的程序是指对公务员实施处分时必须遵循的步骤、方式、顺序。根据《公务员法》《公职人员政务处分法》等有关法律法规之规定，给予公务员处分的一般程序是：

（1）立案。监察机关对于公务员具有违法履职、滥用职权、贪腐等行为的，应当立案调查。

（2）调查。监察机关对涉嫌违法的公职人员进行调查，应当由二名以上工作人员进行。监察机关进行调查时，有权依法向有关单位和个人了解情况，收集、调取证据。有关单位和个人应当如实提供情况。严禁以威胁、引诱、欺骗及其他非法方式收集证据。以非法方式收集的证据不得作为给予政务处分的依据。

（3）听取被调查人的陈述和申辩。作出政务处分决定前，监察机关应当将调查认定的违法事实及拟给予政务处分的依据告知被调查人，听取被调查人的陈述和申辩，并对其陈述的事实、理由和证据进行核实，记录在案。被调查人提出的事实、理由和证据成立的，应予采纳。不得因被调查人的申辩而加重政务处分。本书认为，处分，尤其是撤职、开除对公务员的权益和生活影响较大，在作出处

---

① 我国《行政机关公务员处分条例》和《公职人员政务处分法》都没有规定处分的追究时效，但公职人员政务处分法规定了两种特殊情况下不予政务处分的情形，也即已经退休的公职人员退休前或者退休后有违法行为的，不再给予政务处分；已经离职或者死亡的公职人员在履职期间有违法行为的，不再给予政务处分（见《公职人员政务处分法》第27条）。

② 全国人大法制工作委员会：《〈中华人民共和国公务员法〉解读》，人民出版社2005年版，第182页。

分决定前，应当召开听证会，充分听取公务员的意见，从而能够保障受处分公务员的参与权，维护其合法权益，也能够监督行政机关依法合理地作出处分。

（4）作出决定。调查终结后，监察机关应当根据下列不同情况，分别作出处理：①确有应受政务处分的违法行为的，根据情节轻重，按照政务处分决定权限，履行规定的审批手续后，作出政务处分决定；②违法事实不能成立的，撤销案件；③符合免予、不予政务处分条件的，作出免予、不予政务处分决定；④被调查人涉嫌其他违法或者犯罪行为的，依法移送主管机关处理。

决定给予政务处分的，监察机关应当制作政务处分决定书。政务处分决定书应当载明下列事项：被处分人的姓名、工作单位和职务；违法事实和证据；政务处分的种类和依据；不服政务处分决定，申请复审、复核的途径和期限；作出政务处分决定的机关名称和日期。政务处分决定书应当盖有作出决定的监察机关的印章。

（5）送达。政务处分决定书应当及时送达被处分人和被处分人所在机关、单位，并在一定范围内宣布。作出政务处分决定后，监察机关应当根据被处分人的具体身份书面告知相关的机关、单位。

（6）公职人员受到政务处分的，应当将政务处分决定书存入其本人档案。对于受到降级以上政务处分的，应当由人事部门按照管理权限在作出政务处分决定后一个月内办理职务、工资及其他有关待遇等的变更手续；特殊情况下，经批准可以适当延长办理期限，但是最长不得超过 6 个月。

以上是监察机关给予公务员政务处分所应该遵循的一般程序，但必须注意的是，根据《公职人员政务处分法》之规定，任免机关、单位对违法公职人员作出处分的，处分的程序、申诉等适用其他法律、行政法规、国务院部门规章和国家有关规定。因此，任免机关对公务员作出的处分决定，或者公务员对任免机关作出的处分决定不服申诉时，应该依据《公务员法》《行政机关公务员处分条例》《公务员申诉规定（试行）》规定的程序办理。但是，任免机关作出处分的实体认定方面原则上还是要按照法律位阶原则优先适用位阶较高的法律或新法，也即《公职人员政务处分法》中的实体法规定，但是根据“从旧兼从轻原则”[①]，对 2020 年

① 《公职人员政务处分法》第 67 条规定了“从旧兼从轻原则”，也即本法施行前，已结案的案件如果需要复审、复核，适用当时的规定。尚未结案的案件，如果行为发生时的规定不认为是违法的，适用当时的规定；如果行为发生时的规定认为是违法的，依照当时的规定处理，但是如果本法不认为是违法或者根据本法处理较轻的，适用本法。

7 月 1 日之前公职人员政务处分法实施的违法行为，大多数情况下都要适用《行政机关公务员处分条例》之规定进行处理。

（五）处分的法律效果

任免机关、监察机关对公务员作出的处分，应当事实清楚、证据确凿、定性准确、处理恰当、程序合法、手续完备。依法作出的处分或政务处分决定具有法律效果。处分的法律效果，是指受处分公务员在受处分期间所承受的不利结果，主要体现在晋升工资档次、级别和职务、职级方面。

根据《公务员法》《公职人员政务处分法》及相关配套法规，公务员受到处分后，一般会产生 5 个方面的法律后果：

（1）在受处分期间不得晋升领导职务、职级和级别。

（2）受记过、记大过、降级、撤职处分的，在受处分期间不得晋升工资档次。

（3）受降级处分的，降低 1 个级别，如果本人级别为本职务、职级对应最低级别的，不再降低级别，根据有关规定降低级别工资档次。如果本人级别工资为 27 级 1 档，可给予记大过处分。

（4）受撤职处分，有领导职务的，撤销其现任所有领导职务，在所对应的最低职级或原有职级基础上降低 1 个以上职级层次另行确定职级，一般不得确定为领导职务，并相应降低级别；没有领导职务的，降低 1 个以上职级层次另行确定职级，并相应降低级别。

（5）受警告处分的当年，参加年度考核，不得确定为优秀等次；受记过、记大过、降级、撤职处分的期间，参加年度考核，只写评语，不定等次。在解除处分的当年及以后，其年度考核不受原处分影响。另外，如受到开除处分的，不得再次被录用为公务员；曾被授予称号的，要予以撤销。

（六）处分的变更、撤销和解除

1. 处分的变更。公务员处分的变更是指公务员受到处分后发现处分不当或者错误时，由有权机关对原处分决定予以改变的法律行为。[①]《公职人员政务处分法》第 58 条规定，有下列情形之一的，复审、复核机关应当变更原政务处分决

① 徐银华、石佑启、杨勇萍：《公务员法新论》，北京大学出版社 2014 年版，第 233 页。

定，或者责令原作出决定的监察机关予以变更：(1) 适用法律、法规确有错误的；(2) 对违法行为的情节认定确有错误的；(3) 政务处分不当的。

2. 处分的撤销。公务员处分的撤销是指公务员受到处分后，发现处分严重违法时，由有权机关对原处分决定予以撤销，使其失去法律效力的行为。

《公职人员政务处分法》第 57 条规定，有下列情形之一的，复审、复核机关应当撤销原政务处分决定，重新作出决定或者责令原作出决定的监察机关重新作出决定：(1) 政务处分所依据的违法事实不清或者证据不足的；(2) 违反法定程序，影响案件公正处理的；(3) 超越职权或者滥用职权作出政务处分决定的。

3. 处分的解除。公务员处分的解除是指公务员受到开除以外的处分后，改正错误，表现较好的，经过一定时期以后，由有权机关依法终止其处分的法律行为。①《公务员法》第 65 条规定，公务员受开除以外的处分，在受处分期间有悔改表现，并且没有再发生违纪违法行为的，处分期满后自动解除。解除处分后，晋升工资档次、级别和职务、职级不再受原处分的影响。对于受到降级、撤职处分的公务员，处分期满不意味着恢复其受处分前的职务、职级和级别，而是指今后的晋职、晋级应当在受处分后新确定的职务、职级和级别的基础上正常进行。公务员受撤职处分后新任职级的任职时间，从新任职级任命之日起计算，此前相同或以上职级的任职时间不得累计为今后晋升所需的任职年限。

另外，必须注意的是，处分的解除不同于免予处分。免予处分是指机关对有违纪违法行为，但情节轻微、经过批评教育已经认识错误并能够改正的人员的一种处理措施。免予处分必须具备 3 个条件：一是具有违纪违法的行为；二是违纪违法行为轻微，没有造成不良后果或者后果危害不大；三是违纪违法者本人经过批评教育后已经认识错误并能够及时改正。

① 徐银华、石佑启、杨勇萍：《公务员法新论》，北京大学出版社 2014 年版，第 233 页。

第三节 公务员的法律责任

公务员法律责任是公务员和相关主体违反公务员法律法规而应当承担的责任。公务员的法律责任按照公务员和相关主体违法事项和内容的不同，可以分为违反管理规定应承担的法律责任、违反公务员离职从业限制的法律责任、公务员主管部门工作人员的法律责任和其他方面的法律责任。明确公务员的法律责任是社会主义民主政治的必然要求，也是责任政府理念的直接体现，是确保公务员法律法规得以落实的重要保障。

一、公务员法律责任概述

（一）公务员法律责任的含义

欧文·休斯认为："任何政府都需要建立一套责任机制。这样才能在社会广泛的支持下进行运作。对任何主张民主的社会来讲，责任机制都是基本因素。"[①] 法律责任是法治国家约束国家权力滥用，落实法律制度的根本保障，是民主国家法律规范中的"牛鼻子"。那么何谓法律责任？法律责任是由于侵犯法定权利或违反法定义务而引起的，由专门国家机关认定并归结于法律关系的有责主体的，带有直接强制性的义务，即由于违反第一次法定义务而招致的第二次义务。[②] 我国《公务员法》《公职人员政务处分法》《行政机关公务员处分条例》《中国共产党纪律处分条例》等法律法规为公务员设定了一系列法律法规上的义务，当公务员违反了这些义务时，就必须承担由此而导致的法定强制性义务，这种由于违反第一

---

① ［澳］欧文·休斯：《公共管理导论》，张成福、王学栋等译，中国人民大学出版社2007年版，第279页。

② 张文显：《法哲学范畴研究》，中国政法大学出版社2001年版，第122页。

次法定义务而产生的“第二次义务”就是公务员的法律责任。在公务员法律规范当中，规定公务员的法律责任有重要意义。我国《宪法》规定，一切违反宪法和法律的行为，必须予以追究。任何组织或个人都不得有超越宪法和法律的特权。公务员作为机关权力的行使者，理应模范地遵守宪法和法律，如果公务员在行使职权时有违法行为，也应当严肃追究公务员的法律责任。明确公务员的法律责任，对于保障《公务员法》《公职人员政务处分法》等法律法规的顺利实施，维护法律的尊严，加强对公务员的监督，保护公民的合法权益有着重要意义。

（二）公务员法律责任的特征

公务员法律责任具有以下特征：

1. 公务员法律责任的主体是公务员。公务员是公权力的行使者，为了确保其依法行使公权力，公务员法对公务员规定了许多法律义务，公务员违反这些义务性规定，也就在某种程度上违背了国家授予公权力的初衷，必然要承担法律责任。

2. 公务员法律责任具有法定性。这是公务员的法律责任与道德责任、政治责任、纪律责任等的根本区别。法定性表现在承担法律责任的违法事项是法定的、法律责任的承担主体是法定的、法律责任的追究主体是法定的、法律责任的追究程序是法定的、法律责任的方式和后果是法定的。

3. 公务员法律责任以国家强制力作保障，亦即公务员法律责任是由国家强制力保障实现的。这也是法律责任区别于道德责任、政治责任等其他责任的特征之一。强调法律责任的国家强制性，是从终极意义上来讲的，并不意味着每一项法律责任的实现都要借助于国家强制力。如果公务员在实施了违法行为后能够主动承担法律责任，那么这时就不必动用国家强制力来实现法律责任。

4. 公务员法律责任是公务员违反法律义务所产生的“第二次义务”。公务员法律责任是多种责任的集合体，并不是仅指某一种责任，更不是仅指公务员违反《公务员法》而承担的责任。公务员及相关主体违反法律法规规定义务既要承担行政法律责任，也有可能要承担刑事法律责任。

二、违反公务员管理规定的法律责任

公务员管理的法律责任，是指对国家公务员的录用、考核、升降、奖惩、调转、工资、福利、保险、辞职、辞退、退休等具有人事管理权的机关，违法实施管理行为，所应承担的法律上的否定性后果。[①]我国《公务员法》第106条对违反管理规定法律责任的责任主体、违法情形、追究主体和责任方式进行了明确规定，以下予以详述：

1. 责任主体

对在公务员管理工作中的违法行为，作出违法行为的主体和负有监管责任的主体都应承担法律责任。可能作出违法行为的主体包括公务员主管机关及其工作人员，也包括用人单位及其工作人员、其他主管部门。比如违反国家规定更改公务员工资、福利、保险待遇标准的机关，除了可能是公务员主管机关或用人单位外，也可能是财政主管部门。对违法行为负有监管责任的主体，主要包括县级以上领导机关和公务员主管部门。一般来说，公务员主管部门当然对违法行为负有监管责任，如果违法行为的处理权限超出了公务员主管部门的职责权限，或者公务员主管部门本身违法，县级以上领导机关即县级以上党委、人民政府等就对其负有监管的责任。[②]

2. 公务员管理违法行为的主要情形

（1）不按照编制限额、职数或者任职资格条件进行公务员录用、调任、转任、聘任和晋升的。编制限额是指编制限定的员额。职数是指领导职务、职级的比例和数额。编制限额一经确定，便具有法律效力，公务员的录用、调任、转任、聘任和晋升必须在编制限额和职数内进行，不得擅自突破。根据《中国共产党机构编制工作条例》第28条规定，对违规超职数、超规格配备领导干部，违规超编录（聘）用、调任、转任人员等行为，有关机关应当依规依纪依法查处和纠正。对违反编制限额、职数规定超配人员行为依法追究法律责任，有利于进一步加强编制和公务员管理，提升规范化、法治化水平，更好地适应党和国家事业发展的需要。《公务员法》等法律法规对公务员应当具备的条件有明确规定，对公务员的录用、调任、转任、聘任和晋升等有相应的任职资格条件要求，公务员职位分类要求每个职位明确工作职责和具体的任职资格条件必须严格掌握，不得突破，确保公正用人。

---

① 应松年:《公务员法》，法律出版社2010年版，第264页。

② 国家公务员局:《〈中华人民共和国公务员法〉（2018）问答》，党建读物出版社2020年版，第163—164页。

（2）不按照规定条件进行公务员奖惩、回避和办理退休的。《公务员法》规定了给予公务员奖惩、实施公务员回避的若干情形和办理公务员退休、提前退休的条件，公务员主管部门和用人机关应当按照法定条件对公务员进行奖惩、启动回避程序和办理退休手续，不得擅自提高或者降低标准，违规作出有关决定或者不作出决定。如违反上述规定，就构成违法，必须承担相应的法律责任。

（3）不按照规定程序进行公务员录用、调任、转任、聘任、晋升以及考核、奖惩的。为了实现公务员管理的规范化、法治化，《公务员法》及相关配套法规规定了公务员录用、调任、转任、聘任、晋升以及考核、奖惩的有关程序。法定程序对保障权利义务、实现公平公正具有重要作用。法治原则要求机关不得违反法律规定的程序规则，在公务员管理中必须严格按照法律规定的方式、顺序和时限办事。否则，构成违法，应承担相应法律责任。

（4）违反国家规定，更改公务员工资、福利、保险待遇标准的。《公务员法》第 84 条规定，任何机关不得违反国家规定自行更改公务员工资、福利、保险政策，擅自提高或者降低公务员的工资、福利、保险待遇。任何机关不得扣减或者拖欠公务员的工资。为保障公务员的合法权益和机关正常的人事管理程序，各级公务员主管部门和机关、单位必须严格按照国家法律、法规和政策的有关规定，执行公务员的工资、福利、保险待遇标准。公务员法规定相应的法律责任，是为了保障公务员享有工资、福利、保险待遇的合法权益不受侵害，维护国家政策的统一性和严肃性。

（5）在录用、公开遴选等工作中发生泄露试题、违反考场纪律以及其他严重影响公开、公正行为的。公务员法规定在录用、公开遴选中采取考试的方式，是贯彻公开、平等、竞争、择优的原则，切实把好公务员队伍入口关，从源头上保证公务员的素质。如果在录用、公开遴选等工作中出现严重影响公开、公正的行为，有悖于开展这些工作的原则，严重损害机关声誉，必须依法追究法律责任。

（6）不按照规定受理和处理公务员申诉、控告的。法律赋予公务员申诉控告权，使公务员在合法权益受到侵犯时享有获得救济的途径和渠道。根据我国《行政诉讼法》的规定，人民法院不受理公民、法人或者其他组织对“行政机关对行政机关工作人员的奖惩、任免等决定”提起的诉讼。《公务员法》第 95 条、第 96

条和第98条对公务员提出申诉控告的范围、期限和程序作了规定。对公务员提出的符合法律规定情形的申诉、控告，公务员主管部门、监察机关或者作出人事处理机关的上一级机关应当按照法律规定的期限和程序及时受理。对不按法律规定受理的，县级以上领导机关应当予以纠正，责令有关机关予以受理，并追究有关机关及其工作人员的责任。

（7）违反公务员法规定的其他情形的。除上述追究法律责任的情形外，还有一些违反《公务员法》的其他情形。作出这一规定，为追究相应的法律责任提供了依据。

3. 承担责任的方式

对《公务员法》第106条所列违反公务员法的行为，县级以上领导机关或者公务员主管部门负有的职责包括：（1）按照管理权限，区别不同情况，对违法行为分别予以责令纠正或者宣布无效。（2）对负有责任的领导人员和直接责任人员，根据情节轻重，给予批评教育、责令检查、诫勉、组织调整、处分。批评教育或者处分适用于机关内部，是上级对有隶属关系的下级违反纪律的行为或者是尚未构成犯罪的轻微违法行为给予的纪律制裁。根据《中国共产党问责条例》第8条规定，对党的领导干部的问责，根据危害程度以及具体情况，可以采取通报、诫勉、组织调整或者组织处理、纪律处分的方式。对失职失责、危害较重，不适宜担任现职的，应当根据情况采取停职检查、调整职务、责令辞职、免职、降职等措施。对失职失责、危害严重，应当给予纪律处分的，依照《中国共产党纪律处分条例》追究纪律责任。（3）构成犯罪的，应当依法追究刑事责任。《刑法》第254条规定，国家机关工作人员滥用职权、假公济私，对控告人、申诉人、批评人、举报人实行报复陷害的，处2年以下有期徒刑或者拘役；情节严重的，处2年以上7年以下有期徒刑。《刑法》第397条规定，国家机关工作人员滥用职权或者玩忽职守，致使公共财产、国家和人民利益遭受重大损失的，处3年以下有期徒刑或者拘役；情节特别严重的，处3年以上7年以下有期徒刑。刑法另有规定的，依照规定。国家机关工作人员徇私舞弊，犯前款罪的，处5年以下有期徒刑或者拘役；情节特别严重的，处5年以上10年以下有期徒刑。刑法另有规定的，依照规定。《刑法》第418条规定，国家机关工作人员在招收公务员、学生工作中徇私舞弊，情节严重的，处3年以下有期徒刑或者拘役。

三、违反公务员离职从业限制的法律责任

1. 离职从业限制的主体

根据我国《公务员法》第 107 条规定，[①] 离职从业限制的主体是公务员，是辞去公职或者退休的公务员，但不含被辞退和被开除的公务员。离职从业限制的公务员包括原系领导成员、县处级以上领导职务的公务员和其他公务员。

2. 离职从业限制的期限

根据《公务员法》第 107 条规定，离职从业限制的期限由于公务员身份的不同，分为两种：（1）公务员辞去公职或者退休的，原系领导成员、县处级以上领导职务的公务员在离职 3 年内；（2）其他公务员在离职 2 年内，其从业活动受到限制。超过法律规定期限的，从业不再受到限制。

3. 离职从业限制的范围

根据《公务员法》第 107 条规定，离职从业限制的范围是：不得到与原工作业务直接相关的企业或者其他营利性组织任职；不得从事与原工作业务直接相关的营利性活动。原工作业务一般应包括辞去公职前 3 年内从事过的工作业务。如果不是到与原工作业务直接相关的领域，不管是否从事营利性活动，均不受限制。如果从事学术研究活动，或者到非营利性组织任职从事公益活动，不管是否有经营性活动、是否与其原工作业务直接相关，均不受限制。比如，某慈善团体筹集慈善资金，在法律允许范围内进行投资和经营所获收益用于慈善事业，在该团体任职应当不受限制。

4. 违反离职从业限制的法律责任

根据《公务员法》第 107 条规定，公务员辞去公职后有违规从业行为的，由公务员原所在机关的公务员主管部门责令限期改正，也即责令其限期解除与接收单位的聘任关系或终止违规经营性活动；逾期不改正的，公务员主管部门要会同有关部门，对其违规从业所得数额进行调查核定，由县级以上市场监管部门依法没收，责令接收单位将违规从业人员予以清退，并根据情节轻重，对接收单位处以

---

① 《公务员法》第 107 条第 1 款规定："公务员辞去公职或者退休的，原系领导成员、县处级以上领导职务的公务员在离职三年内，其他公务员在离职两年内，不得到与原工作业务直接相关的企业或者其他营利性组织任职，不得从事与原工作业务直接相关的营利性活动。"

被处罚人员违规从业所得1倍以上5倍以下罚款[①]。违规从业人员为中国共产党党员的，依照有关党规党纪给予相应处分。对涉嫌犯罪的，移交司法机关依法处理。

必须注意的是，违反从业限制的规定的，从《公务员法》的规定来看，责任的追究主体是公务员原所在机关的同级公务员主管部门和县级以上市场监管部门，但两者如何启动、协调和配合需要进一步厘清，否则，将会使该规定流于形式，难以发挥应有的作用。另外，"从处罚的对象来看，主要是针对接收单位而非离职公务员的，这就造成了违法行为人个人可以逃脱责任的承担，从执法的效果来看，也是需要进一步检视的"[②]。本书认为，(1)相关部门应当逐步建立公务员辞去公职后从业行为限制清单。(2)公务员申请辞去公职时应当如实报告从业去向，签署承诺书，对遵守从业限制规定、保守国家秘密和工作秘密、在从业限制期限内主动报告从业变动情况等作出承诺。(3)在从业限制期限内，原单位每年应和已辞职和退休的公务员定期开展联系，了解和核查从业情况，发现有违反规定的情形，应当及时向公务员主管部门报告。(4)辞职和退休的公务员如果违反从业限制规定，可以取消公务员的养老金获得资格。(5)完善执法信息共享机制和举报制度。(6)对于接收单位在不知情的情况下，接收辞职和退休的公务员的，市场监管部门应当不予处罚或者减轻处罚。对于市场监管部门对接收单位的处罚，接收单位如果不知情，可以向公务员追偿。

四、公务员主管部门工作人员的法律责任

（一）公务员主管部门工作人员的法律责任的含义

公务员主管部门工作人员的法律责任，是指公务员主管部门的工作人员，违

---

① 谭宗泽教授认为：过去的《公务员法》没有规定有关企业组织有拒绝不合任职条件的"原公务员"到本企业任职的义务，也没有规定相关管理部门可以作出行政处罚。在解决公务员离职后运用在任期间的影响到原工作业务直接相关的企业或者其他营利性组织任职，和从事与原工作业务直接相关的营利性活动的现象无法处理，遭遇法律空白。《公务员法》的这一规定，填补了空白。通过双管齐下，可以有效遏制这一现象的蔓延。此时，不服行政处罚的当事人可以依法提起行政诉讼和行政赔偿诉讼。这是《公务员法》所规定的一个具有创新意义的"应受处罚的行为"。参见应松年：《当代中国行政法》（第2卷），人民出版社2018年版，第554页。

② 应松年：《公务员法》，法律出版社2010年版，第267页。

反本法规定，滥用职权、玩忽职守、徇私舞弊的，应当承担的法律责任。公务员主管部门负责公务员的综合管理工作，公务员主管部门的工作人员，必须严格遵守公务员法关于公务员管理的规定。公务员主管部门的工作人员如果知法犯法，违法行使职权或滥用职权，将严重损害法律的尊严，严重影响公务员工作的严肃性、权威性，造成恶劣的社会影响，因此，必须追究其法律责任。我国《公务员法》第108条规定，公务员主管部门的工作人员，违反本法规定，滥用职权、玩忽职守、徇私舞弊构成犯罪的，依法追究刑事责任；尚不构成犯罪的，给予处分或者由监察机关依法给予政务处分。

（二）法律责任主体

公务员主管部门工作人员的法律责任的承担主体是公务员主管部门的公务员，不包括公务员所在机关从事人事管理工作的公务员。具体包括中央公务员主管部门的公务员和县级以上地方各级公务员主管部门的公务员。

（三）违法情形

公务员主管部门工作人员的违法情形主要有三种：

1. 滥用职权行为[①]

滥用职权在日常生活中经常被使用，泛指掌握国家权力的国家机关及其工作人员违法使用或不正当行使权力的行为，在行政法中滥用职权，是指行政主体作出的行政行为，虽然在其自由裁量权限的范围，但违背或偏离了法律、法规的目的原则，不合理地行使自由裁量权。

构成滥用职权，必须具备三个条件：（1）行政主体作出的行政行为不尽合理，但没有超出法定权限。未超出法定权限，是滥用职权和超越职权的主要区别点之一，行政机关所作出的行政行为，如果超出法律法规规定的权限，即属于越权行政机关，只有在法律法规规定的职权范围内作出行政行为，才有可能出现不合理地行使自由裁量权的问题。（2）行政主体的行政行为违背或者偏离法律、法规的目的、原则。违背或者偏离法律、法规的目的、原则，是构成滥用职权的实质要件之一。每一部法律法规的立法目的、原则不一定全然相同，但我国法律法规的

---

① 滥用职权行为的条件和表现形式主要参阅了蔡小雪：《行政行为的合法性审查》，中国民主法制出版社2020年版，第188—202页。

总目的是维护社会主义制度，维护国家的统一，维护社会秩序和公共利益，保护公民法人和其他组织的合法权益，促进社会的进步和发展，基本原则是公平、公正和适当。如果行政机关违反了这些立法目的和原则去行使行政职权，那么就是违背或者偏离了法律法规的目的和原则。（3）行政主体的行政行为必须是不合理的。不合理是构成滥用职权的实质要件之一。尽管行政机关享有很大的自由裁量权，但并不是说行政机关在自由裁量权限的范围和幅度之内可以不受任何限制地随意行使行政权力，行政机关在法律法规规定的范围和幅度内行使行政职权的行为还必须是客观的、公正的、合情合理的和适当的，倘若不合理地行使自由裁量权，即构成滥用职权。

滥用职权的行为在实践中主要有以下几种：第一，目的不良，例如偏袒或者优待家属；第二，没有考虑应当考虑的因素；第三，考虑了不应当考虑的因素；第四，反复无常，就是指行政机关及其工作人员对同种情况的案件，在形势未发生变化的情况下，根据自己的情绪，无标准地反复变化使行政相对人无所适从；第五，违反了均衡原则，均衡原则要求行政主体的自由裁量行为所要达到的行政目的与手段之间应当保持适当的比例。如果违反均衡原则，就是滥用职权。

2. 玩忽职守行为

玩忽职守的行为分为作为和不作为。所谓玩忽职守的作为，是指公务员主管机关工作人员违反国家工作纪律和规章制度，不正确履行职责义务的行为，表现为工作马马虎虎，草率从事，敷衍塞责，违抗命令，极不负责任，或者阳奉阴违，弄虚作假，欺上瞒下，胡作非为等。所谓玩忽职守的不作为，是指国家工作人员不尽职责义务的行为，即对于自己应当履行的，而且也有条件履行的职责，不尽自己应尽的职责义务，表现为擅离职守，撒手不管；有的虽然未离职守，但却不尽职责，该管不管，该做不做，听之任之等。[①]

3. 徇私舞弊行为

徇私舞弊，是指公务员主管机关工作人员在履行公务的过程中，为了私情和私利，用欺骗或者不正当的方式违法违纪的行为，例如，公务员为亲属篡改招录档案等。

需要指出的是，我国《公务员法》关于公务员主管部门的工作人员法律责任

---

① 方世荣等：《中国公务员法通论》，武汉大学出版社2009年版，第348页。

的规定，既无责任的具体形式，也无违法的具体表现的界定，仅是一种象征性规定，因此，“只能是一个摆设，对行政机关及其工作人员不能产生威胁力，恐怕只是给行政相对人的一丝安慰”①。退一步来说，滥用职权、玩忽职守和徇私舞弊等行为的认定，弹性较大，标准模糊，一方面，不利于对公务员主管部门的公务员责任的追究；另一方面，也有可能导致对公务员主管部门的公务员责任追究泛化和滥用，引发新的滥用职权、徇私舞弊等违法行为。本书建议，应该对公务员主管部门的公务员的违法行为和法律责任后果进行细化，使其具有可操作性和实效性。

（四）责任形式

公务员主管部门的工作人员滥用职权、玩忽职守、徇私舞弊，尚不构成犯罪的，给予处分或者由监察机关依据《公职人员政务处分法》给予政务处分；构成犯罪的，依法追究刑事责任。例如《刑法》第397条规定，国家机关工作人员滥用职权或者玩忽职守，致使公共财产、国家和人民利益遭受重大损失的，处3年以下有期徒刑或者拘役；情节特别严重的，处3年以上7年以下有期徒刑。刑法另有规定的，依照规定。国家机关工作人员徇私舞弊，犯前款罪的，处5年以下有期徒刑或者拘役；情节特别严重的，处5年以上10年以下有期徒刑。刑法另有规定的，依照规定。

五、其他方面的法律责任

（一）公务员录用、聘任等工作中的法律责任

公务员录用、聘任是公务员“入口”管理的重要环节，其公正性、公平性和客观性直接决定着被录用公务员的整体素质和录用、聘任制度的成效。录用、聘任中的违纪违法行为，危害大、影响深远，受到社会各界的普遍关注，必须予以严惩。《公务员法》第109条规定，在公务员录用、聘任等工作中，有隐瞒真实信息、弄虚作假、考试作弊、扰乱考试秩序等行为的，由公务员主管部门根据情节作出考试成绩无效、取消资格、限制报考等处理；情节严重的，依法追究法律责

① 高小珺：《地方立法中法律责任的制度建构》，辽宁人民出版社2010年版，第251页。

任。一般情况下，由公务员主管部门根据情节作出考试成绩无效、取消资格、限制报考等处理。取消资格包括取消考试资格和录用资格，视具体阶段而定。对已经被录用为公务员的，如果发现存在上述不正当行为，取消其录用资格。对有上述不正当行为情节严重的，要依法追究刑事法律责任。比如，《刑法》第284条规定，非法使用窃听、窃照专用器材，造成严重后果的，处2年以下有期徒刑、拘役或者管制。《刑法》第284条之一规定，在法律规定的国家考试中，组织作弊的，处3年以下有期徒刑或者拘役，并处或者单处罚金；情节严重的，处3年以上7年以下有期徒刑，并处罚金。为他人实施前款犯罪提供作弊器材或者其他帮助的，依照前款的规定处罚。为实施考试作弊行为，向他人非法出售或者提供第1款规定的考试的试题、答案的，依照第1款的规定处罚。代替他人或者让他人代替自己参加第1款规定的考试的，处拘役或者管制，并处或者单处罚金。根据《治安管理处罚法》第23条规定，扰乱机关、团体、企业、事业单位秩序，致使工作、生产、营业、医疗、教学、科研不能正常进行，尚未造成严重损失的，处警告或者200元以下罚款；情节较重的，处5日以上10日以下拘留，可以并处50元以下罚款。

（二）错误的人事处理的法律责任

人事处理是指机关对公务员作出的影响其权利义务的处理决定，涉及公务员管理工作的各个环节。按照对公务员是否有利的原则，机关的人事处理可以分为两种：一种是授益性的人事处理，比如，录用、奖励、晋升等；另一种是不利的人事处理，比如，辞退、处分等。错误的人事处理是违反公务员法规定的主体、权限、条件、标准和程序等作出的人事处理决定，此处所指的错误的人事处理是指不利的人事处理，且是具体的人事处理[①]。一般来说，错误的具体人事处理即为违法的人事处理，包括作出处理决定的机关主体资格不合法，或者作出处理决定的机关超越权限，或者人事处理的内容违反法律规定，以及人事处理的程序不符合法律规定。[②] 对于错误的人事处理决定，应当由作出该决定的机关予以纠正或

① 具体的人事处理是指公务员主管机关或者公务员所在机关针对特定公务员个人作出的影响其权利义务的人事处理决定。参见杨景宇、李飞：《中华人民共和国公务员法释义》，法律出版社2005年版，第264—265页。

② 杨景宇、李飞：《中华人民共和国公务员法释义》，法律出版社2005年版，第265页。

者撤销，也可以由公务员主管部门、作出该决定机关的上级机关或者县级以上领导机关责令纠正或者宣布无效。其中，在形式或者主体上有瑕疵、经过补正后不影响效力的人事处理决定，可以不撤销原决定，但机关需要承担补正的责任；对于给公务员合法权益造成侵害的、不利的人事处理，除撤销原决定外，根据《公务员法》第110条的规定，机关还应当承担相应的法律责任，包括赔礼道歉、恢复名誉、消除影响，造成经济损失的，应当依法给予赔偿。赔礼道歉适用于因主观上的过错侵犯他人的人身权、财产权的情形。恢复名誉、消除影响主要适用于侵犯人身权的情形，有时也适用于侵犯知识产权的情形。依法赔偿经济损失必须具备下述条件：一是必须有行政机关错误的人事处理行为；二是由于这个行为给公务员造成了实际的经济损失；三是错误的处理与经济损失是有直接联系的。

此处，有争议的是，“造成经济损失的，应当依法给予赔偿”时，公务员能否依据国家赔偿法提出请求，理论界存在争议。一种观点认为，机关对公务员的管理行为违法，侵犯公务员的人身权或者财产权并造成实际损害的，应属于行政赔偿的范畴，理由是，第一，任何纠纷都有必要用特定的手段加以解决，而公务员管理行为的合法性争议，可通过内部管理程序解决，而公务员管理行为引起的赔偿纠纷没有有效的内部解决制度，因而应当适用国家赔偿法。第二，按照国家赔偿的归责原则，凡是行政机关的管理行为，无论是外部行为，还是内部行为，只要是违法侵权造成损害的，都可以请求行政赔偿。另一种观点认为，由于我国行政诉讼法规定，对公务员的管理属于机关内部行为，不属于行政诉讼的范围，法院不能对机关作出的人事处理进行裁决，因此，也就难以就行政赔偿请求予以认定。从目前情况来看，机关因错误的具体人事处理，对公务员造成经济损失的赔偿的标准、程序等，仍适用机关内部的规定与程序。[①] 例如谭宗泽认为，“造成经济损失的，应当依法给予赔偿”是“国家赔偿，但不适用《国家赔偿法》所规定的求偿程序，受害公务员要求赔偿的仍然按照申诉程序进行”[②]。本书认为，我们应该具体问题具体分析，我国公务员按照任用方式可以分为选任制公务员、委任制公务员和聘任制公务员等三类。对于选任制公务员来说，作出人事处理的机关一般是代表机关，对于代表机关作出的错误人事处理决定造成损害的，由于《国

① 杨景宇、李飞：《中华人民共和国公务员法释义》，法律出版社2005年版，第266—267页。

② 谭宗泽：《公务员法》，载应松年主编：《当代中国行政法》（第2卷），人民出版社2018年版，第555页。

家赔偿法》尚没有规定代表机关的赔偿责任，故不能寻求《国家赔偿法》解决。对于委任制公务员来说，机关给其造成损害的，理论上应当依据《国家赔偿法》获得救济，但由于《行政诉讼法》明确将人事处理决定排除在受案范围外，因此，不能依据《国家赔偿法》获得赔偿。对于聘任制公务员来说，如果合同约定了人事争议处理方面的内容，其可以通过仲裁和诉讼获得赔偿。另外，如果机关对公务员作出了辞退、开除、退休等人事处理决定，由于该公务员与所在机关的公职关系已经消灭，不再具有公务员身份，此时，公务员可以公民身份依据《国家赔偿法》申请赔偿。当然也有学者认识到了公务员不能通过国家赔偿法获得赔偿，而主张："这里的赔偿不是因公务员提出申请后启动的赔偿，是机关承担经济损失后果的主动赔偿。"[①] 但是如此理解，恐怕对公务员的权利保障更为不济。本书认为，公务员权益遭受损害，应当有权申请国家赔偿，而不是仅依靠机关主动赔偿。至于是依据现行国家赔偿法规定的程序求偿，还是制定专门的内部国家赔偿程序获得赔偿，还需进一步地研究和探讨。

---

① 徐银华、石佑启、杨勇萍:《公务员法新论》，北京大学出版社2014年版，第252页。

结 语

现代公务员制度，是人类社会文明发展到一定阶段的产物，是国家现代化过程的伴随物，也是现代国家政治制度的重要内容。1855 年英国颁布第一个枢密院令[①]，标志着具有现代意义的公务员制度在英国诞生，160 多年来全世界 60 多个国家和地区先后实行了公务员制度。公务员制度的推行，加快了公共部门现代化的步伐，为各国建立现代政府体制奠定了基础。在中国，充当过传统中国社会和政治整合功能的科举制度，在 1905 年随着清王朝宣布终止文官科举制度而被废除了。科举制度的废除尽管具有引起中国教育行政系统的大变动、推动民族救亡运动的高涨和打破士农工商的界限等积极意义，[②] 但也由于随着科举制的废除，没能及时地建立起新的社会整合机制，结果出现了事与愿违的后果。这种局面彻底打破了传统中国的政治结构和国家的治理结构，延缓了中国社会现代化的前进步伐。近代中国经济落后、被动挨打、割地赔款、政局动荡的现实，虽然还有其他更深层次的原因，但与中国在废除科举制度的同时，没有建立起新的现代公务员制度也不无关系。[③] 纵观历史，横看世界，法治化、规范化和科学化的公务员制度是国家治理能力和治理体系现代化必不可少的重要条件。

中华人民共和国成立后，我国实行计划经济下的高度集中的“大一统”人事

---

① 苏廷林:《当代国家公务员制度的发展趋势》，中国人事出版社 1993 年版，第 29 页。

② 杨银权:《科举制废除利弊之再思考》，载《齐齐哈尔大学学报》2011 年第 2 期。

③ 谭宗泽:《公务员法》，载应松年:《当代中国行政法》，人民出版社 2018 年版，第 559 页。

干部管理制度。这种管理制度，在新中国成立初期，对于巩固新生的人民政权，开展大规模的民主改革和经济建设起到了积极的作用。但是，随着我国社会主义建设事业的蓬勃发展和市场经济的确立，这种人事管理制度就有些难以合体了，并且越来越暴露出管理理念落后、缺乏科学分类、管理手段僵硬、管理不规范等弊端。为了从根本上克服传统人事管理制度的弊端，1987 年 10 月中国共产党第十三次代表大会决定在我国建立国家公务员制度，1988 年 3 月第七次全国人民代表大会第一次会议也要求尽快建立国家公务员制度。几年来，在党中央、国务院紧锣密鼓的安排和各方努力下，终于在 1993 年 4 月 24 日由国务院第二次常务会议通过了《国家公务员暂行条例》，标志着中国正式建立起国家公务员制度。该制度在保持中国传统干部制度的合理因素的同时，也接受了现代公务员制度的基本要素。以考任制、功绩制、分类管理作为我国公务员制度的基本构架，并由此制定相应的法律规范和制度予以实现。《国家公务员暂行条例》颁布 10 多年来，我国的政治经济社会各方面都发生了巨大的变化，干部人事制度改革不断深化，积累了丰富的经验，形成了许多新的成果，需要通过立法，进一步加以总结完善。2005 年 4 月 27 日，第十届全国人民代表大会常务委员会第十五次会议通过了《公务员法》。《公务员法》的颁布，标志着我国干部人事制度改革进入了一个依法管理的新阶段。经过 10 多年的不懈努力，10 多年不断地改进，尤其是 2018 年 12 月 29 日《公务员法》的第二次修正，使得我国的公务员制度的各个主要阶段、管理环节更加完善，更加适合我国国情。

中国现行《公务员法》的主要内容体现在这些方面：首先，规定了在公务员思想政治组织方面，坚持中国共产党领导，坚持以马克思列宁主义、毛泽东思想、邓小平理论、“三个代表”重要思想、科学发展观、习近平新时代中国特色社会主义思想为指导，贯彻社会主义初级阶段的基本路线，贯彻新时代中国共产党的组织路线，坚持党管干部原则。其次，在公务员的录用上，以公开考试、择优录用为原则，实行“逢进必考”，体现了考任制的基本精神。再次，在公务员的领导职务和职级晋升、奖惩、工资、待遇等方面，注重工作实绩，突出对“绩”的考核；为保持公务员制度的活力，广泛推行包括“竞争上岗”“公开选拔”“遴选”等激励机制，将市场竞争机制引入公务员的管理中；公务员培养、培训制度逐渐规范化和正规化，培训方式越来越现代化和网络化；公务员的退出渠道日益畅通；坚持职位分类，实行公务员的分类管理，初步建立了我国公务员管理的现代模式。最后，在公务员权利保障方面，公务员的权利体系还不太科学和完善，但还是规定了公务员的许多权利。除聘任制公务员外，虽然仅允许申诉、控告，行政复议、司法救济通道不畅，但一直在努力。

虽然我们有了《公务员法》，也建立了现代公务员制度，但是“制度的硬性约束在一定条件下其作用往往有限，需要以一定的软约束相配合才能发挥最佳效果，尤其是对政府工作人员而言更是如此。这种软约束就是公共精神。如果没有公共精神，往往难以持久地保证政府工作人员的敬业精神。政府工作人员的权力来源于人民的授权，其享有的职业保障、物质回报和较高的社会地位都源自于人民，我们有充足的理由要求他们具备为人民服务的公共精神”[①]。

但无论如何，我国已经进入了全面依法治国和建设法治政府的新时代，步入了国家治理体系和治理能力现代化的轨道。《公务员法》的制定和实施，必将为我国干部人事制度的永续发展提供更有力、更有效的法律保障；一支信念坚定，为民服务，勤政务实，敢于担当，清正廉洁的高素质专业化公务员队伍，必定能够开创并长久维护政通人和、风清气正、河清海晏的国家发展新局面。

① 夏书章:《行政管理学》，高等教育出版社、中山大学出版社 2018 年版，第 119 页。

参考文献

一、著作类

1. 郭旭胜、许肖哲：《干部聘任制初探》，党建读物出版社 2021 年版。

2. 王聪等：《纪检监察干部必备核心技能》，中国法制出版社 2021 年版。

3. 宋功德、张文显：《党内法规学》，高等教育出版社 2020 年版。

4. 楚树龙、唐娜：《美国文官制度评介》，党建读物出版社 2020 年版。

5. 刘碧强、郗永勤：《国家公务员制度概论》，中国人民大学出版社 2020 年版。

6. 国家公务员局：《〈中华人民共和国公务员法〉（2018）问答》，党建读物出版社 2020 年版。

7.《公法研究》（第 20 卷），浙江大学出版社 2020 年版。

8.《行政法与行政诉讼法学》编写组：《行政法与行政诉讼法学》，高等教育出版社 2020 年版。

9. 蔡小雪：《行政行为的合法性审查》，中国民主法制出版社 2020 年版。

10. 傅思明：《新〈公务员法〉十讲》，人民出版社 2019 年版。

11. 郑功成、杨思斌：《〈中华人民共和国公务员法〉释义》，人民出版社 2019 年版。

12. 姜明安：《行政法与行政诉讼法》，北京大学出版社、高等教育出版社 2019 年版。

13. 贾洪波：《干部工资福利保险制度简述》，党建读物出版社 2019 年版。

14. 林洲富:《行政法——案例式》,五南图书出版公司 2019 年版。

15. 吴德慧:《中华人民共和国公务员法释义》,研究出版社 2019 年版。

16. 舒放、王克良:《国家公务员制度》,中国人民大学出版社 2019 年版。

17. 应松年:《当代中国行政法》,人民出版社 2018 年版。

18. 夏书章:《行政管理学》,高等教育出版社、中山大学出版社 2018 年版。

19. [美] 佩里·M. 史密斯、杰弗里·W. 弗利:《领导者的规则与工具》,庄莲平、王立中译,文汇出版社 2018 年版。

20. [日] 野口悠纪雄:《战后日本经济史:从喧嚣到沉寂的 70 年》,张玲译,民主与建设出版社 2018 年版。

21. 东吴大学法律系公法研究中心:《东吴公法论丛》(第 10 卷),新学林出版公司 2017 年版。

22. 张国庆:《公共行政学》,北京大学出版社 2017 年版。

23. 沈瞿和:《公务员权利义务衡平论》,社会科学文献出版社 2017 年版。

24. 薛刚凌:《公务员法教程》,中国人民大学出版社 2017 年版。

25. 张宏伟:《聘任制公务员契约治理研究》,南京大学出版社 2015 年版。

26. 周实:《比较公务员法》,东北大学出版社 2015 年版。

27. [葡] 曼努埃尔·德·安德拉德:《法律关系总论》,吴奇琦译,法律出版社 2015 年版。

28. 徐银华等:《公务员法新论》,北京大学出版社 2014 年版。

29. 方振邦:《国外人才能力标准与评价》,党建读物出版社 2014 年版。

30. 姜海如:《中外公务员制度比较》,商务印书馆 2013 年版。

31. 王春业:《行政公务员全员聘任制改革研究》,人民出版社 2013 年版。

32. 张桀:《公务员制度的理论与实践》,人民日报出版社 2012 年版。

33. 陈秀宏:《唐宋科举制度研究》,北京师范大学出版社 2012 年版。

34. 张柏林:《〈中华人民共和国公务员法〉释义》,中国人事出版社、党建读物出版社 2012 年版。

35.《马克思恩格斯选集》(第 1 卷),人民出版社 2012 年版。

36. 李和中:《国家公务员制度导论》,中国人民大学出版社 2011 年版。

37. 张淑芳:《公务员法教程》,中国政法大学出版社 2011 年版。

38. [德] 齐佩利乌斯:《德国国家学》,赵宏译,法律出版社 2011 年版。

39. 黄学贤:《中国行政法学专题研究述评(2000—2010)》,苏州大学出版社

2010 年版。

40. 刘厚金:《中外公务员制度概论》，北京大学出版社 2010 年版。

41. 应松年:《公务员法》，法律出版社 2010 年版。

42. 王大敏:《行政法的制约激励机制研究》，中国人民公安大学出版社 2010 年版。

43. 翁岳生:《行政法》，中国法制出版社 2009 年版。

44. 王臻荣:《公共行政学》，山西人民出版社 2009 年版。

45. 杨士秋、王京清:《公务员奖励》，中国人事出版社 2009 年版。

46. 方世荣等:《中国公务员法通论》，武汉大学出版社 2009 年版。

47. 杨士秋、王京清:《公务员录用》，中国人事出版社、党建读物出版社 2009 年版。

48. 高小珺:《地方立法中法律责任的制度建构》，沈阳出版社 2009 年版。

49. 杨临宏:《中国公务员法：原理与制度》，云南大学出版社 2009 年版。

50. 辻清明:《日本官僚制度》，王仲涛译，商务印书馆 2008 年版。

51. 吴春华:《中国公务员制度》，南开大学出版社 2008 年版。

52. ［英］A.W. 布拉德利、K.D. 尤因:《宪法与行政法》，程洁译，商务印书馆 2008 年版。

53. ［日］盐野宏:《行政组织法》，杨建顺译，北京大学出版社 2008 年版。

54. 屈万祥:《行政机关公务员处分条例条文释义》，中央编译出版社 2007 年版。

55. ［澳］欧文·休斯:《公共管理导论》，张成福、王学栋等译，中国人民大学出版社 2007 年版。

56. 谭功荣:《公务员制度比较研究》，重庆出版社 2007 年版。

57. 霍虹:《公务员制度概论》，大连海事大学出版社 2007 年版。

58. 林戈:《公务员法立法研究》，党建读物出版社、中国人事出版社 2006 年版。

59. 李和中:《21 世纪国家公务员制度》，武汉大学出版社 2006 年版。

60. 林锡尧:《行政法要义》，元照出版有限公司 2006 年版。

61. 马怀德:《国家赔偿问题研究》，法律出版社 2006 年版。

62. 李孔怀:《中国古代行政制度史》，复旦大学出版社 2006 年版。

63. 卓泽渊:《法政治学》，法律出版社 2005 年版。

64. 张柏林:《〈中华人民共和国公务员法〉教程》，中国人事出版社、党建读物出版社 2005 年版。

65. 崔卓兰、罗嘉司、葛自丹:《公务员法学》，北京大学出版社 2005 年版。

66. 杨景宇、李飞:《中华人民共和国公务员法释义》，法律出版社 2005 年版。

67. 应松年、宋世明、仲崇东：《公务员法释义》，国家行政学院出版社 2005 年版。

68. ［德］克利斯托福·德姆克：《欧盟 25 国公务员制度》，宋世明译，国家行政学院出版社 2005 年版。

69. 胡光宝、张春生：《〈中华人民共和国公务员法〉释解》，群众出版社 2005 年版。

70. 吴高盛：《〈中华人民共和国公务员法〉辅导读本》，人民出版社 2005 年版。

71. 毕洪海等：《中华人民共和国公务员法培训教程》，人民出版社 2005 年版。

72. 全国人大法制工作委员会《〈中华人民共和国公务员法〉解读》编写组：《〈中华人民共和国公务员法〉解读》，人民出版社 2005 年版。

73. 陈斯喜、郑淑娜：《〈中华人民共和国公务员法〉释义及适用指南》，中国言实出版社 2005 年版。

74. 全国人大法制工作委员会：《〈中华人民共和国公务员法〉解读》，人民出版社 2005 年版。

75. 湛中乐：《〈中华人民共和国公务员法〉释义》，北京大学出版社 2005 年版。

76. 宋世明：《中国公务员法立法之路》，国家行政学院出版社 2004 年版。

77. 刘海峰、李兵：《中国科举史》，东方出版中心 2004 年版。

78. ［美］吉尔伯特·罗兹曼：《中国的现代化》，江苏人民出版社 2003 年版。

79. 陈新民：《中国行政法学原理》，中国政法大学出版社 2002 年版。

80. ［美］理查德·B. 斯图尔特：《美国行政法的重构》，沈岿译，商务印书馆 2002 年版。

81. 钱再见等：《公务员制度创新与实施》，广东人民出版社 2002 年版。

82. ［英］阿克顿：《自由与权力》，侯健、范亚峰译，商务印书馆 2001 年版。

83. 张文显：《法哲学范畴研究》，中国政法大学出版社 2001 年版。

84. 林明锵：《公务员法研究》（一），学林文化事业有限公司 2000 年版。

85. 熊文钊：《现代行政法原理》，法律出版社 2000 年版。

86. 傅明贤：《政府组织理论》，高等教育出版社 2000 年版。

二、论文类

1. 潘蓉、肖河：《日本公务员制度的历史经验和教训》，载《中国领导科学》

2020年第3期。

2. 句华：《中国公务员录用制度的发展历程与变革局势》，载《行政管理改革》2019年第9期。

3. 庄炜：《职务与职级并行，如何有效发挥职级功能》，载《中国党政干部论坛》2019年第5期。

4. 杨梅：《我国公务员工资制度的探索与实践：制度特征、问题及改革思路》，载《中国行政管理》2019年第8期。

5. 熊亮：《中华人民共和国工资制度70年：经验、传承和创新》，载《中国人事科学》2019年第10期。

6. 郭定平：《论日本首相权力一元化》，载《东北亚学刊》2018年第2期。

7. 王留一：《禁止不当联结原则：内涵界定与司法适用》，载《福建行政学院学报》2017年第4期。

8. 滕志勇：《诸葛亮"识人七法"对我国公务员委任制的启示》，载《人事天地》2016年第5期。

9. 薛彬：《浅析建立公务员失业保险制度的必要性》，载《就业与保障》2016年第11期。

10. 冯惠平：《公务员福利制度之法理与实务探讨——从生育及丧葬补助谈起》，载《军法专刊》2015年第2期。

11. 刘再春：《日本公务员录用制度的新发展及启示》，载《领导科学》2014年第11期。

12. 刘碧强：《西方国家公务员管理体制比较与经验借鉴》，载《理论月刊》2013年第12期。

13. 梁玉萍、张敏：《公务员多元化选拔方式评析》，载《理论探索》2011年第1期。

14. 林明锵：《德国公务员制度之最新变革：兼论我国文官制度的危机》，载《台大法学论丛》（第40卷）2011年第4期。

15. 杨银权：《科举制废除利弊之再思考》，载《齐齐哈尔大学学报》2011年第2期。

16. 姜裕富：《国家与公务员的关系：从身份到契约》，载《广东行政学院学报》2009年第8期。

17. 金伟峰、姜裕富：《公务员忠诚义务的若干问题研究——对〈公务员法〉

第 12 条的解读》，载《行政法学研究》2008 年第 1 期。

18. 吴志华：《发达国家公务员制度改革及其启示》，载《国家行政学院学报》2008 年第 6 期。

19. 龙太江、博岚岚：《公务员辞职后的利益冲突问题》，载《探索与争鸣》2007 年第 6 期。

20. 姬亚平：《对行政奖励中有关法律问题的思考》，载《商业时代》2007 年第 1 期。

21. 姬亚平：《论行政奖励法制的完善》，载《科学·经济·社会》2006 年第 3 期。

22. 巩怀虎：《我国语境下政府雇员制的困境及其对策》，载《湖北社会科学》2006 年第 12 期。

23. 程绍萍：《建立公务员失业保险制度的必要性及对策思考》，载《劳动关系学院学报》2006 年第 1 期。

24. 邙少明、周映华：《论公务员与政府的法律关系》，载《法学评论》2004 年第 4 期。

25. 王学辉：《对行政法学基础理论的思考》，载《西南政法大学学报》2002 年第 3 期。

26. 吴翰飞：《论公开选拔领导干部制度的孕育产生及其历史条件》，载《组织人事管理研究》2002 年第 6 期。

27. 尹蔚民：《公务员管理的法制化》，载《国家行政学院学报》2001 年第 6 期。

28. 徐湘林：《后毛时代的精英转换和依附性技术官僚的兴起》，载《战略与管理》2001 年第 6 期。

29. 马宝成编译：《公共行政现代化和高级行政管理者——欧洲行政学院院长论当代公共行政改革》，载《国家行政学院学报》2000 年第 2 期。

30. 王丽君：《科举制度的重要特征及其起源标志探究》，载《河南教育学院学报（哲学社会科学版）》1998 年第 2 期。

31. 江大树：《我国公务员身份关系理论与实务的演进》，载《法政学报》1996 年第 6 期。

32. 史继忠：《对科举制度的历史考察》，载《贵州师范大学学报》1995 年第 3 期。

三、外文文献

1. Bruce Wyman，The Principles of the Administrative Law Governing the Relations of Public Officers， § 2，4，(Law book Exchange ed.2014) .

2.Battis，U.Das Dienstrechtsneuordnungsgesetz. NVwZ，2009.

3. Ziekow，J. Die Fortentwicklung des Dienstrechts der Bundesbeamten. DÖV，2008.

4. Lorse，J. Personalentwicklung im Abseits aktueller dienstrechtlicher Reformüberlegungen. ZBR，2008.

5. Kämmerer，J. A. Deutsches Beamtenrecht und Verbot der Altersdiskriminierung：Zwischen Irrelenvanz und Ignoranz. ZBR，2008.

6. Battis，U. Das Dienstrechtsreformgesetz. NJW，1997.

7. H.Maurer，Allgemeines Verwaltungsrecht，9 Aufl. 1994. § 6 Rdnr. 17f; § 8lRdnr. 26ff. Richter/Schuppert，Casebook Verwaltungsrecht，2 Aufl. 1991.

8. Konrad Hesse，Grundzüge des Verfassungsrechts des Bundersrepublik Deutschland，13Aufl，1982.

9. Robert S. Lorch，Democratic Process and Administrative Law (Detroit：Wayne State University Press，1980) .

10. Ridley and Blondel，Public Administration in France .London，1970.

四、其他

1. 宋雄伟:《英国公务员制度改革》，载《学习时报》2014 年 8 月，第 002 版。

2. 易丽丽:《如何进一步完善公务员聘任制》，载《学习时报》2020 年 12 月 21 日，第 007 版。

3. 晓剑:《积极探索将公务员纳入工伤保险范围》，载《中国劳动保障报》2016 年 11 月 29 日，第 004 版。

4.《2015 年度人力资源和社会保障事业发展统计公报》。

5. 国家公务员局网站 http：//www.scs.gov.cn/jzyzr/201809/t20180927_12080.html。

后　记

本书是作者在西北政法大学多年教授公务员法的心得。公务员法是行政法的重要分支，属于内部行政法的范畴。由于公务员法一般不对外产生法律关系，也不对外发生法律效力，又加之当前行政法的研究重心仍旧放在外部行政法，因此公务员法经常被人忽视。事实上，公务员法在所有法律体系，尤其是在公法体系中具有重要的地位和作用，它是其他法律良好实施和发挥作用的前提和基础，是其他法律执行合法性的担保。公务员法对规范公务员的管理，保障公务员的合法权益，加强对公务员的监督，建设高素质专业化的公务员队伍，促进勤政廉政，提高工作效能，具有重要意义。尽管公务员法很重要，也很有意义，但自 2017 年、2018 年公务员法两次修改以来，暂时没有一部新的公务员法教材得以面世，尽管也有一些学者出版了一些公务员法的释义或专题讲解版本。正是基于教学的迫切需求和作者多年教授公务员法的一些新的想法，萌生了作者撰写一本公务员法教材的想法。本书既有国内公务员法通说知识的具体阐述，又有作者对公务员制度的一些新观点和新看法；同时本书吸纳了国内外最新的公务员法学理论研究成果，也密切地关注着中国的公务员法治实践。因此，本书具有一定的前瞻性、新颖性和创新性，是一本著与述结合的著作。

本书的写作参考借鉴了学界前辈、同人的大量研究成果，虽尽力都在文中列出注释和参考文献，但遗漏在所难免，敬请谅解！在此作者向所有在公务员法领域做出贡献的学人们表述最崇高的敬意，感谢你们的筚路蓝缕。

本书在写作过程中得到西北政法大学行政法学院（纪检监察学院）领导和老师的大力支持，对他们亦表达真诚谢意！由于时间仓促，书中不当之处在所难免，敬请读者批评指正。

杨彬权

西北政法大学图书馆四楼

2021 年 5 月

图书在版编目(CIP)数据

新时代公务员法原论 / 杨彬权著 . —北京：中国法制出版社，2021.10

ISBN 978-7-5216-2193-8

Ⅰ. ①新…　Ⅱ. ①杨…　Ⅲ. ①公务员法—研究—中国　Ⅳ. ① D922.114

中国版本图书馆 CIP 数据核字(2021)第 202424 号

策划编辑：刘　悦

责任编辑：刘　悦(editor_liuyue@163.com)　　封面设计：李　宁

新时代公务员法原论

XIN SHIDAI GONGWUYUAN FA YUANLUN

著者 / 杨彬权

经销 / 新华书店

印刷 / 北京虎彩文化传播有限公司

开本 / 710 毫米 ×1000 毫米　16 开　　印张 / 22.75　字数 / 400 千

版次 / 2021 年 10 月第 1 版　　2021 年 10 月第 1 次印刷

中国法制出版社出版

书号 ISBN 978-7-5216-2193-8　　定价：88.00 元

北京市西城区西便门西里甲 16 号西便门办公区

邮政编码：100053　　传真：010-63141852

网址：http://www.zgfzs.com　　**编辑部电话：010-63141822**

市场营销部电话：010-63141612　　**印务部电话：010-63141606**

（如有印装质量问题，请与本社印务部联系。）